Andreas Hepp

Cultural Studies und Medienanalyse

Medien – Kultur – Kommunikation

Herausgegeben von
Andreas Hepp,
Waldemar Vogelgesang und
Friedrich Krotz

Kulturen sind heute nicht mehr jenseits von Medien vorstellbar: Ob wir an unsere eigene Kultur oder ‚fremde' Kulturen denken, diese sind umfassend mit Prozessen der Medienkommunikation verschränkt. Doch welchem Wandel sind Kulturen damit ausgesetzt? In welcher Beziehung stehen verschiedene Medien wie Film, Fernsehen, das Internet oder die Mobilkommunikation zu unterschiedlichen kulturellen Formen? Wie verändert sich Alltag unter dem Einfluss einer zunehmend globalisierten Medienkommunikation? Welche Medienkompetenzen sind notwendig, um sich in Gesellschaften zurecht zu finden, die von Medien durchdrungen sind? Es sind solche auf medialen und kulturellen Wandel und damit verbundene Herausforderungen und Konflikte bezogene Fragen, mit denen sich die Bände der Reihe „Medien – Kultur – Kommunikation" auseinandersetzen. Dieses Themenfeld überschreitet dabei die Grenzen verschiedener sozial- und kulturwissenschaftlicher Disziplinen wie der Kommunikations- und Medienwissenschaft, der Soziologie, der Politikwissenschaft, der Anthropologie und der Sprach- und Literaturwissenschaften. Die verschiedenen Bände der Reihe zielen darauf, ausgehend von unterschiedlichen theoretischen und empirischen Zugängen, das komplexe Interdependenzverhältnis von Medien, Kultur und Kommunikation in einer breiten sozialwissenschaftlichen Perspektive zu fassen. Dabei soll die Reihe sowohl aktuelle Forschungen als auch Überblicksdarstellungen in diesem Bereich zugänglich machen.

Andreas Hepp

Cultural Studies und Medienanalyse

Eine Einführung

3., überarbeitete
und erweiterte Auflage

VS VERLAG FÜR SOZIALWISSENSCHAFTEN

Bibliografische Information der Deutschen Nationalbibliothek
Die Deutsche Nationalbibliothek verzeichnet diese Publikation in der
Deutschen Nationalbibliografie; detaillierte bibliografische Daten sind im Internet über
http://dnb.d-nb.de abrufbar.

1. Auflage 1999
2. Auflage 2004
3., überarbeitete und erweiterte Auflage 2010

Alle Rechte vorbehalten
© VS Verlag für Sozialwissenschaften | GWV Fachverlage GmbH, Wiesbaden 2010

Lektorat: Barbara Emig-Roller

VS Verlag für Sozialwissenschaften ist Teil der Fachverlagsgruppe
Springer Science+Business Media.
www.vs-verlag.de

Umschlaggestaltung: KünkelLopka Medienentwicklung, Heidelberg
Druck und buchbinderische Verarbeitung: Ten Brink, Meppel
Gedruckt auf säurefreiem und chlorfrei gebleichtem Papier
Printed in the Netherlands

ISBN 978-3-531-15543-2

Mit Liebe für Beate, Levi und Naomi

Inhalt

1 Einleitung

Zur Trauerfeier um den Tod Michael Jacksons erschien von Carsten Zorn ein Artikel in der *tageszeitung*, den er mit folgendem Zitat von Stuart Hall – einem der führenden Vertreter der Cultural Studies – einleitete: „there is a continous struggle to disorganize and reorganize popular culture ... A battlefield where no once-for-all victories are obtained but where there are always strategic positions to be won and lost." In dem sich dann anschließenden Artikel setzt sich Carsten Zorn damit auseinander, dass durch die Trauerfeier vom 7. Juli 2009 „ein epochaler Bruch zum allgemeinen Bewusstsein" (Zorn 2009: 13) gekommen ist. Dies sei der „Bruch" des Endes der alten globalen Popkultur, wie sie für Generationen zu einem selbstverständlichen Teil des Lebens geworden ist und wie sie sich durch die Medienberühmtheit Michael Jackson bzw. das Medienevent seiner Trauerfeier nochmals breit sichtbar manifestiert. Die Überlegungen anderer Feuilletonisten und Musikjournalisten aufgreifend, argumentiert Carsten Zorn – selbst neben seiner Tätigkeit als freier Autor als Wissenschaftler im Bereich der Populärkulturforschung tätig –, dass eine Zentrierung von Kommunikation, wie sie erst die „Superstars" der Popkultur möglich machte, mit der Etablierung des Internets und der digitalen Medien so nicht mehr denkbar sei. Entsprechend ist die breite Kommunikation über den Tod Michael Jacksons in Twitter, Facebook und anderen Web-2.0-Angeboten der „Bruch" eines Übergangs, indem hier eine Instrumentalisierung der ‚alten' Popkultur der Massenmedien durch die ‚neue' Popkultur des Internets auszumachen ist: „Die neue globale Popkultur [...] hängt am Tropf der alten, lebt ganz von ihr – und also dummerweise von etwas, das gerade verschwindet." (Zorn 2009: 13).

Im Rahmen des vorliegenden Buchs ist dieses Zitat von Carsten Zorn in einem doppelten Sinne von Interesse. Erstens demonstriert sein Artikel, in welchem Maße sich die Cultural Studies im deutschsprachigen Raum in den letzten beiden Jahrzehnten zu einem zentralen Referenzpunkt nicht nur des wissenschaftlichen Diskurses, sondern auch einer breiteren Öffentlichkeit entwickelt haben. Scheinbar ganz selbstverständlich wird die Analyse eines aktuellen kulturellen Geschehens durch das vorangestellte Hall-Zitat in die Grundperspektive der Cultural Studies eingeordnet – eine Perspektive, wonach Populärkultur deswegen ein wichtiges Feld (wissenschaftlicher) Beschäftigung ist, weil sie den Bereich bildet, in dem eine Vielzahl aktueller gesellschaftlicher Auseinandersetzungen und Konflikte lokalisiert ist.

Zweitens zeigt die Argumentation die nach wie vor bestehende Relevanz einer kritischen Auseinandersetzung mit Fragen der Populär- und Medienkultur. Sicherlich waren wir in den letzten Jahren mit einem rasanten Wandel dessen konfrontiert, was wir als Populär- und Medienkultur charakterisieren. Dieser Wandel wird nicht nur daran greifbar, dass sich das Internet als eine zentrale Distributions- und Kommunikationsplattform etabliert hat. Er wird ebenso an Veränderungen von Formaten und Kommunikationsformen deutlich. In einer solchen Gesamtsituation des Umbruchs von Populär- und Medienkultur sind kritische Medien- und Kulturanalysen notwendiger als zuvor.

Diese Punkte – die Etablierung der Cultural Studies als ein wichtiger Ansatz der Medien- und Kulturforschung und die erstarkende Relevanz kritischer Medien- und Kulturanalysen – sind die beiden Gründe, warum ich das vorliegende Buch „Cultural Studies und Medienanalyse" nunmehr zehn Jahre nach seinem Ersterscheinen überarbeitet habe. Die Durchsicht der mit wenigen Korrekturen mehrfach nachgedruckten Erstauflage hat mir gezeigt, welche Aktualität und Relevanz die Grundüberlegungen, Konzepte und empirischen Studien der Cultural Studies bis heute haben. Gleichzeitig hat sie aber ebenso deutlich gemacht, dass eine Aktualisierung des Buchs im Hinblick auf die in den letzten zehn Jahren international und im deutschsprachigen Raum erschienenen Studien notwendig ist. Beides habe ich versucht bei der Überarbeitung des Buchs zu beherzigen, indem es seine bewährte Gliederung beibehält, durch eine Vielzahl von Ergänzungen und Erweiterungen gleichzeitig aber die Diskussion der letzten Jahre in die Darstellung integriert wird.

Das Grundverständnis von Cultural Studies ist dasselbe geblieben. Die Cultural Studies sind ein theoretisch fundierter, interdisziplinärer Ansatz der Kulturanalyse, der insbesondere auf eine Beschäftigung mit Alltagspraktiken, alltäglichen kulturellen Konflikten und Fragen der soziokulturellen Macht zielt. Indem diese Zusammenhänge in den gegenwärtigen Gesellschaften insbesondere in Medienprodukten und ihrer Aneignung greifbar werden, erhält die Beschäftigung mit Medien in den Cultural Studies einen zentralen Stellenwert. Insofern wird der Gegenstandsbereich der Cultural Studies gut mit den drei Worten ‚Kultur', ‚Medien' und ‚Macht' gefasst. Ziel des Buches ist es, auf verständliche und nachvollziehbare Weise in diesen medienanalytischen Diskurs der Cultural Studies einzuführen.

In diesem Zusammenhang sind zwei kurze Anmerkungen zu den beiden Begriffen notwendig, die den Titel des vorliegenden Buches ausmachen. Der Ausdruck ‚Medienanalyse' wird zur zusammenfassenden Bezeichnung der Arbeiten von Vertreterinnen und Vertretern der Cultural Studies verwendet, die sich auf Medien, ihre Produktion, Diskurse und Aneignung beziehen. Grund für diese Begriffsbildung ist, dass sich diese Studien nicht bruchlos der Disziplin der Kommunikations- und Medienwissenschaft zuordnen lassen: Auch wenn viele Vertreterinnen und Vertreter der Cultural Studies an Einrichtungen der Kommunikations- und Medienwissenschaft lehren und forschen, geht ihr Ansatz über die Grenzen dieser Disziplin hinaus. Ein Buchtitel „Cultural Studies und Medienwissenschaft" oder „Cultural Studies, Kommunikations- und Medienwissenschaft" wäre also irreführend gewesen.

Ähnliches gilt für die Bezeichnung ‚Cultural Studies'. Der englische Name dieses ‚Projektes' findet gezielt Verwendung, da der deutsche Ausdruck Kulturwissenschaft eine andere, in vielen Fällen stärker literaturwissenschaftliche Tradition bezeichnet. Hierauf wird später noch in Bezug auf die Rezeption der Cultural Studies im deutschsprachigen Raum hingewiesen. „Kulturwissenschaft und Medienanalyse" wäre entsprechend als Titel für dieses Buch ebenso irreführend gewesen.

Bevor ich weiter auf die Ziele der vorliegenden Publikation, das, was sie leisten möchte (und vielleicht auch kann), ihre bestehenden Defizite und Lücken eingehe, erscheint es mir zuerst einmal notwendig zu klären, was unter dem Projekt der Cultural Studies zu verstehen ist. Das, was Cultural Studies eigentlich ‚heißt', gilt es in einem positiven Sinne zu fassen. Dies soll auf doppelte Weise geschehen, erstens durch die Vorstellung einer klassischen Medienanalyse der Cultural Studies, zweitens durch eine eher systematische Darlegung dessen, wie sich die Cultural Studies aus Innenperspektive verstehen.

1.1 Wie sieht eine Medienanalyse der Cultural Studies aus?

Um die Grundorientierung der Cultural Studies greifbar zu machen, bietet es sich als ersten Einstieg an, konkret eine klassische Studie zu betrachten. Ein wegen seiner Vielschichtigkeit interessantes Beispiel ist die Untersuchung „Policing the Crisis", die Stuart Hall zusammen mit Chas Critcher, Tony Jefferson, John Clarke und Brian Roberts am Centre for Contemporary Cultural Studies der Universität Birmingham in den 1970er Jahren realisierte (siehe zu diesem Centre Kap. 3.2).

Im Mittelpunkt der Studie steht das „Mugging" (dt. Straßenüberfall), wobei Hall et al. weniger die individuellen Gründe dieser Form der gewalttätigen Straßenkriminalität interessieren. Gegenstand ist vielmehr das, was sie als „the politics of ‚mugging'" (Hall et al. 1978: 327) bezeichnen, d.h. die soziokulturellen Prozesse, durch die Straßenkriminalität nicht mehr als Manifestation von

Gewalt begriffen wird, deren Bekämpfung bei ihren sozialen Ursachen ansetzen sollte, sondern als eine die gesellschaftliche Ordnung gefährdende „schwarze Gewalttat" im Allgemeinen, die mit „Law-and-Order" zu bekämpfen sei. Innerhalb eines solchen soziokulturellen Prozesses der rassistischen Politisierung von Straßenkriminalität hatte die Berichterstattung der britischen Medien eine herausgehobene Stellung, da in dieser „Mugging" als ein typischerweise von schwarzen Jugendlichen begangenes Verbrechen dargestellt wurde, das gegen das individuelle Eigentum der weißen Briten gerichtet ist. Gleichzeitig ist das „Mugging" aber aus Perspektive der Schwarzen im Hinblick auf ihre ökonomische Stellung in einer durch Rassismus geprägten Gesellschaft zu kontextualisieren – und damit auch im Hinblick auf Möglichkeiten des Widerstands.

An dieser Studie wird – gewissermaßen als Einstieg – gut die spezifische Zugangsweise der Cultural Studies in der Medienforschung deutlich. Auf den ersten Blick mag die Studie „Policing the Crisis" als eine traditionelle Untersuchung journalistischer Berichterstattung erscheinen, in deren Zentrum die Darstellung des „Mugging" in den zwei britischen Tageszeitungen „Daily Mirror" und „The Guardian" zwischen August 1972 und August 1973 sowie in anderen Blättern der Boulevardpresse steht. Auf diesen kommunikations- und medienwissenschaftlichen Rahmen verweist der anfängliche Verlauf der Argumentation in der Untersuchung, indem die Fragen der institutionellen Produktion und des Nachrichtenwertes von „Mugging" diskutiert werden. Die Studie beginnt demnach mit einer Auseinandersetzung damit, was „Mugging" zu einem berichtenswerten Ereignis macht und welchen Einfluss darauf institutionelle Mechanismen in journalistischen Redaktionen haben.

Über solche Zugänge der kommunikations- und medienwissenschaftlichen Journalismusforschung hinaus rückt schnell eine weitere Perspektive in den Mittelpunkt der Studie, nämlich die Frage der sozialen Produktion oder Konstruktion von „Mugging" als Form des abweichenden Verhaltens selbst. Dieser Prozess verweist auf spezifische ‚**kulturelle Landschaften' der Bedeutungsproduktion** („maps of meaning"), vor deren Horizont bestimmte Ereignisse erst „Sinn" machen (Hall et al. 1978: 54): Berichtet ein Journalist oder eine Journalistin über einen Straßenüberfall, wird dies nicht nur als ein (berichtenswertes) Ereignis identifiziert, sondern ebenso in einem bestimmten Bedeutungsgefüge kontextualisiert. Es geht um die Frage, welche Bedeutung dieser Überfall hat, wie er in den bestehenden „maps of meaning" verortet werden kann. Durch diese soziale Identifikation, Klassifikation und Kontextualisierung von Nachrichtenereignissen machen Medien die Welt, die sie konstruieren, für ihre Rezipierenden verständlich.

Entscheidend an dieser Stelle ist, dass prinzipiell zwei unterschiedliche Möglichkeiten bestehen, wie man diese „maps of meaning" konzeptionalisieren kann. Und je nachdem, welchen Zugang man wählt, gelangt man zu einer anderen Analyse der Berichterstattung über das „Mugging". Zuerst einmal kann man eine Konzeptionalisierung ausmachen, bei der von einer „konsensualen Natur der Gesellschaft" (Hall et al. 1978: 55) ausgegangen wird, also von der Vorstellung, dass alle Mitglieder einer Gesellschaft die gleiche „map of meaning" teilen. Die Mitglieder einer Gesellschaft haben grundlegende Interessen und Werte gemeinsam, die in ihrer Kultur als „Landkarte der Bedeutung" reflektiert werden. Entsprechend würde die Berichterstattung über eine Gewalttat wie das „Mugging" als eine mediale Thematisierung kulturell ‚abweichender Werte' gelten – als kommunikativer Selbstvergewisserungsprozess über das gemeinsam sozial Diskreditierte.

Für einen solchen konsensualen Ansatz spricht zuerst einmal einiges: So kann Kommunikation nur dann erfolgreich sein, wenn die an ihr Beteiligten zumindest ein gewisses Set an sozialen Regeln und Werten teilen. Auf die Gesellschaft insgesamt bezogen wird diese **Konsens- oder Integrationsorientierung** aber problematisch. Beobachtet man die Bedeutungsproduktion in gegenwärtigen Gesellschaften, stellt man fest, dass die Vorstellung dieser *einen* geteilten Kultur mit *einer* Landkarte der Bedeutung nicht tragfähig ist. In einer Gesellschaft existieren unterschiedliche Kulturen bzw. „Landkarten der Bedeutung", und je nachdem, in welcher ein und dasselbe Ereignis kontextualisiert wird, gewinnt es unterschiedliche Bedeutungen. Genau über solche Differenzen – die letztlich auf gesellschaftliche Auseinandersetzungen und Konflikte verweisen – setzt sich ein ausschließlich auf Konsens orientierter Ansatz hinweg.

Diese Überlegungen sind für Stuart Hall et al. in ihrer Studie nicht nur als Reflexion ihrer Analyseposition zentral. Auf empirischer Ebene geht es ebenfalls um die Frage, welchen Status die mediale Konstruktion des „Mugging" für die Herstellung eines gesellschaftlichen Konsenses als kommunikative Konstruktion eines geteilten Werthorizontes hat und wo Brüche bestehen, die letztlich Hinweise auf gesellschaftliche Auseinandersetzungen sind. Dass der Fokus auf solche Fragen der **Auseinandersetzung** entscheidend ist, wenn man das Phänomen der Moralpanik des „Mugging" begreifen möchte, macht bereits der Umstand deutlich, dass die Form der medialen Konstruktion des „Mugging" nicht anderen Formen der Konstruktion dieses Phänomens entspricht. Greifbar wird dies an der Gegenüberstellung der dem „Mugging" zugesprochenen Gewalttätigkeit in (sicherlich selbst durch eine spezifische Position gekennzeichneten) Polizeistatistiken einerseits und den Medienberichten andererseits:

Während Polizeiangaben darauf verweisen, dass es mehr „nicht-gewalttätige" Fälle des „Mugging" wie den „einfachen Handtaschendiebstahl" gibt als „gewalttätige", erscheint dies in der Medienberichterstattung umgekehrt: „Mugging" ist dort eine Gewalttat schlechthin, durch die in britischen Städten Verhältnisse amerikanischer Großstädte einziehen würden (Hall et al. 1978: 74). Die Fokussierung auf Gewalttaten wird – so die Argumentation von Hall et al. – zum strukturierenden Element des Nachrichtenzirkels über „Mugging".

Durch eine Vielzahl von Analysen versuchen Hall et al. diesen Prozess der medialen Darstellung des „Mugging" als Teil eines weitergehenden soziokulturellen Auseinandersetzungsprozesses zu kontextualisieren. Eines ihrer zentralen Argumente ist, dass das „Mugging" in den Medien als eine „schwarze" Form von Gewalt konstruiert wird. Diesen von Rassismus geprägten Darstellungen kann die Funktion zugesprochen werden, die Gefährdung des durch die Wirtschaftskrise in Frage gestellten gesellschaftlichen Grundkonsenses der Wachstums- und Besitzorientierung durch eine Panikmache gegen eine ethnische Gruppe zu kompensieren: Die Gefahr ist nicht mehr der (abstrakte) soziale Abstieg durch Arbeitsplatzverlust des oder der Einzelnen in einer Phase der Rezession, sondern der (konkrete) Verlust von Eigentum durch einen Überfall vor der eigenen Haustür. Dieses „Kriminalisieren der Krise" hat eine die bestehende Hegemonie – also die gesellschaftlichen Macht- und Herrschaftsverhältnisse – sichernde Funktion, indem es durch die Stigmatisierung schwarzer Jugendlicher gelingt, „die Nation erneut auf die staatstragende Eigentumsideologie [einzuschwören], so als hätten die Mugger mit ihren bei brutalen Überfällen entwendeten Brieftaschen die Institution des Privateigentums überhaupt in Frage gestellt" (Klaus 1989: 8).

Gleichzeitig muss man das „Mugging" in der Kultur der schwarzen Jugendlichen kontextualisieren. Hier ergibt sich ein anderer Blick auf das gleiche Phänomen, der zwar „Mugging" als Verbrechen nicht entschuldigt, aber deutlich macht, warum diesem aus der Perspektive der schwarzen Jugendlichen Aspekte des **Widerstands** innewohnen: In der Wirtschaftskrise wurden die Schwarzen immer mehr zu einer ‚Unter-Arbeiterschicht', in der die Jugendlichen kaum Aussichten auf einen festen Arbeitsplatz und Lohneinkommen haben. Zentral sowohl für die kulturelle Identität als auch eine Form des ökonomischen Überlebens in der „colony" – den ghetto-artigen, von Schwarzen bewohnten Stadtvierteln – wurde das „hustling". Darunter ist das (coole) ‚Herumhängen' auf der Straße zu verstehen, bei dem man sich den Lebensunterhalt u.a. durch kleine Betrügereien und Straßendiebstähle verdient (Hall et al. 1978: 351f.). Der Übergang zum gewalttätigen „Mugging" ist fließend (Hall et al. 1978: 359). Entscheidend an dieser Stelle ist, dass auch wenn die Mehrzahl der Jugendlichen das „Hustling" nicht bewusst als Lebensform gewählt hat, sondern aufgrund der wirtschaftlichen Situation dazu gebracht wurde, für sie diese Lebensform als Ausdruck des Widerstands gegen das die Schwarzen ausbeutende und ausgrenzende System gilt: Die Jugendlichen verweigern sich diesem System im „Hustling" vollkommen, indem sie Lohnarbeit als Lebensform überhaupt nicht mehr anstreben. Die Bedeutungsdimensionen, die das „Mugging" für sie in Bezug auf das „Hustling" hat, sind vollkommen andere als in der allgemeinen Medienberichterstattung.

In ihrer Gesamtheit zeigt die Untersuchung von Hall et al. damit, dass sich der Rassismus der Kriminalisierung schwarzer Jugendlicher erst dann adäquat einordnen lässt, wenn man ihn als Teil eines umfassenden soziokulturellen Auseinandersetzungsprozesses begreift. Dies schließt Fragen der Produktion ebenso ein wie der Medienberichterstattung bzw. medialen Repräsentation als auch ihrer Aneignung. Der Rassismus steht nicht für sich, sondern hat eine spezifische Funktion, die sich aus der damaligen Gesamtlage Großbritanniens erklärt. Ein solcher Zugang verweist auf die Spezifik der Medienanalysen der Cultural Studies: Es geht in diesen darum, eine Medienforschung zu betreiben, die einbezieht, dass in einer Gesellschaft unterschiedliche kulturelle Orientierungen vorherrschend sind, durch die ein und dieselben Medienprodukte bzw. Medientexte unterschiedlich kontextualisiert werden. Treten in den Medien über solche Differenzen hinweg beispielsweise Moral-Paniken wie die des „Mugging" auf, so verweisen diese Berichterstattungswellen weniger darauf, dass die Gesellschaft ein geteiltes Wertgefüge *hat*. Vielmehr sind sie dahingehend zu verstehen, dass innerhalb gesellschaftlicher Auseinandersetzungsprozesse der *Versuch* der Etablierung hegemonialer Wirklichkeitsdefinitionen im Hinblick auf ein solches Wertgefüge besteht.

Zugespitzt formuliert macht das Beispiel „Policing the Crisis" für ein verallgemeinerndes Verständnis von Cultural Studies folgendes deutlich: Die Grundüberlegung, Kultur als widersprüchlichen und konfliktären Zusammenhang zu begreifen, ist in den Cultural Studies nicht einfach ein allgemeines, theoretisch hergeleitetes Lippenbekenntnis. Es handelt sich dabei um eine Art empirisches Programm, indem die Medienanalysen der Cultural Studies anstreben, solche machtgeprägten Prozesse der Konstruktion kultureller Bedeutung konkret zu untersuchen.

Weiterführende Literatur: Hall et al. 1978; Hall 1994; Rojek 2003

1.2   Was heißt Cultural Studies?

Die bisherige Argumentation anhand der exemplarisch betrachteten Studie „Policing the Crisis" hat eine Reihe von Dingen deutlich gemacht: So wurde darauf hingewiesen, dass es in den Cultural Studies um eine kritische Auseinandersetzung mit Kultur und Macht geht, in der Medien eine zentrale Rolle spielen, da sie in gegenwärtigen Gesellschaften herausragende Instanzen der Bedeutungsproduktion sind. Dabei sind die Cultural Studies nicht einfach als ein Ansatz der Kommunikations- und Medienwissenschaft zu begreifen, sondern sie müssen Disziplin übergreifend verortet werden. In ihren Analysen bedienen sich die Cultural Studies verschiedener methodischer und theoretischer Zugänge unterschiedlicher Disziplinen, angefangen von der Sprach- und Literaturwissenschaft über die Anthropologie und Soziologie bis hin zur Kommunikations- und Medienwissenschaft. Wie kann man in dieser Vielfalt aber den Ansatz der Cultural Studies fassen?

Prinzipiell eröffnen sich hierfür zwei Möglichkeiten. Die erste von beiden wäre, dass man Cultural Studies wissenschaftsgeschichtlich definiert. Dann sind diese als ein kulturtheoretischer, aus dem angloamerikanischen Raum stammender Ansatz zu begreifen, für den die ‚Frühtexte' von Raymond Williams, Richard Hoggart und E. P. Thompson und die Arbeiten des „Centre for Contemporary Cultural Studies" (CCCS) an der Universität von Birmingham ein zentraler Referenzpunkt sind. Sicherlich hat eine solche ‚genealogische Definition' den Vorteil, Zusammenhänge, die sich durch wechselseitige Bezüge und Zusammenarbeiten ergeben, zu erfassen (für einen historischen Abriss der Cultural Studies vgl. Kap. 3). Problematisch bei einer solchen ‚genealogischen Definition' bleibt ihre Tendenz, die Cultural Studies als *eine Schule* zu konzeptionalisieren, die sich am „Centre for Contemporary Cultural Studies" entwickelt hat – eine Darstellung, die dem heutigen Selbstverständnis der Cultural Studies nicht gerecht werden würde.

Entsprechend erscheint ein zweites Vorgehen einer weiteren Definition des „Cultural Studies Approach" (Krotz 1995) sinnvoller, nämlich eine ‚inhaltliche Definition', also eine Definition bezogen auf den Gegenstand, mit dem sich die Cultural Studies befassen, vor allem aber auf die Forschungspraxis, in der dies geschieht. Nähert man sich den Cultural Studies in dieser Weise, fällt die zum Teil explizite Weigerung auf, den eigenen Ansatz auf *ein* methodisches oder theoretisches Paradigma festzulegen. Entsprechend betont Stuart Hall: „So gesehen, sind Cultural Studies nichts einheitliches; sie waren nie einheitlich." (Hall 2003: 33). Ebenso kommen die Autoren mehrerer Beiträge der Zeitschrift *Cultural Studies* in einer Selbstverständnisdiskussion der 1990er Jahre zu recht unterschiedlichen Ergebnissen, wie dieser Ansatz zu fassen sei (Jones 1994; Miller 1994; Schwarz 1994; Bennett 1996). Oder Ien Ang (Ang 2006) argumentiert aktuell, dass sich zeitgemäße Cultural Studies hin zu einer allgemeinen kritischen Kulturanalyse entwickeln sollten (siehe Kap. 6.2).

Eine solche Breite von Positionen verwundert kaum, denn die Cultural Studies lassen sich – wie bereits mehrfach betont – nicht als eine Fachdisziplin begreifen, sondern stellen ein **inter- oder transdisziplinäres Projekt** dar. In diesem Sinne stellt Graeme Turner fest, dass es ein Fehler wäre, Cultural Studies als eine neue Disziplin oder eine Konstellation von Disziplinen anzusehen (vgl. Turner 2002: 10). Cultural Studies sind seiner Argumentation nach ein interdisziplinäres Feld, in dem bestimmte wissenschaftliche Unternehmen und Methoden miteinander konvergieren. In ähnlichem Sinne hat Stuart Hall die Cultural Studies als eine diskursive Formation bezeichnet:

„Cultural Studies sind eine diskursive Formation im foucaultschen Sinne. Sie haben keinen simplen Ursprung, obwohl einige von uns dabei waren, als sie sich zum ersten Mal diesen Namen gaben. [...] Cultural Studies haben vielfältige Diskurse; sie haben eine Reihe unterschiedicher Geschichten. Sie sind eine ganze Reihe von Bewegungen; sie haben ihre verschiedenen Konjunkturen und wichtigen Momente in der Vergangenheit. Sie beinhalten viele verschiedene Arbeiten [...]!" (Hall 2000b: 35)

Trotz dieses ‚multiplen Charakters' der Cultural Studies als (Set) diskursiver Formation(en), lassen sich Grundpositionen ausmachen, die für dieses Projekt charakteristisch sind. Eine der bis heute differenziertesten und – da aus amerikanischer Perspektive geschrieben – jenseits des britischen Kontextes adaptierbare Charakterisierung der Cultural Studies hat Lawrence Grossberg in einer Reihe von Publikationen vorgelegt (vgl. Grossberg 1997a: 245-271; Grossberg 1999). Auch er fasst Cultural Studies als ein Set diskursiver Formationen, wenn er schreibt:

„Cultural Studies bestehen immer und ausschließlich in kontextuell spezifischen theoretischen und institutionellen *Formationen*. Solche Formationen sind immer eine Reaktion auf ein bestimmtes politisches Projekt, das auf den verfügbaren theoretischen und historischen Ressourcen beruht." (Grossberg 1999: 55; Herv. i. O.)

In diesem Zitat klingt deutlich an, gegen welche Konzeptionalisierungen von Cultural Studies sich Grossberg verwehrt, nämlich gegen all jene Versuche, Cultural Studies auf der Basis spezifischer Methoden, Theorien oder Untersuchungsgegenstände kontextfrei festzuschreiben. Die von ihm genutzte Metapher des „Projektes" soll verdeutlichen, dass sich die Cultural Studies als (Forschungs-)Ansatz in einem kontinuierlichen Prozess neu definieren müssen, wollen sie ihre Fokussierung auf aktuelle kulturelle Entwicklungen nicht aus dem Blick verlieren. Dies kann in sehr unterschiedlichen universitären Disziplinen und institutionellen Kontexten geschehen, allerdings auf der Basis eines spezifischen Grundverständnisses von Cultural Studies, das mithilfe von sechs ‚Schlagwörtern' gefasst werden kann: erstens dem der radikalen Kontextualität, zweitens dem Theorieverständnis der Cultural Studies, drittens ihrem interventionistischen Charakter, viertens ihrer Interdisziplinarität und fünftens ihrer Selbstreflexion.

1. Der Ausdruck der **radikalen Kontextualität** oder des radikalen Kontextualismus wird uns noch später bei der Auseinandersetzung mit der jüngeren Entwicklung der Aneignungsforschung der Cultural Studies begegnen (Kap. 4.2). Anders als dort versteht Lawrence Grossberg unter radikalem Kontextualismus eine grundlegende Orientierung von Studien, die er den Cultural Studies zurechnet. Radikale Kontextualität bezeichnet einen spezifischen Anti-Essentialismus, der sich in dem Verständnis manifestiert, dass kein kulturelles Produkt und keine kulturelle Praxis außerhalb des kontextuellen Zusammenhangs fassbar ist, in dem diese stehen. Befassen sich die Cultural Studies also mit der Rolle kultureller Praktiken bei der Konstitution soziokultureller Wirklichkeit, so geschieht dies unter Einbezug der verschiedenen in diesem Zusammenhang relevanten ‚Kräfte' und ‚Interessen', ohne dass eine von diesen monokausal als die ‚eigentlich relevante' apostrophiert wird. Bezogen auf Medientexte bzw. Medienprodukte weist eine solche radikale Kontextualität die „Vorstellung zurück, dass man aufgrund der Tatsache, dass ein kultureller Text als Ware unter kapitalistischen Bedingungen hergestellt wird, bereits im Voraus weiß, wie er politisch zu beurteilen wäre" (Grossberg 1999: 65).

2. Diese Position hat Auswirkungen auf das **Theorieverständnis** der Cultural Studies. Einerseits betonen die verschiedensten Vertreterinnen und Vertreter der Cultural Studies die Notwendigkeit von Theorie, d.h. Cultural Studies sind für sie grundlegend theoretisch orientiert. Grundposition ist, dass einzelne zu erforschende Kontexte nicht direkt empirisch zugänglich sind, sondern die unabdingbare Voraussetzung für jede Empirie eine theoriegeleitete Fokussierung ist. Andererseits ist keine Theorie kontextfrei zu sehen, d.h. sie muss stets auf den Kontext bezogen werden, zu dessen Erfassen sie entwickelt wurde. Deutlich hat dies Stuart Hall betont, wenn er schreibt, dass der „Zweck des Theoretisierens […] darin [besteht], uns Möglichkeiten zu eröffnen, die historische Welt und ihre Prozesse zu erfassen, zu verstehen und zu erklären, um Aufschlüsse für unsere eigene Praxis zu gewinnen und sie gegebenenfalls zu ändern" (Hall

1989: 173). Theorie ist immer die Antwort auf spezifische Fragen in spezifischen Kontexten und ihr Wert misst sich daran, inwieweit sie geeignet ist, das Verständnis von bestimmten Kontexten zu verbessern. Theorie sollte demnach nie zu einer ‚Hypothek' für aktuelle Forschung werden in dem Sinne, dass sie die zu stellenden Fragen von vornherein auf bestimmte mögliche Antworten einschränkt. Sie ist eher eine Art ‚Leitfaden' für empirische Forschungsarbeit.

3. Wie in dem Zitat von Stuart Hall mit seiner Betonung, dass Theorie helfen solle, die „Welt [...] gegebenenfalls zu ändern", anklingt, gehen die Vertreter der Cultural Studies von einem **interventionistischen Charakter** ihres Projektes aus. Diesem Ansatz geht es – so zumindest eine immer wieder postulierte Überlegung – nicht um die zweckfreie Produktion von Wissen, sondern darum, solches Wissen zu produzieren, das Hinweise darauf gibt, wie sich gegenwärtige soziokulturelle Probleme und Konflikte lösen lassen. Während Studien der Cultural Studies wie beispielsweise die der „Women's Group" des CCCS mit ihrer feministischen Orientierung im außerparlamentarischen Sinne politisch orientiert gewesen sind (CCCS 1978), macht Grossberg darauf aufmerksam, dass Cultural Studies gegenwärtig „eine gewisse Distanz zu den bestehenden Wirkungskreisen von Politik" (Grossberg 1999: 31) verlangen. Diese Äußerung ist vor dem Hintergrund eines kontextualisierenden Verständnisses zu sehen, wonach Interventionen in gegenwärtigen Gesellschaften etwas anderes bedeuten, als dies Mitte der 1970er Jahre beispielsweise in Großbritannien der Fall war. Das Ziel der Cultural Studies ist es nach ihrem Selbstverständnis folglich, ein Wissen zu produzieren, das Interventionen und Veränderungen ermöglicht, und nicht Tagespolitik zu betreiben. Wie Stuart Hall und Joel Pfister betonen, muss man genau an diesem Punkt vorsichtig sein, die Cultural Studies als wissenschaftliche Praxis nicht zu romantisieren (vgl. Hall 2000b: 49-51; Pfister 1996: 296). Oder wie Cary Nelson schreibt:

„[P]olitisches Handeln und Cultural Studies sind nicht austauschbar. [...] Es sollte nicht notwendig sein, dies zu sagen, aber anscheinend ist es: Die Cultural Studies sind ein Set von Schreibpraktiken; sie sind eine diskursive, analytische, interpretative Tradition" (Nelson 1996: 278).

Gleichwohl sehen einzelne Vertreterinnen und Vertreter der Cultural Studies – wie beispielsweise Chris Barker (Barker 2003: 187-189) – bis heute eine der zentralen Aufgaben der Cultural Studies darin, als akademischer Ansatz kritisches Wissen neuen sozialen Bewegungen zur Verfügung zu stellen.

4. Bereits mit Bezug auf den CCCS klang die **Interdisziplinarität** von Cultural Studies an. Interdisziplinarität ist ein Schlagwort, das sich viele gegenwärtige wissenschaftliche Formationen ‚auf ihre Fahnen schreiben'. Eine interdisziplinäre Orientierung der Cultural Studies ergibt sich dadurch, dass ihr primärer

Gegenstand – Kultur, verstanden als ein konfliktäres Feld der Auseinandersetzung – kaum in den (methodischen und theoretischen) Grenzen einer Disziplin zu fassen wäre. Interdisziplinarität darf aber nicht dazu führen, die eigene Arbeit mit Fußnoten anzureichern, die Verweise auf Arbeiten aus anderen Disziplinen enthalten (vgl. Grossberg 1999: 75). Interdisziplinarität bedeutet vielmehr Arbeit, nämlich die Arbeit, sich adäquat in den Diskussionsstand eines Diskurses einzuarbeiten, den man zunächst einmal nur als Außenstehender kennt. Hierbei darf man jedoch zweierlei nicht verkennen. Erstens haben Disziplingrenzen und sich hierdurch ergebende Differenzierungen bei der Beschäftigung mit kulturellen Phänomenen durchaus ihre Berechtigung. Mit Bezug darauf, dass sich Kultur bzw. Medienkultur in einem Kreislauf von Produktion, Produkt und Aneignung konstituiert (siehe Kap. 2.6), hat Richard Johnson darauf hingewiesen, dass die in Disziplinen greifbar werdende „akademische Arbeitsteilung auch unterschiedlichen gesellschaftlichen Positionen und Perspektiven [entspricht], von denen aus unterschiedliche Aspekte kultureller Kreisläufe am deutlichsten sichtbar werden" (Johnson 1999: 147). Zweitens – und dies ist eine der gegenwärtig besonders diskutierten Entwicklungen – hat eine Institutionalisierung der Cultural Studies selbst eingesetzt, die zwar nicht in herkömmlichen Disziplinengrenzen beschreibbar ist, bei der die Cultural Studies jedoch deutlich eine „Linie" entwickelt haben (Striphas 1998b und Ang 2006; zur aktuellen Diskussion Kap. 6.2). Interdisziplinarität kann man entsprechend nicht mit Antidisziplinarität oder Nichtinstitutionalisierung gleichsetzen. Bezogen auf die Cultural Studies fasst dieser Begriff, dass sich dieser Ansatz in verschiedenen Disziplinen bzw. über verschiedene Disziplinen hinweg etabliert hat, wobei die ‚Mutterdisziplinen' der Vertreterinnen und Vertreter der Cultural Studies – Kommunikations- und Medienwissenschaft, Soziologie, Politikwissenschaft, Pädagogik usw. – im Sinne von Richard Johnson eine wichtige „Perspektive" der Betrachtung von Kultur bzw. kulturellen Auseinandersetzungen beisteuern.

5. Der fünfte Punkt, der zu einer ersten Charakterisierung der Cultural Studies angeführt werden soll, ist der der **Selbstreflexion**. Wie bei der Interdisziplinarität ist Selbstreflexion eine Grundhaltung, die dem Selbstverständnis nach viele (um nicht zu sagen: alle) wissenschaftliche Ansätze auszeichnet. Wo ist hier dann das Spezifische der Cultural Studies zu sehen? Dieses ergibt sich wiederum durch ihren radikalen Kontextualismus. Begreift man Theorien als kontextuell vermittelte, vorläufige Antworten oder gar nur Frageperspektiven, ist die oder der Forschende gezwungen, sich im Forschungsprozess mit ihrem oder seinem Theorieverständnis zu positionieren. Kennzeichen der Selbstreflexion der Cultural Studies ist, genau dies im Analyseprozess und seiner Dokumentation deutlich zu machen. John Frow und Meaghan Morris haben von einem

„‚selbstpositionierenden' und begrenzenden Aspekt der Analyse der Cultural Studies" gesprochen (Frow/Morris 1993: xvii), bei dem der Forschende in seiner Auseinandersetzung mit dem Forschungsgegenstand die theoretisierende Begründung für seine Fragestellungen offen legt. Das Spezifische der Selbstreflexion der Cultural Studies kann demnach darin gesehen werden, dass diese explizit und kontinuierlich in der wissenschaftlichen Schreibpraxis vollzogen wird und nicht nur eine ‚Übung für ruhige Stunden' ist.

Es sollte deutlich geworden sein, dass die Cultural Studies – obwohl sie sich bisher zu keiner Disziplin im traditionellen Sinne entwickelt haben – einen festen Kern haben, der sie abgrenzbar gegenüber anderen Ansätzen macht. Dies wird weiter durch den primären **Forschungsgegenstand** untermauert: Kultur als konfliktärer Prozess. Unabhängig davon, zu welcher Konzeptionalisierung von Kultur die einzelnen Vertreterinnen und Vertreter der Cultural Studies *en detail* tendieren – ob sie eher einen anthropologisch orientierten Kulturbegriff favorisieren, nach dem unter Kultur die Gesamtheit einer Lebensweise zu verstehen ist, oder ob sie eher zu einer semiotisch-strukturalistischen Position tendieren, die Kultur in Analogie zur Sprache als ein spezifisches semiotisches System fasst –, besteht Einigkeit darin, dass Kultur nicht als homogenes Ganzes zu begreifen ist, sondern als ein konfliktärer Prozess: ein von Macht geprägter, fragmentierter Zusammenhang (vgl. Hall 2000b). Entsprechend ist, wenn von Vertreterinnen und Vertretern der Cultural Studies von Medienkultur gesprochen wird, damit etwas anderes gemeint, als wenn dieser Begriff innerhalb eines „Mainstreams" der Kommunikations- und Medienwissenschaft Verwendung findet. Genau dies betont Ien Ang, wenn sie formuliert:

„Im Mainstream der Kommunikationsforschung, der ‚objektives' Wissen durch die Überprüfung generalisierbarer Hypothesen mit Hilfe von konventionellen sozialwissenschaftlichen Methoden anhäuft, wird ‚Kultur' vorwiegend im behavioristischen Sinne aufgefasst. […] Ihr positivistisches Interesse an der Medienkultur ist jedoch in vielerlei Hinsicht nicht mit dem Anliegen der Cultural Studies vereinbar. Letztere behandeln ‚Kultur' nicht einfach als einen isolierten Gegenstand der Kommunikationsforschung. Ihnen geht es um die widersprüchlichen und sich kontinuierlich vollziehenden *sozialen Prozesse* von kultureller Produktion, Zirkulation und Konsum und nicht um ‚Kultur' als ein mehr oder weniger statisches und objektiviertes Gebäude von Ideen, Überzeugungen und Verhaltensweisen. Die Cultural Studies arbeiten deshalb auf der Grundlage völlig anderer Prinzipien: Sie befassen sich mit den historisch entstandenen und spezifischen Bedeutungen und weniger mit allgemeinen Verhaltenstypologien, sind eher prozess- als ergebnisorientiert und verfahren interpretativ statt erklärend." (Ang 1999: 318, Herv. i. O.)

Dieses Zitat kann als ein Vorgriff auf die Darlegungen der weiteren Seiten zu den Medienanalysen der Cultural Studies angesehen werden. Das Besondere an ihnen ist nämlich nicht, dass sie einfach ein Wissen über Medienkultur anhäufen, sondern dass sie auf der Basis einer grundlegenden Prozess- und Konflikt-

orientierung die Stellung von Medien in gegenwärtigen soziokulturellen Auseinandersetzungen zu beleuchten suchen. Und hierin ist die Spezifik einer Medienanalyse im Rahmen der Cultural Studies zu sehen.

Weiterführende Literatur: Grossberg 1999; Hall 2000b; Hall 2003

1.3 Über dieses Buch

Wie angemerkt, handelt es sich bei dem vorliegenden Buch um eine Überarbeitung meiner erstmals 1999 veröffentlichten Einführung in den medienanalytischen Ansatz der Cultural Studies. Mit dieser Neuauflage wurde die Darstellung
der ‚klassischen' Medienstudien der Cultural Studies dahingehend überarbeitet,
dass ich die in den letzten Jahren erschienene Literatur eingearbeitet habe, wo
dies sinnvoll erschien. Daneben erweiterte ich einzelne Kapitel um aktuelle Forschung der Cultural Studies, um ihre dynamische und produktive Entwicklung
zugänglich zu machen, wie auch gänzlich neue Kapitel hinzukamen.

Trotz solcher Erweiterungen gelten durch den Fokus dieses Buchs auf die
medienanalytischen Arbeiten der Cultural Studies nach wie vor einige Ein-
schränkungen, wie ich sie bereits zur ersten Auflage formulierte. Es ist nicht das
Ziel dieser Veröffentlichung, die Cultural Studies in ihrer ganzen Breite und
Fülle bzw. den verwickelten Strängen der internationalen Diskussion darzustellen. Ein solches Unterfangen wäre heute noch viel weniger möglich als vor zehn
Jahren, da die internationale Ausdifferenzierung der Cultural Studies weiter vo-
rangeschritten ist (vgl. Kap. 3.3). Der Fokus liegt dezidiert auf der Medienanalyse der Cultural Studies. Weitergehende Arbeiten werden berücksichtigt, wenn
sie für den medienanalytischen Ansatz der Cultural Studies grundlegend sind.
Aber auch die medienanalytischen Arbeiten der Cultural Studies sind mittlerweile derart vielfältig, dass im Weiteren vor allem die als ‚exemplarisch' geltenden Arbeiten berücksichtigt worden sind bzw. solche, die für die gegenwärtige
Forschung richtungsweisend scheinen. An Stellen, wo dies dazu führt, dass einzelne Forschungsstränge übergangen werden mussten, wurde versucht, durch
Literaturverweise auf diese hinzuweisen.

Zur Darstellungsweise dieses Buches ist zu sagen, dass sein Text in der
‚neuen', reformierten Orthografie verfasst ist. Deshalb erschien es angemessen,
Zitate aus älteren Titeln an diese Rechtschreibung anzupassen, um eine Einheit-
lichkeit zu wahren. Generell habe ich darauf geachtet, in Zitaten primär deutsche Übersetzungen fremdsprachiger Quellen zu berücksichtigen. In Fällen, wo

dies nicht möglich oder sinnvoll war, wurden die zitierten Passagen von mir übersetzt. Ebenso wurde darauf geachtet, dass bei der weiterführenden Literatur am Ende eines jeden Kapitels auf deutsche Übersetzungen von Originaltexten verwiesen wird, soweit diese vorliegen. Um einen leichten Zugang zur weiteren Argumentation zu ermöglichen, sind zentrale Schlagworte und thematische Zusammenhänge im laufenden Text fett hervorgehoben, wobei sich die hervorgehobenen Ausdrücke zum Teil mit denen im Glossar überschneiden. Beim Verfassen des Buches habe ich schließlich darauf geachtet, geschlechtsneutral zu formulieren und da, wo dies aufgrund der deutschen Grammatik nicht geht, explizit ‚beide' Geschlechter in wechselnder Reihenfolge zu nennen. Falls einzelne Textstellen dennoch in irgendeiner Weise ausgrenzend wirken, ist dies nicht intendiert.

Abschließend möchte ich – nicht zuletzt aufgrund der erwähnten Vielschichtigkeit des Ansatzes der Cultural Studies, der *ein* Buch kaum gerecht werden kann – jeder und jedem Interessierten empfehlen, dieses *Cultural Studies und Medienanalyse* im Kontext anderer, in letzter Zeit erschienener deutschsprachiger Publikationen zu den Cultural Studies wahrzunehmen. Genannt werden können eine Reihe von Bänden aus den vergangenen Jahren, die das Ziel verfolgen, unterschiedliche Aspekte der Cultural Studies einführend oder im Überblick darzulegen (bspw. Winter 2001; Lindner 2000; Lutter/Reisenleitner 2002; Marchart 2007). Daneben sind von mir bzw. verschiedenen anderen Kolleginnen und Kollegen thematische Sammelwerke zu den Cultural Studies herausgegeben worden. Unter diesen sind für einen differenzierteren Einstieg in die Medienanalysen der Cultural Studies die Veröffentlichungen *Cultural Studies. Grundlagentexte zur Einführung* (Bromley et al. 1999), *Kultur – Medien – Macht. Cultural Studies und Medienanalyse* (Hepp/Winter 2008) und *Schlüsselwerke der Cultural Studies* (Hepp et al. 2009) relevant. Generell den Ansatz der Cultural Studies reflektieren Bände wie *Widerspenstige Kulturen. Cultural Studies als Herausforderung* (Hörning/Winter 1999), *Die Werkzeugkiste der Cultural Studies. Perspektiven, Anschlüsse und Interventionen* (Göttlich et al. 2001) oder *Die Cultural Studies Kontroverse* (Hepp/Winter 2003). Darüber hinaus ist auf die Reihen *Cultural Studies* im Transcript Verlag und bei Turia Kant zu verweisen, in denen in den letzten Jahren verschiedene deutschsprachige Publikationen veröffentlich wurden, die sich in die Tradition der Cultural Studies stellen. Mit einem stärkeren Bezug zur Soziologie bzw. Kommunikations- und Medienwissenschaft hat sich der Verlag für Sozialwissenschaften (VS) hervorgetan. Daneben findet sich eine Vielfalt empirisch wie theoretisch orientierter Arbeiten im deutschsprachigen Raum, die an ganz unterschiedlichen Orten erschienen. Unter den Zeitschriften, in denen immer wieder deutschsprachige Artikel mit

Medienanalysen der Cultural Studies veröffentlicht werden, sind vor allem *Das Argument*, das *Medien Journal* sowie *Medien & Kommunikationswissenschaft* zu nennen.

Abschließend bleibt aber nach wie vor zu betonen, dass die Cultural Studies ein internationaler Ansatz sind und sich ihre aktuellen Diskussionen primär über ihren englischsprachigen Diskurs erschließen. Neben den verschiedenen, international vorliegenden Einführungen in die Cultural Studies sei deswegen vor allem auf vier einschlägige Zeitschriften verwiesen, in denen die Medienanalysen der Cultural Studies einen herausgehobenen Stellenwert haben. Dies sind die Zeitschriften *Continuum: Journal of Media and Cultural Studies*, *Cultural Studies*, *European Journal of Cultural Studies* und *International Journal of Cultural Studies*.

Wie jedes andere Buch wäre auch dieses ohne die Unterstützung einer Vielzahl von Personen nicht machbar gewesen, denen ich danken möchte. Zuerst einmal sind dies meine Partnerin und unsere beiden Kinder, denen ich *Cultural Studies und Medienanalyse* als symbolhafte Entschädigung für die vielen Stunden am Schreibtisch widme. Eine große Unterstützung war das Arbeitsumfeld an der Universität Bremen und hier konkret das IMKI bzw. der Masterstudiengang Medienkultur. Den Studierenden des Masterprogramms danke ich für all ihre Fragen, die mich immer wieder zwangen zu konkretisieren, was gegenwärtig der Kern einer Medienanalyse der Cultural Studies ist. Unter den verschiedenen Kolleginnen und Kollegen, die in den letzten Jahren am IMKI bzw. Fachgebiet Kommunikationswissenschaft tätig waren, danke ich für anregende Diskussionen und Feedback Matthias Berg, Andreas Breiter, Cigdem Bozdag, Michael Brüggemann, Caroline Düvel, Maren Hartmann, Marco Höhn, Katharina Kleinen-von Königslöw, Veronika Krönert, Swantje Lingenberg, Johanna Möller, Anke Offerhaus, Laura Suna und Jeffrey Wimmer. Für Unterstützung auf Ebene des Fachbereichs danke ich Jürgen Lott. Daneben wäre die Überarbeitung dieser Veröffentlichung nicht realisierbar gewesen ohne die anhaltenden Gespräche um Medien und Kultur mit weiteren Kolleginnen und Kollegen, denen ich ebenfalls zu Dank verpflichtet bin, vor allem Nick Couldry, Udo Göttlich, Uwe Hasebrink, Matthias Karmasin, Lissi Klaus, Friedrich Krotz, Knut Lundby, Lothar Mikos, Shaun Moores, Tanja Thomas, Carsten Winter, Rainer Winter und Hartmut Wessler. Für die Möglichkeit, mit ihnen Interviews zu Cultural Studies und Medienanalyse führen zu können danke ich Roger Bromley, Richard Johnson, Shaun Moores, David Morley, John Storey und John Tomlinson. Ihr Gesagtes ist vielfach in dieses Buch eingeflossen. Bei der Drucklegung von *Cultural Studies und Medienanalyse* unterstützten mich verschiedene Personen. Danken möchte ich einmal mehr Barbara Emig-Roller für ihre vielfache Geduld mit der Überarbeitung, die viel früher geplant war. Zu großem Dank bin ich ebenfalls Cindy Roitsch verpflichtet, für all die Bibliotheksgänge, Korrekturen und den Index, sowie Heide Pawlik, die mir in wichtigen Momenten den ‚Rücken frei' hielt und beim Korrigieren half. Schließlich danke ich der *taz* für ihre Berichterstattung, die stets ein gutes Beispiel für Erläuterungen liefert.

Weiterführende Literatur: Bromley et al. 1999; Hepp et al. 2009; Winter 2010

2   Ein erster Zugang: Grundbegriffe der Cultural Studies

Zu Beginn eines Kapitels, das sich mit Grundbegriffen der Cultural Studies befasst, erscheint es mir angebracht, auf den Aufsatz *Cultural Studies: Zwei Paradigmen* von Stuart Hall zu verweisen (orig. Hall 1980b; dt. Hall 1999a). Aufgrund der Interdisziplinarität der Cultural Studies, ihrer Ausdifferenzierung und
unterschiedlicher Entstehungskontexte ist es nämlich nicht möglich, eine oder
zwei grundlegende Publikationen zu nennen, in denen die Grundbegriffe dieses
Ansatzes dargelegt würden. Die in den Cultural Studies zentralen Begriffe und
Konzepte entstammen höchst unterschiedlichen Traditionen. Dennoch handelt
es sich bei ihnen *nicht* um ein eklektizistisches Konglomerat, und genau dies
verdeutlicht Stuart Hall, wenn er von zwei „‚Hauptparadigmen' der Cultural
Studies" (Hall 1999a: 128) spricht, dem Kulturalismus und dem Strukturalismus
bzw. der Semiotik. Der **Kulturalismus** ist jene Tradition, in der die Veröffentlichungen *The Uses of Literacy* von Richard Hoggart, Raymond Williams' *Culture and Society* und E. P. Thompsons *The Making of the English Working
Class* stehen (siehe Kap. 3.1). Der Kern des Kulturalismus lässt sich damit charakterisieren, dass in ihm Kultur als eng verknüpft mit sämtlichen gesellschaftlichen Praktiken begriffen wird, wobei diese als eine geteilte Form menschlichen
Tätigseins verstanden werden (Hall 1999a: 122). Die **Semiotik** bzw. der **Strukturalismus** und die sich anschließende Rezeption des Poststrukturalismus fand
insbesondere über Claude Lévi-Strauss und Roland Barthes Eingang in die Cultural Studies. Hierdurch wurde das auf Ferdinand de Saussure zurückgehende
strukturalistische Paradigma zu einem zentralen Fundament kulturtheoretisch
orientierter Medienanalyse. Die Hauptstärke des (Post-)Strukturalismus für die
Cultural Studies ist darin zu sehen, dass er es ermöglicht, „über die Beziehungen
innerhalb einer Struktur nachzudenken, [...] ohne sie auf bloße *Beziehungen*
zwischen Personen zu reduzieren" (Hall 1999a: 129; Herv. i. O.).

Für die Formation der Cultural Studies war das Aufeinandertreffen dieser
beiden „Paradigmen" in höchster Weise fruchtbar, da diese – auch wenn nicht
vollkommen komplementär zueinander – sich durch ihre jeweiligen Stärken und
Defizite in zentralen Punkten für eine Kulturanalyse ergänzten und ergänzen.
Wie Stuart Hall schreibt:

„Gemeinsam – mit allen ihren Divergenzen und Konvergenzen – sprechen sie das an,
was als das *Kernproblem* der Cultural Studies angesehen werden muss. Sie treiben uns

fortwährend zu jenem Terrain zurück, das von den eng miteinander verwobenen und einander nicht gegenseitig ausschließenden Konzepten von Kultur und Ideologie abgesteckt wird. Zusammen formulieren sie die Probleme, die sich unmittelbar aus dem Versuch ergeben, *sowohl* die Spezifität verschiedener Praktiken *als auch* die Formen der durch sie konstituierten Einheit zu reflektieren. [...] Ihre dauerhaften und sich wechselseitig verstärkenden Widersprüche verheißen keine Aussicht auf eine leichte Synthese. Aber zusammengenommen bestimmen sie, wo – wenn überhaupt irgendwo – der Ort ist, an dem, und welches die Grenzen sind, innerhalb derer eine Synthese herstellbar wäre." (Hall 1999a: 137f.)

Vor diesem Hintergrund sollen im Weiteren die analytischen Konzepte des Kulturalismus und (Post-)Strukturalismus bzw. die darauf aufbauenden Grundbegriffe der Cultural Studies dargelegt werden, soweit sie relevant für deren Medienanalysen geworden sind. Sicherlich kann dabei die von Stuart Hall thematisierte Synthese dieser beiden „Paradigmen" nicht geliefert werden. Jedoch soll der theoretische Hintergrund gegeben werden, die in den dann folgenden Kapiteln dargestellten empirischen Medienstudien der Cultural Studies zugänglich zu machen.

2.1 Die semiotische Basis: Sprache, Zeichen und Repräsentation

Den Cultural Studies, wie sie bisher als interdisziplinäres Forschungsfeld dargestellt wurden, liegen eine Reihe semiotischer Vorstellungen zugrunde, ohne deren Kenntnis viele der Argumentationen dieses Ansatzes nicht verständlich wären. Als einer der Vordenker der heutigen Semiotik kann der Genfer Sprachwissenschaftler Ferdinand de Saussure gelten. In den posthum veröffentlichten Vorlesungsmitschriften *Grundfragen der allgemeinen Sprachwissenschaft* (1916) entwickelt de Saussure den für die moderne strukturelle Linguistik und Semiotik wegweisenden Begriff von **Sprache**. Grundlegend ist dabei seine Unterscheidung von „langue" und „parole" (Saussure 1967: 16f.). Mit Parole bezeichnet de Saussure den einzelnen Äußerungsakt, den eine Sprecherin oder ein Sprecher vollzieht, das Sprechen als solches. Parole ist für ihn etwas Singuläres, Individuelles, ein in einem spezifischen Kontext lokalisiertes kommunikatives Handeln. Hiervon differenziert er die Langue, die Sprache verstanden als Sprachsystem, wie es in keinem einzelnen Sprechen realisiert werden kann, sondern nur in Abstraktion hiervon existiert. Unter der Langue wird die Sprache „als ein System von Zeichen" (Saussure 1967: 22) gefasst, das sich virtuell im sprachlichen Handeln aller Mitglieder einer Sprachgemeinschaft konstituiert. Saussures Argumentation lenkt den Blick auf eine Beschäftigung mit Sprach-

bzw. Zeichensystemen: Eine Auseinandersetzung mit der Langue kann Regelmäßigkeiten herausarbeiten, die es ermöglichen, systematische Zusammenhänge zu erfassen. Der Ansatzpunkt dafür ist – was das strukturalistische Paradigma schlechthin ist – die Relation der einzelnen Systemelemente zueinander: „[D]ie Sprache ist ein System von bloßen Werten, das von nichts anderem als dem augenblicklichen Zustand seiner Glieder bestimmt wird" (Saussure 1967: 95).

De Saussure ist für die Cultural Studies nicht nur wegen seiner sprachtheoretisch begründeten Formulierung des strukturalistischen Paradigmas relevant. Daneben sind seine zeichentheoretischen Darlegungen zu einem zentralen Bezugspunkt der Semiotik und damit der Cultural Studies geworden. Analytisch unterscheidet de Saussure zwei Seiten von **Zeichen** („signe"), nämlich das „signifié" (dt. Bezeichnetes, Zeicheninhalt, Signifikat) als die Vorstellung, die eine Sprecherin oder ein Sprecher von einer „chose" (dt. Sache) hat, und das „signifiant" (dt. Bezeichnendes, Zeichenform, Signifikant), das Lautbild oder Wort, das dieser Vorstellung zugeordnet ist. Veranschaulichen kann man das trilaterale Zeichenmodell de Saussures an dem bereits von ihm gewählten Beispiel des Baums: Auf der einen Seite verfügt jedes Mitglied einer Sprachgemeinschaft über eine spezifische Vorstellung von ‚Baum' (einen ‚Prototypen' oder ‚Konzept', wie dies in der linguistischen Forschung bezeichnet wurde). Diese Vorstellung bildet zusammen mit dem Lautbild, dem Ausdruck oder Wort ‚Baum' eine Einheit, die letztendlich das sprachliche Zeichen ausmacht. Dieses sprachliche Zeichen kann nicht mit der Sache, die es bezeichnet, gleichgesetzt werden. Das wird an der Bandbreite von Situationen deutlich, in denen man ‚Baum' sinnvoll zur Bezeichnung unterschiedlichster Pflanzen gebrauchen kann: Dies kann beim Wandern in einem mitteleuropäischen Gebirge sein, wo man im Vorbeigehen auf eine Tanne weist und sich über diesen Baum unterhält, ebenso kann dies in einer Gärtnerei beim Gespräch darüber sein, welcher Haselnussstrauch als nächstes geschnitten werden sollte usw.

Die Beziehung zwischen Zeichen und Sache ist keine natürliche bzw. motivierte, beispielsweise indem sich die Lautfolge /baum/ aus der Eigenart der Sache, bestimmter Pflanzen oder gar einer Vorstellung ableiten ließe. De Saussure argumentiert, dass deren Relation arbiträr, d.h. zufällig ist. Dies ist aber nicht damit gleichzusetzen, dass die Beziehungen willkürlich wären. Vielmehr sind sie durch Konvention geregelt. Dadurch, dass einzelne Sprecherinnen und Sprecher in einer Sprachgemeinschaft sozialisiert werden, lernen sie bestimmte ‚Regeln' der Bezeichnung, der Zuordnung von Vorstellungen, Lautbildern und Sachen. Diese ‚Regeln' werden so internalisiert, dass sie ‚quasi natürlich' erscheinen: Offensichtlich kann man sich, wie es Wittgenstein formuliert hat, in bestimmten Bezeichnungen seiner Alltagssprache nicht irren.

Diese Vorstellung der Arbitrarität von Zeichen ist für die Cultural Studies grundlegend, da sie die kulturelle Lokalisiertheit von **Bedeutung** bereits auf der Zeichenebene begründet. Sprache spiegelt nicht einfach Realität wider. Als auf Konventionen beruhendes, soziales Phänomen trägt die Sprache zur Wirklichkeitskonstruktion, zur Artikulation von Kultur bei. Gleichzeitig ist Sprache aber selbst durch diese Kultur, die sie mit konstituiert, vermittelt, indem „die Sitten eines Volkes [...] auf die Sprache zurück[wirken]" (Saussure 1967: 24). Dinge, die in einer Sprache bezeichnet werden, sind in weiten Teilen keine ‚natürlichen' Gegenstände und Wesen wie Pflanzen und Tiere, sondern von Menschen geschaffene Kulturgüter. Aber auch scheinbar ‚Natürliches', ‚Materielles' ist kulturell vermittelt. Beispielsweise gibt es in Jäger- und Sammlerkulturen keine Notwendigkeit zur Bezeichnung von Saatgut, das als kulturelle Tatsache erst mit Beginn des Ackerbaus existiert. Die soziale Notwendigkeit für die Bezeichnung von bestimmten Dingen ergibt sich erst in bestimmten Kulturen, Differenzen einzelner Zeichen und Sprachen lassen sich zumindest im Bereich der Semantik demnach soziokulturell erklären. Man kann entsprechend von einer arbiträren Konventionalität von Zeichen sprechen, die Aspekte einer wie auch immer gearteten kulturellen Lokalisiertheit einschließt (Hodge/Kress 1988: 21).

Hilfreich sind die Differenzierungen von drei Arten von Zeichen, Index, Ikon und Symbol. Diese drei Arten von Zeichen unterscheiden sich darin, welche Art von soziokulturell lokalisierten Schlüssen sie zulassen, d.h. wie man sie gewöhnlicherweise interpretiert (vgl. zum weiteren Peirce 1983: 64f.; Keller 1995: 114-132).

Beim **Index** (oder in anderer Terminologie Symptom) werden Schlüsse kausal gezogen. So ist Erröten ein Index für Scham, Zittern für Angst, Lachen für Freude usw. Ein Index steht immer in direkter Beziehung zu einer Sache, sei es in einer Teil-Ganzes-Relation (z.B. Flecken im Gesicht als Symptom einer bestimmten Krankheit), in kausaler Beziehung (z.B. Fingerabdrücke als Index für die Anwesenheit einer Person) oder in Mittel-Zweck-Relation (z.B. die Angel am Ufer als Zeichen für den Fischfang). Indexikalische Zeichen erscheinen zwar insofern als ‚natürlich', als sie keinen Urheber bzw. Adressaten im engeren Sinne haben. Dennoch sind sie insoweit als kulturell lokalisiert zu begreifen, als sie erst in einer kulturell vermittelten Beobachterperspektive *als Zeichen* bestehen. Dies macht das Beispiel der Krankheit deutlich: Die Flecken, die eine Person am Körper hat, haben weder einen Urheber noch sind sie an jemanden adressiert. ‚Bedeutungslos' bleiben sie jedoch, bis sie von einem fachkundigen Beobachter wie einer Ärztin studiert werden, die sie als indexikalische Zeichen einer bestimmten Krankheit begreift, die Krankheit diagnostiziert und dann behandelt.

Abbildung 1:   *Zeichentypen*

	Index	*Ikon*	*Symbol*
Beziehung zur Sache	direkt (Teil-Ganzes, kausal, Zweck-Mittel)	assoziativ (Ähnlichkeit, Sachfelder)	arbiträr (Konventionalität)
Interpretation	kausales Schlüsse-Ziehen	assoziatives Schlüsse-Ziehen	konventions- basiertes Schlüsse-Ziehen
Adressierung	kein Urheber/ kein Adressat	Urheber/Adressat	Urheber/Adressat
kulturelle Lokalisiertheit	gering (kulturelle Beob- achterperspek- tive bedingt Zei- chenhaftigkeit)	mittel (Assoziation setzt kulturelles Wissen voraus)	hoch (kulturelles Zei- chensystem als Grundlage des Verstehens)

Im Gegensatz zum Index sind **Ikone** Kommunikationsmittel, die von einer Zeichenbenutzerin oder einem Zeichenbenutzer verwendet werden, um einen Adressaten zu beeinflussen. Typische Beispiele für Ikone sind Piktogramme, wie sie z.b. auf Toilettentüren oder Verkehrsschildern zu finden sind. Ikonische Zeichen sind dadurch gekennzeichnet, dass sie beim Adressierten eine vom Urheber beabsichtigte Assoziation hervorrufen. Dies geschieht häufig über Ähnlichkeitsbeziehungen, muss aber nicht. Auch mittels anderer ikonischer Zeichen kann auf die ‚richtige' Toilette geschlossen werden, beispielsweise wenn Männer- bzw. Frauenschuhe an den Toilettentüren angebracht sind. Hier wird ausgehend von einem typischen Bekleidungsstück das jeweilige Geschlecht assoziiert. Auch Ikone sind im weitesten Sinne kulturell vermittelt. So setzt das richtige Assoziieren des Geschlechts ausgehend vom jeweiligen Piktogramm voraus, dass man die Bekleidungs-Stereotype – Männer haben Hosen an, Frauen Röcke – kennt bzw. über ein kulturelles Wissen verfügt, was Mode betrifft.

Die dritte Art von Zeichen sind **Symbole**. Diese Zeichen sind es, die de Saussure bei seinem trilateralen Zeichenmodell im Blick hatte. Bei Symbolen werden vom Adressierten Schlüsse auf der Basis von Konventionen gezogen, wie es beim Sprechen geschieht: Jede Sprecherin und jeder Sprecher einer Sprache beherrscht deren grundlegende ‚Gebrauchsregeln', was gleichbedeutend damit ist, dass sie oder er diesen ‚Regeln' gemäß kommunikativ handeln kann. Basierend auf diesem kulturellen Regelwissen versteht man sprachliche Äußerungen, man weiß, ‚was sie bedeuten'. Letztendlich ist es aber gerade dieser Aspekt, der in den Zeichentheorien von de Saussure und Peirce nur in geringem Maße reflektiert wird. Der Grund hierfür ist ihre mentalistisch-repräsentative Orientierung. Beide Theoretiker betrachten Zeichen primär in Bezug auf ihre mentale Repräsentation, indem sie das Bezeichnete als Vorstellung in der Psyche der Sprachbenutzerinnen und -benutzer lokalisieren.

Es ist vor allem dem zur Arbeitsgruppe von Michail Bakhtin zählenden russischen Zeichentheoretiker Valentin N. Volosinov anzurechnen, schon früh in seiner „semiotischen Ideologietheorie" (Eagleton 1991: 224) auf die kulturtheoretischen Defizite einer solchen Position aufmerksam gemacht zu haben. Volosinov hält de Saussure entgegen, dass die Sprache als beständiges System normativ identischer Formen nur eine wissenschaftliche Abstraktion ist, die „lediglich bei der Verfolgung bestimmter praktischer und theoretischer Ziele produktiv sein kann" (Volosinov 1975: 162). Die ‚konkrete Wirklichkeit' fasst diese Theorie aber nur sehr ‚ausschnitthaft'. Sinnvoller erscheint es, das Verhältnis von Zeichen und individuellem Bewusstsein diskurstheoretisch zu fassen und die Zeichenbedeutung im Prozess der Interaktion zu lokalisieren.

Dabei ist es grundlegend, dass (sprachliche) Zeichen nicht isoliert auftreten, sondern innerhalb von Texten und diese wiederum als Teil von Diskursen. Diese Feststellung geht von einem recht weiten Textbegriff aus, nach dem nicht nur Gedrucktes als **Text** zu charakterisieren ist, sondern beispielsweise auch Fernsehsendungen einschließlich aller auditiven und visuellen Elemente, da auch sie konventionell als Einheit von unterschiedlichen, miteinander ‚verwobenen' Elementen wahrgenommen werden. Die Beziehung, in der einzelne Elemente eines Textes stehen, wird selbst als durch Konventionen vermittelt gedacht, indem Texten umfassende Organisationsmuster zugrunde liegen, nämlich Genres, Gattungen, Text- oder Gesprächssorten.

Texte sind generell in umfassende Diskurse eingebettet. Ein **Diskurs** ist ein in sich strukturierter, komplexer thematischer Zusammenhang, der in die gesellschaftliche Praxis eingebettet ist. Der Diskurs definiert die Möglichkeiten von Texten, die die gleiche Praxis ausdrücken bzw. als Repräsentanten der gleichen Praxis akzeptiert werden können (Maas 1984: 18). Texte sind dadurch keine isolierten Phänomene, sie sind verflochten in bestimmte soziokulturelle Auseinandersetzungen und Debatten. Michel Foucault spricht davon, dass Diskurse sich aus einer Vielzahl von Aussagen konstituieren, die eine strukturierte Einheit, ein „Bedeutungsnetz" bilden (Foucault 1992: 58). Dabei sind Diskurse immer mit

Macht verbunden, nämlich der Macht, Wissen zu produzieren und zu verbreiten. Bedeutungen konstituieren sich also in einem fortlaufend diskursiven Prozess, in einer gesellschaftlichen und durch Auseinandersetzungen geprägten Interaktion, in die jedes Mitglied einer Sprachgemeinschaft hineingeboren wird und die die Basis der Interiorisierung subjektiver Bedeutungswelten darstellt. Zeichen sind so nicht rein mental fassbare Phänomene, obwohl sie eine ‚innere Komponente' haben, sondern haben mit Texten und Diskursen stets eine äußere, gewissermaßen ‚materielle Manifestation' (Volosinov 1975: 55f.). Ein solches diskurstheoretisch fundiertes Zeichenkonzept vermeidet einerseits verkürzende Argumentationen, wonach Texte die gesellschaftliche Wirklichkeit ‚widerspiegeln' würden, verfällt aber nicht in das andere Extrem der umfassend mentalen Lokalisierung von Bedeutung.

Entsprechend kann man auch **Ideologie** als ein semiotisches bzw. diskursives Phänomen begreifen. Wie Volosinov argumentiert, ist die Wirklichkeit ideologischer Phänomene die Wirklichkeit der Zeichen. Ohne Zeichen gibt es keine Ideologie (Volosinov 1975: 224). Ideologeme sind nichts anderes als soziokulturelle Orientierungsmuster, die kommuniziert werden und damit diskursiv gefasst sind und in Zusammenhang stehen mit Wirklichkeitsdefinitionen sozial Mächtiger. Insofern findet sich Ideologie auf allen Ebenen des menschlichen Lebens und ist generell nicht vom Zeichen- und Sprachgebrauch zu trennen. Dies verweist auf die Überlegung, dass man sich eine Sprachgemeinschaft nicht als geschlossene Gruppe vorstellen darf, sondern als parzelliert in eine Vielzahl kleiner Gruppen, wobei jede dieser Gruppen mit ein und demselben Zeichen und Text unterschiedliche Bedeutungsakzente verbindet. Volosinov hat diesbezüglich von der „gesellschaftlichen Multiakzentuiertheit des Zeichens" (Volosinov 1975: 72) gesprochen. Durch den Gebrauch von Zeichen in der Kommunikation werden nicht einfach Ideologien festgeschrieben, sondern eine semiotische Auseinandersetzung eröffnet, eine sozial lokalisierte Interaktion, in der Bedeutungen ausgehandelt werden. Diese semiotischen Auseinandersetzungen, die ‚zwischen' „offizieller Ideologie" (ebd.) und der „Ideologie des Alltagslebens" (ebd.) lokalisiert sind, sind also keine Top-Down-Prozesse, sondern ein interferenter Vorgang (zum Begriff des Alltagslebens siehe Kap. 2.5).

Man kann diesbezüglich von dem konnotativen Potenzial von Zeichen sprechen, in Abgrenzung zu ihrer Denotation (Barthes 1979: 75–78). Unter **Denotation** ist die Bedeutung eines Zeichens zu verstehen, die diesem innerhalb eines bestimmten Zeichensystems qua Konvention zukommt. Jedoch können Zeichen selbst wieder zum Signifikanten, zur Ausdrucksebene eines zweiten Zeichensystems werden. In diesem zweiten Zeichensystem kommt eine weitere Bedeutungskomponente dazu, die **Konnotation**. Wie auch die Denotation ist die Konnotation eines Zeichens auf kultureller Basis konventionell vermittelt, d.h. arbiträr. Aufgrund des sekundären Charakters des konnotativen Zeichensystems kann man die Konnotation als Bedeutungskomponente begreifen, die die Grundbedeutung überlagert und sich einer vom Kontext abstrahierenden Beschreibung entzieht.

Diese Definition von Konnotation mag auf den ersten Blick abstrakt klingen. Zentral an ihr ist Folgendes: Sie verdeutlicht, dass Zeichen mehrere Bedeutungsaspekte haben können, von denen einer zwar der primäre, ein anderer der eher sekundäre ist. Aber auch der letztere, konnotative Bedeutungsaspekt ist nichts Beliebiges, sondern – allerdings auf einer zweiten Ebene – konventionell oder besser diskursiv strukturiert. Deswegen ist er als kulturelles Phänomen analysierbar. Das herausragende Beispiel für ein konnotatives, sekundäres Zeichensystem ist für Barthes der **Mythos** als eine Form der Realisierung von Ideologie des Alltagslebens. Auch im Mythos wird ein schon bedeutungstragendes Zeichen selbst wieder zum Signifikanten und damit zu einer Komponente eines sekundären Zeichens. Dies macht Barthes an der Analyse des folgenden Mythos deutlich:

„Hier ein anderes Beispiel. Ich sitze beim Friseur, und man reicht mir eine Nummer von *Paris-Match*. Auf dem Titelbild erweist ein junger Neger [sic!] in französischer Uniform den militärischen Gruß, den Blick erhoben und auf eine Falte der Trikolore gerichtet. Das ist der *Sinn* des Bildes. Aber ob naiv oder nicht, ich erkenne sehr wohl, was es mir bedeuten soll: dass Frankreich ein großes Imperium ist, dass alle seine Söhne, ohne Unterschied der Hautfarbe, treu unter seiner Flagge dienen und dass es kein besseres Argument gegen die Widersacher eines angeblichen Kolonialismus gibt als den Eifer dieses jungen Negers, seinen angeblichen Unterdrückern zu dienen. Ich habe also auch hier ein erweitertes, semiologisches System vor mir: es enthält ein Bedeutendes, das selbst schon von einem vorhergehenden System geschaffen wird *(ein farbiger Soldat erweist den französischen militärischen Gruß)*, es enthält ein Bedeutetes (das hier eine absichtliche Mischung von Franzosentum und Soldatentum ist), und es enthält schließlich die *Präsenz* des Bedeuteten durch das Bedeutende hindurch." (Barthes 1964: 95; Herv. i.O.)

Mit einer solchen Analyse ist man bei den grundlegenden Funktionen von Mythen angelangt, wie sie Claude Lévi-Strauss (1989) herausgearbeitet hat. Nach dessen Überlegungen haben Mythen die Funktion, die in bestimmten Kulturen bestehenden lebenspraktischen Widersprüche vereinbar zu machen, indem sie das offensichtlich Unerklärliche erklären und indem sie das Unvermeidliche rechtfertigen. In Mythen werden Widersprüche und Ungerechtigkeiten, die in der Lebenspraxis nicht aufgelöst werden können, auf symbolische Art und Weise gelöst. Die Funktion von Mythen ist es, solche Widersprüche als Teil der ‚natürlichen Erfahrung' darzustellen.

Dies verweist darauf, dass einzelne Mythen nicht für sich genommen werden können, sondern Teil umfassender ‚mythischer Diskurse' sind, innerhalb derer sie sich durch ihre Funktion erschließen. In der wissenschaftlichen Beschäftigung mit populärkulturellen Mythen hat es sich hier eingebürgert, von „Mythologien" zu sprechen. Dabei zeichnen sich Mythologien, wie Lévi-Strauss gezeigt hat, häufig durch sogenannte **binäre Oppositionen** aus. Eine binäre Opposition ist ein Gegensatzpaar von zwei Zeichen oder Wörtern, die sich beiderseitig ausschließen aber – quasi wie die zwei Seiten einer Medaille – strukturell aufeinander bezogen sind und so eine Einheit bilden. Ein Beispiel ist der Gegensatz Land : See, die beide zusammen die Erdoberfläche ausmachen (J. Hartley in O'Sullivan et al. 1994: 30–33). Kennzeichnend für binäre Oppositionen ist, dass sie zumeist nicht für sich auftreten, sondern in einer Art ‚mythologischem Feld' von mehreren Gegensatzpaaren (für ein solches Beispiel vgl. Kap. 2.4, Abbildung 6). Auch in dem Beispiel von Barthes lässt sich eine binäre Grundstruktur ausmachen, die mit den Gegensatzpaaren Kolonialmacht : Kolonialisierte, Weiß : Schwarz und zivilisiert : primitiv operiert. Allerdings muss man sich hier der prinzipiellen Unabgeschlossenheit von Zeichenprozessen bewusst sein. Wie Jacques Derrida betont hat, können Differenzen nie gänzlich in binären Oppositionen aufgelöst werden (Derrida 1990), auch sie sind nur momentane Festschreibungsversuche in einem prinzipiell offenen Bezeichnungsprozess.

Abbildung 2:   *Der Mythos als sekundäres semiotisches System*

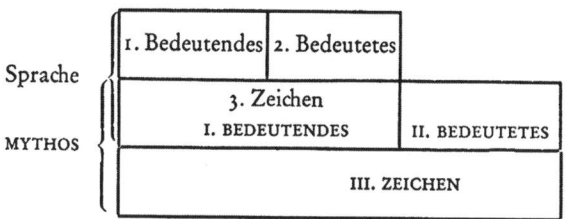

Quelle: Barthes 1964: 93

Das Beispiel des Alltagsmythos verdeutlicht, dass Zeichen und Texten auf konnotativer Ebene verschiedenste Bedeutungspotenziale zukommen können, die zwar nicht beliebig sind, aber jenseits der ‚eigentlichen', denotativen Bedeutung liegen. Man spricht in diesem Zusammenhang von der **Polysemie** von Texten. Polysemie heißt so viel wie ‚Mehrdeutigkeit', die Zeichen und Texte haben, wobei solche ‚Mehrdeutigkeiten' auf spezifischen semiotischen Verfahren fußen. Zu nennen sind hier insbesondere Witz/Ironie, Metaphorik, Heteroglossie und Exzess (Fiske 1987b: 85-93; Fiske 2008).

Sowohl Witze und Ironie als auch Metaphern funktionieren, indem in ihnen Elemente unterschiedlicher Diskurse miteinander verbunden werden – im Falle von Witzen in der ‚Kollision' dieser Elemente in der Pointe, im Falle von Metaphern, indem Ähnlichkeitsbeziehungen zwischen diesen Elementen genutzt werden, um ein sprachlich vermitteltes Bild zu evozieren. Ein polysemes Potenzial entsteht dadurch, dass diese ‚Beziehungen' fortgeführt werden können. Man nehme als Beispiel das Bild der Autofahrer, die durch neue Abgaben „gemolken" werden sollen (vgl. Abbildung 3), ein Bild, in dem vieles mitschwingt, angefangen vom Auto als der ‚heiligen Kuh' der Deutschen bis hin zum Ohnmachtsgefühl, das viele Leute gegenüber der staatlichen Steuerpolitik empfinden, die sie – ähnlich wie Kühe im Stall – zum passiven Ertragen zwingt. Aber auch in Metaphern wie der des ‚Geldflusses', des ‚Geldkreislaufes' oder der ‚Geldquelle' wird ein weitergehendes Bild fassbar – eine Art ‚wirtschaftsliberales Modell', wonach die Ökonomie einen Kreislauf darstellt, in dem Gelder hervorquellen, regnen, versickern, fließen. Häufig können solche metaphorischen Bilder weiter ausgemalt werden, was deren kulturelle Tragweite verdeutlicht wie auch ihr schwer kontrollierbares Bedeutungspotenzial.

Erklärungsbedürftig ist der Ausdruck der Heteroglossie. In Anlehnung an Michail M. Bakhtin ist hierunter ‚Mehrstimmigkeit' zu verstehen. Heteroglott sind Texte, in denen nicht nur eine Position vertreten wird, sondern mehrere ‚zu Wort' kommen und nebeneinander stehen gelassen werden (Bakhtin 1981: 301–331). Diese Heteroglossie ist ein zentrales Merkmal vieler heutiger Mediengenres, insbesondere denen des Fernsehens. Man denke an Endlosserien oder Talk-Shows, deren charakteristisches Merkmal es ist, viele verschiedene Personen und Figuren in spezifischen Interaktionen zu Wort kommen zu lassen. Aber auch innerhalb von Printmedien gibt es heteroglotte Texte. Ein Beispiel wären hier Themenseiten in Zeitungen und Zeitschriften, wo zu einem Thema verschiedene Positionen gegenübergestellt werden. Mit einer solchen ‚Stimmenvielfalt' geht Polysemie einher, indem nicht eindeutig eine Meinung vor einer anderen präferiert wird und, selbst wo dies der Fall ist, solche Präferenzen als falsche Akzentuierungen von den Rezipierenden verstanden werden können.

Abbildung 3:   *Titelseite der Bild am Sonntag vom 26.06.1998*

Beim Exzess lassen sich zwei Formen unterscheiden, der übertreibende und der semiotische Exzess (Fiske 1987b: 90–93). Übertreibungen finden sich in einer Vielzahl von Medientexten, vor allem im Boulevard-Journalismus, wie nochmals das Beispiel der Überschrift „Jeder will sie melken: Lasst die Autofahrer in Ruhe!" verdeutlicht. Polysemie entsteht hier, indem durch die übertriebene Darstellung einer aktuellen politischen Situation ‚Stimmungen' aufgegriffen werden, die als Subtext mitschwingen. Etwas anders ist dies beim semiotischen Exzess, bei dem ein Text zu ‚viel' an Inhalt umfasst und sich so ein breites Bedeutungspotenzial öffnet. Dies ist bei vielen Filmen und Fernsehsendungen der Fall, die ein solches Maß an ‚Information' vermitteln, dass es nicht auf eine einzige Bedeutungsebene reduziert werden kann. Aber auch Titelblätter von Boulevard-Zeitungen sind durch ein Übermaß graphischer und sprachlicher Mittel gekennzeichnet (vgl. Abbildung 3). Semiotischer Exzess ist also Polysemie durch ‚Über-Codierung'.

Diese Polysemie von Medientexten bzw. Medienprodukten darf allerdings nicht vergessen machen, dass in den gegenwärtigen Gesellschaften Medien einen zentralen Stellenwert bei der kommunikativen Konstruktion soziokultureller Wirklichkeit haben. In den Cultural Studies wird dieser Sachverhalt unter dem Begriff der **Repräsentation** verhandelt. In Rückgriff auf die Überlegungen von de Saussure definiert Stuart Hall Repräsentation als den Prozess, durch den Mitglieder einer Kultur sowohl sprachliche als auch weitere Zeichensysteme benutzen, Bedeutung zu produzieren. Repräsentation fasst die konventionelle Beziehung zwischen ‚Sachen' und ‚Zeichen' einerseits und zwischen ‚Zeichen' und ihren korrespondierenden, mentalen ‚Konzepten' andererseits (Hall 1997b: 61). Folglich lassen sich die in diesem Kapitel behandelten Alltagsmythen als Repräsentationen soziokultureller Wirklichkeit begreifen, wobei Repräsentation hier *nicht* im Sinne von Widerspiegelung verstanden werden darf: Repräsentationen sind *unhintergehbarer Teil* des Prozesses der soziokulturellen Konstruktion von Wirklichkeit, sie ‚bilden' Wirklichkeit also nicht einfach ab.

Um diesen Zusammenhang zu fassen, erscheinen zwei Begriffe von Relevanz, der der diskursiven Formation und der des Subjekts. Wie bereits dargelegt, ist unter einem Diskurs ein thematischer Zusammenhang zu verstehen, innerhalb dessen bestimmte Regeln und Praktiken vorherrschen, die die Möglichkeiten von sinnhaften Äußerungen regulieren. Entsprechend kann man Diskurs als einen Zusammenhang von Äußerungen begreifen, die eine Sprache an Möglichkeiten des Sprechens über ein bestimmtes Thema zur Verfügung stellt. Der von Foucault entlehnte Begriff der **diskursiven Formation** bezeichnet in diesem Zusammenhang eine Gesamtheit von diskursiven Ereignissen, die auf dasselbe Objekt referieren, über einen gemeinsamen ‚diskursiven Stil' verfügen und eine spezifische Strategie (eine institutionelle, administrative oder politische Strömung oder entsprechendes Muster) unterstützen (Hall 1997b: 44). Bezogen auf ein einzelnes diskursives Ereignis sind es also spezifische und bestimmbare diskursive Formationen, die die Möglichkeit der Repräsentation von etwas bestimmen.

Der Subjektbegriff ist bezüglich der Diskussion von (medialen) Repräsentationen von Interesse, weil mit dem diskurstheoretischen Repräsentationskonzept dem **Subjekt** bzw. **Subjektivität** im wörtlichen Sinne eine neue ‚Position‘ zukommt. Mit de Saussure teilt Foucault die Überzeugung, dass die Äußerung des einzelnen Subjektes (bei de Saussure die Parole) nicht Fokus der Forschung sein sollte, sondern das die einzelnen Äußerungen vermittelnde System, in Foucaults Theorierahmen der Diskurs. Allerdings berücksichtigt Foucault – im Gegensatz zu Saussure, der sich mit der subjektiven Komponente sprachlicher Kommunikation nicht weiter befasst – das Subjekt in seinem theoretischen Ansatz, ohne es zu dessen Zentrum zu machen (Hall 1997b: 54f.). Foucault argumentiert, dass Subjektivität selbst diskursiv konstituiert ist: Indem auch die Bedeutung, die man seinem eigenen Tun und Handeln verleiht, diskursiv vermittelt ist, gibt es kein autonomes Subjekt jenseits von Diskursen.

Wichtig ist hier der Ausdruck der Subjektposition. Diskurse produzieren – wie es Hall in Anlehnung an Foucault formuliert (Hall 1997b: 56) – spezifische ‚Orte‘, von denen aus einzelne Wissensformen und Bedeutungszuschreibungen den größten Sinn machen und an denen sich Subjekte (beispielsweise im Akt der Rezeption) positionieren können. Subjektpositionen, wie der ‚männliche Blick‘ bei Pornofilmen, müssen zwar nicht zwangsläufig eingenommen werden, allerdings besteht aufgrund inhärenter, diskursiver Mechanismen eine Tendenz dazu: Auch wenn man nicht aus der Perspektive des ‚lüsternen Mannes‘ Pornofilme anschauen muss, sind sie gerade ‚für‘ diese Positionierung ‚gemacht‘. Dieser Zusammenhang ist insbesondere für die Diskussion von Medien und Gender von Bedeutung (vgl. Kap. 2.4).

Die letzten Begriffsdefinitionen waren reichlich abstrakt, weswegen sie am Ende dieses Kapitels nochmals mit dem Beispiel der Titelseite der *Bild am Sonntag* veranschaulicht werden sollen. So lässt sich der bereits angeführte Artikel „Lasst die Autofahrer in Ruhe" als lokalisiert begreifen in der diskursiven Formation einer kulturellen Auseinandersetzung um die Bedeutung von ‚Auto‘ in der gegenwärtigen Gesellschaft. Diese Auseinandersetzung wird zwischen verschiedenen Institutionen mit ihren jeweils eigenen Interessen ausgetragen (Autoindustrie, Verbände, Parteien, Verbraucher; explizit genannt werden ADAC und Autoindustrie), wobei das Auto – je nach diskursivem Kontext – als Repräsentation von Freiheit und Selbstbestimmung oder als Repräsentation von

Technikinfarkt und Umweltverschmutzung gilt. In dieser Auseinandersetzung steht die *Bild-Zeitung* mit ihrem Artikel, und zwar indem sie für die Autofahrerinnen und -fahrer ‚Partei ergreift‘, zumindest nach dem unterstellten Stereotyp, dass diese nicht bereit sind, die Umweltkosten für ihr Fahrvergnügen zu tragen. Den Leserinnen und Lesern des Artikels wird so eine Subjektposition der Identifikation mit eben jenem Stereotyp angeboten – die sie annehmen können, jedoch nicht zwangsläufig müssen.

Auch wenn der Artikel auf solche Weise in diskursive Auseinandersetzungen eingebunden ist, bleiben auf konnotativer Ebene eine Reihe von polysemen Potenzialen, die es – im Sinne von John Fiske (Kap. 2.5) – ermöglichen, diesem ein vollkommen anderes Vergnügen abzugewinnen, als es durch die favorisierte Subjektposition nahegelegt wird. Die Bedeutungspotenziale des Artikels sind alles andere als abgeschlossen. Und genau diese prinzipielle Unabgeschlossenheit von Bedeutungskonstitution macht es so schwer, diskursive Repräsentationen zu fassen. Entsprechend ist, wie Stuart Hall schreibt, mit dem Begriff der Repräsentation als interpretativem Paradigma „die Akzeptanz eines gewissen Grades von *kulturellem Relativismus*" (Hall 1997b: 61; Herv. i. O.) verbunden – und eine solche relativistische Grundhaltung tut gerade bei der Analyse von Medientexten und -inhalten gut, wenn man vermeiden will, dass diese doktrinär wird.

Weiterführende Literatur: Fiske/Hartley 1989: 37-100; Grabbe/Kruse 2009; Hall 1997b

2.2 Kultureller Materialismus: Kultur und Kulturanalyse

Der kulturelle Materialismus von Raymond Williams – nicht zu verwechseln mit dem gleichnamigen Ansatz von Marvin Harris (1979) – hat einen erheblichen Einfluss auf die Entwicklung der Cultural Studies gehabt. Wie Stuart Hall in *Cultural Studies and the Centre* feststellt, waren es vor allem die Werke Williams‘, die zu einem Bruch mit einem „literarisch-moralischen" Kulturbegriff zugunsten eines nicht-normativen beigetragen haben (Hall 1980a). Es kann im Folgenden zwar nicht darum gehen, das vielschichtige und komplexe Werk von Raymond Williams und seine Entwicklung umfassend darzustellen (vgl. zum weiteren Kontext des Werkes von Williams Kap. 3.1 und Göttlich 2009). Vielmehr sollen die Grundüberlegungen des kulturellen Materialismus näher vorgestellt werden, die die Auseinandersetzung der Cultural Studies mit der heutigen Medienkultur nachhaltig beeinflusst haben.

Ausgangspunkt für Raymond Williams' kulturellen Materialismus ist sein Verständnis von **Kultur als Gesamtheit einer Lebensweise**. Williams Kulturbegriff stützt sich auf eine umfassende semantische Analyse des Ausdrucks ‚Kultur' im 19. und 20. Jahrhundert, die er mit dem Buch *Culture and Society* vorgelegt hat (dt. Williams 1972). Basierend auf dieser Analyse unterscheidet er in *The Long Revolution* drei Typen der Definition von Kultur, erstens die ideale Bestimmung, zweitens die dokumentarische Bestimmung und drittens die gesellschaftliche Bestimmung von Kultur (Williams 1977a: 45). Nach der idealen Bestimmung wäre unter Kultur ein Zustand der menschlichen Perfektion zu verstehen, ein ‚Fluchtpunkt' von bestimmten absoluten und universell gedachten Werten. Kulturanalyse würde darin bestehen, bestimmte Werte aufzudecken, zu beschreiben und hieraus eine überzeitliche Wert-Ordnung zu entwickeln. Die dokumentarische Bestimmung von Kultur begreift Kultur dagegen als ein Korpus bestimmter (künstlerischer) Werke, in denen sich menschliches Denken und Erfahrung manifestieren und die es detailliert zu dokumentieren gilt. Ziel ist die Differenzierung verschiedener ästhetischer Werte. Kulturanalyse wäre demnach das Analysieren und Bewerten einzelner Werke.

Diesen beiden Definitionen von Kultur stellt Williams eine gesellschaftliche Bestimmung von Kultur entgegen. Ausgangspunkt für dieses Konzept ist eine Abgrenzung von dem im Nachkriegsengland weit verbreiteten Ansatz des Literaturwissenschaftlers F. R. Leavis, dessen Kulturbegriff letztendlich als eine Mischform von idealer und dokumentarischer Definition von Kultur beschrieben werden kann: Leavis führt Kultur auf ein Korpus hochstehender Werke zurück, aus denen sich Werte und Normen ableiten lassen, die als Richtmaß gegenwärtiger und zukünftiger kultureller Produktion zu gelten haben. Ein solches Konzept der elitären „minority culture" verkennt nach Williams die aktuellen Kulturleistungen einer Vielzahl von Gruppen und Bevölkerungsschichten. Um diese analytisch fassen zu können, skizziert Williams den gesellschaftstheoretisch fundierten Kulturbegriff:

> „Als letzte haben wir schließlich die ‚gesellschaftliche' Bestimmung der Kultur, in der diese als Beschreibung einer bestimmten Lebensweise erscheint, deren Werte sich nicht nur in Kunst und Erziehung ausdrücken, sondern auch in Institutionen und im ganz gewöhnlichen Verhalten. Demnach hätte eine Analyse von Kultur eine Klärung der Bedeutungen und Werte zu besorgen, die von einer bestimmten Lebensweise, einer bestimmten Kultur implizit oder explizit verkörpert werden." (Williams 1977a: 45)

Auch wenn Williams darauf hingewiesen hat, dass „jede der drei Definitionen von Kultur [...] einen bedeutenden Gesichtspunkt enthält" (Williams 1977a:

47), ist es dieser anthropologische Kulturbegriff von ,Kultur als Gesamtheit einer Lebensweise', der die frühen Studien der Cultural Studies stimuliert hat. Eng verbunden mit diesem Kulturbegriff ist das Konzept der **Gefühlsstruktur** („structure of feeling"). Was Williams mit diesem Ausdruck bezeichnet, ist nicht leicht zu vermitteln, erschließt sich aber, wenn man das Grund- und Bestimmungswort des Kompositums näher betrachtet. Das Bestimmungswort ,Gefühl' soll charakterisieren, dass der Ausdruck keine Abstrakta wie ,Weltanschauung' zu fassen sucht, sondern die habituell gelebte und gefühlte ,Erfahrung' („experience") in einem bestimmten soziokulturellen Kontext (Williams 1977b: 132). Das Grundwort ,Struktur' fasst, dass diese ,gelebte Erfahrung' nach innen und außen strukturiert ist, sie sich einerseits durch ein spezifisches inneres Gefüge auszeichnet, andererseits in spezifischer Relation zum weiteren soziokulturellen Kontext zu sehen ist. Dabei geht Williams davon aus, dass sich Gefühlsstrukturen in kulturellen Formen und Praktiken artikulieren. Die so verstandene Gefühlsstruktur ist für Williams ein heuristisches Konstrukt, eine „cultural hypothesis" (Williams 1977b: 132), um den flüchtigen ,Zeitgeist' einer Generation, Formation oder Epoche zu fassen:

„Gefühlsstrukturen (,structures of feeling') können als *gelöste* soziale Erfahrungen definiert werden, im Gegensatz zu anderen sozial-semantischen Formationen, die schon *kristallisiert* und damit augenscheinlicher und direkter zugänglich sind. Nicht jede Kunst steht, auf welche Weise auch immer, in Relation zu einer gegenwärtigen Gefühlsstruktur. [...] Es sind hauptsächlich neu aufkommende Formationen (obgleich sie oftmals die Form von Modifikationen oder Störungen bereits bestehender, älterer Formen haben), zu denen die Gefühlsstruktur – als *Lösung* – in Beziehung steht." (Williams 1977b: 133f.; Herv. i. O.)

Gerade wegen dieser Orientierung auf die ,gelebte Erfahrung' und eine damit einhergehende bedingte Vagheit ist das Konzept der Gefühlsstruktur in der Auseinandersetzung mit dem kulturellen Materialismus nicht unumstritten. So hat Udo Göttlich auf die relative Unspezifik des Begriffes hingewiesen, die sich dadurch ergibt, dass Williams offen lässt, durch welche sozialen Faktoren die Gefühlsstruktur letztendlich vermittelt ist (vgl. Göttlich 1996: 205; auch Kramer 1997: 89). Solcher Kritik ist mit Sicherheit zuzustimmen, zumal es nur schwer vorstellbar ist, eine bestimmte Gefühlsstruktur wirklich adäquat zu fassen. Nichtsdestotrotz bringt das Konzept der Gefühlsstruktur Williams' anthropologischen Kulturbegriff auf den Punkt, indem es verdeutlicht, dass bei diesem Ansatz weniger die Kultur-Objekte (Werke) als solche im Mittelpunkt der Analyse stehen, sondern die Prozesse, innerhalb derer diese hervorgebracht bzw. angeeignet werden sowie die soziokulturellen Kontexte, in die dies eingebettet ist.

Insgesamt war sich Williams gewisser Unzulänglichkeiten eines solchen anthropologischen Kulturbegriffs im Rahmen von Kulturanalyse bewusst, was er in seiner Reformulierung des Kulturbegriffs reflektiert. So definiert Williams rund zwanzig Jahre nach *Culture and Society* und *The Long Revolution* in dem Buch *Culture* **Kultur als Bedeutungssystem,** wenn er schreibt:

„[...] wir können das Konzept von Kultur spezifizieren und ihm zusätzliche Tragweite verleihen, wenn wir Kultur als ein *bestimmtes Bedeutungssystem* [„realized signifying system"] definieren. [...] So beabsichtigt die Unterscheidung von Kultur als einem im weiteren oder engeren Sinne bestimmten Bedeutungssystem nicht nur, die Analyse von offen zu Tage tretenden, bedeutungskonstituierenden Institutionen, Praktiken und Werken zu ermöglichen, sondern es soll durch diese Akzentuierung auch die Analyse der Beziehung zwischen diesen und anderen Institutionen, Praktiken und Werken gestatten. [...] Für moderne Gesellschaften zumindest ist dies eine effektivere theoretische Konzeptionalisierung als das Verständnis von Kultur als Gesamtheit einer Lebensweise. Dieses Verständnis, das insbesondere der Anthropologie entstammt, hat den großen Vorzug, ein allgemeines System zu betonen – ein spezifisches und strukturiertes System von Praktiken, Bedeutungen und Werten. [–] Auf der anderen Seite ist das Verständnis von Kultur als der ‚Gesamtheit einer Lebensweise' mit einem entscheidenden Fehlen signifikanter relationaler Begriffe verbunden. (Williams 1981 : 207ff.; Herv. i. O.)

Mit diesem Verständnis von „culture as signifying system" überwindet Williams den genannten Nachteil des anthropologischen Verständnisses von Kultur als der ‚Gesamtheit einer Lebensweise', der darin besteht, dass mit dessen Breite eine gewisse begriffliche Unschärfe einsetzt. So ermöglicht diese Vorstellung von Kultur keine differenzierte Betrachtung des Einflusses beispielsweise von ökonomischen Faktoren auf die Kulturproduktion, indem letztendlich auch diese als Teil einer Lebensweise und damit als ‚Kultur' begriffen werden. Gerade durch die Weite des Konzeptes von „culture as whole way of life" werden relationale Argumentationen von vornherein problematisch (vgl. Mahnkopf 1993: 67f.). Um diese geht es aber im kulturellen Materialismus, indem er kulturelle Praxis in ihren gesellschaftlichen Zwecksetzungen und Bedingungen zu beschreiben sucht (Klaus 1993: 84).

Es macht für ein Verständnis der Cultural Studies im Allgemeinen und der Medienanalysen im Rahmen dieses Projekts im Speziellen jedoch kaum Sinn, die beiden Kulturbegriffe Williams' gegeneinander auszuspielen. Vielmehr müssen sie im Kontext der Entwicklung der Cultural Studies gesehen werden, als deren originärer Vertreter Williams zwar nicht angesehen werden kann, die er aber mit seiner Arbeit nachhaltig stimulierte (siehe Kap. 3.1). Wie eingangs zu diesem Abschnitt betont, lassen sich im Rahmen der Cultural Studies zwei von Stuart Hall so bezeichnete „Paradigmen" unterscheiden, und bezüglich dieser lässt sich zumindest partiell auch die begriffliche Entwicklung von Williams verorten: Während das Konzept der ‚Kultur als Gesamtheit einer Lebensweise' dem von Hall so bezeichneten Kulturalismus der Cultural Studies zuzuordnen ist, vollzieht Williams mit der Reformulierung von ‚Kultur als Bedeutungssystem' eine stärker semiotisch-strukturalistische Orientierung. Dies verdeutlicht recht gut, dass es innerhalb der Cultural Studies letztendlich keinen von allen Vertreterinnen und Vertretern kontextfrei geteilten Kulturbegriff gibt (vgl. auch Hall 1999a: 116; Grossberg 1999: 52), jedoch sind es insbesondere die beiden erwähnten Kulturbegriffe – Kultur als Gesamtheit einer Lebensweise und Kultur als Bedeutungssystem –, die die Medienanalysen der Cultural Studies stimuliert haben. Während der erste, anthropologische, vor allem in den ethnografisch orientierten Aneignungsstudien der Cultural Studies aufgegriffen wurde (Kap. 5), fand der zweite insbesondere Anwendung in den Produkt- und Diskursanalysen (Kap. 4).

Erweitert wurden in beiden Fällen aber die Kulturbegriffe Williams', indem – in wesentlich stärkerem Maße als Williams dies tut – **Kultur als konfliktäres Feld** aufgefasst wird. Und dies verweist auf die Notwendigkeit einer gewissen Offenheit des Kulturbegriffs: Gerade weil sich das Gebiet der Kultur ständig ändert, weil in diesem von Konflikten geprägten, fragmentierten Zusammenhang Kultur stets umkämpft und umstritten ist (Hall 2000b), ist es in jedem zu untersuchenden Kontext relevant, neu zu reflektieren, welchen Einfluss welches Kulturverständnis auf dessen Beschreibung hat. Damit ist der Kulturbegriff in den Cultural Studies gegen homogenisierende, „territoriale" (Nederveen Pieterse 1998; Hepp 2004a) Konzepte der ‚Nationalkultur' gerichtet, wonach einzelnen Nationen homogene Kulturen entsprächen, die in spezifischen Territorien (‚Nationalstaaten') zu lokalisieren sind. Vielmehr wird davon ausgegangen, dass die Gesellschaften einzelner Staaten in eine Vielzahl von Kulturen bzw. Subkulturen zerfallen, wie beispielsweise die Kulturen der Arbeiter(-klasse), bürgerliche Kulturen, Jugendkulturen etc. In gewissem Sinne verweist dieser Punkt auf ein Verständnis von Kultur als konfliktäres Feld: Geht man nicht *a priori* davon aus, dass Staaten mit ‚Nationalkulturen' über eine kulturelle Homogenität verfügen, so werden innerhalb dieser eine Vielzahl von kulturellen Konflikten greifbar, die in Konzepten von ‚Nationalkultur' zugunsten der Vorstellung eines einheitlichen Ganzen homogenisiert werden. ‚Nationalkultur' erscheint dann als hegemoniales Konzept der Homogenisierung kultureller Differenzen in einem bestimmten (Sprach-)Raum.

Solche Formulierungen dürfen nicht als ‚Plädoyer für eine kulturelle Beliebigkeit' aufgefasst werden, vielmehr sollen sie darauf verweisen, dass ein so komplexer Gegenstand wie Kultur nicht kontextfrei definiert werden kann. Verschiedene Definitionen von Kultur suchen in Einzelfällen unterschiedliche Aspekte desselben beschriebenen Kontextes begrifflich zu fassen. Zentral bleibt allerdings, dass mit der Diskussion des Kulturbegriffs in den Cultural Studies eine Abwendung vom Konzept der elitären „minority culture" verbunden ist wie auch vom Konzept der Massenkultur.

So ist bereits mit Williams' erster, anthropologischer Formulierung des Kulturbegriffs eine differenzierte Sicht auf die sogenannte **Massenkultur** verbunden. Grundlage dafür ist eine Problematisierung des Konzepts ‚Masse'. Basierend auf einer semantischen Analyse zeigt Williams, dass ‚Masse' letztendlich ein heutiges Äquivalent für ‚Mob' ist, wobei die traditionell negativen Konnotationen dieses Wortes (Leichtgläubigkeit, Unbeständigkeit, Primitivität des Geschmacks und der Gewohnheit) erhalten geblieben sind. Hinter dem, was in der traditionellen Medien- und Kommunikationsforschung als ‚Masse' bezeichnet wird, verbergen sich bei näherer Betrachtung verschiedenste Gruppen und Gruppierungen von Menschen und kein homogenes Ganzes, wie der Ausdruck es suggerieren mag (Williams 1972: 356-359). Aus diesem Grund erscheint es heuristisch auch nicht sinnvoll, von ‚Massenpublikum' zu sprechen, da ein solcher Begriff Differenzen zugunsten der Vorstellung eines homogenen Publikums verwischt: Was ‚massenhaft' ist, ist nicht das Publikum, sondern die Art der Übertragung und Reproduktion von Kulturprodukten. Konzepte von ‚Massenpublikum' und ‚Massenkultur' verschleiern die Heterogenität der Aneignung von medialen Produkten.

An die Stelle des Begriffes der Massenkultur tritt der der **Populärkultur** („popular culture"). Dieser kann nicht für sich genommen werden, sondern muss als Teil der Dichotomie von minoritärer vs. populärer Kultur gesehen werden, die in ähnlicher Weise ein soziokulturelles Konstrukt ist, wie an den Gegensatzpaaren adlig vs. volkstümlich oder gebildet vs. ungebildet orientierte Kulturbegriffe (Williams 1981: 227f.; zur Abgrenzung von Volks- und Populärkultur vgl. Fiske 1999b: 249-259). Während der Gegensatz zwischen adlig und volkstümlich in der feudalen Gesellschaftsordnung verankert ist, können die anderen Gegensatzpaare nicht so eindeutig gesellschaftlich verortet werden. In heutigen Gesellschaften stehen intellektuelle und künstlerische Aktivitäten in keiner direkten Korrelation zu einer gesellschaftlichen Schicht wie der des Adels. Vielmehr haben sich im 19. Jahrhundert ‚gebildete' oder ‚kultivierte' bürgerliche Minderheiten herausgebildet, die über Patronage und einen sich formierenden Kulturmarkt eine gewisse finanzielle Unabhängigkeit erlangten. Die eigentliche Dynamik der kulturellen Entwicklung findet sich aber in der Transformation des Populären. Aus einer späten Form der Volkskultur entwickelte sich eine urbane Populärkultur, die sich durch ein ihr eigentümliches Spannungsverhältnis auszeichnet: Auf der einen Seite ist sie aufgrund ihrer Entwicklungsgeschichte eine sehr komplexe Kombination von residualen, volkstümlichen Elementen mit einem spezifischen Eigensinn, auf der anderen Seite ist die urbane Populärkultur das Hauptfeld hegemonialer Kulturproduktion der Platten-, Film- und Medienindustrie innerhalb eines sich zunehmend globalisierenden Marktes (vgl. zu diesem Gegensatz von „kultureller" und „finanzieller Ökonomie" Kap. 2.5). Dies heißt nicht, dass heutige Gesellschaften mit der sogenannten Hochkultur nicht über eine spezifische Minoritätskultur verfügen würden, aber sie ist zunehmend in den Schatten der expandierenden Populärkultur gerückt.

Abbildung 4:   *Kultur als Bedeutungssystem*

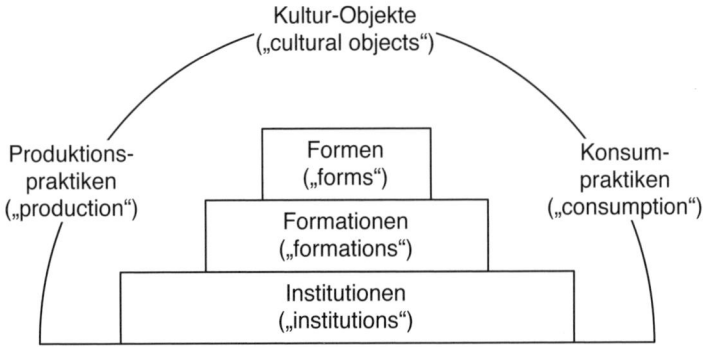

Basierend auf diesem Reflektionsrahmen entwickelt Raymond Williams den Ansatz des **kulturellen Materialismus** im engeren Sinne, den er selbst als „theory of the specifics of material cultural and literary production within historical materialism" (Williams 1977b: 5) bezeichnet (siehe hierzu Göttlich 2008; Winter 2007). Im Kern dieses Ansatzes steht die Überlegung, dass Kultur weder als von der Ökonomie bzw. vom gesellschaftlichen Leben separierbare noch als direkt durch diese determinierte Sphäre begriffen werden kann. Pointiert formuliert ist Kultur weder ein Überbau der ökonomischen gesellschaftlichen Basis, wie es Karl Marx formulierte, noch ein individueller Freiraum, wie es idealistische Konzepte nahelegen. Ebenso wie andere Formen der menschlichen Produktion ist das Schaffen kultureller Produkte in dem Sinne „materiell", als es mittels gesellschaftlich lokalisierter Praktiken erfolgt, die sich bestehender Ressourcen bedienen. Auch kulturelles Schaffen setzt bestimmte Produktionsmittel voraus und manifestiert sich in materiellen Objekten wie Skulpturen, Gebäuden, Büchern oder Filmen (Williams 1986: 36). Solche materiellen Manifestationen dürfen aber nicht mit der *Bedeutung* gleichgesetzt werden, die Kulturprodukte zu einer bestimmten Zeit in einem bestimmten Kontext haben, da sich Bedeutung erst in der Gesamtheit von Produktion – Produkt – Rezeption konstituiert: „kein Werk [kann] in vollem praktischen Sinne als produziert gelten, bevor es nicht auch rezipiert worden ist" (Williams 1986: 51). Diese Überlegungen führen Raymond Williams zu einem Modell der Konstitution von Kultur, das sich wie in Abbildung 4 veranschaulichen lässt.

Zentral ist hier der Begriff der **Kulturpraktik** („practice"). Unter Praktik ist so viel wie eine konventionell vermittelte, komplexe Handlungsform zu verstehen, die nicht von ihrem soziokulturellen bzw. diskursiven Kontext getrennt betrachtet werden kann, da die ihr zugrunde liegenden „Konventionen selbst Formen gesellschaftlicher Organisation sind" (Williams 1977a: 200). In diesem Sinne können Kultur-Objekte nicht immanent – beispielsweise als singuläre Fernsehsendung, Bild usw. – betrachtet werden. Indem sie durch spezifische kulturelle Praktiken hervorgebracht und durch ebensolche Praktiken angeeignet werden, sind Kultur-Objekte nur im Spannungsfeld zwischen Produktions- und Konsumtionspraktiken fassbar. Ein solches Verständnis von Kulturprodukten als „Durchgangspunkte sozialer Praxis" (Göttlich 2008: 102) führt zu einer Betrachtungsweise, bei der nicht nach dem einzelnen Produkt gefragt wird, sondern mit der Produktanalyse gleichzeitig nach den Kontexten und Praktiken der Produktion und Konsumtion.

Kulturpraktiken setzen spezifische **Produktionsmittel** („means of production") voraus (Williams 1981: 87–118). Prinzipiell lassen sich zwei Arten von Produktionsmitteln unterscheiden, erstens jedem Menschen ‚inhärente' Ressourcen wie Tanz, Gesang oder Sprache und zweitens ‚nicht-inhärente' Ressourcen wie Instrumente und Hilfsmittel aller Art. Zwar werden bei der Kulturproduktion zumeist inhärente und nicht-inhärente Ressourcen in Kombination verwendet, jedoch – und deshalb macht die Unterscheidung Sinn – entsteht bei nicht-inhärenten Ressourcen das Problem des Zugangs zu ihnen. Von großer Wichtigkeit ist hier die Unterscheidung von Technik und Technologie, was am Beispiel des Schreibens deutlich wird (Williams 1981: 108f.): Die Technologie der Schrift setzt nicht nur Erfindungen bestimmter Techniken voraus – wie der des Alphabets, der Herstellung von Schreib-Utensilien usw. –, sondern hängt auch von der Verbreitung weiterer kultureller Fähigkeiten ab, im Falle des Schreibens der des Lesens. Auf diese Weise interferieren spezifische Produktionspraktiken (das Schreiben eines Buchs) und Konsumtionspraktiken (das Lesen dieses Buchs). An diesem Punkt haben die neuen Technologien des Kinos, Hörfunks, Fernsehens und Videos zu einer gewissen Veränderung beigetragen, indem sie im Gegensatz zum Schreiben mit vergleichsweise geringem Lernaufwand angeeignet werden können (Williams 1981: 110f.). Dieser Sachverhalt trug mit dazu bei, dass mit den elektronischen Medien eine breite Populärkultur aufkam. Kulturproduktion ist eine Tätigkeit in oder im Kontext von sozialen **Institutionen**. Dabei können drei Grundtypen des Verhältnisses von Kulturproduzenten und Institutionen unterschieden werden (Williams 1981: 36-56). Erstens können Kulturproduzenten selbst Teil von Institutionen sein. Ein historisches Beispiel sind die keltischen Barden, die zusammen mit Priestern und Sehern eine Kaste bildeten, die sich als kulturschaffende Institution begreifen lässt. Zweitens kann das Verhältnis von Kulturproduzenten und Institutionen durch Patronage geregelt sein. Ein weiteres historisches Beispiel dafür sind die Minnesänger. Aber auch heute noch spielt vor allem in europäischen Ländern der Staat als ‚Patron' zur zeitweisen Förderung Kulturschaffender eine wichtige Rolle. Drittens kann das Verhältnis von Kulturproduzent und Institution marktwirtschaftlich geregelt sein. In der Folge der Industrialisierung und der damit verbundenen gesellschaftlichen Veränderungen sowie der Entwicklung neuer Medien (Kino, Radio, Fernsehen) wurde der Markt zur zentralen, die Kulturproduktion strukturierenden Kraft. Mit dieser Entwicklung wurden für die Kulturschaffenden zunehmend Institutionen der massenhaften Distribution von Kulturwaren relevant, man denke an das ausdifferenzierte Geflecht von Institutionen, ohne das die Distribution von Musik-CDs oder von digitaler Musik im Internet nicht möglich wäre. Der Markt führte u.a. zu einer starken Verbreitung der Auftragsarbeit. Vor allem im Bereich der Medien Kino, Radio und Fernsehen sind es aufgrund des Marktrisikos größere Gesellschaften und Anstalten, die den Auftrag für die Produktion bestimmter Kulturprodukte erteilen. Der Ausgangspunkt kultureller Produktion wird so vom Kulturschaffenden selbst in Institutionen des Marktes verlagert.

Von Institutionen sind **Formationen** („formations") von Kulturschaffenden zu unterscheiden (Williams 1981: 57-86). Eine Formation ist eine Organisation oder Gruppierung von Kulturschaffenden selbst. Die heute typische Art der Formation ist die der Bewegung („movement"). Hierunter fallen sowohl künstlerische, auf eine oder mehrere Personen ausgerichtete ‚Schulen', als auch Gruppen, die von ihrer strukturellen Organisation offener und flacher sind. Von ihrer internen Struktur lassen sich drei Typen von Formationen unterscheiden, erstens solche, die über eine formale Mitgliedschaft verfügen, die durch unterschiedliche Aufnahmemechanismen (Ernennung, Wahl usw.) geregelt werden kann, zweitens solche, deren Mitgliedschaft durch die öffentliche Unterstützung eines Manifestes organisiert wird, und drittens Gruppierungen, deren Mitgliedschaft durch fortdauernde gemeinsame Arbeit innerhalb der Formation manifestiert wird, bei der also eine fortlaufende Assoziation bzw. Gruppenidentifikation besteht. Daneben kann man Formationen nach ihren externen Beziehungen typisieren, wobei sich wieder drei Arten unterscheiden lassen: erstens die Spezialisierung, bei der die Formation der Pflege oder Promotion eines bestimmten im weitesten Sinne stilistischen Merkmals dient, zweitens das Eröffnen einer Alternative, bei der die Formation alternative Möglichkeiten der Produktion oder Distribution von Kulturgütern pflegt, und drittens die Opposition, bei der durch eine Formation eine aktive Opposition gegen bestehende Formen der Kulturproduktion und Distribution eingenommen wird. Verschiedene Formen von Schulen und Gruppen finden sich auch in der heutigen Populärkultur, man denke hier nur an das Musikgeschäft, wo verschiedene Künstler als eine spezifische Gruppe oder über Gruppengrenzen hinweg als Gruppierung auftreten und entsprechend vermarktet werden.

Eine weitere Grundkategorie des kulturellen Materialismus, die in den Medienanalysen der Cultural Studies eine Rolle spielt, ist die der **kulturellen Form** („cultural form"). In Anlehnung an Georg Lukács versteht Williams unter Form so viel wie kommunikative Gattung im Sinne der heutigen Sprachsoziologie oder Textsorte im Sinne der linguistischen Pragmatik (Williams 1981: 25). Literarische Beispiele für kulturelle Formen wären das griechische Drama oder der bürgerliche Roman, Beispiele aus der heutigen Medienkultur die Talkshow oder Quizsendung. Spezifisch an der Zugangsweise von Raymond Williams ist seine Lokalisierung der kulturellen Form im Spannungsverhältnis zwischen ‚kollektivem Modus' und ‚individuellem Projekt' (Williams 1977b: 187). Einerseits sind kulturelle Formen als konventionelle Handlungsmuster Gemeinbesitz, den sich – wenn auch in unterschiedlichen Graden – Produzenten und Rezipienten teilen. Für die Produzenten sind sie Orientierungsmaßstab beim Schaffen von Kulturprodukten. Eine Autorin kann sich an der Konvention des Liebesromans orientieren, was ihr beim Schreiben eines Buches ‚kommunikative Sicherheit' gibt. Gleichzeitig ‚wissen' die Rezipierenden dieses Romans durch die Form des Liebesromans, der er entspricht, schon beim Kauf, was sie bei der Lektüre erwarten, so dass die kulturelle Form ihnen ebenfalls einen Orientierungsmaßstab bietet. Betrachtet man den Umgang mit kulturellen Formen aus individueller Sicht, sind Variationen bestehender – beispielsweise durch Parodie –, wie das Schaffen neuer Formen möglich. Solchen ‚individuellen Projekten' sind aber Grenzen gesetzt, indem sich neue Formen nur dann durchsetzen können, wenn sie als solche auf Akzeptanz anderer Kulturschaffender und -konsumenten stoßen, sie quasi zur Konvention erhoben werden. Weitere Grenzen werden durch die diskursiven Formationen vermittelt, in denen kulturelle Formen lokalisiert sind.

Bis zu diesem Punkt sind die auf verschiedene Weise in die Medienanalysen der Cultural Studies eingegangenen Grundbegriffe des kulturanalytischen Ansatzes von Williams gefallen. Es stellt sich die Frage, wie eine solche Kulturanalyse *praktisch* aussehen sollte. Wie lässt sich ‚Kultur‘ analysieren? Und gibt es hierzu ein ‚paradigmatisches Vorgehen‘? Beide Fragen müssen im Rahmen der Cultural Studies sicherlich verneint werden – den ‚Königsweg der Kulturanalyse‘ gibt es nicht (vgl. Kap. 1.2). Jedoch thematisiert Williams Aspekte, die in unterschiedlichen Variationen in den einzelnen Medienanalysen der Cultural Studies ‚Anwendung‘ gefunden haben. **Kulturanalyse** im Sinne von Williams ist die Analyse der Konstitution von Kultur *in situ*. Die ‚Schlüsselworte‘ einer solchen Analyse sind für ihn das „Muster“ („pattern“) und die „Beziehung“ („relation“), indem eine „sinnvolle Kulturanalyse [...] mit der Entdeckung charakteristischer Muster“ beginnt und sich „mit den Beziehungen zwischen diesen Mustern“ beschäftigt (Williams 1977a: 50). Es geht Williams bei dem von ihm skizzierten Verfahren nicht darum, einzelne Werke, Formen oder Kulturinstitutionen für sich genommen zu erforschen, vielmehr geht es darum, eine „allgemeine Organisation“ (Williams 1977a: 50) anhand besonderer Beispiele herauszuarbeiten, wobei der Fokus auf den Beziehungen der Einzelelemente innerhalb dieser Organisation liegt. Stuart Hall hat dieses Verfahren als „radikalen Interaktionismus“ (Hall 1999a: 118) bezeichnet, der sich gegen einen vulgären Ökonomismus richtet, indem keinem Element der beschriebenen „allgemeinen Organisation“ eine determinierende Kraft zugesprochen wird – insbesondere keiner ‚ökonomischen Basis‘. Kulturanalyse kann entsprechend nicht das Typisieren von Monokausalitäten sein – auf welchem Abstraktionsniveau auch immer –, sondern ist die Beschäftigung mit vielschichtigen Prozessen der Konstitution und Repräsentation von Bedeutung innerhalb einzelner Kontexte, Prozesse, bei denen verschiedenste gegenläufige Momente von Relevanz sind. Dabei sollte der Analysierende mit der Bewertung auf der Basis von eigenen Normen vorsichtig sein, wie Williams bereits in *Culture and Society* herausstreicht: „[W]er über eine Kultur urteilt, [...] darf nicht seine eigenen Gewohnheiten zur Norm erheben“ (Williams 1972: 369).

Weiterführende Literatur: Göttlich 2009; Williams 1977a: 45-73; Williams 1981; Winter 2007

2.3 Artikulationen: Rassismus und kulturelle Identität

Neben der Auseinandersetzung Williams' mit dem Kulturbegriff ist es insbesondere das Konzept der Artikulation (bzw. ein damit verbundener, grundsätzlicher Blickwinkel auf Medienkommunikation), das die Medienanalysen der Cultural Studies nachhaltig beeinflusst hat. Innerhalb der Cultural Studies hat es sich eingebürgert, hier von der Artikulationstheorie zu sprechen. Der Kern des Begriffes von **Artikulation** erschließt sich durch eine nähere Betrachtung des englischen ,to articulate'. Dieses hat – wie das Lateinische ,articulus' – zwei Bedeutungen, nämlich erstens ,Glieder (durch ein Gelenk) zu verbinden' bzw. ,verkoppeln' und zweitens ,sich zu äußern' (Hall 2000c: 65). Durch diese Doppeldeutigkeit bietet sich der Ausdruck Artikulation geradezu als eine Metapher an, um das Verhältnis von sozialen Kräften und ihrer diskursiven Manifestationen zu fassen.

In der Artikulationstheorie laufen zwei wichtige Einflüsse der Cultural Studies zusammen, die semiotische Sprach- bzw. Diskurstheorie und der (Neo-)Marxismus. Hall selbst bezeichnet diese als die zwei wichtigsten Quellen des Begriffes der Artikulation (Hall 1994: 115). So war es die Semiotik, die – wie bereits argumentiert wurde (siehe Kap. 2.1) – gezeigt hat, dass Bedeutung sich in der Differenz schaffenden Verbindung einzelner Elemente konstituiert. Solche Überlegungen stehen in direktem Bezug zur Diskurstheorie von Michel Foucault, nach dem ein Diskurs nicht einfach aus einer einzelnen Aussage besteht, sondern aus einer Menge von Aussagen, die ein strukturiertes „Bedeutungsnetz" bilden, wobei diese „Bedeutungsnetze" immer mit Macht verbunden sind, nämlich der Macht, Wissen zu produzieren und zu verbreiten (vgl. Thomas 2009).

Die zweite ,Quelle' der Artikulationstheorie ist der Neomarxismus, wobei hier insbesondere Louis Althusser, Antonio Gramsci und Ernesto Laclau bzw. Chantal Mouffe als die zentralen Theoretiker genannt werden müssen. So war es Althusser, der umfassend darauf hingewiesen hat, dass bereits in der *Einleitung zu den Grundrissen* von Karl Marx ein Denken angelegt ist, nach dem sich Gesellschaftsformationen als „artikulierte Hierarchie" begreifen lassen (Althusser/Balibar 1972: 276). In ähnlichem Sinne hat Antonio Gramsci die Beziehung zwischen gesellschaftlicher Basis und Kultur als eine „historisch konkrete Artikulation" charakterisiert (Hall 1994: 122), wobei ebenfalls die zweifache Bedeutung des Ausdrucks mitschwingt, indem gesellschaftliche Formationen als in sich gegliederte Phänomene in einem spezifischen historischen Kontext begriffen werden. Einzelne Elemente einer gesellschaftlichen Formation lassen sich demnach nicht aufeinander reduzieren. Vielmehr konstituieren diese sich erst in ihrer Gesamtstruktur als ein spezifisches Phänomen. In diese Richtung zielen auch Ernesto Laclau und Chantal Mouffe bei ihrer Auseinandersetzung mit dem Begriff der Artikulation. So bringen sie diesen auf einen Punkt, wenn sie schreiben:

> „Artikulation nennen wir jede Praxis, die auf eine solche Weise eine Beziehung zwischen Elementen etabliert, dass deren Identität sich in der Folge der Artikulationspraxis ändert. Die strukturierte Gesamtheit, die aus der Artikulationspraxis resultiert, nennen wir Diskurs. Die unterschiedlichen Positionen, soweit sie innerhalb eines Diskurses artikuliert in Erscheinung treten, nennen wir Momente. Zur Abgrenzung dazu nennen wir jede Differenz, die nicht diskursiv artikuliert ist, Element." (Laclau/Mouffe 1985: 105)

Artikulation meint also vereinfacht formuliert, dass einzelne Elemente durch ein diskursives In-Beziehung-Setzen ihre Bedeutung verändern, wodurch sie zu Momenten von etwas ‚Größerem' werden, nämlich dem Diskurs oder in der Begrifflichkeit Halls der diskursiven Formation. Dahinter steht der Gedanke, dass eine Unterscheidung von diskursiven und nicht-diskursiven Praktiken keinen Sinn macht, da nicht-sprachliches soziales Handeln erst vermittelt durch spezifische Diskurse eine soziokulturelle Bedeutung erfährt. Ebenso dürfen Artikulationen als nichts Statisches verstanden werden. Die Artikulationspraktiken bestehen, wie Laclau und Mouffe schreiben, aus der Konstruktion von „Knotenpunkten", die nur kontextuell Bedeutung festlegen.

Die in dieser Weise verstandenen Artikulationspraktiken sind das Feld hegemonialer Tendenzen. Unter **Hegemonie** ist kein Zustand einer absoluten ‚Kontrolle' zu verstehen, wie es der alltagssprachliche Gebrauch des Ausdrucks nahelegen kann. In Anschluss an Antonio Gramsci fasst Hegemonie einen komplexen Zustand sozialer Autorität, den ein „geschichtlicher Block" durch eine Verbindung von Zwang und Zustimmung über eine gesamte Gesellschaftsformation erringt (vgl. Langemeyer 2009). Hegemonie inne zu haben, bedeutet nicht nur, die ‚ökonomische Führung' zu besitzen, sondern ebenso bei intellektuellen und moralischen Fragen den ‚grundlegenden Rahmen' setzen zu können. Dies geschieht nicht über direkten Zwang. Entscheidend ist, dass unter hegemonialen Bedingungen Herrschaftsausübung heißt, „Zustimmung zu gewinnen, untergeordnete Interessen einzubeziehen, populär zu werden" (Hall 1989: 74). Entsprechend ist Hegemonie kein Verschwinden oder die Zerstörung jeglicher kultureller Differenzen. Vielmehr ist es der Moment der Konstruktion eines kollektiven Willens über die Differenzen hinweg. Hegemonie ist, wie Stuart Hall feststellt, die harmonisierende Artikulation von Differenzen, die nicht verschwinden (Hall 1994: 85). In diesem Sinne sind Artikulationen „diejenigen historischen ‚Verkopplungen' von unterschiedlichen historischen ‚Elementen' oder Praxen, die eine ‚Einheit' bilden und so die Bildung einer neuen sozialen Kraft oder eines neuen ‚Diskurses' erklären" (Langemeyer 2009: 80). Oder in den Worten von Stuart Hall:

> „[…] eine Verbindung oder eine Verknüpfung, die nicht in allen Fällen notwendig als ein Gesetz oder Faktum des Lebens gegeben ist, aber die bestimmte Existenzbedingungen verlangt, um überhaupt aufzutreten; eine Verknüpfung, die durch bestimmte Prozesse aktiv aufrecht erhalten werden muss, die nicht ‚ewig' ist, sondern ständig erneuert werden muss, die unter bestimmten Umständen verschwinden oder verändert werden kann, was dazu führt, dass die alten Verknüpfungen aufgelöst und neue Verbindungen – Re-Artikulation – geschmiedet werden." (Hall 2004: 65)

Das Artikulationskonzept ist insofern für die Cultural Studies wichtig, als es hilft, eine Reihe weiterer Begriffe kulturtheoretisch zu fassen, was im Weiteren an denen des Rassismus und der kulturellen Identität verdeutlicht werden soll. So ist die Artikulationstheorie der Ausgangspunkt für Stuart Halls Beschäftigung mit dem **Rassismus**, einem der Hauptgegenstände seiner Forschung. Grundlegend für Halls Rassismusbegriff ist die Überzeugung, dass Rassismus kein allgemeines Merkmal menschlichen Zusammenlebens ist oder sich auf universelle Prinzipien der menschlichen Psyche zurückführen lässt. Zwar gesteht er ein, dass Menschen im Allgemeinen Unterschiede bei der Wahrnehmung zwischen verschiedenen ‚äußeren Merkmalen' anderer Menschen machen. Entscheidend für Rassismus ist jedoch die Frage, unter welchen spezifischen soziokulturellen und historischen Bedingungen diese Differenzen eine ausgrenzende Bedeutung bekommen (Hall 1994: 129). Um dies zu fassen, greift Hall auf den Begriff der Ethnizität zurück, wobei er sich dessen Problematik bewusst ist. Diese ist darin begründet, dass der Ausdruck ‚**Ethnie**' innerhalb von rassistischen Diskursen selbst zur Begründung von Ausgrenzung herangezogen wird. Beispielsweise wird die Vertreibung und Verfolgung einzelner Bevölkerungsgruppen in Bosnien, im Kosovo oder im Sudan mit dem Verweis auf ‚unterschiedliche Ethnien' begründet, eine Argumentation, die sich in dem Euphemismus der ‚ethnischen Säuberung' niederschlägt. Trotz solcher Probleme fasst der Ausdruck der Ethnie aber recht gut, dass die Zugehörigkeit zu einer bestimmten kulturellen Gruppe nicht – qua Geburt bzw. ‚Rasse' – biologisch bestimmt ist, sondern durch eine spezifische soziokulturelle Positionierung erfolgt. Deshalb ist für Hall Rassismus gleichzeitig ein ‚äußeres' und ‚inneres' Phänomen:

> „Der Rassismus ist nicht nur ‚von außen' gegen die gerichtet, die er disponiert und desartikuliert (zum Schweigen bringt). Er ist auch innerhalb der dominierten Subjekte wirksam – jenen untergeordneten ethnischen Gruppen oder ‚Rassen', die ihre Beziehung zu ihren realen Existenzbedingungen und ihr Beherrschtsein durch die herrschenden Klassen

in und durch die imaginären Vorstellungen der rassistischen Anrufung erleben und die dazu gebracht werden, sich selbst als die ‚Minderwertigen‘, *les autres*, zu erfahren." (Hall 1994: 135)

Hall begreift Rassismus folglich als historisch spezifische Artikulationen von unterschiedlichen ökonomischen, politischen und kulturellen Elementen in einem Diskurs der Ausgrenzung bestimmter Ethnien. Entsprechend gibt es für ihn auch nicht den Rassismus im Singular. Vielmehr gibt es eine Reihe von in ihrer Artikulation sehr spezifischen Rassismen, die allerdings alle die Gemeinsamkeit haben, dass in ihnen durch den Rekurs auf ‚Rasse‘ Ausgrenzung begründet wird. Ein solcher Gedankengang findet sich bereits in der Untersuchung *Policing the Crisis: Mugging, the State, and Law and Order*, die Stuart Hall zusammen mit Chas Critcher, Tony Jefferson, John Clarke und Brian Roberts am CCCS in den 1970er Jahren realisierte (siehe Kapitel 1.1).

Neben Rassismus ein zweites Konzept, das die Reichweite des Artikulationsbegriffes in den Cultural Studies verdeutlicht, ist das der **kulturellen Identität**. Ähnlich wie Rassismus ist nach Hall Identität eine strukturierte Artikulation, indem sie in Abhängigkeit von und in Abgrenzung zu dem Bild des Anderen konstruiert wird (Hall 1994: 45). Um dies zu fassen, greift er auf Derridas Gebrauch des Ausdrucks ‚différance‘ zurück. Derrida (1990) bringt durch den regelwidrigen Gebrauch eines ‚a‘ bei der Schreibung von ‚différance‘ den Begriff Differenz in ein Spannungsverhältnis zwischen die beiden französischen Verben für ‚unterscheiden‘ und ‚aufschieben‘. Dieses Wortspiel soll verdeutlichen, dass Bedeutungskonstitution einerseits auf der Unterscheidung einer Sache von einer anderen beruht, andererseits aber ein nicht abschließbarer, offener Prozess ist (siehe Kap. 2.1). Entsprechend ist kulturelle Identität von einer ständigen diskursiven Neupositionierung abhängig, die in Abgrenzung zu anderen Identitäten geschieht und damit stets kontextuell und vorläufig ist (Hall 1994: 75f.). Folglich gibt es nach Hall auch keine ahistorische kulturelle Identität.

Dies macht er exemplarisch an der Konstitution der „schwarzen Identität" unter den farbigen Emigranten in Großbritannien deutlich: Die Emigranten, die in der Nachkriegszeit und den 1950er Jahren aus gänzlich verschiedenen Regionen des Commonwealth nach Großbritannien kamen, wurden dort aufgrund der Abweichung ihrer Hautfarbe von den Briten als eine Gruppe zusammengefasst, nämlich die der „Schwarzen". Hierbei handelte es sich zuerst einmal um eine Fremdzuschreibung, die sich über die Unterschiede der Herkunft der einzelnen Emigranten hinwegsetzte. Jedoch wurde durch den Diskurs über „die Schwarzen" eine Differenz geschaffen, aus der sich mit dem Aufkommen des politischen Engagements von (ehemaligen) Emigranten gegen den sie umgebenden Rassismus eine „schwarze Identität" bildete. Zwar waren sich die betroffenen Menschen der Unterschiede ihrer Hautfarbe und Herkunft nach wie vor sehr wohl bewusst, jedoch erkannten sie – vermittelt durch die Fremdzuschreibung des Schwarz-Seins – Gemeinsamkeiten bei ihrer Stellung innerhalb der britischen Gesellschaft. Nicht zuletzt dadurch wurde Schwarz-Sein zur „politischen Identität" (Hall 1994: 83) der ausgegrenzten Emigranten in Großbritannien.

Begreift man kulturelle Identität in diesem Sinne als Artikulation verschiedener Elemente, ist damit ein Bruch mit einem „kulturellen Determinismus" (Krotz 2008: 132) früher Zugänge der Cultural Studies verbunden, bei dem „die kommunikativen Aktivitäten der Individuen recht rigide auf die kulturelle Wirklichkeit eines strukturierten gesellschaftlichen Lebens" (Krotz 2008: 132) bezogen wurden. Dieser Bruch führt letztendlich zu einem Konzept von **hybrider** bzw. **synkreter Identität**, wie es in jüngeren Publikationen der Cultural Studies formuliert wird. Überlegungen zur Hybridität von Identität werden getragen von einer Weiterentwicklung des symbolischen Interaktionismus in der Tradition von G. H. Mead, der argumentiert hat, dass Identität in der Interaktion zwischen einem ‚Ich' und der Gesellschaft konstituiert wird (Hall 1994: 182). An dieser Stelle geht das sich auf artikulationstheoretische Überlegungen stützende Konzept der kulturellen Identität insofern über den symbolischen Interaktionismus hinaus, als es die Existenz eines dauerhaften ‚Ichs' oder Subjektes als Identitätskern und essentielles Zentrum einer Person bestreitet. Jedes Subjekt nimmt zu verschiedenen Zeiten und in verschiedenen diskursiven Kontexten unterschiedliche Identitäten an, die sich nicht um ein kohärentes – und damit artikulationsunabhängiges – ‚Ich' herum vereinheitlichen lassen (Hall 1994: 183).

Statt von einer Identität als einem ‚abgeschlossenen Ding' zu sprechen erscheint es sinnvoller, sich Identität als einen fortlaufenden Prozess der Identifikation zu denken, für den die kommunikative, kontextuell-situative Abgrenzung gegenüber verschiedenen Identifikationsangeboten eine grundlegende Voraussetzung ist. Die gegenwärtige kulturelle Entwicklung, insbesondere in den westlichen Ländern, zeichnet sich dadurch aus, dass die Angebote für solche Identifikationen – die Fülle von ‚Ressourcen' oder Elementen zur Artikulation von kultureller Identität – in erheblichem Maße zugenommen haben. Nicht zuletzt dies ist der Grund, warum immer mehr hybride Identitäten entstehen, d.h. Identitäten, die sich in einem artikulatorischen Prozess aus den Identifikationselementen verschiedenster Diskurse konstituieren (siehe Hall 1994: 218). Als Beispiel werden immer wieder Identitäten von Migrantinnen und Migranten aufgeführt. Die Grundüberlegungen von Identität als Artikulation weiterdenkend kann man jedoch jede Identität in unterschiedlichen Graden als hybrid charakterisieren.

Solche Überlegungen dürfen aber nicht dazu verleiten, die Artikulation hybrider Identität als eine Art semiotisches Spiel zu verstehen. Vielmehr wird Hybridität je nach Grad von den Betroffenen als problematisch empfunden, indem gerade Hybridität die diskursive Kraft artikulatorischer Positionierungsprozesse greifbar macht. Dies wird auch an dem Beispiel eines Artikels in der *tageszeitung* deutlich, in dem Mark Terkessidis von seinen Erfahrungen als ‚Deutscher mit griechischem Namen' berichtet (Abbildung 5).

Abbildung 5:　　　Artikel „Fremdheitstheater"

Fremdheitstheater: In Deutschland wird man im europäischen Vergleich mit den Themen Herkunft oder „Wurzeln" geradezu belästigt

Niemals nicht integriert

Ich bin voll integriert, trotz meiner „ausländischen" Herkunft. Ich beherrsche die deutsche Sprache. Ich bin in die „deutsche Kultur- und Werteordnung eingefügt" (und das sogar im Gegensatz zu den meisten Eingeborenen, oder sind „Piercing" und „Postmaterialismus" etwa Ausdruck deutscher Werte?). Ich gehe am Arbeitsplatz auf meine „deutschen Mitbürger" zu, und ich habe mich auch schon in Vereinen „engagiert".
Wenn ich es recht bedenke, war ich eigentlich noch niemals nicht integriert. Mein Vater ist schon seit 40 Jahren in Deutschland und ist ebenfalls „integriert", meine Mutter ist eine Autochthone. Griechisch beherrsche ich nicht. Daher bin ich, um es mit dem britischen Autor Hanif Kureishi zu sagen, ein waschechter Deutscher, jedenfalls beinahe...
Auf dieses „beinahe" machen mich meine „deutschen Mitbürger" beharrlich aufmerksam. Denn in Deutschland wird man im europäischen Vergleich mit den Themen Herkunft oder „Wurzeln" geradezu belästigt. Auch wenn ich mich ganz zweifelsohne für einen Deutschen halte – für was auch sonst? –, machen mich „echte" Deutsche ununterbrochen darauf aufmerksam, dass ich doch irgendwie komisch bin. Das fing schon in der Schule an. Obwohl jedem Lehrer vollkommen klar war, dass ich keine besonders intensive Beziehung zu meinem „Heimatland" unterhielt, schienen sie mich dennoch für eine Art Fachmann für Griechenlandfragen zu halten; Geschichte, sogar antike, Klima, Tagespolitik – immer sollte ich mich dazu äußern. Selbstverständlich reagierte ich zunehmend ärgerlicher, denn schließlich musste ich jedesmal passen.
[...]

Quelle: taz vom 20.07.1998, Seite 10

Zwar sind die Eltern des Autors keine gebürtigen Deutschen und er selbst trägt einen Namen griechischen Ursprungs, jedoch begreift er sich selbst als „voll integriert" in die deutsche Gesellschaft und macht dies an verschiedenen identitätskonstituierenden Elementen wie „Sprache" und „Werte" fest. Allerdings ist seine kulturelle Identität nicht vollkommen ‚unproblematisch', was das Wort „beinahe" manifestiert. So wurde er immer wieder ausgehend von seinem Namen mit der Nationalkultur seines Vaters „belästigt", nämlich der griechischen. Grundlegend zeigt das Beispiel zweierlei: Erstens vergegenwärtigt es nochmals, dass bei Identitätsfragen ein Spannungsverhältnis zwischen ‚innen' (dem Selbstverständnis von kultureller Identität) und ‚außen' (der Fremdzuschreibung) gibt, innerhalb dessen auf der Basis bestimmter Elemente kulturelle Identität artikuliert wird. Zweitens zeigt es, dass kulturelle Hybridität – auch wenn sie in den differenzierten westlichen Gesellschaften alltäglich geworden ist – gerade durch den positionierenden Charakter von Fremdzuschreibung als ‚Identitätsproblem markiert' ist – was für die Betroffenen eine ‚Belästigung' sein kann.

Spätestens an diesem Punkt stellt sich die Frage, welche Funktion den Medien bei der Artikulation von kultureller Identität zukommt. In einer gewissen Parallele zu den Überlegungen von Raymond Williams (Kap. 2.2) charakterisiert Stuart Hall Medien als strukturierte Vermittlungsinstanz kultureller Prozesse (für eine detaillierte Diskussion des medientheoretischen Ansatzes von Hall siehe Kap. 4.1). Hiermit will Stuart Hall fassen, dass die elektronischen Medien helfen, unter den verschiedenen Kulturen, in die komplexe Gesellschaften wie die britische oder deutsche zerfallen, zu vermitteln. Dies geschieht erstens, indem sie wechselseitig die Mitglieder der einzelnen Kulturen mit Informationen darüber versorgen, wie die jeweils anderen leben. Die Medien ermöglichen so auch innerhalb von Staaten einen transkulturellen Informationsaustausch (Hall 2002). Zweitens geschieht dies durch die Auswahl dessen, was in den Medien berichtet wird. Hierdurch tragen die Medien dazu bei, gesamtgesellschaftliche thematische Ressourcen zur Verfügung zu stellen, die wiederum Elemente für die Konstitution von Identität sind (Hall 1989: 126f.). In diesem Sinne lassen sich gegenwärtige Identitäten als „Medienidentitäten" (Hepp et al. 2003) begreifen, d.h. als Identitäten, deren Artikulation (mit) auf medialen Ressourcen beruht.

Weiterführende Literatur: Hall 1989; Hall 2000a; Hall 2004; Krotz 2009

2.4   Kulturelles Geschlecht: Medien und Gender

Das Themenfeld Gender und Medien kann als eines der vielschichtigsten Gebiete der Cultural Studies gelten (Angerer/Dorer 1996; Dorer/Klaus 2008). Hierbei besteht spätestens seit den 1980er Jahren eine breite Diskussion, in welcher Beziehung Gender und Medien stehen (Zoonen 1994; Ang/Hermes 1996: 110). Ein primärer Fokus in diesem Feld waren lange Zeit Arbeiten zu „Frauen-Kultur" und Medien (siehe die Darlegungen in Kap. 5.3). Im Verlauf der weiteren Diskussion wurden in der Forschung stärker andere Aspekte des Zusammenhangs von Gender und Medien berücksichtigt, wobei auch eine ‚männliche Perspektive' Thema wurde (Kaufman 1987; Easthope 1992). Vor diesem Hintergrund soll es im Weiteren nicht darum gehen, im engeren Sinne feministische Konzepte einer kulturwissenschaftlichen Medienforschung vorzustellen (vgl. dazu CCCS 1978; Zoonen 1994), sondern allgemein Grundbegriffe einer Beschäftigung mit dem Themenfeld Medien und Gender darzulegen, die sich gleichermaßen für unterschiedlichste Formen der Auseinandersetzung mit diesem thematischen Zusammenhang eignen.

Grundlegend für diesen Zusammenhang ist die klassische, aber nicht unproblematische Differenzierung zweier Aspekte von Geschlechtlichkeit, nämlich Sex und Gender (siehe zum Folgenden J. Hartley in O'Sullivan et al. 1994: 127; zur aktuellen, von Judith Butler ausgehenden Kritik an diesem Gegensatz siehe in Bezug auf Medien- und Kommunikationsforschung Dorer/Klaus 2008). **Sex** bezeichnet nach dieser Unterscheidung den biophysiologischen Unterschied zwischen Frauen und Männern, der Bezugspunkt für eine wesentlich komplexere kulturelle Differenzierung ist, nämlich die von Gender. **Gender** ist im Gegensatz zu Sex nichts ‚Natürliches', sondern ein kulturelles Phänomen. Wann immer es um die Bedeutung von Geschlecht geht – beispielsweise in Bezug auf Medienaneignung oder das Geschlechterbild in bestimmten Medientexten –, beziehen sich solche Analysen und Betrachtungen auf Gender und nicht auf Sex. Als kulturelles Phänomen variieren Gender-Differenzierungen je nach Kontext. Im extremsten Fall können Merkmale, die in einem kulturellen Kontext als ‚typisch männlich' gelten, in einem anderen Kennzeichen von Weiblichkeit sein. Dies verweist auf einen grundlegenden Aspekt bei der Beschäftigung mit Gender: Prinzipiell ist bei Arbeiten, die dahingehend argumentieren, etwas wäre ‚essentiell weiblich' oder ‚männlich', Vorsicht geboten, da solche Argumentationen möglicherweise – ob bewusst oder unbewusst – auf Geschlechterausgrenzung zielen.

In den meisten westlichen Medientexten werden Gender-Differenzen auf der Basis der binären Opposition von ‚weiblich' vs. ‚männlich' konstituiert (siehe Abbildung 6). Wie bereits diskutiert (Kap. 2.1), ist eine binäre Opposition ein Gegensatzpaar von zwei Zeichen oder Wörtern, die sich gegenseitig ausschließen, aber strukturell aufeinander bezogen sind und eine Einheit bilden. Ein Beispiel dafür ist das Gegensatzpaar weiblich : männlich, das im hiesigen Kulturkreis als Stereotyp die Gesamtheit von Geschlecht ausmacht. Solche binären Oppositionen treten zumeist nicht für sich auf, sondern in einer Art Feld von mehreren Gegensatzpaaren. So wird in medialen Texten das Gegensatzpaar weiblich : männlich häufig erst im Zusammenhang mit anderen Gegensatzpaaren greifbar, wodurch es zu einem scheinbar kohärenten ‚mythologischen Feld' transformiert wird, wie die oben stehende Tabelle verdeutlicht (vgl. dazu Fiske 1987b: 179-223).

Abbildung 6:   *Gender-Oppositionen*

weiblich	:	männlich
fiktiv	:	real
alltagsnah	:	artifiziell
prozessorientiert	:	ergebnisorientiert
intim	:	distanziert
persönlich	:	darstellend
emotional	:	kontrolliert
privat	:	öffentlich
fürsorglich	:	leistend

Diese Gegenüberstellung idealtypischer, auf Gender bezogener Gegensatzpaare macht einen grundlegenden Aspekt binärer Oppositionen deutlich, der bei einer Beschäftigung mit Gender und Medien von Relevanz ist, nämlich die Ausgrenzung von Ambiguitäten innerhalb dieser (vgl. J. Hartley in O'Sullivan et al. 1994: 130f.). So kennt die Opposition Land : See nur ein ‚entweder : oder' und supprimiert die Kategorie des Ufers als etwas, das ‚zwischen' beiden steht. Beispielsweise kann das Ufer – je nach dem, ob Ebbe oder Flut herrscht – mal eher dem Land, mal eher der See zugerechnet werden, jedoch ist eine eindeutige Zuordnung nur schwer möglich (Fiske 2003: 56-66). Wichtig ist hier, dass es häufig solche in binären Oppositionen supprimierte Kategorien sind, die das Gegensatzpaar selbst ‚verletzen', es ‚skandalieren', um eine Metapher zu gebrauchen. Auf augenfällige Weise wird dies bei der binären Opposition weiblich : männlich deutlich, die im Bereich von Sexualität all jene Formen ausgrenzt, die sich nicht dem einfachen bipolaren Schema fügen.

Abbildung 7:   Artikel „Quellendorf bleibt hetero"

Quellendorf bleibt hetero

Eine Gemeinde in Sachsen-Anhalt hat ihre Bürgermeisterin abgesetzt, weil sie transsexuell ist. Die Abgewählte will dagegen klagen.

Berlin/Quellendorf (AP/taz) – „Am Sonntag steht Quellendorf entweder als Synonym für Toleranz oder Intoleranz", hatte Michaela Lindner den 1.000 Einwohnern von Quellendorf erklärt. Das war, bevor der Ort in Sachsen-Anhalt vorgestern darüber abstimmte, ob eine Transsexuelle Bürgermeisterin sein darf. Nun haben sie entschieden: 482 der 728 Wähler stimmten dafür, dass Lindner gehen muss. Nur 235 waren gegen ihre Abwahl.
In der Stimme der abgewählten Politikerin lag gestern Enttäuschung. Der Ort habe gezeigt, dass er „nicht europareif" sei, sagte sie der taz. Ein derartiger Ausgang der Abstimmung sei allerdings auch in jeder vergleichbaren Gemeinde Deutschlands denkbar gewesen. „Aus Prinzip" will sie Quellendorf auf 300.000 Mark Schmerzensgeld verklagen. Denn niemand dürfe, so zitiert sie aus Artikel 3 des Grundgesetzes, wegen seines Geschlechts benachteiligt werden. Eigentlich habe die überwiegende Zahl ihrer Wähler von 1996 zu ihr gestanden, erklärte Lindner. […] Vor zwei Jahren war sie als Norbert Lindner Bürgermeister von Quellendorf geworden. Irgendwann merkte sie, dass ihre weibliche Psyche in einem männlichen Körper gefangen ist. Im letzten Sommer vertraute sie den Gemeinderäten ihre Veranlagung an. Im Dorf stieß die Offenbarung meist auf Ablehnung. Es wurden Unterschriften gegen die Bürgermeisterin gesammelt, als die immer häufiger in Frauenkleidern gesehen wurde. Die 40jährige stand jedoch zu ihrer Transsexualität – für viele Quellendorfer ein unhaltbarer Zustand. Sechs der acht Gemeinderäte beantragten im September die Abwahl. […]
Am Tage der Entscheidung ist es zu einem Ansturm von Journalisten und Kamerateams aus dem In- und Ausland gekommen. […]
„Hilfe, da gehst du doch kaputt hier", beschwert sich ein Junge aus Quellendorf. Tatsächlich wird die Stimmung immer aggressiver, je näher die Stimmenauszählung rückt. Schon gibt es in dem engen Wahllokal erste Rangeleien zwischen Gegnern und Befürwortern der Abwahl. Die Polizei muss eingreifen. Einige wenige klatschen, als Michaela Lindner die stickige Baracke betritt. […]
Nun wolle sie Quellendorf „möglichst schnell" verlassen, wenn das angestrebte Gerichtsverfahren vorbei ist, auch aus Deutschland fortgehen, kündigte Michaela Lindner gestern an und fragte: „Was soll ich noch hier?"   löw

---

Quelle: taz vom 01.12.1998, Seite 6

Sowohl Schwul-Sein als auch Lesbisch-Sein lässt sich nur schwer vor der Folie einer binären Opposition fassen. Betrachtet man jedoch den Umgang mit beiden sowohl im Alltagsleben als auch in den Medien, wird die bedeutungskonstituierende Stabilität solcher binärer Oppositionen manifest. Beispielhaft dafür steht die Berichterstattung über die Transsexuelle Michaela Lindner. 1958 als Norbert Lindner geboren, wurde sie sich Mitte der 1990er Jahre ihrer Transsexualität bewusst. Als sie 1998 dies nach außen trug und als Bürgermeisterin der PDS in der Gemeinde „Quellendorf" in entsprechender Kleidung zum Dienst erschien, wandten sich Unbekannte an die Presse und der Gemeinderat leitete ein erfolgreiches Abwahlverfahren ein. Zu diesem erschien am 1.12.1998 ein Artikel von Gerhard Löwitsch in der *tageszeitung* (Abbildung 7).

Der Artikel ist in Bezug auf die vorliegende Argumentation auf zwei Ebenen interessant. Erstens ist es als solches ein Phänomen, dass die Geschehnisse in Quellendorf zu einem herausragenden Nachrichtenereignis werden konnten, über das nicht nur die *taz* berichtete, sondern auch eine Vielzahl von weiteren deutschen, österreichischen, japanischen und niederländischen Medien. Diese Aufmerksamkeit lässt sich mit einem grundlegenden gesellschaftlichen Interesse an dem Phänomen der Transsexualität begründen. Das Interesse entsteht dadurch, dass Transsexualität sich der traditionellen Gender-Opposition sperrt, indem das soziokulturell gelebte Geschlecht nicht mit dem biologischen Sexus übereinstimmt: Transsexualität stellt die implizite ‚biologische Grundlage' von Gender in Frage. Dabei handelt es sich um einen Aspekt, der in dem *taz*-Artikel anklingt, wenn mit dem Stereotyp von Transvestie operiert und berichtet wird, wie Norbert alias Michaela Lindner „immer häufiger in Frauenkleidern gesehen wurde".

Damit befindet man sich bereits auf der zweiten, formalen Betrachtungsebene. Auch wenn der *taz*-Artikel auf den ersten Blick ‚gender-politisch' korrekt erscheint – im Gegensatz zu anderen Zeitungsartikeln über dieselben Geschehnisse, beispielsweise im *Hamburger Abendblatt* oder der *Berliner Morgenpost* wird stets von der Bürgermeisterin im Femininum gesprochen –, scheint sich beim näheren Hinsehen das Thema für den Autoren ein Stück weit gesperrt zu haben. Als ein Indiz mag die umgangssprachlich-distanzierende Verwendung des Artikels als Personalpronomen zu Beginn des bereits zitierten Satzes gelten. Und auch ansonsten finden sich etliche weitere ironisierende Markierungen in dem Artikel.

Eine weitere detaillierte Analyse des Textbeispiels muss an dieser Stelle unterbleiben, jedoch zeigen die bisher gemachten Anmerkungen recht deutlich die bedeutungskonstituierende Stabilität der Gender-Opposition weiblich : männlich sowohl im Alltag (die Quellendorfer wehren sich vehement gegen eine Repräsentantin, die gegen diese verstößt) wie bei der medialen Berichterstattung (ein Skandalieren der Opposition im realen Leben wird zum Nachrichtenereignis, wobei in linksliberaler Berichterstattung das skandalierende Element im ironisierenden Umgang mit den Geschehnissen greifbar bleibt). Das Beispiel manifestiert nachdrücklich, dass die strikte Bipolarität traditioneller Gender-Konstruktionen eine sozial ausgrenzende Konstruktion ist, gleichwohl im Alltag gegenwärtig die grundlegende Opposition bleibt, entlang derer Gender artikuliert wird. So ist Ute Bechdolf nur zuzustimmen, wenn sie schreibt:

„Indem wir davon ausgehen, dass jeder Mensch zwangsläufig ein und nur ein Geschlecht hat, unverwechselbar und unveränderbar, stellen wir Männlichkeit und Weiblichkeit als Polaritäten in all unseren Denk- und Handlungsweisen immer wieder her – ein alltägliches ‚doing gender'." (Bechdolf 2008: 427)

Ein solches ‚doing gender' manifestiert sich auf vielfältige Weise innerhalb von Medientexten, wobei zu deren Analyse weitere begriffliche Differenzierungen notwendig sind, um Verkürzungen zu vermeiden, die in frühen Studien zu dieser Thematik gemacht wurden. Anfängliche Studien versuchten zu zeigen, dass insbesondere die elektronischen Medien eine zentrale Funktion bei der allgemeinen Reproduktion patriarchaler Gender-Beziehungen haben, indem in ihnen traditionelle Gender-Definitionen und stereotype Geschlechterrollen vorherrschen, die Jugendliche innerhalb ihrer Sozialisation übernehmen und für sich selbst zum ‚Modell' machen (vgl. beispielsweise Sharpe 1976). Vor dem Hintergrund jüngerer Studien erscheint es nicht möglich, die Darstellung von Gender in Medien in eine direkte Korrelation zu deren Aneignung zu setzen. Erstens ist die Artikulation von Gender in den Medien nicht in der Weise eindeutig, wie erste feministische Untersuchungen der 1970er Jahre nahelegten, sondern umfassend in sich gebrochen. Zweitens kann nicht von einer passiven Übernahme von medialen Gender-Bildern auf Seiten der Rezipierenden ausgegangen werden (vgl. bereits Seiter et al. 1989a; McRobbie 1997). Eine solchermaßen ins Monokausale tendierende Argumentation würde letztendlich auf ein Reiz-Reaktions-Schema hinauslaufen, wie es die verschiedenen Studien der Cultural Studies zur Medienaneignung widerlegt haben (vgl. Kap. 5.3).

Vor diesem Hintergrund ist es hilfreich, zwischen drei Aspekten von Gender in Bezug auf Medien zu unterscheiden, nämlich zwischen dem der Gender-Definition, der Gender-Positionierung und der Gender-Identifikation (vgl. zum Folgenden Ang/Hermes 1996: 119). Unter der diskursiven **Gender-Definition** sind Bestimmungen von Gender zu verstehen, wie sie von spezifischen Diskursen und Praktiken produziert werden, die Gender zu einer soziokulturell relevanten, d.h. differenzstiftenden Kategorie machen, indem sie versuchen zu bestimmen, was in einem kulturellen Kontext ‚männlich' und ‚weiblich' ist.

Unterschiedliche Diskurse konstituieren dabei voneinander abweichende kontextuelle Definitionen. Es sind beispielsweise drei Definitionen von Frau, die katholische religiöse Diskurse konstituieren, nämlich die der Jungfrau, Mutter und Hure. Im Gegensatz dazu definieren feministische Diskurse Frauen als Unterdrückte bzw. Opfer männlicher Ausbeutung. Zentral ist hier zweierlei: Zum einen sind solche diskursiven Gender-Definitionen nie etwas Neutrales, sondern sie sind lokalisiert in gesellschaftlichen Auseinandersetzungen, innerhalb derer bestimmte Gender-Definitionen nutzbar gemacht werden zur Stärkung spezifischer Positionen. Zum anderen existieren in der heutigen Gesellschaft vielfältige, häufig unvereinbare und rivalisierende Gender-Definitionen nebeneinander. Auch wenn bestimmte Definitionen tendenziell hegemonial präferiert werden, besteht eine prinzipielle Wahlmöglichkeit zwischen ihnen.

Bezogen auf die Analyse von Medientexten führt dies zu einer weiteren Begrifflichkeit, nämlich der der **Gender-Positionierung**. Hinter diesem Begriff steht ein an Foucault orientierter Subjektbegriff (siehe dazu Kap. 2.1) bzw. ein Konzept der „Subjekt-Position", das psychoanalytischen, sich insbesondere auf Jacques Lacan stützenden Studien zu Filmen entstammt (siehe dazu vertiefend Hipfl 1998 und Hipfl 2009). Die Grundüberlegung, die dahinter steht, ist die, dass in jedem Medientext durch spezifische semiotische Strategien für die Rezeption und Aneignung relevante Subjekt-Positionen eingeschrieben sind. Diese Subjekt-Positionen lassen sich anhand der textuellen Muster und Formen analysieren und typisieren. Die Gender-Positionierung ist die textuelle Konstitution einer solchen Subjekt-Position bezogen auf Gender, zumeist auf der Basis binärer Oppositionen. Letztendlich haben sich frühe feministische Medienstudien vor allem mit solchen Gender-Positionierungen befasst, indem sie herausgearbeitet haben, wie bestimmte Medientexte spezifische ‚Geschlechts-Rollen', ‚Geschlechts-Ideale' oder ‚Geschlechts-Blicke' konstituieren.

Ein klassisches Beispiel für solche Studien ist die Untersuchung von Tania Modleski, die herausgearbeitet hat, wie durch die Erzählung amerikanischer Daytime Soaps eine Subjekt-Position der „idealen Mutter" konstruiert wird, „einer Person, die mehr Lebensweisheit besitzt als alle ihre Kinder, deren Anteilnahme und Mitgefühl groß genug ist, um die verschiedenen Beanspruchungen ihrer Familie miteinander zu vereinbaren (sie identifiziert sich mit allen), und die selbst keine Ansprüche oder Anrechte nur für sich hat (sie identifiziert sich mit nichts und niemandem ausschließlich)" (Modleski 1982: 112). Die Studie von Modleski bietet einen Einblick in die textuellen Strategien, durch die entlang der Gender-Achse spezifische Publika adressiert werden. Dabei macht sie deutlich, dass Medientexte nicht einfach bereits existierende stereotype Bilder von Männlichkeit und Weiblichkeit widerspiegeln, sondern aktiv daran teilhaben, symbolische Formen von Gender-Identität zu konstituieren. Damit haben Medientexte Teil an der diskursiven Produktion von und Auseinandersetzung mit Gender-Definitionen. Zentral ist jedoch, dass die *de facto* stattfindende Aneignung solcher Medientexte nicht zu einer Übereinstimmung der Zuschauenden mit in den Texten präferierten Gender-Positionierungen führen muss. So ist in keinem Medientext eine einzige Gender-Positionierung vorherrschend (beispielsweise wird in Fernsehserien Weiblichkeit nicht nur in der Form von Mutter-Dasein thematisiert), ebenso wie nicht davon ausgegangen werden kann, dass die Zuschauenden sich mit der von ihnen präferierten Gender-Positionierung identifizieren. Dies verweist auf die von Kuhn deutlich herausgearbeitete Differenz von „spectatorship" – dem durch Textstrategien präferierten, gewissermaßen ‚idealen Publikum' – und „social audience" als dem ‚realen' Publikum, das sich Medientexte in seinem soziokulturellen Kontext aneignet (Kuhn 1984).

Damit kommt man zur dritten, grundlegenden Begrifflichkeit im Zusammenhang der Analyse von Gender und Medien, der **Gender-Identität** bzw. **Identifikation.** Hierunter ist Gender als Aspekt der kulturellen Identität einzelner Personen zu verstehen, wie sie die Medienaneignung der „social audiences" bestimmt. Wie die Darlegungen von Stuart Hall zur kulturellen Identität gezeigt haben, wird diese in spezifischen soziokulturellen Kontexten unter Abgrenzung zu anderen Identitäten stets aufs Neue definiert (Kap. 2.3). Dies trifft ebenfalls auf die Gender-Identität als einem Teilaspekt der allgemeinen, kulturellen Identität zu. Bei der Konstitution von Gender-Identität sind zum einen die in einer Gesellschaft vorherrschenden Gender-Definitionen von Relevanz, die für den oder die Einzelnen Orientierungen bieten, aber auch – insbesondere bei der Analyse von Medienaneignungsprozessen – Gender-Positionierungen in einzelnen Medientexten. Dabei ist wichtig, dass, auch wenn sich Rezipierende im Moment der Rezeption in hohem Maße mit der präferierten Gender-Positionierung identifizieren, sie in ihrem weiteren Leben eine davon abweichende Gender-Identität leben können. Für diese sind vielfältige Geschlechtsrollen von Relevanz, die häufig nur in bestimmten Situationen ‚gespielt' werden und zu denen die Personen in unterschiedlichem Maße in einer Rollendistanz stehen. Dies verweist darauf, dass Gender-Identität nicht rein psychologisch betrachtet werden kann, sondern sich in Interaktion mit anderen in bestimmten Kontexten konstituiert. Ebenso muss beachtet werden, dass sich kulturelle Identität nicht auf Gender reduzieren lässt und Gender von Kontext zu Kontext als differenzstiftende Größe in unterschiedlichem Maße relevant ist.

Vor diesem Hintergrund erscheint es sinnvoll, **Gender als Artikulation** zu verstehen. Wie bereits dargelegt, versucht das Artikulationskonzept zu fassen, dass jede diskursive Verbindung unterschiedlicher Elemente diese in ihrer Identität verändert und ihnen als Artikulation eine neue soziokulturelle Bedeutung zukommt. Bezogen auf Gender und Medien verdeutlicht das Konzept, dass weder eine Betrachtung gesellschaftlicher Gender-Diskurse (Gender-Definitionen), noch der Darstellung von Gender in den Medien (Gender-Positionierungen) oder der Rolle von Gender bei der Medienaneignung (Gender-Identität) dem Phänomen gerecht werden, sondern erst durch die Analyse ihrer Artikulation, d.h. des spezifischen Ineinandergreifens aller drei Aspekte von Gender in bestimmten Situationen der Zusammenhang von Gender und Medien adäquat gefasst werden kann. Jedoch wird die Relevanz von Gender in Bezug auf Medien erst in spezifischen Kontexten fassbar, wobei innerhalb dieser Kontexte Gender nur ein Faktor neben anderen ist. In den Worten von Ien Ang und Joke Hermes:

„Mit anderen Worten, Medienaneignung ist nicht immer eine geschlechtsabhängige Praxis, und selbst wenn sie eine solche ist, kann die Modalität und Effektivität von Gender nur verstanden werden durch eine genaue Untersuchung der Bedeutungen, die ,männlich' und ,weiblich' sowie deren gegenseitige Beziehung zueinander in einem spezifischen Kontext annehmen." (Ang/Hermes 1996: 125)

Solche Überlegungen verweisen direkt auf den Begriff des Alltagslebens, der im nächsten Kapitel näher behandelt wird.

Weiterführende Literatur: Ang/Hermes 1996; Dorer/Geiger 2002; Dorer/Klaus 2008

2.5 Die ,Leute': Populärkultur, Alltagsleben und Vergnügen

Die Auseinandersetzung mit dem Alltagsleben als Referenzpunkt von Populärkultur ist im Kontext der Cultural Studies mit den Arbeiten John Fiskes verbunden. Sein Begriff der Populärkultur weist Parallelen zu dem von Raymond Williams auf (siehe Kap. 2.2). Nach Meinung von Fiske ist **Populärkultur** in gegenwärtigen, westlichen Gesellschaften in sich höchst widersprüchlich. Auf der einen Seite ist sie ein industrielles Phänomen, indem ihre Waren mit wirtschaftlichen Interessen arbeitsteilig produziert und distribuiert werden, auf der anderen Seite ist die Populärkultur die Kultur der Konsumenten, die den hergestellten Waren von ihrem Alltagsleben ausgehend spezifische Bedeutungen zuweisen. Populärkultur kann nicht ausschließlich als Konsum von industriell vor-gefertigten Produkten konzeptionalisiert werden. Wie andere kulturelle Phäno-mene wird Populärkultur in einem aktiven Prozess der Erzeugung und Zirkula-tion von Bedeutung innerhalb eines bestimmten Kontextes konstituiert, in die-sem Fall dem des Alltagslebens der Konsumenten. Entsprechend kann Populär-kultur – wie sehr auch immer sie kommerzialisiert ist – nicht nur in den Begrif-fen des Kaufens und Verkaufens von Waren beschrieben werden (Fiske 1989: 23).

Vor dem Hintergrund solcher Überlegungen spricht Fiske – in Anlehnung an die Darlegungen Pierre Bourdieus – bezogen auf elektronische Medien wie Fernsehen und Radio von „zwei Ökonomien" (siehe Abbildung 8), der „finan-ziellen" und der „kulturellen Ökonomie" elektronischer Medien. Während der Bereich der **finanziellen Ökonomie** die Zirkulation von Vermögen in zwei Sub-systemen fasst, beinhaltet der der kulturellen Ökonomie die Zirkulation von Be-deutungen und Vergnügen. Um beim Beispiel Fernsehen zu bleiben, produzie-ren einzelne Studios eine Ware, ein Programm, das an die Fernsehsender ver-kauft wird. In diesem ersten Subsystem erschöpft sich die finanzielle Ökonomie elektronischer Medien aber nicht, indem ein zweites und ebenso wichtiges ,Pro-dukt' der Kulturindustrie existiert, das zur Ware gemachte Publikum. Dieses wird durch das von den Fernsehanstalten gesendete Programm konstituiert und von diesen an Werbekunden verkauft. Die Ware ist dabei nicht der einzelne Rezipierende verstanden als Individuum, sondern das Publikum in seiner Gesamtheit, das sich nach spezifischen Kriterien in einzelne ,Zielgruppen' fas-sen lässt.

Die **kulturelle Ökonomie** ist zumindest in Teilen von der finanziellen ent-koppelt. Bei einer Betrachtung dieser „semiautonomen" kulturellen Ökonomie geht es weniger um den Verkauf bestimmter Waren als vielmehr um die Zirku-lation von Bedeutungen und Vergnügen. Auf der Ebene der kulturellen Ökono-mie wird das Publikum – hier verstanden als im Alltagsleben stehende Rezipie-rende – selbst zu Produzierenden, indem es mediale Texte als Ressourcen ver-wendet, um eigene Bedeutungen und Vergnügen zu konstituieren. In dieser Ökonomie gibt es im eigentlichen Sinne des Wortes keine Konsumenten, da die Rezipierenden selbstbezüglich handeln: Es geht um _ihr_ Vergnügen und die Be-deutung, die Kulturwaren _für sie_ haben. Dabei können Bedeutungen und Ver-gnügen nicht im ökonomischen Sinne als Waren konzeptionalisiert werden, weil sie weder besitz- noch verkaufbar sind, sondern in einem fortlaufenden Prozess kultureller Zirkulation konstituiert werden.

Abbildung 8:   *Die zwei Ökonomien elektronischer Medien*

	Finanzielle Ökonomie		Kulturelle Ökonomie
	I	II	
Produzierende:	Studio	Programm	Rezipierende
	⇓	⇓	⇓
Ware:	Programm	Publikum	Bedeutungen/ Vergnügen
	⇓	⇓	⇓
Konsumierende:	Sender	Werbekunden	sie selbst

Quelle: Fiske 1989: 26

Populärkultur steht demnach im Spannungsverhältnis zwischen Kulturindustrie und Konsumenten, wobei letztere in einer spätkapitalistischen, spät- oder postmodernen Gesellschaft auf die Waren der ersteren angewiesen sind, diese jedoch als Ressourcen für eine eigene Bedeutungsproduktion gebrauchen. Um dieses Spannungsverhältnis nicht nur unter ökonomischer, sondern generell unter kultureller Perspektivik zu fassen, siedelt Fiske Populärkultur im Spannungsfeld zwischen zwei Größen an, nämlich dem Machtblock („power-bloc") und den Leuten („people"). Als poststrukturalistisch ist die Unterscheidung deshalb zu begreifen, weil damit keine dauerhaften Strukturen gefasst werden, sondern mobile Allianzen, die sich bezogen auf bestimmte (Streit-)Punkte unter ganz bestimmten situativen Bedingungen konstituieren (Fiske 1993b: 9-11).

So meint **Machtblock** den für einen bestimmten Zweck gebildeten Zusammenschluss unterschiedlicher Gruppierungen, eine Interessenslage, die „issue-centered" ist und bestimmten sozialen Formationen, die sich über verschiedene Faktoren wie Klasse, Alter, Gender, Ethnie etc. definieren, einen privilegierten Zugang zur Macht verleiht, den diese für ihre eigenen ökonomischen und politischen Interessen instrumentalisieren können. Die **Leute** sind diejenigen, die am wenigsten vom Machtsystem profitieren und am stärksten von ihm diszipliniert werden. Sie verfügen über keinen direkten Zugang zum jeweiligen Machtsystem und können es nicht zu ihrem eigenen Vorteil nutzen, weswegen sie Fiske als die „sozial Schwachen" bezeichnet. Aber auch die Leute müssen eher als Set von Kräften gedacht werden denn als klar umgrenzte soziale Kategorie (Fiske 1989: 24; Fiske 1993b: 11). Die Zugehörigkeit zu den Leuten – verstanden als Interessenslage „sozial Schwacher", die ein vergleichbarer Mangel an Privilegien und ein Defizit an ökonomischen und sozialen Ressourcen verbindet – variiert je nach Kontext.

Die Unterscheidung von Machtblock und Leuten kann ein Verständnis aufkommen lassen, wonach die Leute generell ohnmächtig gegenüber dem Machtblock wären. Allerdings verfügen die Leute sehr wohl über ein eigenes Handlungspotenzial, wobei es sich hier nicht um eine strategische Macht wie die des Machtblocks handelt, die in Foucaults Sinne eine disziplinierende und definierende Größe ist, sondern vielmehr um taktische Potenziale, die darin bestehen, verfügbare Ressourcen unter Ausnutzung situativer Möglichkeiten für sich zu nutzen.

Vor diesem Hintergrund gewinnt der Begriff des **Alltagslebens** („everyday life"), wie ihn Michel de Certeau fasst, einen zentralen Stellenwert. De Certeau hat darauf aufmerksam gemacht, dass die von Foucault in *Überwachen und Strafen* dargelegte Überlegung, die moderne Gesellschaft würde umfassend durch ein Raster der Überwachung kontrolliert, in dieser Weise nicht haltbar ist. Foucault geht davon aus, dass die moderne Gesellschaft, basierend auf bestimmten panoptischen „Prozeduren", „Techniken" und „Dispositiven", von einer „Mikrophysik der Macht" durchzogen ist, die sich dadurch auszeichnet, dass Menschen sich stets in eine potenzielle Überwachungssituation versetzt ‚fühlen' – sie diese quasi internalisiert haben – und entsprechend handeln, selbst wenn sie de facto nicht kontrolliert werden (Foucault 1977: 177f.). Die Kritik an Foucault besteht darin, dass dieser die die Disziplin produzierenden Dispositive für effektiver hält, als sie sind. Eine Gesellschaft besteht nicht nur aus disziplinierenden Mechanismen, sondern umfasst eine Vielzahl von weiteren Praktiken, die „klein" und „minoritär" (Certeau 1988: 110) geblieben sind. Zu diesen „kleinen", von der Geschichte nicht „privilegierten" Praktiken zählen die Alltagspraktiken, die zwar primär Formen des Konsums und damit auf von der Kulturindustrie zur Verfügung gestellten Ressourcen angewiesen sind, in ihrer Gesamtheit jedoch von dieser nicht vollkommen hegemonial kontrolliert werden können:

„Das Gegenstück zur rationalisierten, expansiven, aber auch zentralisierten, lautstarken und spektakulären Produktion ist eine *andere* Produktion, die als ‚Konsum' bezeichnet wird: diese ist listenreich und verstreut, aber sie breitet sich überall aus, lautlos und fast unsichtbar, denn sie äußert sich nicht durch eigene Produkte, sondern durch die *Um-*

gangsweise mit den Produkten, die von einer herrschenden ökonomischen Ordnung aufgezwungen werden." (Certeau 1988: 13; Herv. i. O.)

Die Alltagspraktiken der Konsumenten können nicht durch die sozialpolitische Ordnung, durch ein wie auch immer ausdifferenziertes Raster der Überwachung vollkommen kontrolliert werden. Alltagspraktiken sind **„Aneignungspraktiken"** (Certeau 1988: 19; siehe Poster 1992, Silverstone 1989 und Krönert 2009), durch die Konsumenten Produkte in ihren Besitz nehmen und sie zu einem Teil ihres kulturellen Eigentums machen. Der Ausdruck ,Aneignen' bildet dabei einen Gegenbegriff zu ,Assimilation': Der alltägliche Konsum kann nicht als ein Vorgang des Sich-Anpassens beschrieben werden – eine Ware zu konsumieren bedeutet vielmehr, diese an das anzupassen, was man ist. Der Mensch ist nicht nur bei der Produktion von Gütern ein aktiv handelndes Wesen, sondern auch bei dem Konsum dieser Güter, denn Konsum ist das aktive Erzeugen von Bedeutungen.

Dabei sind die Alltagshandlungen der Leute nicht strategisch, sie sind taktisch. Eine **Strategie** ist die Handlungsweise des Machtblocks, die sich auf die Berechnung von Kräfteverhältnissen stützt. Die Voraussetzung für strategisches Handeln ist das Vorhandensein eines eigenen Ortes, eines Machtbereichs. Das Ziel des strategischen Handelns ist es, diesen Machtbereich von der Umgebung abzugrenzen bzw. ihn auszudehnen. Im Gegensatz zur Strategie zeichnet sich die **Taktik** als Handlungsform der Leute durch das Fehlen von berechnender Macht aus, sie ist weniger eine langfristige Planung denn ein kurzfristiges Kalkül. Die Taktik hat keinen eigenen Ort bzw. Machtbereich, sondern nur den des Anderen, in den sie eindringt, ohne ihn jemals vollständig erfassen zu können. Taktiken müssen listig die Lücken nutzen, die sich ihnen in besonderen Situationen auftun, sie wildern in den Orten der Mächtigen und sorgen so für Überraschungen (Certeau 1988: 89). Sie konstituieren eigene Räume, die situativ und flüchtig sind. Beispielsweise stellt eine Mietwohnung einen Ort dar. Es handelt sich hierbei um einen Teil eines Gebäudes mit einem klar umgrenzten materiellen Bereich. Derjenige, der die Mietwohnung bewohnt, gestaltet sich diese aber nach seinem Stil und konstituiert hierdurch einen (Wohn-)Raum, der für ihn sein Zuhause ist. Ein solches Verhältnis zwischen bestehenden Orten und angeeigneten Räumen findet sich auf vielen Ebenen des Alltagslebens: Ähnlich wie eine Mietwohnung ist die Stadt mit ihren öffentlichen Plätzen und Einkaufszentren ein spezifischer Ort, den die dort Lebenden in eigene Räume verwandeln, aber auch in der Aneignung medialer Texte eröffnen sich den Rezipierenden Räume für eigene Bedeutungen und Vergnügen. So ist Rezipieren auf ein Kommunikat als einen von der Kulturindustrie geschaffenen Ort angewiesen. Im Akt der Aneignung schaffen sich die Rezipierenden aber eigene

Räume, indem sie wie „Nomaden" in fremden Gebieten „wildern" (Certeau 1988: 307). Die Lektüre ist eine Art Bricolage, in der die Rezipierenden eigene Textwelten erschaffen, indem sie sich die Texte ausgehend von ihrer eigenen Alltagspraxis zu eigen machen. Diese Aneignung ist in dem Sinne produktiv, als sie von der Kulturindustrie zur Verfügung gestellte Waren als Ressourcen für die Schaffung einer eigenen Populärkultur verwendet.

Will die Kulturindustrie, dass ihre Produkte Teil der auf diese Weise im Alltagsleben situierten Populärkultur werden, kann diese in ihrem ökonomisch orientierten Denken nicht von der kulturellen Ökonomie losgelöst agieren, da die Möglichkeit des Verkaufs eine prinzipielle Anschlussfähigkeit der Waren der Kulturindustrie an die Alltagspraktiken der Leute voraussetzt. Besonders deutlich wird dieser Sachverhalt an der im Rahmen von Medienanalyse wohl zentralen Art von Kulturwaren, nämlich populären Texten bzw. Produkten. Nicht jeder Text, der von der Kulturindustrie als Ware produziert wird, ist ‚erfolgreich' in dem Sinne, dass er zu einem Teil von Populärkultur wird. Betrachtet man die in diesem Sinne ‚erfolgreichen' Texte genauer, lassen sich eine Reihe von Merkmalen ausmachen, die diese auszeichnen. Fiske hat für diese Merkmale den zusammenfassenden Begriff des **produzierbaren Textes** („producerly text") geprägt (Fiske 2008; Mikos 2009: 157-161). Hierunter ist eine Mischform zwischen den von Roland Barthes für literarische Texte herausgearbeiteten Merkmalen des lesbaren und schreibbaren Textes zu verstehen (Barthes 1987). Während ein lesbarer Text relativ geschlossen ist, d.h. nur eine beschränkte Anzahl unterschiedlicher Lesarten zulässt und keine großen Anforderungen an den Lesenden stellt, erfordert ein schreibbarer Text vom Lesenden, diesen im Akt der Aneignung ‚neu' zu schreiben. Er ist ‚offen', lässt eine Vielzahl von Lesarten zu und rückt die eigene Konstruiertheit in den Vordergrund, wodurch er den Lesenden einlädt, aktiv an der Bedeutungskonstitution teilzuhaben und daran Vergnügen zu finden. Der produzierbare Text nun – beispielsweise ein Artikel in einer Boulevard-Zeitung oder die Folge einer Fernsehserie – verbindet Merkmale des schreibbaren und lesbaren Textes miteinander. Mit dem lesbaren hat der produzierbare Text die Einfachheit seiner Lektüre gemeinsam, auch er steht in keinem oder nicht nennenswertem Kontrast zu bestehenden Konventionen und verfügt so über eine leichte Zugänglichkeit. Gleichzeitig legt der produzierbare Text aber – ähnlich dem schreibbaren – seine Widersprüche, Grenzen und Schwächen offen. Dies ist durch das Vorhandensein von polysemen Bedeutungspotenzialen, durch seine Offenheit bedingt:

„Der produzierbare Text hat die Zugänglichkeit eines schreibbaren Textes und kann prinzipiell auf vergleichbar einfache Weise von denjenigen Lesern rezipiert werden, die sich mit der dominanten Ideologie arrangiert haben […], jedoch verfügt er gleichzeitig über die Offenheit des schreibbaren Textes. Der Unterschied besteht darin, dass er weder die schreibende Aktivität des Lesers erfordert, noch die Regeln festsetzt, die diese kontrolliert. Vielmehr bietet er sich selbst einer populären Bedeutungskonstitution an. Er überlässt sich, wie widerwillig auch immer, den Verwundbarkeiten, Grenzen und Schwächen seiner bevorzugten Lesart. Er beinhaltet – während er versucht, diese zu unterdrücken – Stimmen, die denjenigen, die er favorisiert, widersprechen. Er hat lose Enden, die sich seiner Kontrolle entziehen, sein Bedeutungspotenzial übertrifft seine eigene Fähigkeit, dieses zu disziplinieren, seine Lücken sind groß genug, um ganze neue Texte in diesen entstehen zu lassen – er befindet sich, im ureigensten Sinne des Wortes, jenseits seiner eigenen Kontrolle." (Fiske 2008: 42)

Aufgrund solcher strukturellen Merkmale von produzierbaren Texten – die sich insbesondere an ihrer Polysemie durch Witz und Ironie, Metaphorik, Widersprüchlichkeit, ihrem semiotischen Exzess und ihrer Heteroglossie festmachen lassen (siehe Kap. 2.1) – sind solche Texte in hohem Maße für die Populärkultur der Leute anschlussfähig: Dadurch, dass populäre Texte offen, d.h. in hohem Maße polysem sind und eine Mehrzahl von Lesarten zulassen, können sie in verschiedensten alltäglichen kulturellen Kontexten produktiv angeeignet werden, weswegen ihr mögliches Publikum steigt. Nicht zuletzt hierdurch sind die Texte als Waren für die Kulturindustrie von Interesse. Mit der Zunahme von struktureller Offenheit ist aber auch der Verwendungszweck solcher Texte weniger kontrollierbar – sie eignen sich in zunehmendem Maße für abweichende Lesarten, die den Meinungen zuwider laufen, die im Interessensfeld des Machtblocks liegen.

Dies verweist auf zwei weitere eng miteinander verbundene und für das Verständnis von Populärkultur zentrale Begriffe, den des Vergnügens und den des Widerstands. Prinzipiell kann davon ausgegangen werden, dass die populärkulturelle Aneignung von Kulturwaren primär auf **Vergnügen** („pleasure") zielt. Niemand würde in seiner Freizeit Medien rezipieren, die nicht auf irgendeine Weise Vergnügen bereiten würden. Die Beschäftigung mit dem Vergnügen kann als eines der zentralen Themen der Cultural Studies gelten, wobei mit bestehenden kritischen Traditionen gebrochen wurde. In sozialwissenschaftlichen Theorien (so beispielsweise im Marxismus, aber auch bei der Frankfurter Schule) ist der Begriff des Vergnügens (ebenso wie der der Unterhaltung) häufig an den der Ideologie geknüpft: Jemand, der sich dem Vergnügen an populären Produkten hingibt, gilt als eine Person, die sich affirmativ der Kulturindustrie preisgibt (Mercer 1986: 50). Hier zeichnet sich der Ansatz der Cultural Studies durch eine andere Haltung aus, indem Vergnügen gegen Ideologie gesetzt wird. Dem populärkulturellen Erleben von Vergnügen werden Möglichkeiten des **Widerstands** gegen hegemoniale Diskurse zugesprochen. Diese Position gründet sich wiederum auf die Überlegungen Roland Barthes' (Barthes 1974). Das Erleben von Vergnügen kann nach dessen Argumentation nicht als Wirkung eines Textes verstanden werden, sondern stellt eine Eigenleistung des Rezipierenden selbst dar. Dass ein Autor einen Text mit Eigenschaften versieht, von denen er hofft, dass sie Vergnügen bereiten, sichert ihm nicht, dass dies für die Rezipierenden auch der Fall ist. Diese können sich den Raum ihres Vergnügens erst in ihrer Lektüre erschaffen.

Grundlegend für Barthes' Konzeptionalisierung des Vergnügens ist die Unterscheidung von zwei Arten des Vergnügens, „Plaisir" und „Jouissance". **Plaisir** ist das eher alltägliche, ‚behagliche' Vergnügen an Texten. Es ist der Genuss von Kulturwaren, „der von der Kultur herkommt, nicht mit ihr bricht, an eine behagliche Praxis der Lektüre gebunden ist" (Barthes 1974: 22). Vermittelt ist das Vergnügen als Plaisir durch die Brüche, Offenheiten und Pluralitäten des Textes, die man bei dieser Form der Lektüre entdeckt und die im Akt des Rezipierens Vergnügen bereiten. Plaisir ist in gewissem Sinne eine ‚intellektuelle' Art des Vergnügens am Text: Die Voraussetzung von Plaisir ist die Kenntnis von kulturellen Mustern, wobei es deren Wiederentdecken ist, was Vergnügen bereitet. Die Orientierung des Vergnügens als Plaisir an etablierten Mustern bedeutet aber nicht, dass Plaisir eine rein affirmative Form des Vergnügens wäre, auch wenn es dies sein kann. Beim Erleben von Plaisir kann „der Text, seine Lektüre, […] gespalten" sein und „die moralische Einheit, die die Gesellschaft von jedem menschlichen Produkt verlangt", durchbrochen werden (Barthes 1974: 48).

Im Gegensatz zu Plaisir ist **Jouissance** das Erleben von etwas absolut Neuem, ein Erleben, das das eigene Bewusstsein erschüttert und verunsichert. Als solches ist die Jouissance kein alltägliches Vergnügen, sondern etwas, das sich den Rezipierenden nur in selteneren Fällen eröffnet. Jouissance ist das Vergnügen an Texten, das eher durch den menschlichen Körper bedingt ist als durch die menschliche Kultur. Es ist ein Vergnügen, „bei dem man Rauheit der Kehle, die Patina der Konsonanten, die Wonne der Vokale, eine ganze Stereophonie der Sinnlichkeit hören kann: die Verknüpfung von Körper und Sprache, nicht von Sinn und Sprache" (Barthes 1974: 98). Jouissance ist der momentane Versuch, sich von der kulturellen Identität zu lösen, was dadurch möglich wird, dass die Bedeutung eines Textes, „das Signifikat ganz weit weg" (ebd.) rückt und ein Text unmittelbar erfahren wird. Beispiele hierfür sind das Lust bereitende Empfinden von Ekel, Wut, Schmerz oder Angst. Man kann Jouissance begreifen als „eine Bedrohung der kulturellen und psychologischen Identität des Lesenden, seines Geschmacks und seiner Werte; sie widersteht Sprache, sie ist das, was nicht ausgesprochen werden kann" (Moriarty 1991: 151).

Diese Differenzierung von Barthes verweist auf die zwei Hauptformen von populärkulturellem Vergnügen, nämlich das evasive und das bedeutungsstiftende Vergnügen. Während Jouissance als evasives Vergnügen auf Körperlichkeit zentriert ist und dazu tendiert, offensiv und skandalös zu sein, ist das bedeutungsstiftende Vergnügen auf kulturelle Identität und soziale Beziehungen orientiert (Fiske 1989: 56). **Evasivem Vergnügen** kann ein widerständiger Zug zukommen, weil es als solches den disziplinierenden Diskursen moderner Gesellschaften zuwiderläuft. So geht die Industrialisierung und Verstädterung im 19. Jahrhundert damit einher, exzessive und auf Körperlichkeit bezogene Formen des populären Vergnügens – Hahnenkampf, Straßenfußball, Kirmes können als Beispiele dafür gelten – zu ,zivilisieren', d.h. ihnen gemäßigte Regeln zugrunde zu legen, wodurch ihr exzessiver und körperzentrierter Charakter genommen oder zumindest gemildert wird (Malcolmson 1982). Es geht darum, ,Freizeit' als Privatwelt in Abgrenzung zur Welt der Arbeit als einen Ort der Regeneration zu definieren und ihr den Raum körperlicher Vergnügungen und Verausgabungen zu nehmen (siehe dazu auch Williams 1984). Dem steht wie Michael Bakhtin gezeigt hat bis heute das Karnevaleske der Populärkultur gegenüber: Bei ihm steht das Groteske im Mittelpunkt, das Über-die-Grenzen-Hinauswachsen von Körpern, das die Wohlgeformtheit und Abgeschlossenheit des zivilisierten Körpers in Frage stellt. Solche Formen des evasiven Vergnügens finden sich bis heute in der Populärkultur: Angefangen bei dem strikt selbstbezogenen „Head Banging" von Hardrock-Fans über Thrills beim Erleben von Horror- und anderen Filmen bis hin zum E-Sport.

Vom evasiven Vergnügen lässt sich, wie bereits argumentiert, das **bedeutungsstiftende Vergnügen** unterscheiden. Bei diesem geht es weniger um einen im karnevalesken Erleben selbst zu findenden Widerstand als vielmehr um die Konstitution eigener Bedeutungen und Lesarten. Die „Politik der Populärkultur" (Fiske 1989: 56f.) fungiert auf der mikropolitischen Ebene des Alltagslebens, d.h. sie ist eher taktisch-progressiv als strategisch-radikal. Entsprechend geht es beim bedeutungsstiftenden Vergnügen nicht darum, das hegemoniale politisch-kulturelle System der Machtverbreitung an sich – quasi auf einer Makro-Ebene – in Frage zu stellen, sondern darum, im alltäglichen Kontext Bedeutungen und Lesarten zu produzieren, die in diesem relevant und funktional sind. Relevanz impliziert, dass sie in einem direkten Bezug zu der alltäglichen sozialen Erfahrung des bzw. der Einzelnen stehen. Funktional meint, dass die konstituierten Bedeutungen darauf bezogen sind, dem eigenen Alltagsleben einen Sinn zu verleihen und das eigene innere oder äußere Handeln zu beeinflussen.

An dieser Stelle stellt sich die Frage, wo die Quelle eines möglichen alltagskulturellen Widerstands der Leute zu lokalisieren ist. Sowohl Bakhtin bei seiner Beschreibung des Karnevalesken wie de Certeau bei seiner Betrachtung der alltäglichen Aneignungspraktiken tendieren dazu, die Quelle von Widerstand in der menschlichen Natur zu lokalisieren. Stichhaltiger ist es vielleicht, davon auszugehen, dass Widerstand aus unterschiedlichen Erfahrungen der gleichen gesellschaftlichen Ordnung entspringt, wobei Menschen über die Fertigkeit verfügen, ihre unmittelbaren Lebensbedingungen in einem gewissen Rahmen zu kontrollieren (Fiske 1993a: 8). Dass der Machtblock in einer Situation Hegemonie ausübt, heißt für die Leute, dass ihr Handlungsspielraum eingeschränkt ist, eine Perzeption, die damit verbunden ist, dass diese versuchen, in ihrem direkten Umfeld diesen hegemonialen Tendenzen zuwiderzuhandeln. Gelingt ihnen dies nicht, so versuchen sie zumindest im lokalen Bereich ihre Interessen zu wahren. Ein alltägliches Beispiel dafür ist der Angestellte, der, nachdem er sich mit seinen Interessen im Rahmen von Lohnverhandlungen, Aufgabenverteilung o.ä. nicht durchsetzen konnte, ‚Dienst nach Vorschrift' macht und die Arbeitszeit nutzt, um sich für sich selbst zu betätigen.

Solche Überlegungen dürfen nicht dazu verleiten, die im Alltagsleben lokalisierte Populärkultur der Leute zu romantisieren und jedem Handeln sozial Schwacher von vornherein Züge des Widerstands zuzuschreiben. Dass hierzu bei dem Analysekonzept eine gewisse Tendenz besteht, hat die ‚Revisionismus-Debatte' in den Cultural Studies gezeigt (siehe Kap. 4.3 sowie Mikos 2009: 162-163). Fiske selbst hat darauf hingewiesen, dass es Bereiche gibt, in denen der Machtblock mit seinem strategischen Handeln sehr effektiv ist und die lokalen Räume der Leute bei der Aneignung von Kulturwaren entsprechend gering sind. Nichtsdestotrotz kann ein nicht romantisierender aber offen auf das eigensinnige Potenzial von Alltagspraktiken gerichteter Ansatz der Analyse von Populärkultur verstehen helfen, dass populäre Kräfte nicht von vornherein unterschätzt und abqualifiziert werden dürfen, wenn man Medien und Medienaneignung in ihrer kulturellen Lokalisierung kritisch analysieren möchte. So formuliert Fiske folgende Prämisse für die Analyse von Populärkultur:

„Das Alltagsleben wird konstituiert durch populärkulturelle Praktiken und ist gekennzeichnet durch die Kreativität der Schwachen bei der Verwendung der Ressourcen, die ihnen von einem entmächtigenden System zur Verfügung gestellt werden, das ihnen letztendlich eine Teilhabe an seiner Macht verweigert. Die Kultur des Alltagslebens erschließt sich am Besten über die Metaphern des Kampfes oder Antagonismus: Strategien im Gegensatz zu Taktiken, die Bourgeoisie im Gegensatz zum Proletariat, Hegemonie, die auf Widerstand trifft, Ideologie, entgegen der gehandelt oder die umgangen wird, die Macht von oben im Gegensatz zur Macht von unten, Sozialdisziplinierung, die mit Unordnung konfrontiert wird." (Fiske 1989: 47)

Das Vorhaben der Populärkulturanalyse setzt demnach voraus, Potenziale von „Eigensinn" (Winter 2001) der Medienaneignung zu fassen, wobei dies eine empirische Analyse der alltäglichen Praktiken notwendig macht (vgl. Kap. 5).

Weiterführende Literatur: Fiske 1989; Fiske 2008; Mikos 2009

2.6 Der Kreislauf der Kultur: Artikulationen von Medienkultur

In den letzten Jahren hat sich der sogenannte Kreislauf der Kultur zu einem weiteren wichtigen, grundlegenden Ansatz der Medienanalysen der Cultural Studies entwickelt, vor allem solcher Arbeiten, denen es um eine umfassende Beschreibung von Medienkultur bzw. einzelnen medienkulturellen Phänomenen geht. Prägend für diese Modellvorstellung waren Überlegungen von Richard Johnson aus der Mitte der 1980er Jahre. Diese stehen in einer zumindest dreifachen Beziehung zu Stuart Halls Encoding/Decoding-Modell (siehe Kap. 4.1). *Formal* greift Johnson den Visualisierungsgedanken von Hall auf, versucht also, die zentralen Aspekte, um die es ihm geht, in einem entsprechenden Schaubild zu veranschaulichen. *Inhaltlich* schließt Johnson an den in Stuart Halls Encoding/ Decoding-Modell mit Bezug auf Karl Marx angelegten Spannungsbogen der Betrachtung von Kultur zwischen Produktion (Enkodieren), Zirkulation (sinnhafter Diskurs) und Konsum (Dekodieren) an und konkretisiert diesen weiter zu einer Kreislaufvorstellung als Zentrum seines Modells. Hierbei bestehen deutlich Bezüge zu Stuart Halls (1973, 1984) Lektüre von Marx' Grundrissen. *Systematisierend* schließlich versucht Johnson wie Hall ausgehend von dieser Modellvorstellung Forschungsperspektiven für die Cultural Studies aufzuzeigen.

Trotz dieser Gemeinsamkeiten ist die Kontextualisierung der Überlegung eine andere. Während Hall sein Encoding/Decoding-Modell mit Fokus auf Massenkommunikation – insbesondere Fernsehen – entwickelt, geht es Richard Johnson beim **Kreislauf der Kultur** allgemeiner um eine Gesamtverortung der Cultural Studies. Der „circuit of culture" ist für ihn kein Modell im Sinne einer geschlossenen Theorie, sondern hat vielmehr als Visualisierung „einen heuristischen oder illustrativen Wert" (Johnson 1999: 148), um sich das Gesamtforschungsfeld der Cultural Studies zu vergegenwärtigen. Dies erfolgt mit Bezug auf unten stehendes Schema. Den Ausgangspunkt dieses Schemas bildet der Gedanke, dass Kultur in einem Kreislauf von Produktion (1), Produkten als bedeutungstragenden Texten (2), deren Lesarten (3) und der Einbettung dieser Produkte und ihrer Bedeutungen in gelebte Kulturen (4) zu fassen ist.

Abbildung 9:   *Kreislauf der Kultur*

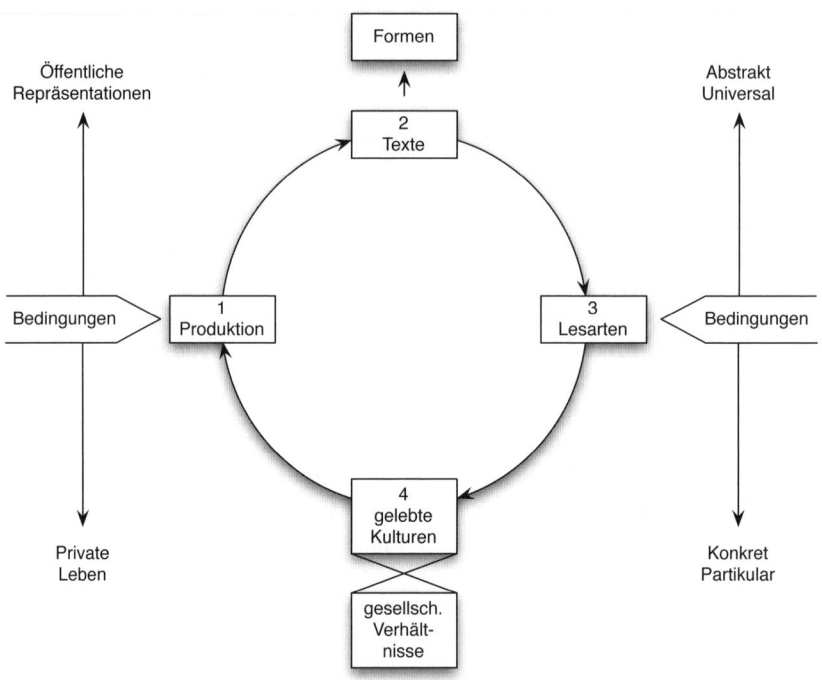

Quelle: Johnson 1996: 84 [eigene Übersetzung]

Einerseits hängt hierbei jedes der Elemente des Kreislaufs der Kultur von den anderen Elementen ab: Es gibt beispielsweise keinen Medientext ohne seine Produktion, die Texte haben keine Existenz, ohne dass sie von Menschen ‚gelesen' werden, und deren interpretierende Aneignung ist die Basis dafür, dass diese Texte im Alltag gelebter Kulturen eine Bedeutung entfalten können.

Andererseits ist jedes Element von den anderen zu unterscheiden und steht für jeweils charakteristische Veränderungen der „Form" von Kultur (Johnson 1999: 149): In der Produktion erscheint Kultur in einer anderen Form denn als Text bzw. als dessen Lesarten oder Interpretationen im Alltag. Für die jeweilige Form von Kultur sind je spezifische gesellschaftliche Produktions- wie auch die

Rezeptionsbedingungen prägend (veranschaulicht durch die beiden Pfeile links und rechts in dem Modell).

Das Entscheidende ist damit, dass jede der Ebenen des Kreislaufs der Kultur in ihrer eigenen Spezifik beschrieben und gefasst werden muss. Ihre spezifische Bedeutung kann nicht aus anderen Ebenen des Kreislaufs abgeleitet werden. Beispielsweise werden zwar alle Kulturprodukte notwendigerweise produziert, die damit verbundenen Produktionspraktiken (wie wurde ein Medienprodukt in welchem Kontext hervorgebracht?) lassen sich aber nicht aus ihrer Analyse als Texte erschließen. Umgekehrt bestimmen die Produktionspraktiken eines Kulturprodukts nicht einfach seine Bedeutung als Text. Es erscheint damit notwendig, jede der Ebenen des Kreislaufs der Kultur in ihrer Spezifik zu untersuchen, diese gleichzeitig aber als Teil eines übergreifenden Kreislaufs in seiner Gesamtheit zu sehen.

Folglich ist der Kreislauf der Kultur als eine klare Distanzierung von der Engführung einer politischen Ökonomie in der Kulturanalyse zu verstehen, die die Bedeutung von Kulturprodukten in gelebten Kulturen aus deren (kapitalistischen) Produktionsbedingungen folgerte. Gleichzeitig ist der Kreislauf ebenso eine klare Absage an textästhetische Ansätze, die die im Alltag realisierten Lesarten aus strukturalistischen Analysen von Medienprodukten folgerten – wie auch von poststrukturalistischen Vorstellungen der absoluten Pluralität verschiedenster Lesarten. Es geht bei einer Analyse im Rahmen des Kreislaufs der Kultur darum, gerade *nicht* in der Betrachtungsperspektive einer seiner vier Ebenen eine bestimmte Form von Kultur zu verabsolutieren. Vielmehr geht es darum, entlang all seiner Ebenen in konkreten Untersuchungen machtgeprägte Prozesse zu rekonstruieren, mittels derer Menschen im weitesten Sinne kulturelle Bedeutung produzieren. Dabei sollte im Blick stehen, welche Formveränderungen Kulturen erfahren.

Solche **Formveränderungen** von Kulturen macht Johnson im Spannungsverhältnis zwischen Öffentlichkeit und Privatheit bzw. dem Abstrakt-Universellen und Konkret-Partikularen greifbar. Richard Johnson weist darauf hin, dass die lokal „gelebten Kulturen" als Teil des Kreislaufs der Kultur zuerst einmal konkret und partikular sind: Es ist das Leben einer bestimmten sozialen Gruppe von Menschen, deren kulturelle Formen „nicht die Absicht [haben], die Welt für die Mitglieder anderer sozialer Gruppen zu definieren; sie sind begrenzt, lokal, bescheiden und besitzen nicht den Ehrgeiz der Universalität" (Johnson 1999: 154). Man hat es hier mit kulturellen Formen wie dem alltäglichen Klatsch zu tun, mittels derer im Alltagsleben Sinn produziert wird. Dies heißt nicht, dass diese kulturellen Formen nicht durch gesellschaftliche Verhältnisse bzw. Macht vermittelt wären. Auch im Klatsch drückt sich beispielsweise die gesellschaftliche Position, die man inne hat, aus. Zentral erscheint aber, dass die gelebten Kulturen auf keine abstrakt-öffentliche Repräsentation zielen.

Genau dies trifft aber auf öffentliche Kulturprodukte (wie Medienprodukte) zu: Auch wenn es bei diesen zuerst einmal um private Geschichten wie beim populären Fernsehen und seiner Daily-Talk-Show gehen mag, zielen diese doch auf Veröffentlichung. In dem Moment, wo sie öffentliche Repräsentationen werden, können sie aber nicht beim Konkret-Partikularen stehen bleiben, sondern müssen hinreichend universell und abstrakt sein ('exemplarisch', 'charakteristisch', etc.), um eine breite kulturelle Anschlussfähigkeit in unterschiedlichen Kontexten zu sichern. Genau diese Veröffentlichung hängt gleichzeitig in nicht unerheblichem Maße mit Fragen der Macht zusammen. Zwar wäre wiederum eine Argumentation – wie sie in der frühen Politischen Ökonomie der Medien etabliert gewesen ist – verkürzend, nach der Medienprodukte in einer kapitalistisch strukturierten Gesellschaft ausschließlich hegemonial die bestehenden Machtverhältnisse gesellschaftlicher Ausbeutung stabilisieren würden. Allerdings können die Veröffentlichung bestimmter Inhalte und das Verbleiben anderer im Privat-Partikularen durchaus der Machtstabilisierung dienen (Basis für diese Argumentation sind Reformulierungen des Hegemoniekonzepts von Gramsci). Deshalb fordert Richard Johnson explizit:

„Wir müssen sorgsam analysieren, wo und wie öffentliche Darstellungen darauf hinarbeiten, gesellschaftliche Gruppen in Abhängigkeitsbeziehungen zu belassen bzw. sie in emanzipatorischer Weise daraus zu befreien. Unabhängig davon bleibt die Bedeutung von Macht als Element der Analyse natürlich erhalten, wobei wir zeigen müssen, wie sie die Beziehungen zwischen dem Privaten und dem Öffentlichen beeinflusst." (Johnson 1999: 157)

Eine solche Verortung der Machtanalyse zwischen Öffentlich-Abstraktem und Privat-Konkretem bzw. -Partikularem macht nochmals deutlich, warum eine Analyse entlang des Kreislaufs der Kultur jedes seiner Elemente sowohl in seiner Spezifik als auch deren wechselseitige Durchdringung analysieren sollte. Kultur konstituiert sich auf den unterschiedlichen Ebenen der Produktion, der Texte, ihrer Lesarten und der Bedeutungsproduktion im Alltagsleben. Eine kritische Kulturanalyse sollte dies stets berücksichtigen, auch wenn sie nur eine einzelne Ebene dieses Kreislaufs fokussiert.

Dies verweist auf die weitergehenden methodologischen Implikationen des Kreislauf-Modells von Johnson. So stellt er fest, dass die verschiedenen, bis zum damaligen Zeitpunkt innerhalb der Cultural Studies aufgegriffenen und diskutierten methodischen Vorgehensweisen alle trotz ihrer Widersprüchlichkeit „wahr sind, aber nur innerhalb ihrer Reichweite" und sie deshalb „alle insofern falsch, unvollständig oder irreführend sind, als sie nur partielle Gültigkeit besitzen" (Johnson 1999: 147). Will man kulturelle Bedeutungsproduktion also als umfassenden Prozess fassen, erscheint es nach Johnson zentral, die verschiedenen methodischen Vorgehensweisen der Cultural Studies systematisierend aber auch relativierend entlang des Kreislaufschemas zu erfassen: Die in den Cultural Studies bestehende Teilung in „produktionstheoretische und texttheoretische Untersuchungen sowie Forschungen zur Kultur als Lebensweise [...] entspricht den hauptsächlichen Erscheinungsformen kultureller Kreisläufe" (Johnson 1999: 180).

Vor diesem Hintergrund fordert Johnson nun gerade nicht, diese verschiedenen **methodischen Vorgehensweisen** ineinander aufgehen zu lassen, um zu einem tiefergehenden Verständnis von Kulturen bzw. Prozessen der kulturellen Auseinandersetzung zu gelangen. Im Gegenteil unterstreicht Johnson, dass „jeder Aspekt sein Eigenleben" (Johnson 1999: 181) führen sollte, um so zu einer möglichst differenzierten Analyse der einzelnen Ebenen von Kulturen zu gelangen. Dies sollte jedoch im Sinne von Karl Marx in einer Art und Weise geschehen, die auf ein Erfassen der „inneren Verbindungen" und „wirklichen Gemeinsamkeiten" (Johnson 1999: 181) dieser verschiedenen Ebenen zielt. Man kann demnach formulieren, dass es Johnson darum geht, die Notwendigkeit einer multiperspektivischen Auseinandersetzung mit Kulturen zu betonen. Deren Analysen sollten gleichwohl so angelegt sein, dass sie über die verschiedenen Ebenen des Kreislaufs in dem Sinne auf eine Anschlussfähigkeit zielen, dass es ihnen *insgesamt* um ein tiefgreifenderes Verständnis von Kulturen geht.

Kultur in einem Kreislaufzusammenhang zu fassen, ist sicherlich nicht allein Richard Johnsons Perspektive in den Cultural Studies. Lawrence Grossberg, Ellen Wartella und D. Charles Withney gehen sogar so weit, innerhalb der Kommunikations- und Medienwissenschaft Ansätze der Cultural Studies generell mit einem Kreislaufverständnis von Kultur gleichzusetzen, indem sie zirkuläre „Kulturmodelle" von Kommunikation von Transmissionsvorstellungen abgrenzen (Grossberg et al. 1998: 20). Während in „Transmissionsmodellen" Kommunikation als ein Prozess der Produktion einer Mitteilung durch einen Sender, ihre Übertragung und Aufnahme bei einem Empfänger gedacht wird, fokussieren „Kulturmodelle" Medienkommunikation als Moment der Konstruktion eines geteilten Raumes von Bedeutung in einem zirkulären Zusammenhang. Anders als bei dem linearen „Transmissionsmodell", in dem als erstes die Journalisten/Medienschaffenden/Medieninstitutionen isoliert werden und dann die wie auch immer geartete Übertragung eines von ihnen produzierten Inhalts zu Rezipierenden betrachtet wird, betonen „Kulturmodelle", dass Menschen immer schon in einer Welt geteilter und gleichzeitig umkämpfter Bedeutung leben, die sie für selbstverständlich nehmen. Kultur ist stets zu sehen in Bezug auf einen umfassenden Kreislauf der Bedeutungsproduktion. „Kulturmodelle" sind also durch eine Perspektivik gekennzeichnet, die entgegengesetzt ist zu Transmissionsvorstellungen. In diesen Modellen wird davon ausgegangen, dass Kommunikation unhintergehbar in einem mal mehr mal weniger umkämpften, aber nichtsdestotrotz geteilten Bedeutungskontext lokalisiert ist. Lawrence Grossberg et al. führen diese „Kulturmodelle" der Medienkommunikation insbesondere auf Raymond Williams' (1971) Studie *Culture and Society* zurück, die erstmals 1958 veröffentlicht wurde (siehe Kap. 2.2).

Wie die bisherigen Darstellungen gezeigt haben, werden in dem Konzept des Kreislaufs der Kultur von Richard Johnson zwar solche allgemeinen Grundüberlegungen der Cultural Studies aufgegriffen, gleichwohl aber zu einem wesentlich differenzierteren heuristisch-methodologischen Ansatz für Kulturanalyse entwickelt. Vor diesem Hintergrund verwundert es nicht, dass der Kreislauf der Kultur in verschiedensten Arbeiten in der Tradition der Cultural Studies weiter ausformuliert wurde.

Am prominentesten ist die Weiterentwicklung des „circuit of culture" von Paul du Gay et al. (1997). Versteht man Bedeutungsproduktion als durch Artikulationen vermittelt (siehe dazu Kap. 2.3), erscheint es in Kulturanalysen nicht zielführend, „ein einzelnes Phänomen" (du Gay et al. 1997: 3) wie beispielsweise den Prozess der Produktion zu privilegieren. Zielführender für eine angemessene Kulturanalyse ist vielmehr ein Vorgehen, das verschiedene Prozesse *in deren Artikulation* in den Fokus rückt (siehe zum Schema von du Gay et. al. im Detail Kap. 4.4). Aber auch im deutschsprachigen Raum wurde das Kreislaufschema aufgegriffen, insbesondere dann, wenn es um die Beschreibung medienkultureller Zusammenhänge insgesamt geht. Beispiele dafür sind Überlegungen zur „cultural citizenship" (Klaus/Lünenborg 2004), zu „globalisierten Medienkulturen" bzw. zur „transkulturellen Kommunikation" (Hepp 2004b; Hepp 2006b; Hepp/Krönert 2009) oder zur „senegalesischen Pressekultur" (Wittmann 2007). Solche Arbeiten dokumentieren, dass der Kreislauf der Kultur zu einem wichtigen Grundbegriff – oder konkreter: Grundschema – für gegenwärtige Medienanalysen der Cultural Studies geworden ist.

Weiterführende Literatur: Hepp 2009c; Johnson 1999; Johnson et al. 2004

3 Rückblick: Ein historischer Abriss der Cultural Studies

Es ist viel in den letzten Jahren – auch im deutschsprachigen Raum – über die ‚Geschichte(en)' der Cultural Studies, insbesondere des „Centre for Contemporary Cultural Studies" publiziert worden. Nicht zuletzt aus diesem Grund nimmt der historische Abriss der Cultural Studies im Folgenden einen eher kleinen Raum ein und versteht sich als eine erste Orientierungshilfe zu einem Verständnis der Entwicklung dieser Formation. Man muss sich allerdings bewusst sein, dass es *die* Geschichte der Cultural Studies nicht gibt, ja die eigene Geschichtsschreibung in den Cultural Studies ähnlich umstritten ist wie die Diskussion darum, auf welche Weise die Cultural Studies zu bestimmen seien (vgl. Kap. 1.2). Eine Problematisierung der ‚Geschichtsschreibung' dieses Ansatzes erscheint begründet, weil mit dieser oftmals der Versuch einer Festschreibung eines spezifischen Verständnisses von Cultural Studies verbunden ist, das andere Positionen auszugrenzen sucht. Insofern deutet die von Lawrence Grossberg polemisch gestellte Frage „What's in a name?" (Grossberg 1997a: 245) auf ein substanzielles Problem des Schreibens über die Genese dieses Projekts hin. Vor diesem Hintergrund erhebt der folgende historische Abriss der Cultural Studies keinen Anspruch auf die letztgültig ‚richtige Geschichtsschreibung', wobei jedoch grundlegend davon ausgegangen wird, dass sich mit einer Reihe von Schlagworten – dem der Frühtexte, dem des „Centres for Contemporary Cultural Studies" in Birmingham, dem der Akademisierung und internationalen Ausdifferenzierung der Cultural Studies bis hin zu ihrem Aufgreifen im deutschsprachigen Raum – zentrale Abschnitte in der Entwicklung dieses Projektes gefasst werden können.

3.1 Die ‚Frühtexte': Hoggart, Williams und Thompson

In einem Aufsatz hat Paul Jones von dem „Mythos von ‚Raymond Hoggart'" (Jones 1994: 394) gesprochen, womit er eine Äußerung von Raymond Williams aus dem Jahr 1970 aufgreift, in der dieser von einem Zeitungsartikel berichtet, in dem ein Buch mit dem Titel *The Uses of Culture* von Raymond Hoggart zitiert wurde. Wenn man hier sogar von Raymond E.P. Hoggart sprechen würde, hätte man die Namen der drei Personen vereint, die wiederholt als die „Gründungsväter" (Jones 1994: 394) der Cultural Studies dargestellt wurden, wobei die Frage offen gehalten werden soll, ob E.P. Thompson letztendlich hierzu gezählt werden sollte oder nicht. Hinzu kommt, dass die Bezeichnung „Gründungsväter" der Cultural Studies grundsätzlich problematisch ist: Sicherlich haben die drei Wissenschaftler mit den Publikationen *Uses of Literacy* (Hoggart 1957), *Culture and Society* (Williams 1971, orig. 1958) bzw. *The Long Revolution* (Williams 1965) und *The Making of the English Working Class* (Thompson 1968, orig. 1963) die zentralen Frühtexte veröffentlicht, in deren Auseinandersetzung sich der Ansatz der Cultural Studies formierte. Darüber hinaus hatte Hoggart mit der Gründung des „Centre for Contemporary Cultural Studies" (CCCS) an der Universität Birmingham eine erste Grundlage für eine akademische Institutionalisierung der Cultural Studies geschaffen. Jedoch bestehen zwischen den Positionen der einzelnen Wissenschaftler nicht unerhebliche Differenzen, die sich auch in einer wechselseitigen Kritik manifestieren. Aus diesem Grund soll im Folgenden von den britischen Frühtexten der Cultural Studies und ihren Autoren gesprochen werden.

Die Gemeinsamkeiten von Richard Hoggart und Raymond Williams ergeben sich zuerst einmal durch ihren biographischen Hintergrund: Beide waren – 1918 bzw. 1921 geboren – nach dem zweiten Weltkrieg in der Erwachsenenbildung tätig, Hoggart von 1946 bis 1959 als Tutor für Literaturwissenschaft an der Universität von Hull und Williams von 1946 bis 1950 als Tutor in den Extramural Studies an der Universität von Cambridge. Der Bereich der britischen Erwachsenenbildung war zur damaligen Zeit von der Position von F.R. Leavis dominiert, der mit seinem Konzept der elitären „minority culture" (Leavis 1930) ‚moralische Werte' in der literarischen Tradition lokalisiert, die es gegen eine „Massenzivilisation" zu bewahren gilt (vgl. dazu auch Kap. 2.2). Dieses Bewahren ist für Leavis primär ein Prozess der Kultivierung angemessener Geschmackskriterien unter den Konsumierenden von Literatur, vermittelt durch ein insbesondere in der Zeitschrift *Scrutiny* proklamiertes, sogenanntes „close reading". Indem F.R. Leavis' Ansatz die Beschäftigung mit Literatur in der Erwachsenenbildung dominierte, wurden Williams und Hoggart, wie es Paul Jones formuliert, „*de facto* Mitglieder von Leavis' Geistlichkeit" (Jones 1994: 396), wobei das Wort „Geistlichkeit" deutlich auf die Hermetik dieses Ansatzes hinweist. Sowohl *Uses of Literacy* als auch *Culture and Society* entstanden vor dem Hintergrund der Erfahrung mit der Erwachsenenbildung (Hall 2003: 35) und können als Abgrenzung gegenüber der dort dominanten Position von Leavis gelesen werden. Kritikpunkt war primär die Fokussierung auf eine „Minoritätskultur", die den Kulturen der Arbeiterklasse keinen Raum im akademischen Diskurs eingestand. Wie auch Roger Bromley formuliert:

„Die Arbeiten der meisten Pioniere der Cultural Studies entstanden im Zusammenhang mit den Erfahrungen, die sie in der Erwachsenenbildung machten, und verfolgten das Ziel, diejenigen historischen Entwicklungen und Erzählungen aufzuwerten, die an den Universitäten keinen Platz hatten." (Bromley 1999: 10)

Bei der Realisierung dieses Ziels galt für diejenigen, die „in das Cultural Studies-Projekt eingetreten sind" eine grundlegende Paradoxie, nämlich trotz der Ablehnung seiner inhaltlichen Positionen von einem „leavisianischen Ethos" (Hall 2003: 38) geprägt zu sein. Am Deutlichsten wird dieser Sachverhalt an *The Uses of Literacy* von Richard Hoggart, in dem dieser versucht, „einen Lebensstil, der gemeinhin als Defizitkultur betrachtet wird, ins Positive zu wenden" (Bromley 1999: 13). Dabei analysiert Hoggart Arbeiterkultur, „als würde er einen Text nach der Methode von Leavis lesen" (Hall 2003: 38). Das Buch behandelt die Veränderungen innerhalb der Kulturen der Arbeiterklasse zwischen 1900 und 1950, wobei insbesondere der Einfluss von Massenpublikationen auf diese im Mittelpunkt der Betrachtung steht. Problematisch an dieser Studie muss aus heutiger Perspektive ihre Polarisierung zwischen dem als authentische, natürliche Gemeinschaft gedachten Leben der Arbeiterklasse einerseits und einer durch Medien vermittelten Massenkultur andererseits gesehen werden. Formulierungen wie „the ,real' world of people" (Hoggart 1957: 102) und „the full rich life" (Hoggart 1957: 132) mögen dafür als symptomatisch gelten. Nicht unähnlich zu der Vorstellung von Leavis verschwimmen hier das Populäre und die Masse, ein Aspekt der Publikation, der später auf heftige Kritik von Williams stoßen sollte. Nichtsdestotrotz war *The Uses of Literacy* diejenige Veröffentlichung, die unter den Frühtexten der Cultural Studies in den 1960er Jahren das größte Publikum erreichte und nachhaltig mit dazu beitrug, eine strikte Stigmatisierung der Arbeiterklasse als ,kulturlos' oder ,zu kultivieren' zu überwinden.

Auf Raymond Williams' *Culture and Society* (dt. Williams 1972) wurde bereits an anderer Stelle kurz eingegangen (vgl. Kap. 2.2), weswegen es hier nur notwendig erscheint, die Lokalisierung dieser Publikation im Entstehungskontext der Cultural Studies nochmals in Erinnerung zu rufen. Williams unternahm in diesem Buch den Versuch, die historische Entwicklung des Kulturbegriffs in Abgrenzung zu dem der Gesellschaft herauszuarbeiten. Dabei geht es ihm insbesondere darum, die lange Tradition reaktionärer Kulturbetrachtungen offen zu legen, um damit einer zunehmenden Front gegen die Arbeiterklasse und Volksbildung etwas entgegen zu stellen (Bromley 1999: 16). Insofern ist *Culture and Society* wesentlich deutlicher gegen eine Position der „Minoritätskultur" gerichtet als die ein Jahr zuvor veröffentlichte Publikation von Hoggart. Ihren heutigen Stellenwert erreichte *Culture and Society* aber erst in den folgenden zehn

Jahren, als die Diskussion des Kulturbegriffs in ihrem Schlusskapitel zu einem zentralen Referenzpunkt für ein Verständnis von Kultur in den Cultural Studies wurde. Dazu trug Williams weitere Entwicklung seines Konzeptes des kulturellen Materialismus in *The Long Revolution* (Thompson 1961b) und seinen späteren Veröffentlichungen bei.

Als dritter – bzw. vierter wenn man *The Long Revolution* mitzählt – der Frühtexte der Cultural Studies muss E.P. Thompsons *The Making of the English Working Class* von 1963 gelten (dt. Thompson 1987). Dieses Buch fällt aus der Reihe der Frühtexte nicht nur deshalb heraus, weil es deutlich nach den anderen entstanden ist. Daneben gehörte Thompson selbst, der 1924 geboren wurde, als Sozialhistoriker nicht dem durch Hoggart und Williams eher literaturwissenschaftlich geprägten Entstehungsumfeld der Cultural Studies an. Durch den nachhaltigen Einfluss, den seine Arbeiten aber auf die begriffliche Präzisierung der Cultural Studies in ihrer Formierungsphase gehabt haben, muss *The Making of the English Working Class* hinzugezählt werden. Wichtig an Thompsons Entstehungsgeschichte der britischen Arbeiterklasse ist, dass in ihr eine historisierende Position entwickelt wird, die die kulturelle Formation von Klasse greifbar macht. Dabei stehen klar Fragen des Macht- und Herrschaftssystems sowie der soziale Kampf bzw. Konflikt im Mittelpunkt, eine Dimension von Kultur, die in den anderen Frühtexten der Cultural Studies weit weniger Beachtung findet und die – wie ja bereits deutlich herausgestrichen wurde – für das heutige Verständnis von Cultural Studies zentral ist, wenn auch nicht in dem engen marxistisch geprägten Begriffsrahmen von E.P. Thompson.

Wie gesagt dürfen die Bezüge zwischen den Frühtexten der Cultural Studies aber nicht über erhebliche Differenzen in dem Denken von Hoggart, Williams und Thompson hinwegtäuschen. So kritisiert Williams bereits früh an Hoggarts *The Uses of Literacy* das für ihn problematische In-Beziehung-Setzen von Populär- und Massenkultur, die beide in Rekurs auf die Arbeiterklasse behandelt werden, ein Vorgehen, das verkenne, dass die Hauptquelle dieser Populärkultur außerhalb der Arbeiterklasse liegt, indem Populärkultur institutionalisiert, finanziert und bedient wird von bürgerlichen Schichten und Mitglieder der Arbeiterklasse allenfalls die Mehrheit der Konsumierenden sind (Jones 1994: 398f.). Ebenso ist für die Arbeiterklasse keinesfalls *eine* Kultur charakteristisch, sondern Kulturen im Plural (Hall 1977: 58f.). Ebenso werden Williams' Publikationen von Hoggart und Thompson kritisiert. Beispielsweise rezensierte Thompson *The Long Revolution* – auch unter Bezugnahme auf Williams' Reflexionen in *Culture and Society* – und machte ebenfalls erhebliche Schwächen von dessen Ansatz aus (Thompson 1961b; dt. Thompson 1999). Neben vielfältiger begrifflicher Unschärfen wirft Thompson Williams vor, gesellschaftliche

Konflikte und Auseinandersetzungen in seinen Darlegungen über Kultur und Kulturanalyse außer Acht zu lassen. Umgekehrt hatte Williams gegenüber Thompson nicht mit Kritik gespart, als er dessen Verständnis der ideologischen Rolle von Kunst diskutierte, eine Vorstellung, die für Williams zu sehr in dem deterministischen Basis-Überbau-Konzept von Marx verhaftet ist (Williams 1971: 264f.). Es kann im Kontext dieses kurzen Rückblicks nun nicht darum gehen, die einzelnen, wechselseitigen Abgrenzungen und Kritiken von Hoggart, Williams und Thompson zu diskutieren. Deutlich geworden sein sollte aber, dass die Frühtexte der Cultural Studies von keinem ,Triumvirat der Gründungsväter' geschrieben wurden, sondern sich diese zwar mit einem Phänomenbereich auseinandersetzen – Fragen von Kultur und Gesellschaft insbesondere im Hinblick auf die Arbeiterklasse –, sie dabei aber unterschiedliche Positionen beziehen, auch wenn eine gemeinsame Grundorientierung bleibt.

Um die Wirkung dieser Frühtexte auf die weitere Entwicklung des heutigen Cultural Studies Approach zu verstehen, muss man über die bisher gemachten inhaltlichen Anmerkungen hinaus auf den weiteren Entstehungskontext verweisen. So waren die Arbeiten der ,Pioniere' der Cultural Studies lokalisiert in einem weiteren – nicht nur, aber insbesondere – für die britische Gesellschaft der 1950er und 1960er Jahre spezifischen Gesamtkontext des beginnenden Kalten Krieges, des Ungarnaufstands und der zunehmenden Erstarkung der USA als Weltmacht. In dieser Situation etablierte sich nicht nur in labour-regierten Wahlkreisen „ein fortschrittliches Nachdenken über Bildung, Wohlstand und Medien" (Bromley 1999: 11), sondern es formierte sich auch in Abgrenzung zum traditionell-marxistischen Flügel der Kommunistischen Partei Englands die „New Left", deren intellektuellem Umfeld viele der später als Vertreter der Cultural Studies geltenden Personen angehörten.

In diesem weiteren Kontext ist die „National Union of Teachers"-Konferenz (NUC) zu „Populärkultur und persönliche Verantwortung" im Jahr 1960 zu sehen. Diese Konferenz macht nochmals den mit der Erwachsenenbildung außerhalb akademischer Disziplinen liegenden Entstehungszusammenhang der Frühtexte der Cultural Studies greifbar. Bemerkenswert ist die Tagung aber deshalb, weil auf ihr erstmals in einer breiteren Öffentlichkeit die Notwendigkeit und Möglichkeiten einer analytischen Beschäftigung mit Populärkultur diskutiert wurden. Wie Jim McGuigan herausgearbeitet hat (McGuigan 1992: 46f.), muss die Konferenz als grundlegende Voraussetzung für eine Reihe von weiteren, im weitesten Sinne ,Frühtexten' der Cultural Studies gelten, die in deren Folge erschienen und ihre heutige Formation mehr und mehr konturierten: Raymond Williams' *Communications* (Williams 1962), den von Denys Thompson herausgegebenen Sammelband *Discrimination and Popular Culture* (Thompson

1961a) bzw. Stuart Halls und Paddy Whannels *The Popular Arts* (Hall/Whannel 1964). In diesen Publikationen wurde – teils implizit, teils explizit – auf die Diskussionen der NUC-Konferenz Bezug genommen und sie sind grundlegend durch den Versuch geprägt, über einen ‚neuen' Umgang mit Medien und Populärkultur ein verändertes Verständnis dieser in der Gesellschaft zu erreichen. Dies macht die von Beginn an bestehende interventionistische Orientierung der Cultural Studies deutlich, die Roger Bromley in folgende Worte fasst:

„Ohne Übertreibung lässt sich sagen, dass diejenigen, die in den 1950er und 1960er Jahren mit Cultural Studies befasst waren (auch wenn viele diese Bezeichnung nicht verwendeten), sich selbst als Reformer der britischen Gesellschaft verstanden." (Bromley 1999: 12)

An dieser Stelle sind direkte Bezüge zum CCCS der Universität Brimingham zu sehen.

Weiterführende Literatur: Bromley 1999; Jones 1994; McGuigan 1992; Steele 1997

3.2 Das „Centre for Contemporary Cultural Studies" und die Akademisierung der Cultural Studies

Das „Centre for Contemporary Cultural Studies" (CCCS) an der Universität Birmingham stellt einen wichtigen Schritt in der „Akademisierung" (Bromley 1999: 18) der Cultural Studies dar. Es ist üblich geworden, die Stellung des CCCS in der Entwicklung der Cultural Studies zu relativieren bzw. ganz in Frage zu stellen (Schwarz 1994), jedoch möchte ich der Position von Grossberg zustimmen, der die Meinung vertritt, dass trotz aller Relativierungsversuche „gleichwohl […] das Centre […] nicht nur intellektuell wichtig ist, sondern auch als ein Modell interdisziplinärer, kollektiver und politisch engagierter Forschung" (Grossberg 1997a: 197) die Cultural Studies geprägt hat. Entsprechend soll im Weiteren das „Modell" des CCCS näher betrachtet werden sowie die beginnende Akademisierung der Cultural Studies an anderen Zentren wie dem der Open University.

Dass das **Centre for Contemporary Cultural Studies** in verschiedenen Darstellungen der Cultural Studies wiederholt als „Modell" für deren Akademisierung diskutiert wird, hat vor allem drei Gründe: Erstens wurde das Centre 1964 von einem der sogenannten „Gründungsväter" der Cultural Studies ins Leben gerufen, nämlich Richard Hoggart. Zweitens muss das Centre sowohl im

Hinblick auf die Qualität als auch im Hinblick auf die Quantität von empirischen Studien als sehr produktiv gelten, vor allem wenn man diese in Beziehung
zu seinen Ressourcen setzt. So wurden allein in den 1970er und 1980er Jahren
fast 20 Studien von Angehörigen des Centres publiziert. Drittens – und dies ist
wohl der entscheidende Aspekt, warum das Centre immer wieder als Modell der
Cultural Studies angeführt wird – zählen die meisten seiner ehemaligen Mitglieder zu den heute bekanntesten Vertretern der britischen Cultural Studies. Um
nur einige Namen zu nennen: John Clarke, Paul Gilroy, Stuart Hall, Dorothy
Hobson, Tony Jefferson, Richard Johnson, Angela McRobbie, David Morley
und Paul Willis, aber auch Lawrence Grossberg war als Gaststudierender am
CCCS.

Wie Stuart Hall in seinen verschiedenen Rückblicken auf die Entwicklung
des Centres darstellt (vgl. Hall 1977; Hall 1979; Hall 1980a), war eigentlich
seine gesamte Geschichte von 1964 bis in die 1980er Jahre durch eine Position
der Marginalität gekennzeichnet. Deutlich wird dies allein, wenn man sich die
Gründung des Centres vor Augen führt: Als Richard Hoggart 1963 Professor für
Englisch an der Universität Birmingham wurde, wollte er seine mit *The Uses of
Literacy* begonnenen Studien über die massenkulturelle Transformation der
Arbeiterkultur fortsetzen und hierzu ein Forschungsinstitut gründen. Zwar konnten ihm dies die anderen Fakultätsmitglieder nicht verbieten. Jedoch erschwer-
ten sie ihm das Projekt insoweit, als sie ihm alle möglichen Steine bezüglich
seiner Finanzierung in den Weg legten. Entsprechend wurde das CCCS mit
bescheidener finanzieller Unterstützung des Penguin-Verlags und Rowntree-
Trusts 1964 gegründet – und anschließend von einer Behelfsunterkunft zur
nächsten verschoben. Die Finanzmittel reichten anfänglich nur aus, Stuart Hall
ab 1966 als Research Fellow bzw. Stellvertreter anzustellen, nachdem Hall
zuvor als Lehrer im höheren Schuldienst und als Herausgeber der *New Left
Review* (1960-1961) tätig gewesen war. Und auch später nahmen die finanziellen Möglichkeiten des Instituts kaum zu. Praktisch keiner der in Birmingham
tätigen und heute bekannten Vertreter bzw. Vertreterinnen der Cultural Studies
war fester oder gar langjähriger Angestellter bzw. Angestellte des Instituts.
Vielmehr handelt es sich bei ihnen meist um am CCCS arbeitende Doktorandinnen und Doktoranden. Diese von Hall wiederholt als „marginaler Status"
bezeichnete Stellung des CCCS gehört zu einem Teil der Mythenbildung der
Cultural Studies: Die Etablierung eines Ansatzes vom Rand der wissenschaftlichen Landschaft und seine Entwicklung zu deren Zentrum.

Der Grund für die ausgegrenzte Stellung des CCCS lag neben seiner deutlich politischen Orientierung darin, dass in ihm auf interdisziplinäre Weise mit
Fächergrenzen gebrochen und Populärkultur expliziter Gegenstand wissen-

schaftlicher Forschung wurde. Interdisziplinär war das Centre insofern, als es in Auseinandersetzung mit den Theorien und Methoden verschiedener universitärer Disziplinen und Traditionen einen eigenen, kulturtheoretischen Ansatz entwickelte, und genau dies stieß auf umfassende Ressentiments der etablierten Fachvertreter. Wie es Stuart Hall selbst formuliert:

„Tatsache ist, daß die meisten von uns die Geisteswissenschaften verlassen mussten, um auf diesem Gebiet ernsthaft arbeiten zu können. Bei der Geburt der Cultural Studies waren ihnen die Geisteswissenschaften entschieden feindlich gesinnt; sie haben den Kuckuck, der da in ihrem Nest aufgetaucht war, mit tiefem Misstrauen betrachtet und wollten ihm sozusagen den Hals umdrehen." (Hall 2003: 34)

Bedingt durch die strikte interdisziplinäre Orientierung ging es innerhalb des CCCS nie darum, einen bestehenden Theoriediskurs stringent zu tradieren und weiterzuführen. Vielmehr diente die Beschäftigung mit Theorien der Auseinandersetzung mit spezifischen aktuellen kulturellen Phänomenen. Der dort geführte theoretische Diskurs war nach vielen Seiten offen und konnte so Überlegungen der Semiotik, des Strukturalismus und Poststrukturalismus, der Gender-Theorien, aber auch des Post-Marxismus einbeziehen. Um hier nochmals Stuart Hall zu zitieren:

„Das Centre for Contemporary Cultural Studies war der Ort, auf den wir uns zurückzogen, wenn das Gespräch in der offenen Welt nicht mehr weiterging: Es war Politik mit anderen Mitteln. Manche von uns – und ich ganz besonders – hatten immer vorgehabt, nie in die Universität zurückzukehren und ihre Türschwelle nie mehr zu beschmutzen. Aber man muss sich dann doch pragmatisch darauf einstellen, wo es möglich ist, wirkliche – und wichtige – Arbeit zu leisten." (Hall 2003: 35)

Die Entwicklung des CCCS kann man in zumindest drei Phasen einteilen, nämlich die Gründungsphase, die Expansionsphase und die Restrukturierungsphase. Die Gründungsphase des CCCS ist geprägt durch die Arbeit von Richard Hoggart, der mit dem Centre die mit *The Uses of Literacy* entworfene Forschungsperspektive fortführen wollte. In seiner Antrittsvorlesung umriss er das Programm des CCCS in seiner Gründungsphase, indem er drei Forschungsschwerpunkte einer Beschäftigung mit Populärkultur thematisierte, nämlich erstens eine historische, zweitens eine soziologische und drittens eine literaturkritische (Hoggart 1970). Der Kernpunkt dabei war – und hier wird die literaturwissenschaftliche Orientierung Hoggarts deutlich –, die Formen von Populärkultur zu ‚bewerten‘, um ihre Stellung in der Gesellschaft zu bestimmen und den Wirrwarr kultureller Debatten zu klären (McGuigan 1992: 51). Eine solche Orientierung manifestiert sich deutlich in den ersten sieben Projekten des CCCS: „Orwell und das Klima der 1930er Jahre", „Das Aufkommen und der Wandel der lokalen Presse", „Volkslied und Volksidiome in der Populären

Musik", „Ebenen der Fiktion und Wandel der gegenwärtigen Gesellschaft", „Häusliche Kunst und Ikonografie", „Popmusik und Jugendkultur", „Die Bedeutung des Sport und seine Darstellung" (vgl. CCCS 1964). Bei all diesen Themen handelte es sich um einen gewissen Affront, erwartete man von einem Professor für Literaturwissenschaft doch einen Fokus auf das Literarische (Webster 2004: 854; dt. Webster 2007: 75f.).

Die eigentliche – wenn auch weniger im materiell-personellen denn im inhaltlichen Sinne – Expansionsphase des CCCS begann, als Stuart Hall 1969 sein Leiter wurde. Die zentrale Stellung Stuart Halls bei dieser Entwicklung ist weniger darin zu sehen, dass er für die Arbeit des Centres grundlegende Monografien publizierte (Krotz 2009: 210), als vielmehr darin, dass er einerseits die Auseinandersetzung mit europäischen Theorien anregte, andererseits dass er es verstand, über alle Differenzen hinweg die kollektive Produktion von Forschungsarbeiten zu stimulieren, deren Autorinnen und Autoren in den meisten Fällen, wie gesagt, keine Festangestellten waren, sondern an dem CCCS tätige Doktorandinnen und Doktoranden. In dieser Phase, die bis zu Stuart Halls Wechsel an die Open University andauerte, entstanden eine Vielzahl der in den folgenden Kapiteln diskutierten Arbeiten des CCCS. Im Bereich der Medienanalyse stimulierte Stuart Hall insbesondere eine Abgrenzung gegenüber der durch die amerikanische Tradition geprägten, soziologisch ausgerichteten Massenkommunikationsforschung der Kommunikations- und Medienwissenschaft sowie gegenüber der psychoanalytisch orientierten Screen-Theorie (vgl. Kap. 4.1). Hierbei war das Centre bemüht, strukturalistische und semiotische Ansätze, die zum damaligen Zeitpunkt kaum in englischen Übersetzungen vorlagen, zugänglich zu machen, auch in den hauseigenen *Stencilled Papers* des CCCS (beispielsweise Eco 1972). Daneben setzte sich Hall nachhaltig für eine Auseinandersetzung mit ideologiekritischen Arbeiten ein, wobei hier vor allem Antonio Gramsci zu nennen ist, wie auch die frühe kritische Theorie (Hall 2003: 41). In der Kumulation solcher theoretischen Ansätze entwickelte sich der eigentliche, heute bekannte Ansatz der Cultural Studies, für dessen ‚Anwendung' die vom CCCS durchgeführte Untersuchung *Policing the Crisis: Mugging, the State, and Law and Order* (Hall et al. 1978) – neben den Jugendstudien der Cultural Studies – ein erstes und bis heute prominentes Beispiel ist (siehe Kap. 1.1). Im Anschluss an diese Publikation begann sich die medienanalytische Forschungsarbeit des Centres zunehmend mit der „Media Group" auf Fragen der Aneignung von Medien zu konzentrieren.

Es wäre aber sicherlich verkürzend, die Tätigkeit am CCCS zu der damaligen Zeit in dem Sinne zu romantisieren, dass die dortige Arbeit ausschließlich ein harmonisches Zusammenarbeiten Graduierter in einzelnen Arbeitsgruppen gewesen wäre. Es fanden am CCCS erhebliche inhaltliche Auseinandersetzungen statt, die nicht zuletzt darin begründet waren, dass in dieser Zeit zwei zentrale Themenfelder mit politischer Dimension einen zunehmenden Raum einnahmen, die in der vorherigen Arbeit des CCCS eine untergeordnete Stellung und sicherlich nicht diese Brisanz hatten: Der Feminismus und die Beschäftigung mit dem Rassismus gewannen an Bedeutung. Wie weit diesbezüglich inhaltliche Differenzen gingen, führt vielleicht die Einleitung des Bandes *Women Take Issue* am deutlichsten vor Augen (vgl. CCCS 1978), aber auch Stuart Hall selbst nimmt in seinen Darstellungen der Entwicklung des Centres auf diese zwei ‚Einbrüche' Bezug. Möglicherweise hat sich die Vorstellung von Cultural Studies als einem zwar in seiner Grundorientierung spezifischen, grundlegend jedoch für neue Fragestellungen offenen, interventionistischen Ansatz gerade vor dem Hintergrund dieser zwei ‚Einbrüche' entwickelt (Pfister 1996: 288) – und vielleicht ist hierin bis heute der ‚Modellcharakter' des CCCS zu sehen: ein offener, kollektiver Arbeitszusammenhang, der sich jedoch nicht in einem Pluralismus verliert.

Mit dem 1979 vollzogenen Wechsel der Leiterposition von Stuart Hall zu Richard Johnson begann eine wechselhafte Phase des CCCS, die man als Restrukturierungsphase bezeichnen kann. Restrukturierung hieß unter der Leitung von Johnson zuerst einmal eine stärkere Fokussierung auf die historische Konstruktion von Subjektivität, was sein primäres Forschungsinteresse gewesen ist (vgl. Johnson 1986; Johnson 1999). Die eigentliche institutionelle Restrukturierung begann aber, nachdem Richard Johnson das CCCS verlassen hatte und Jorge Lorrain die Leitung übernahm. Zwar gelang es dem Centre zu verhindern, dass es auf Druck der Universitätsleitung in der Faculty for Arts aufgelöst wurde. Im Jahr 1991 wurde das Centre jedoch geschlossen und ein neues „Department of Cultural Studies and Sociology" gegründet und das CCCS in CCSS (Centre for Cultural Studies and Sociology) umbenannt. Dieses hatte eher negativ formuliert eine „soziologische Bias" (Gray 2003: 768), in einer positiveren Orientierung war die Umbenennung „nicht mehr (und nicht weniger) denn eine Maßnahme, um die neuen Kollegen der Soziologie willkommen zu heißen, die jüngst im neuen ‚Department of Cultural Studies and Sociology' eingestellt worden waren" (Webster 2005: 394).

Eine solche breitere Absicherung der Cultural Studies an der University of Birmingham war aber nur vorübergehend. Nachdem noch im Jahr 2000 die dritte internationale Tagung „Crossroads in Cultural Studies" mit Stuart Hall als Plenarredner in Birmingham ausgerichtet wurde, schloss die Universitätsleitung am 30. Juli 2002 das „Department of Cultural Studies and Sociology". Der ausschlaggebende Grund war, dass das Department in der Research Assessment Exercise (RAE) – der zentralen britischen Forschungsevaluation – nur den Level 3a erreicht hatte und damit im Vergleich zur vorherigen RAE auf einen mittleren Platz zurückfiel. Dieses Ende der Cultural Studies an der Universität Birmingham zog eine breite Diskussion nach sich, in deren Ergebnis deutlich wurde, dass die Schließung des Departments für die bis zum Schluss problematische Stellung der Cultural Studies in Birmingham steht (Gray 2003; Marsh 2005; Webster 2004, Webster 2005, Webster 2007).

Für die weitere Akademisierung der Cultural Studies in Großbritannien war das CCCS aber auch nicht die entscheidende Institution. Als ein zweites, frühes Zentrum muss die **Open University** gelten, insbesondere mit ihrem zwischen 1982 und 1987 durchgeführten Kurs U203. Die Open University ist eine Fernuniversität in Großbritannien und wurde 1969 auf das Engagement von Harold Wilson von der Labour Partei gegründet. Dies erklärt auch, warum der eben genannte Kurs für die Akademisierung der Cultural Studies von besonderem Interesse ist. Sicherlich ist es nicht richtig, ihn zum Gegenbild des CCCS zu stilisieren, wie es Richard Miller (1994) getan hat. Jedoch war der Kurs U203 insofern ein weiterer wichtiger Schritt bei der Akademisierung der Cultural Studies, als dieser das Verfahren einer Kulturanalyse von Medien und dem Populären einem weiteren Kreis von (Fern-)Studienanfängern zugänglich machte. Dabei wurde er auch vom Gedankengut des damals in linken, universitären Kreisen mehr und mehr an Popularität gewinnenden CCCS beeinflusst. So betont Tony Bennett, der Koordinator von U203, dass Stuart Hall dem Kursteam beratend zur Seite stand und Publikationen von Hall einen Einfluss auf die Konzeption des Kurses zur Populärkultur hatten (Bennett 1996: 137). Ebenso wie die Arbeit des CCCS war U203 von Beginn an durch eine breite theoretische und interdisziplinäre Herangehensweise an Populärkultur bzw. Medien geprägt. Diese Grundhaltung war auch insofern geboten, als sich der Kurs U203 an kein in einer spezifischen universitären Disziplin zu verortendes Publikum richtete, sondern an akademische und nicht-akademische Interessierte unterschiedlichster Orientierung. In den Worten Tony Bennetts:

„U203 wurde als Teil des neuen U-Bereichs der Open University geplant. [...] U-Kurse mussten sich auf den Wissensstand so vieler der sechs universitären Fakultäten wie möglich beziehen – Künste, Pädagogik, Sozialwissenschaften, Naturwissenschaften, Technik und Mathematik – und zugänglich sein für Studierende, die ihr Grundstudium in einer dieser Fakultäten absolviert hatten. Der Vorschlag, dass ein Kurs über Populärkultur für diesen Bereich produziert werden sollte, kam zuerst von Ken Thompson, der Dozent in Soziologie war, und die anfängliche Gruppe, die den Antrag durch die Universität begleitete, umfasste neben Thompson Janet Woollacott und mich selbst von der sozialwissenschaftlichen Fakultät sowie Graham Martin, der Professor für Literaturwissenschaft in der geisteswissenschaftlichen Fakultät war." (Bennett 1996: 138)

Diese Ausrichtung bedeutete, das CCCS nicht zum alleinigen Referenzpunkt einer Beschäftigung mit der aktuellen Populärkultur zu erheben. So bezog das Kursmaterial neben Artikeln von Personen aus dem Umfeld des CCCS – zu nennen wären neben Hall Clarke, Morley und Willis – Artikel von Personen aus dem Umfeld der Zeitschrift *Screen*, des „British Film Institutes" (BFI) oder des Polytechnic of Central London mit ein. Namen, die hier bis heute eine Relevanz haben, sind beispielsweise David Cardiff und Paddy Scannell. Das Kursmaterial von U203 war so „eine Mixtur von Konzepten [...], die es ermöglichten, Populärkultur als ‚Lehr-Objekt' zu gestalten" (Bennett 1996: 140). Ähnlich wie in Birmingham versuchte man das Spannungsverhältnis zwischen einer strikten Kritik von Populärkultur als Massenkultur und einem populistischen Umgang mit dieser mittels der Konfliktmetapher zu überwinden: Populärkultur wurde als ein Feld von verschiedenen Auseinandersetzungen begriffen, an denen privilegierte Gruppen *und* subordinierte Gruppen beteiligt sind.

In jedem Fall ist der Kurs U203 als ein wichtiger Schritt der Akademisierung der Cultural Studies zu begreifen. Erstmals wurde hier in einem größeren Rahmen ‚Cultural Studies' unterrichtet. Vielleicht ist dies einer der Gründe für die nach wie vor bestehende Verflechtung dieses Ansatzes mit der Open University. So war Stuart Hall bis 1997 Professor für Soziologie an der Open University und auch andere Vertreter der Cultural Studies sind der Arbeit der Open University nach wie vor verbunden, wie der aktuelle Kurs D318 „Culture, Media and Identities" zeigt (vgl. Hall 1997a). An diesem sind neben Stuart Hall, Kenneth Thompson und Paul du Gay beispielsweise David Morley als externer Assessor beteiligt. Überhaupt erschienen und erscheinen in der Open University Press bis heute wichtige Publikationen aus dem medienanalytischen Umfeld der Cultural Studies, wofür auch die Reihe „Issues in Cultural and Media Studies" steht.

Das an den Kursen der Open University deutlich werdende Interesse an Kulturanalysen von medialen und populären Phänomenen der Gegenwart zeigte sich Ende der 1970er bzw. zu Beginn der 1980er Jahre auch an **anderen Zentren**, die hier kaum alle angemessen gewürdigt werden können (vgl. Turner 2002: 74-77). Wenn man ein Muster sehen möchte, waren es – mit Ausnahme des Goldsmiths College – die ‚neuen' Universitäten, d.h. die ehemaligen Polytechnics, an denen nicht nur ehemalige Mitglieder des CCCS eine Anstellung fanden und so deren Ansatz bekannt wurde. Dies waren auch die Orte, an denen das medienanalytische Vorgehen der Cultural Studies institutionalisiert wurde. Wie Frank Webster feststellte:

„Die Orte, an denen diese Pioniere vorzugsweise unterkamen, waren die 1992 aus der Umbenennung der Fachhochschulen hervorgegangenen ‚Neuen Universitäten' wie East London, Wolverhampton, Coventry, Manchester Metropolitan und Nottingham Trent. [...] Sieht man von der wichtigen Ausnahme des Goldsmiths College ab, einer traditionsreichen Institution, die Ende der 1970er Jahre in die University of London aufgenommen wurde, dann haben sich die Cultural Studies nicht nur größtenteils außerhalb von Birmingham weiterentwickelt, sondern auch außerhalb der traditionellen Universitäten. Die Neuen Universitäten waren bereit, die neuen Forschungsfelder zu entwickeln." (Webster 2007: 79)

Betrachtet man gegenwärtig die Landschaft der Kommunikations- und Medienwissenschaft in Großbritannien, ist das medienanalytische Vorgehen der Cultural Studies ein fester Bestandteil in dieser. Die Benennung der einschlägigen, 1999 gegründeten britischen Fachgesellschaft als „Media, Communication and Cultural Studies Association" (MeCCSA) steht dafür. Die Grenzen zwischen Kommunikations- und Medienwissenschaft und Cultural Studies sind in hohem Maße fließend geworden und gegenwärtige Medien-, Kommunikations- und Kulturtheorie gehen ineinander über, wie James Curran und David Morley (2006a) in der Einleitung des Bandes *Media and Cultural Theory* darlegen. Diese Publikation ist für eine Einschätzung der heutigen Situation der Cultural Studies deshalb von Interesse, weil sie sich als Entwurf der medienanalytischen Perspektive des Goldsmiths College verstehen lässt. Das dortige „Department of Media and Communications" ist aktuell vermutlich die für die Medienanalyse der Cultural Studies führende britische Einrichtung, an der viele der alten und neuen führenden Köpfe dieses Projekts lehren. Die Möglichkeiten der Entwicklung von Cultural Studies an dieser Traditionsuniversität hängen wiederum mit einem bekannten Namen zusammen, der während seiner Leitung des Goldsmiths zwischen 1976 und 1984 zumindest die intellektuelle Offenheit schuf: Richard Hoggart.

Vor einem solchen Hintergrund kann von einer festen Institutionalisierung der Cultural Studies als einem Ansatz der britischen Universitätslandschaft gesprochen werden. Im Prozess dieser Etablierung erfahren die Cultural Studies aber zum Teil durchaus heftige Kritik. Sowohl in der Presse als auch von anderen Disziplinen wie der Anthropologie, Kommunikations- und Medienwissenschaft und Soziologie wird den Cultural Studies – man ist mit Bezug auf die ‚Revisionismus'-Debatte geneigt zu sagen: nach wie vor (vgl. Kap. 4.3) – vorgeworfen, dass sie narzisstisch seien, zu einem selbstgefälligen Relativismus tendieren und gegenüber bestehenden Ansätzen beispielsweise in der Medienforschung ignorant wären (Morley 2003: 121). Selbstbewusst hält David Morley dem Folgendes entgegen:

„Mit den äußeren Angriffen wächst der interne Druck, von den interdisziplinären Experimenten der letzten dreißig Jahre abzurücken und sich auf die herkömmlichen und nunmehr vielleicht ‚seriöseren' Einzeldisziplinen zurückzuziehen, die von Förderungseinrichtungen wie dem britischen Higher Education Funding Council leichter bezuschusst werden. So gibt es innerhalb des Feldes zweifellos Stimmen, die zur Rückbesinnung auf die (scheinbar) solideren und gesicherteren Auffassungen der Massenkommunikationsforschung oder der Soziologie (ja sogar der Kulturanthropologie) rufen, die das von uns untersuchte Gebiet fachlich adäquat beherrschen sollen. Genau gegen diese Auffassungen, die ich für nicht fundiert halte, scheint es mir notwendig, die Interdisziplinarität des Cultural Studies-Projekts zu verteidigen." (Morley 2003: 113f.)

In diesem Sinne weist eine anhaltende Kritik gerade bei dem gegenwärtigen Stand der Akademisierung und Institutionalisierung der Cultural Studies auf deren nach wie vor innovatives Potenzial hin, das etablierte Universitätsdisziplinen herauszufordern scheint.

Weiterführende Literatur: Bennett 1996; Hall 2003; Turner 2002: 66-77; Webster 2007

3.3   Cultural Studies und ihre internationale Differenzierung

In gewissem Sinne waren die Cultural Studies nie ein ‚rein britisches' Projekt. So entstanden die wichtigen Arbeiten des CCCS früh in Auseinandersetzung mit insbesondere französischen Strukturalisten und Semiotikern, aber auch nichtbritische Soziologen wurden rezipiert. Ebenso wurden früh für die Entwicklung der Cultural Studies zentrale Arbeiten außerhalb Großbritanniens rezipiert – man denke hier an Ien Angs *Das Gefühl Dallas* (Ang 1986; orig. 1982) oder Janice Radways *Reading the Romance* (Radway 1987; orig. 1984). Begreift man die letzten beiden Arbeiten als den Beginn einer Internationalisierung der Cultural Studies, so ist diese fast parallel zu einer Institutionalisierung des Ansatzes in der akademischen Landschaft Großbritanniens verlaufen. Die internationale Differenzierung der Cultural Studies auf breiter Ebene setzte jedoch etwas später ein, nämlich Ende der 1980er und Anfang der 1990er Jahre, und hier spielte vor allem Australien eine ‚Vermittlerrolle'.

In Australien selbst gibt es eine Tradition der Auseinandersetzung mit Kultur, die weit vor einer Rezeption britischer Arbeiten des CCCS liegt. Zu nennen sind hier beispielsweise Kulturkritiker wie A. A. Phillips, Ian Turner oder Russell Ward. Und wie John Frow und Meaghan Morris – zwei der gegenwärtig prominentesten Vertreter der Cultural Studies in Australien und Hongkong –

darlegen, kam deren eigene, erste Begegnung „mit dem ‚Culture and Society'
Ansatz in den späten 1960ern nicht durch eine Lektüre von Raymond Williams'
Arbeiten, sondern durch eine Teilnahme an der WEA Sommerschule über Film,
die in Newport Beach in Sydney von John Flaus geleitet wurde" (Frow/Morris
1996: 361). Flaus arbeitete – und an dieser Stelle gibt es durchaus Bezüge zu
Raymond Williams – als Lehrer an der Universität und in der Erwachsenenbildung und publizierte eine große Anzahl medienkritischer Texte in nicht-akade-
mischen Zeitschriften. Ebenso waren und sind jenseits einer akademischen Tradition seit Ende der 1970er Jahre eine Reihe weiterer, teilweise an der Grenze
zur Wissenschaft arbeitende Journalistinnen und Journalisten im Verständnis
der Cultural Studies kritisch tätig, wie beispielsweise Philip Brophy, Ross Gibson, Sylvia Lawson, Adrian Martin und McKenzie Wark. Insofern waren
„andere Genealogien und andere Arten intellektueller Praxis [...] zumindest
ebenso wichtig für die Entwicklung von Cultural Studies in Australien wie die
offizielle [sich von Großbritannien herleitende; A.H.] Linie der Abstammung"
(Frow/Morris 1996: 362). Die Eigenständigkeit der australischen Cultural Studies dokumentiert sich nicht nur in dem von Frow und Morris herausgegebenen
Band *Australien Cultural Studies* (Frow/Morris 1993) oder Veröffentlichungen
wie Mueckes *Textual Spaces* (Muecke 1992), sondern auch in einer breiten
gegenwärtigen akademischen Tradition (vgl. Turner 1996).

Geht es aber weniger darum, die Geschichte von Cultural Studies in Australien zu rekonstruieren, als vielmehr deren Stellenwert bei der internationalen
Differenzierung der Cultural Studies zu beleuchten, so kann man doch von einer
Vermittlerrolle sprechen, einerseits dadurch dass Australien zu einer (zeitweisen) Wirkungsstätte von europäischen Vertreterinnen und Vertretern der Cultural Studies wurde, die die Entwicklung des Ansatzes in den 1980er und 1990er
Jahren nachhaltig stimulierten, andererseits durch die Arten von Publikationen,
die in Australien entstanden. Zu den Personen, die ihre akademische Laufbahn
außerhalb Australiens begannen und in den 1980er und 1990er Jahren an australischen Universitäten tätig waren – und wie Ien Ang noch heute sind – zählen
beispielsweise Tony Bennett, John Fiske und John Hartley. Für diese war die
Tätigkeit in Australien zwar eine Bewegung hin zu einer (geografischen) Marginalität, die gleichwohl eine Positionierung im Zentrum (des wissenschaftlichen
Diskurses) gestattete (Turner 2002: 77). Dieses Zentrum, in das Autorinnen und
Autoren rückten, war begründet durch die in Australien entstandenen Publikationen. Unter anderem ist hier das *Australian Journal of Cultural Studies* zu
nennen, dessen Gründung mit auf das Engagement von John Fiske zurückgeht
und aus dem dann die heute für das Forschungsfeld zentrale, internationale Zeit-

schrift *Cultural Studies* hervorging. Darüber hinaus waren eine Reihe weiterer in Australien entstandener Publikationen wichtig für die Internationalisierung der Cultural Studies. So entstand in der Zeit, in der Fiske dort tätig war, zusammen mit Bob Hodge und Graeme Turner *Myths of Oz: Reading Australian Popular Culture* (Fiske et al. 1987), das mit zu einer Verbreitung britischer Ansätze der Cultural Studies im australischen Kontext beigetragen hat, und auch Fiskes *Television Culture* entstand in Teilen während seiner Tätigkeit in Australien an der Murdoch Universität (Fiske 1987b), ein Buch, das erheblich zu einer internationalen Popularisierung der Cultural Studies in der Medienanalyse beitrug. Schließlich ist Graeme Turners Buch *British Cultural Studies* zu nennen, das eine – zwar durch den australischen Blickwinkel geprägte, aber fundierte – Darstellung der Cultural Studies ist (Turner 2002, Erstauflage 1990). In dieser Tradition stehen auch die Einführungen in die Cultural Studies von Chris Barker (2007, 2004).

Die Vermittlerrolle Australiens bei der Internationalisierung der Cultural Studies kann also darin gesehen werden, dass dort aktive Vertreterinnen und Vertreter der Cultural Studies einführende Darstellungen publizierten, die die ‚British Cultural Studies' in Außensicht als einen kohärenten Ansatz konstruierten und ihn einer breiteren Öffentlichkeit außerhalb Großbritanniens bekannt machten. Mit diesen Publikationen begann im australischen Kontext eine Institutionalisierung der Cultural Studies, innerhalb derer sich unterschiedliche akademische ‚Zentren' herauskristallisierten, nämlich die „School of Communication and Cultural Studies" an der Curtin University of Technology, das „Australian Key Centre for Cultural and Media Policy" an der Griffith Universität (dessen Leiter bis 1997 Tony Bennett war), das Cultural Studies-Programm der Universität von Melbourne, das „Media and Cultural Studies Centre" der University of Queensland, das „Media and Cultural Studies Program" der Universität Wollongong oder das „Research Centre in Intercommunal Studies" und spätere „Centre for Cultural Research" der Universität von Western Sydney, dessen Gründungsdirektorin Ien Ang war.

Will man für den Einfluss nordamerikanischer Arbeiten auf die weitere **Internationalisierung** der Cultural Studies ein ähnliches Schlagwort finden wie bezüglich des australischen Kontextes, so ist vielleicht das der **Konsolidierung** angemessen: In den USA entwickelten sich die Cultural Studies erst später und primär als textanalytischer, durch poststrukturalistische Theorien geprägter Ansatz. Allerdings boten die im amerikanischen Kontext stattgefundenen Diskussionen für die Cultural Studies die Möglichkeit einer inneren Festigung, an deren vorläufigem Endpunkt die gegenwärtige Diskussion um die Institutionalisierung der Cultural Studies steht. Anders als in Australien scheint es in den USA eine geringere kulturtheoretische Tradition zu geben, zumindest hat dies so Alan O'Connor herausgestrichen (vgl. O'Connor 1996, orig. 1989). Zwar gab es einzelne Ansätze einer solchen Perspektive – auch bezüglich einer Beschäftigung mit Medien –, wofür die innerhalb der Cultural Studies relevante „Chicago School" sowie der symbolische Interaktionismus (vgl. Denzin 1992) oder Namen wie J. Hillis Miller, James Carey und H. M. Newcomb, P. M. Hirsch und James Lull stehen; allerdings war in den USA ein weitaus geringeres Verständnis für die konfliktären Aspekte von (Medien-)Kultur vorhanden, als dies in den Cultural Studies ausgeprägt ist. Eine wichtige amerikanische Zeitschrift der beginnenden Selbstverständigung über Cultural Studies war *Critical Studies in Mass Communication*. Eine herausragende Brücke zu den British Cultural Studies bildet Lawrence Grossberg, der als Student am CCCS war (vgl. Grossberg 1997a: 195–233) und bereits in den 1980er Jahren ein Verständnis von Cultural Studies vertrat, das stark angelehnt an die britische Tradition ist (vgl. Grossberg 1983; Grossberg 1984; Grossberg 1997a: 103-173; Grossberg 2008). Ende der 1980er Jahre dann wurde in den USA der Name Cultural Studies einerseits synonym für poststrukturalistische, textanalytische Ansätze gebraucht, andererseits um Arbeiten von (jüngeren) Literaturwissenschaftlerinnen und Literaturwissenschaftlern zu charakterisieren, die ihren Forschungsbereich auch auf Populärkultur erweiterten (vgl. zu einer solchen Position Campbell/Kean 1997).

Ein einschneidendes Ereignis in der Entwicklung der Cultural Studies in den USA im Speziellen und in der weiteren internationalen Differenzierung der Cultural Studies im Allgemeinen war sicherlich die Konferenz „Cultural Studies Now and in the Future" im April 1990, die von der Abteilung für „Criticism and Interpretive Theory" der Universität von Illinois in Urbana-Champaign finanziell unterstützt und von Lawrence Grossberg und Cary Nelson organisiert wurde (die Tagungsbeiträge finden sich in Grossberg et al. 1992). An der Konferenz nahmen – neben verschiedenen Wissenschaftlerinnen und Wissenschaftlern aus den USA, die sich dem Umfeld der Cultural Studies zurechnen – eine Reihe von damals bereits bekannten Vertreterinnen und Vertretern der Cultural Studies aus Großbritannien und Australien teil, allen voran Stuart Hall, aber auch Tony Bennett, John Fiske, Paul Gilroy, Meaghan Morris und Graeme Turner.

Die Diskussion, die diese Konferenz auslöste, hatte vor allem zwei Fluchtpunkte: Erstens kam die Frage auf, wie genau ‚Cultural Studies' im amerikanischen bzw. internationalen Kontext zu fassen und betreiben seien, zweitens entstand eine umfassende Diskussion dahingehend, ob in den USA nicht eine ‚falsche Liberalisierung' der Cultural Studies stattfand, in der deren interventionistischer Kern verloren gehe. Stimuliert war die Diskussion durch die verschiedenen Beiträge amerikanischer Vertreter auf der Konferenz, in denen sich zum Teil keinerlei Bezüge zu den Beiträgen der bestehenden britischen und australischen Tradition ausmachen ließen (Pfister 1996). In der Folge dieser Konferenz entstand, neben einer Vielzahl von kulturtheoretisch fundierten Arbeiten, von denen etliche als Artikel in der internationalen Zeitschrift *Cultural Studies* publiziert und diskutiert wurden, eine Reihe von ‚Selbstverständigungsartikeln' darüber, was Cultural Studies im amerikanischen Kontext sind und was nicht – und es sind insbesondere diese Artikel, die zu der internationalen Konsolidierung der Cultural Studies beitrugen. Zu nennen sind hier beispielsweise das von Cary Nelson publizierte „Manifest" *Always Already Cultural Studies: Academic Conferences and a Manifesto* (Nelson 1996, orig. 1991) und Lawrence Grossbergs *Cultural Studies: What's in a Name* (Grossberg 1994; Grossberg 1997a: 245-271; Grossberg 1999). Ausgangspunkt solcher Publikationen ist, wie es Cary Nelson formulierte, die These, dass „nahezu nichts in dieser Tradition [der britischen; A.H.] [...] einfach und unproblematisch auf die Vereinigten Staaten übertragen werden kann" (Nelson 1996: 273). Der angegebene Grund ist eine im Vergleich zu Großbritannien andere Gesellschaftsstruktur sowie unterschiedliche Arbeitszusammenhänge an den Universitäten, die das ‚Modell' des CCCS nicht einfach im US-amerikanischen Kontext adaptierbar machen.

Allerdings weist Nelson sehr deutlich darauf hin, dass Cultural Studies keine einfachen „close analyses" von populärkulturellen Objekten oder anderen, nicht-literarischen Texten sind, ebenso wenig wie eine semiotische Untersuchung von Zeichensystemen oder deren poststrukturalistische Dekonstruktion. Der auch auf den amerikanischen Kontext transferierbare Kern von Cultural Studies besteht nach Nelson darin, dass sie sich „mit den Auseinandersetzungen über Bedeutung [beschäftigen], die das Terrain von Kultur umformen und definieren" (Nelson 1996: 280). Erhalten bleiben sollte auch im amerikanischen Kontext die interdisziplinäre Orientierung von Cultural Studies (vgl. Nelson 1996: 283). Dies weist deutlich in die Richtung, in die viele Vertreter der Cultural Studies in den USA gingen und gehen: eine Institutionalisierung des Ansatzes mit dem gleichzeitigen Versuch, seinen kritischen Kern zu bewahren und sich nicht im Rahmen von Versuchen der ökonomisch begründeten Auflösung bestehender Fächer instrumentalisieren zu lassen. Hierfür steht deutlich die Zahl der amerikanischen Universitäten, die sich dem Ansatz der Cultural Studies Ende der 1990er Jahre verpflichtet fühlten. In einer unvollständigen Aufzählung können folgende Einrichtungen genannt werden: Das „California Institute of the Arts" (wo Dick Hebdige Dekan ist), das „Cultural Studies Department" der Cla-

remont Graduate University, das Cultural Studies Program der Drake Universi-
ty, die Duke University bzw. Universität von North Carolina, das Cultural Studies Program an der George Mason Universität, die „School of Literature, Communication, and Culture" des Georgia Institute of Technology, die „School of
Humanities, Arts, and Cultural Studies" des Hampshire College, das „Center of
Literary and Cultural Studies" der Harvard Universität, das Cultural Studies
Program der Kansas State University, das American Studies Program der New
York University, die „Comparative Cultural and Literary Studies" der Universi-
tät von Arizona in Tucson, die Abteilung für „Criticism and Interpretive Theo-
ry" der Universität von Illinois in Urbana-Champaign (in deren institutionellem
Kontext die besagte Konferenz „Cultural Studies Now and in the Future" durch-
geführt wurde), das Communication Studies Program der Universität von North
Carolina in Chapel Hill (wo Lawrence Grossberg die Morris Davis Professur für
Communication Studies innehat), die Universität von Madison, Wisconsin (wo
John Fiske von 1988 bis 1998 Professor am Department für Communication
Arts war), oder das „Graduate Program in Visual and Cultural Studies" der Uni-
versität von Rochester.

Diese Aufzählung ist bereits für Ende der 1990er Jahre nicht vollständig (zu
weiteren Universitäten, an denen Cultural Studies institutionalisiert waren, vgl.
Striphas 1998a), zeigt jedoch die Breite der vollzogenen Institutionalisierung
von Cultural Studies in den USA. Die Nachhaltigkeit der Institutionalisierung
des medienanalytischen Ansatzes der Cultural Studies wird daran deutlich, dass
mit den Divisions der „Philosophy of Communication" und „Popular Communication" zwei Fachgruppen dieser kommunikations- und medienwissenschaftlichen Vereinigung eine deutliche Orientierung auf die Cultural Studies haben.
Seit 2003 gibt es auch eine amerikanische Cultural Studies Association.

In den besten Fällen wurde in einem solchen Prozess der Institutionalisierung – ähnlich wie in Australien – die britische Tradition der Cultural Studies nicht einfach adaptiert, sondern es fand eine Aneignung der Tradition der
Cultural Studies vor dem Hintergrund des eigenen soziokulturellen Kontextes,
aber unter Beibehaltung der ursprünglichen Zielrichtung statt. Konsolidierung
war dieser Prozess insofern, als er eine breite, internationale Diskussion über die
Institutionalisierung innerhalb der Cultural Studies selbst auslöste, die vor allem
in der gleichnamigen Zeitschrift geführt wurde und zu einer Reflexion darüber
zwang, in welchem Kontext welches Verständnis von Cultural Studies angemessen und praktikabel erscheint. Dass die Entwicklung der Cultural Studies in den
USA auch für die weitere internationale Differenzierung der Cultural Studies
produktiv gewesen ist, wird daran deutlich, dass durch die US-amerikanische
Diskussion neue Themen eingeführt bzw. die Aueinandersetzungen mit alten

stimuliert wurden. Zu nennen sind hier insbesondere die Themenfelder kulturelle Identität und Hybridität, Rasse, Diaspora, Postkolonialismus, Gender oder Cyber-Kulturen. Dabei entstehen, wie es Roger Bromley formuliert, „einige der dynamischsten Arbeiten aus den US-amerikanischen Cultural Studies [...] im afroamerikanischen und im schwul/lesbischen Bereich" (Bromley 1999: 22).

Die gegenwärtige Entwicklungssituation ist so einzuschätzen, dass unter dem Stichwort ‚Cultural Studies' verschiedene kritische kulturanalytische Traditionen unterschiedlicher Regionen der Welt zusammenkommen, die sich in diesem Gesamtdiskurs jeweils neu positionieren. Exemplarisch für andere lässt sich an dieser Stelle auf lateinamerikanische (García Canclini 2001; Lull 1998, O'Connor 2000), auf afrikanische (Barber 1997, Tomaselli/Wright 2008) oder auch auf weitere europäische (D'Arcy 2005, Koivisto/Thomas 2007, Musner 1999, Thompson 2001) Traditionen verweisen. Momentan findet selbst in China eine breite, allerdings primär philologisch-rekonstruktive Rezeption der Cultural Studies statt. In diesem Gesamtprozess sind drei Institutionalisierungen wichtig, erstens die schon erwähnten Crossroads-Tagungen, zweitens die Association for Cultural Studies und drittens das Zeitschriftenwesen.

Die erste Tagung „Crossroads in Cultural Studies" fand im Jahr 1996 in Tampere (Finnland) statt; ihre Beiträge wurden in den ersten beiden Heften des *European Journal for Cultural Studies* publiziert, das von Pertti Alasuutari, Ann Gray und Joke Hermes herausgegeben wird. Die folgenden Konferenzen fanden nochmals in Tampere (1998 und 2002), Birmingham, Großbritannien (2000), Illinois, USA (2004), Istanbul, Türkei (2006), Kingston, Jamaica (2008) und Hongkong, China (2010) statt. Was den internationalen Austausch und die Vernetzung betrifft, können die Konferenzen als die wichtigsten Gelegenheiten dazu gelten. Die verschiedenen Länder jenseits von Europa und den USA, in denen die Konferenz seit 2004 realisiert wurde, stehen dabei für die fortschreitende Internationalisierung der Cultural Studies.

Die Association for Cultural Studies (ACS, http://cultstud.org) ist in ihrer Geschichte fest mit den Crossroads-Tagungen verbunden. So ging die Initiative zur Gründung der internationalen Vereinigung von den ersten Crossroads-Tagungen aus, wobei die ACS dann 2002 nach längerem Diskussionsprozess (u.a. über mögliche Marginalisierungen und offizielle Sprachen in einer solchen Vereinigung) gegründet wurde. Ziel der Vereinigung ist es, die weltweite *scientific community* von Vertreterinnen und Vertretern der Cultural Studies zu stützen, und zwar auf eine sowohl transdisziplinäre als auch transnationale Weise. Zu diesem Zweck ist die ACS mittlerweile die die Crossroads-Tagungen ausrichtende Organisation.

Das Feld der Zeitschriften, in denen der internationale Diskurs der Cultural Studies stattfindet, ist mittlerweile thematisch hoch differenziert. Gleichwohl haben sich insbesondere drei, bereits mehrfach zitierte Zeitschriften etabliert, die einen die Cultural Studies als solche vernetzenden Charakter haben. In diesen manifestiert sich der Gesamtdiskurs darum, was die Cultural Studies als solche ausmacht. Dies ist erstens die mittlerweile mit sechs Ausgaben pro Jahr erscheinende Zeitschrift *Cultural Studies*, gegründet 1987 und herausgegeben von Lawrence Grossberg und Della Pollock. Zweitens ist das *International Journal of Cultural Studies* zu nennen, das von John Hartley herausgegeben wird und seit 1997 erscheint. Dasselbe Ersterscheinungsjahr hat drittens das *European Journal of Cultural Studies*, dessen Herausgeber Pertti Alasuutari, Jon Cruz, Ann Gray und Joke Hermes sind.

Über diese Tagungen, Association und Zeitschriften kommen gegenwärtig zwei Momente von Cultural Studies zusammen, die deren Internationalisierung ausmachen. Ien Ang hat diese wie folgt gefasst:

„Auf der einen Seite stehen Cultural Studies für eine immer schon transnationale, aber verstreute intellektuelle Praxis, Theorie, Kultur und Politik miteinander zu verbinden. Entstanden ist diese Praxis in verschiedenen Teilen der Welt in unterschiedlichen Konfigurationen ungefähr seit den 1960er Jahren bis heute. Auf der anderen Seite sind ‚Cultural Studies' eine stärker abgegrenzte, (unvollkommen) institutionalisierte, wissenschaftliche Gruppierung in einer beschränkten (aber wachsenden Zahl) von Ländern, die ihren Ursprung in Großbritannien hat." (Ang 2008a: 228)

Es ist dieses zweite Moment, von dem die internationale Differenzierung und akademische Institutionalisierung der Cultural Studies ausgegangen ist. Gleichwohl wurden die Bezüge zu den vielfältigen weiteren, damit für die Cultural Studies zugänglichen anderen Traditionen kritischer Kulturanalyse wichtig, um neue Themen und Ansätze im Projekt der Cultural Studies zu artikulieren. Zentral für ein Verständnis der Cultural Studies bleibt aber, dass sie als Formation – d.h. als Netzwerk von im Rahmen eines bestimmten Projektes arbeitenden Wissenschaftlerinnen und Wissenschaftlern – nicht mit den Institutionen gleichzusetzen sind, in denen diese Wissenschaftlerinnen und Wissenschaftler arbeiten und die zunehmend auch den Namen ‚Cultural Studies' in ihrem Titel führen. Trotz ihrer internationalen Differenzierung und akademischen Institutionalisierung bleibt ihr Kern in der ihnen spezifischen Beschäftigung mit kulturellen Kontexten zu sehen, wobei Kultur grundlegend als ein konfliktäres Feld aufgefasst wird.

Weiterführende Literatur: Ang 2008a; Frow/Morris 1996; Pfister 1996; Striphas 1998b

3.4 Cultural Studies und Medienanalyse im deutschsprachigen Raum

In einem Kapitel, das sich mit der Rezeption der Cultural Studies im deutschsprachigen Raum befasst und das in einem deutschsprachigen Buch abgedruckt ist, muss zu Beginn sicherlich nochmals eine Einschränkung betont werden: Wie bereits für die anderen Kapitel des historischen Abrisses trifft auch hier zu, dass bei weitem nicht alle relevanten Institutionen und Autorinnen bzw. Autoren genannt werden können. Vielmehr gilt es, einige grundlegende Entwicklungslinien zu beschreiben, deren Details über die weiterführende Literatur erschlossen werden können. Außerdem wird im Folgenden – bedingt durch das Thema der Gesamtpublikation – deutlich der Schwerpunkt auf die Rezeption medienanalytischer Arbeiten der Cultural Studies gelegt.

Um die Rezeption der Cultural Studies im deutschsprachigen Raum nachvollziehen zu können, ist es notwendig, zuerst kurz auf zwei Zusammenhänge einzugehen, die sich am besten mit dem Ausdruck des ,Ungleichen' fassen lassen: Cultural Studies sind ,ungleich' der kritischen Theorie der Frankfurter Schule und Cultural Studies sind ,ungleich' Kulturwissenschaft. Das Nicht-Berücksichtigen dieser ,Ungleichheiten' hat mitunter zu erheblichen Missverständnissen in der deutschen Rezeption der Cultural Studies geführt.

Dass die Cultural Studies nicht mit der **kritischen Theorie** gleichgesetzt werden können, haben unterschiedliche Autorinnen und Autoren mehrfach betont (Kreutzner 1989; Klaus 1994). So besteht die Hauptdifferenz zwischen dem kritischen Ansatz der Frankfurter Schule – insbesondere bekannt durch die Arbeiten von Theodor W. Adorno und Max Horkheimer – und den Cultural Studies darin, dass sich die Arbeiten der Vertreter der Frankfurter Schule durch eine skeptische Grundhaltung gegenüber jeder Form der ,Massenkultur' im Allgemeinen, insbesondere aber die diese hervorbringende ,Kulturindustrie' im Speziellen auszeichnet: Die Kulturindustrie hat aus deren Perspektive die Funktion, durch standardisierte Kulturwaren den Konsumenten ein Vergnügen zu bieten, das sie in ihrer Resignation befördert (Horkheimer/Adorno 1988: 127). Diese Position von Adorno und Horkheimer ist als solche vor dem Hintergrund ihrer Erfahrungen im Dritten Reich zu sehen bzw. ihren Eindrücken der Hollywoodproduktionen der 1930er und 1940er Jahre. Problematisch für die Rezeption der Cultural Studies zumindest bis Anfang der 1990er Jahre in Deutschland hat sich dieses theoretische Konzept insofern erwiesen, als es – wie Gabriele

Kreutzner formuliert – in einer popularisierten Form zu einer habituellen Ablehnung von Populärkultur unter einer großen Zahl von Intellektuellen bzw. Akademikerinnen und Akademikern geführt hatte (Kreutzner 1989: 245). Sicherlich ist es nicht sinnvoll, die Differenz zwischen kritischer Theorie der Frankfurter Schule und dem kritischen Ansatz der Cultural Studies als unüberwindbar darzustellen, zumal vielversprechende Ansätze zu einer Synthese vorliegen (Kellner 1995a; Kellner 1995b; Kellner 1999; Kellner 2005) bzw. im deutschsprachigen Raum Annäherungen zwischen beiden Traditionen stattfinden bei der Neubestimmung dessen, was kritische Sozialforschung gegenwärtig sein kann (Winter/Zima 2007). Jedoch ist ein Verständnis dieses Zusammenhangs wichtig, weil er sich zumindest bis Ende der 1990er Jahre als ein Rezeptionshemmnis für die Cultural Studies erwiesen hat: Vielen linken Akademikerinnen und Akademikern in Deutschland war ein Zugang zu Medien und Populärkultur fremd, der im populären Vergnügen nicht gleich Resignation sieht und dennoch auf ein kritisches Herangehen insistiert.

Die zweite ‚Ungleichheit‘ ist die zwischen Cultural Studies und deutscher **Kulturwissenschaft**. Im Kern bezeichnet Kulturwissenschaft in der deutschsprachigen Tradition eine Neuausrichtung der Geisteswissenschaften und unter diesen vor allem der Philologien auf eine Disziplinen übergreifende Fragestellung nach dem Kulturellen. Dabei ist die Etablierung der Kulturwissenschaft im Singular – in Abgrenzung zu dem übergreifenden Begriff von Kulturwissenschaft bei Max Weber (Weber 1988; Kocka 1988), der damit alle Wissenschaft fasst, die sich mit der „Kulturbedeutung“ sozialer Phänomene beschäftigt – stark wissenschaftspolitisch geprägt. Den Anlass dafür gab 1991 die von einer Arbeitsgruppe um Wolfgang Frühwald (Frühwald et al. 1991) im Auftrag von Wissenschaftsrat und Rektorenkonferenz vorgelegte Publikation *Geisteswissenschaften heute*. In dieser Schrift wird die Vorstellung entwickelt, dass die Reformierung der Geisteswissenschaften als Kulturwissenschaft deren Internationalisierung und Modernisierung vorantreibe. In der Folge gab es – auch angetrieben durch eine stärkere ‚Praxisorientierung‘ der Geisteswissenschaften (Düllo et al. 1998; Düllo et al. 2000; Winter 1996) – eine Etablierung kulturwissenschaftlicher Studiengänge, die bei aller Differenz sich darin trafen, dass sich um das ‚Konzept Kultur‘ und eine Beschäftigung mit ‚dem Kulturellen‘ verschiedene geisteswissenschaftliche Disziplinen in einem Studiengang vereinen. Etwas quer dazu liegt die Neudefinition von Volkskunde bzw. Europäische Ethnologie als Kulturwissenschaft, wie sie beispielsweise an der Universität Tübingen vollzogen wurde (siehe Weiteres zur Rolle der Universität Tübingen für die Rezeption der Cultural Studies auf den folgenden Seiten) – eine Neudefinition, die sich allerdings an den meisten Standorten in die Ausrichtung kulturwissenschaftlicher Studiengänge einfügte. Stärker auf die Forschung bezogen, aber ebenfalls auf eine (politisch gewollte) Reform der Geisteswissenschaften ausgerichtet ist die Entwicklung der Kulturwissenschaft in Österreich, die stark vom „Forschungsschwerpunkt Kulturwissenschaften" des österreichischen Bundesministeriums für Wissenschaft und Verkehr getragen wurde (Lutter/Musner 2002).

Es gab daneben eine zunehmende Breite von Einführungspublikationen zur deutschsprachigen Kulturwissenschaft, unter denen im Sinne eines Kristallisationseffekts die Titel *Orientierung Kulturwissenschaft* (Böhme et al. 2000) und das dreibändige *Handbuch Kulturwissenschaften* (Jaeger et al. 2004b; Jaeger et al. 2004c; Jaeger et al. 2004a) herausgegriffen werden können. In beiden Veröffentlichungen spielen die Cultural Studies eine Rolle. Böhme et al. verweisen auf sie als „ein Modell der gelungenen Institutionalisierung und Universalisierung einer um einen Leitbegriff zentrierten Forschungsstrategie" (Böhme et al. 2000: 11). Diese lehnen sie dann aber ab, weil durch sie an „die Stelle der Analyse von Prozessen der traditionellen Kanonbildung [...] ein unreflektierter neuer Kanon aus additiv zusammengestellten Partikularismen" (Böhme et al. 2000: 13) treten könnte. In der Folge wird dann Kulturwissenschaft jenseits und unabhängig von den Cultural Studies in der Tradition der deutschsprachigen Geisteswissenschaften definiert. Ähnlich steht auch der Artikel zu Cultural Studies im dreibändigen *Handbuch Kulturwissenschaften* zwar für den antizipierten Relevanzgewinn dieses internationalen Projekts, ohne aber den epistemologisch-systematischen Diskurs um eine deutschsprachige Kulturwissenschaft nachhaltig zu prägen. Diese Beispiele machen deutlich, dass es sich bei den Cultural Studies um ein klar fokussiertes, interdisziplinäres Projekt handelt, das sich von dem übergreifenden Reformversuch deutscher Geisteswissenschaften, wie er mit dem Begriff der Kulturwissenschaft verbunden ist, klar abgrenzt. Deutlich wird dies ebenso an der Differenz der Forschungsthemen (vgl. bereits Musner 1999).

Vor dem Hintergrund dieser zwei ‚Ungleichheiten' wird die unkontinuierliche und auf verschiedene Disziplinen verteilte Rezeption der Cultural Studies in Deutschland erklärbar. In der folgenden Skizze dieser Rezeption möchte ich in Anlehnung an die Überlegungen von Udo Göttlich und Carsten Winter (1999) insbesondere vier Rezeptionsstränge unterscheiden. Dies geschieht allerdings in der Gewissheit, dass eine solche Unterscheidung im positiven Sinne des Wortes tendenziell ist, nicht zuletzt, weil die Rezeption der Cultural Studies im deutschsprachigen Raum seit 2000 einen nachhaltigen Schub erfahren hat und viele weitere Disziplinen ausschließt, die Cultural Studies über eine Medienanalyse hinaus aufgreifen (vgl. beispielsweise Dracklé 2005; Marchart 2007; Mecheril/ Witsch 2006; Warneken 2006, um nur einige zu nennen). Wie eingangs gesagt, soll der klare Fokus auf Medienanalysen bestehen bleiben. Der erste medienanalytische Rezeptionsstrang ist in der Alltagskultur- und Jugendkulturforschung (insbesondere der empirischen Kulturwissenschaft/Volkskunde und Pädagogik) zu verorten, der zweite in den Sprach- und Literaturwissenschaften (hier insbesondere Anglistik und Amerikanistik), der dritte wäre die Rezeption der Cultural Studies im avancierten Musikjournalismus und schließlich der vierte in der Kommunikations- und Medienwissenschaft. Wie bei jeder solchen Differenzierung sind natürlich diese Stränge entgrenzt zueinander und gehen in manchen Momenten ineinander über. Ebenso weist die Reihenfolge der Nennung dieser Stränge nicht umfassend auf eine Chronologie hin, auch wenn sich eine gewisse Chronologie der Rezeption der Cultural Studies ausmachen lässt (vgl. Mikos 2008).

Der Rezeptionsstrang der **Alltagskultur- und Jugendkulturforschung** (insbesondere in der empirischen Kulturwissenschaft, Volkskunde, Ethnologie, später auch Pädagogik) verweist auf die Anfänge der Cultural Studies-Rezeption in Deutschland überhaupt (vgl. zu diesem Rezeptionsstrang insbesondere Lindner 1994: 52-56; Lindner 2000). Ausgangspunkt waren Mitte der 1970er Jahre eine Reihe von linken, im akademischen Umfeld zum damaligen Zeitpunkt eher marginalen Zeitschriften wie *Alternative*, *Das Argument*, *Ästhetik und Kommunikation* und *Gulliver* (wiederaufgegriffen wurde 1998 die Diskussion im Heft 100 von *Ästhetik und Kommunikation*, in Teilen mit stärkerem Bezug auf die deutsche Kulturwissenschaft fortgesetzt wurde diese Diskussion im Heft 126 von 2004). Im Kern waren die verschiedenen Aufsätze – teils Übersetzungen von Selbstdarstellungen des CCCS, teils Abdrucke von Stencilled Papers oder empirische Untersuchungen, die sich in die Tradition des CCCS stellten – fokussiert auf eine wissenschaftliche Auseinandersetzung mit Arbeiterkultur, ein Thema, für das auch die Dissertation von Birgit Mahnkopf (1985) steht. Im Kontext dieser Perspektive stehen die Übersetzungen der Jugendstudien der Cultural Studies, die teilweise unter eher irreführenden Titeln, die deren kritisches Potenzial in keinster Weise erkennen lassen, vor allem beim Syndikat-Verlag erschienen (Clarke et al. 1979a; Willis 1979; Willis 1981; McRobbie/ Savier 1982; Hebdige 1983; Willis et al. 1991) (siehe dazu Kap. 5.2). Daneben muss betont werden, dass der Syndikat-Verlag mit einer von Klaus herausgegebenen Zusammenstellung von Texten Raymond Williams' – nach der Übersetzung von *Culture and Society* (Williams 1972) – wichtige theoretische Reflexionen der Cultural Studies zur Kulturanalyse in deutscher Übersetzung zugänglich machte (Williams 1977a). Nichtsdestotrotz hat diese Fokussierung der Rezeption auf Arbeiter- und Jugend(sub)kultur in dem ersten Rezeptionsstrang zu einer stark verengenden Wahrnehmung der Cultural Studies im Allgemeinen und des CCCS im Speziellen beigetragen: Die Cultural Studies wurden als ein Ansatz der Subkulturforschung und Stilanalyse wahrgenommen und ihre Medienanalysen – wenn überhaupt – als Teil dieser Forschung diskutiert, ein Rezeptionsstrang, der sich vor allem in der Pädagogik und Jugendforschung bis weit in die 1990er Jahre fortsetzte (Lindner 1994: 56).

Als Auswirkungen dieses frühen Rezeptionsstrangs lassen sich Publikationen einordnen wie das von der Arbeitsgruppe SPOKK (1997) herausgegebene *Kursbuch Jugendkultur* oder Bücher wie *Jugendkulturen revisited* (Müller-Bachmann 2002) sowie viele Einzelstudien zu Aspekten der Jugendkultur. Betrachtet man diese Veröffentlichungen aus heutiger Perspektive allerdings in ihrem Gesamt, so stehen sie dafür, dass die anfangs „selektiv[e]" Rezeption, die „in einen pädagogischen Diskurs" mündete (Lindner 1994: 57), sich zunehmend erweiterte. Eine solche Erweiterung repräsentieren ebenfalls – neben den Untersuchungen von Rolf Lindner – verschiedene am Ludwig-Uhland-Institut für empirische Kulturwissenschaft (LUI) und seinem Umfeld an der Universität Tübingen entstandene Arbeiten (s.u.) oder die Forschung, die in Wien am „Institut für Kulturstudien" (IKUS) realisiert wurde (siehe Horak 2002: 59-88). In der gegenwärtigen Pädagogik findet man dann eine wesentlich breitere Beschäftigung mit den Cultural Studies (Mecheril/Witsch 2006; Hugger 2009). Wie auch in der heutigen (europäischen) Ethnologie als Nachfolgerin der Völkerkunde eine umfassende Öffnung gegenüber den Medienanalysen der Cultural Studies stattfand, was die dortige Reflexion einer Medienethnografie exemplarisch zeigt (Bachmann/Wittel 2006; Dracklé 2005).

Ein zweiter, ungleich heterogenerer Rezeptionsstrang findet sich in den **Sprach- und Literaturwissenschaften**, insbesondere der Anglistik, Amerikanistik und Linguistik. Anfang der 1970er Jahre machte sich der Anglist H. Gustav Klaus – ausgehend von seiner Auseinandersetzung mit den Arbeiten von Raymond Williams – für eine Rezeption der Cultural Studies im deutschsprachigen Raum stark. Hierfür stehen eine Reihe von Publikationen in dem bereits erwähnten Zeitschriften-Projekt *Gulliver* sowie Aufsätze in anderen Zeitschriften und Bänden (vgl. beispielsweise Klaus 1976; Klaus 1977; Klaus 1983a; Klaus 1983b; Klaus 1989; Klaus 1990; Klaus 1994). Ein Sprachwissenschaftler, der sich früh mit dem CCCS auseinandersetzte, war Utz Maas (1980), der sich eine Zeit lang am CCCS aufhielt (vgl. Johnson 1999: 186). Es finden sich daneben Rezeptionsansätze in der Anglistik und Amerikanistik in den 1970er Jahren, wofür die Veröffentlichung *Fremdsprachliche Literaturwissenschaft und Massenmedien* (Nierlich 1978) steht, die u.a. Beiträge von Richard Dyer und Stuart Hall enthält. Mit der Fokussierung auf Medien deutet dieser Band einen weiteren, medienanalytischen Rezeptionsstrang der Cultural Studies an, an dem

Amerikanisten und Anglisten beteiligt sind (s.u.). Inhaltlich lassen sich in dem sprach- und literaturwissenschaftlichen Rezeptionsstrang vor allem zwei Flucht- punkte ausmachen. Dies ist erstens der Versuch einer Erweiterung des Konzep- tes der Landeskunde als (kritische) Kulturwissenschaft. In dieser Tradition ste- hen Teile der heutigen Rezeption der Cultural Studies in der Anglistik und Amerikanistik, was an den Arbeiten von Jürgen Kramer und Doris Teske deut- lich wird (Kramer 1989; Kramer 1990; Kramer 1997; Teske 2002). In gewissen Abstand hierzu ist aber die Postkolonialismus-Rezeption gerückt (vgl. Bronfen et al. 1997; Mayer/Terkessidis 1998; aktuell überblickend Bachmann-Medick 2007: 184-237), wobei in diesem Zusammenhang auf das Engagement des Bri- gitte Narr/Stauffenburg-Verlags hinzuweisen ist, in dem früh mehrere Bücher aus dem Umfeld der Cultural Studies erschienen und erscheinen (Bhabha 2000 und Chambers 1996a). Ein zweiter Fluchtpunkt ist der Versuch einer kultur- theoretischen Erweiterung sprachwissenschaftlicher Analyse, wie sie bereits Utz Maas gefordert hatte. Beispiele dafür sind – neben dessen eigenen Veröffentli- chungen (Maas 1984) – die Arbeiten von Siegfried Jäger bzw. andere Publikati- onen aus dem Umfeld des „Duisburger Instituts für Sprach- und Sozialfor- schung" (DISS) (beispielsweise Jäger 1999; Jäger/Jäger 2007). Dort werden – vor allem vermittelt durch die Rezeption der Cultural Studies in der deutschen Rassismusforschung, auf die in diesem Überblick nicht weiter eingegangen wer- den kann (vgl. dazu Räthzel 1994) – Cultural Studies zu Rassismus und kul- tureller Identität aufgegriffen und Medienanalysen als kritische Diskursanalyse realisiert. Umfassende jüngere Bezüge zwischen Medienanalysen der Cultural Studies und Sprachwissenschaft arbeitet Jannis Androutsopoulos (2008) auf, wobei er die medienanalytischen Schnittstellen bei Gesprächsanalyse, medialer Textsortenanalyse und Diskursanalyse sieht.

Als ein dritter, für Medienanalysen relevanter Rezeptionsstrang im deutsch- sprachigen Raum muss die Cultural Studies-Debatte im **avancierten Musik- journalismus** gelten, die Ralf Hinz (1998; 2008) kritisch aufgearbeitet hat. Ver- mutlich in der Folge der auf die Subkulturforschung des CCCS fokussierten Rezeption der Cultural Studies im Bereich der Alltagskulturforschung, vor allem aber stimuliert durch die am Poststrukturalismus orientierte Phase der Cultural Studies in den USA, stieß dieser „Approach" auf erhebliches Interesse im deutschen Musikjournalismus. Früh dokumentiert sich dies an der unter dem missverständlichen Titel *Schocker* von D. Diederichsen herausgegebenen Hebdi- ge-Übersetzung (Hebdige 1983), vor allem aber in der anhaltenden Diskussion über Cultural Studies in der Musikzeitschrift *Spex* im Laufe der 1990er Jahre. Eine wichtige ‚Station' waren– nach Rezensionen von Büchern von S. Firth, A. Goodwin, S. Rehead (*Spex* 9/90 und 3/91) und anderen – zwei Sonderteile zu dem Thema Cultural Studies in den Heften 7/95 und 8/95 sowie ein Thementeil im Heft 6/97 von *Spex* und das Heft 1/98 von *Die Beute – Neue Folge*, das redaktionell *Spex* sehr nahe steht. Wichtige Autoren waren in diesem Zusammenhang Diedrich Diederichsen, Tom Holert und Mark Terkessidis, die sich im Rahmen der Themenhefte übrigens auch mit der Frage der Möglichkeit einer Institutionalisierung von Cultural Studies an deutschen Universitäten auseinandersetzten. Fluchtpunkt der Beschäftigung mit Cultural Studies in *Spex* blieben aber die – textanalytisch und poststrukturalistisch orientierten und an den Reflexionen und dem Stil von Lacan, Deleuze und Guattari ausgerichteten – Arbeiten zur (Politik der) Sub- und Populärkultur, wobei die Autorinnen und Autoren der Zeitschrift insofern in der eigenen Tätigkeit einen Bezugspunkt zu den Cultural Studies sahen, als dort Populärkultur als Forschungsgegenstand legitimiert (und damit aufgewertet) wird, ein Ziel, das sie selbst verfolgten. Dieser Rezeptionsstrang öffnete sich bereits in den 1990er Jahren gegenüber dem wissenschaftlichen Anspruch der Cultural Studies, was sich exemplarisch an dem von Tom Holert und Mark Terkessidis herausgegebenen Band *Mainstream der Minderheiten* (Holert/Terkessidis 1996) und dem von Jan Engelmann edierten „Reader" *Die kleinen Unterschiede* (Engelmann 1999) zeigte, von denen der letzte – neben zuerst in *Spex* erschienenen Interviews und Artikeln – Aufsätze von wissenschaftlichen Autorinnen und Autoren enthält. Spätere, sich mit Rassismus befassende Veröffentlichungen stehen noch stärker zwischen kritischem Journalismus und Wissenschaft (beispielsweise Holert/Terkessidis 2006; Terkessidis 2009). Insofern bieten sich zumindest Ansätze einer Überwindung der von Hinz postulierten Dichotomie zwischen Cultural-Studies-Rezeption im (Musik-)Journalismus und im akademischen Bereich, was ebenfalls der bereits angeführte Band *Kursbuch Jugendkultur* erkennen lässt (SPOKK 1997) und sich aktuell deutlich in den Arbeiten von Christoph Jacke (2004) und Marcus Kleiner (2006; 2003) dokumentiert.

Der vierte und im Zusammenhang dieser Publikation wohl wichtigste Rezeptionsstrang ist die Rezeption der Cultural Studies im Bereich der **Kommunikations- und Medienwissenschaft**, die, wie Udo Göttlich und Carsten Winter betonen, seit Mitte der 1980er Jahre überwiegt (Göttlich/Winter 1999: 34; vgl. auch Mikos 2008: 184f.). Am Ausgangspunkt steht hier vor allem – neben den Arbeiten von Hermann Bausinger (LUI), dessen Artikel *Alltag, Technik, Medien* nachhaltig in den medienanalytischen Arbeiten der Cultural Studies rezipiert wurde, auch wenn er umgekehrt nicht auf das Paradigma der Cultural Studies rekurrierte (Bausinger 1983) – ein Forschungsprojekt Tübinger Amerikanisten zu amerikanischen Daily Soap Operas, in dessen Umfeld im Februar 1987 in Blaubeuren eine Tagung realisiert wurde, an der führende Vertreter der

Cultural Studies teilnahmen (vgl. Seiter et al. 1989b; Kreutzner 1992; Borchers et al. 1994). Etwa zeitgleich wurde die Arbeit von Lothar Mikos (1994a) zur Rezeption von Familienserien verfasst. Mit Beginn der 1990er Jahre wurde in der sich um den Soziologen Roland Eckert formierenden Forschergruppe „Medienspezialkulturen", später umbenannt in „Medienkultur und Lebensformen", eine Reihe von empirischen Untersuchungen zur Mediennutzung durchgeführt, in denen auf den Ansatz der Cultural Studies Bezug genommen wird (vgl. Winter/Eckert 1990; Vogelgesang 1991; Vogelgesang 1994; Winter 1995). Parallel dazu entstanden in der Trierer Sprachwissenschaft und Medienkommunikation Arbeiten zu populären Fernsehgenres und zur Aneignung von Fernsehen (vgl. beispielsweise Holly/Püschel 1993; Hepp 1998; Jurga 1999a). Bezüge zwischen beiden Arbeitszusammenhängen dokumentieren sich nicht nur in gemeinsamen Publikationsprojekten (Hepp/Winter 1997; Hepp/Winter 2008), sondern seit 1998 auch – nun über verschiedene Standorte verstreut – in der Wiederbelebung einer gemeinsamen Arbeitsgruppe „Jugend- und Medienkultur", in deren Rahmen empirisch und mit Bezug auf den Ansatz der Cultural Studies gearbeitet wird (vgl. u.a. Vogelgesang 1999; Hepp/Vogelgesang 1999; Hepp et al. 2009).

Überhaupt hatte das Interesse an den Cultural Studies zwischen 1990 und 2000 in der Kommunikations- und Medienwissenschaft stark zugenommen, was sich in einer Vielzahl von Veröffentlichungen manifestiert: Udo Göttlich (1996) legte eine fundierte Studie zum Werk von Raymond Williams vor und veröffentlichte zusammen mit Roger Bromley bzw. Carsten Winter den Reader *Cultural Studies. Grundlagentexte zur Einführung* (Bromley et al. 1999), von Mitarbeitern des Hans-Bredow-Instituts erschien eine Reihe von Publikationen, die sich mit dem Ansatz der Cultural Studies befassen (exemplarisch sei verwiesen auf Krotz 1992; Krotz 1995; Morley 1996b; Krotz 1997; Krotz 2008). An der „Hochschule für Film und Fernsehen" (HFF) in Potsdam oder der Medienwissenschaft der Universität Kiel fand eine nachhaltige Auseinandersetzung mit den Cultural Studies statt (vgl. exemplarisch Müller 1993; Mikos 1994b; Müller/Wulff 1999; Müller/Wulff 2008). Daneben befassten sich im deutschsprachigen Raum – insbesondere Österreich – eine Reihe von Wissenschaftlerinnen aus der feministischen Tradition mit dem Ansatz der Cultural Studies (Bechdolf 2008; Klaus et al. 2001; Klaus 2008), wobei hier für Österreich vor allem Marie-Luise Angerer, Johanna Dorer und Brigitte Hipfl zu nennen sind (Angerer/Dorer 1994; Angerer/Dorer 1996; Hipfl 1996; Dorer 1999; Hipfl 2008). Überhaupt gibt es in Österreich – wie der Verweis auf das „Institut für Kulturstudien" (Horak 2002: 67) bereits gezeigt hat, aber auch an entsprechenden Schwerpunkten der Universitäten Salzburg (Luger 1994; Renger 2004) und Klagenfurt (Busch et al. 2001; Hipfl et al. 2004; Winter 2003) deutlich wird – eine breite Tradition der Beschäftigung mit dem Ansatz der Cultural Studies und seiner Medienanalysen, die ähnlich weit zurückreicht wie die der Bundesrepublik. In eher mediensoziologischer Tradition standen Auseinandersetzungen mit dem Ansatz der Cultural Studies, wie die von Michael Jäckel und Jochen Peter (Jäckel/Peter 1997), wobei im Bereich der Mediensoziologie nach anfänglichen Irritationen der Ansatz der Cultural Studies auf produktivere Weise aufgegriffen wurde (beispielsweise einzelne Beiträge in Neumann-Braun 1999). Wichtige Zeitschriften, in denen die deutschsprachige Diskussion zum medienanalytischen Ansatz der Cultural Studies in den 1990er Jahren ausgetragen wurde, sind insbesondere *Das Argument*, das *Medien Journal*, *Medien Praktisch* (seit 2003 eingestellt), *montage/av* und *Rundfunk und Fernsehen* (mittlerweile *Medien und Kommunikationswissenschaft*).

Mit dem Jahrtausendwechsel ist die Rezeption der Cultural Studies in der deutschsprachigen Kommunikations- und Medienwissenschaft in eine neue Phase getreten (Mikos 2008: 184). Diese zeichnet sich dadurch aus, dass einerseits die Cultural Studies als fest etablierter Ansatz in der Kommunikations- und Medienwissenschaft gelten. Hierfür steht ihre mittlerweile selbstverständliche, wenn auch unterschiedlich ausführliche Berücksichtigung in einschlägigen Einführungswerken (siehe beispielsweise Schmidt/Zurstiege 2007; Pürer 2003; Bonfadelli 2004; aus stärker medienphilosophischer und -ästhetischer Perspektive Pias et al. 1999) bzw. ihre Berücksichtigung in den Curricula kommunikations- und medienwissenschaftlicher Studiengänge wie beispielsweise an den Universitäten Bremen, Bochum, Erfurt, Klagenfurt, Lüneburg oder Salzburg. Ebenso fest etabliert sind die Cultural Studies in den entsprechenden kommunikations- und medienwissenschaftlichen Fachgesellschaften, beispielsweise in der Fachgruppe Soziologie der Medienkommunikation der Deutschen Gesellschaft für Publizistik- und Kommunikationswissenschaft (DGPuK) oder der AG Populäre Kultur und Medien der Gesellschaft für Medienwissenschaft (GfM). Darüber hinaus wurde und wird eine Vielzahl von empirischen Studien realisiert, womit insofern eine neue Phase der Cultural Studies-Rezeption eingetreten ist, als dass nicht mehr „lediglich über Cultural Studies geschrieben wird" (Mikos 2008: 184), sondern Medienanalysen im Sinne der Cultural Studies sehr praktisch in der deutschen Forschungslandschaft betrieben werden. Die behandelten Themenfelder reichen dabei – ohne den Anspruch auf Vollständigkeit: die Zahl der seit 2000 entstandenen Untersuchungen ist zu groß, um genannt zu werden – von Alltag, Domestizierung und Medienaneignung über Journalismus, Kriegsberichterstattung und Populärkultur bis hin zu Medien, Rassismus und Migration bzw. transkultureller Kommunikation. In ihrer Gesamtheit stehen diese Arbeiten für eine nachhaltige Etablierung des medienanalytischen Ansatzes der Cultural Studies im deutschsprachigen Raum. Entsprechend würdigt Lothar Mikos die Entwicklung des letzten Jahrzehnts wie folgt:

„Allein die hier aufgeführten Beispiele zeigen bereits, dass die Ansätze der Cultural Studies inzwischen breit rezipiert wurden, vor allem in der Auseinandersetzung mit der Mediatisierung der Gesellschaft und den medialen, populärkulturellen Phänomenen. Eine dabei zu beobachtende Tendenz erscheint mir besonders bemerkenswert: Es wird versucht, einen eigenen Weg zwischen einer Übernahme von Theoremen der Cultural Studies und einer Verortung der Theoreme mit anderen, in den Disziplinen gewachsenen Theorietraditionen, zu finden. Die Debatte um die Cultural Studies im deutschsprachigen Raum hat zudem den Blick für die widersprüchlichen Aspekte der medialen Kommunikation zwischen Selbstermächtigung und Vereinnahmung geschärft. Dadurch hat sich zumindest die Kommunikations- und Medienwissenschaft mit verdienstvollen Differenzierungen in den Debatten um die Rolle und Funktion der Medien hervorgetan." (Mikos 2008: 185; im Original teilweise hervorgehoben)

Eine solche Würdigung kann allerdings nicht nur als Hinweis auf eine entsprechende Etablierung gesehen werden – sie ist auch eine Forderung an die zukünftigen Medienanalysen der Cultural Studies im deutschsprachigen Raum: Diese müssen sich an der Qualität ihrer eigenständigen, kritischen Forschung bemessen lassen, die wiederum in einen internationalen Diskurs einzubringen ist. Die aktuellen Entwicklungen legen nahe, dass dies gelingen kann.

Weiterführende Literatur: Göttlich/Winter 1999; Horak 2002; Klaus 2008; Mikos 2008

4 Text- und Diskursanalyse: Medienprodukte in ihren Kontexten

Die ‚semiotische Basis' (Kap. 2.1) der Cultural Studies bedingt, dass in den medienanalytischen Arbeiten dieses Projekts mit einem ‚weiten' Textbegriff operiert wird. Wie bereits herausgestellt, bezeichnet innerhalb der Cultural Studies der Ausdruck ‚Text' nicht nur Geschriebenes und Gedrucktes, sondern generell jedes kommunikative Produkt (Fernseh- und Radiosendungen oder Filme) in seiner Gesamtheit, einschließlich sprachlicher und weiterer audiovisueller Komponenten. Dies führt dazu, dass in einzelnen Medienstudien der Cultural Studies die Ausdrücke ‚Medientext' und ‚Medienprodukt' synonym gebraucht werden – eine Verwendungsweise, wie sie auch in Teilen der Semiotik und Linguistik durchaus üblich ist.

In diesem Kapitel sollen die theoretischen Ausgangspunkte der Medienanalyse der Cultural Studies – die insbesondere in dem Encoding/Decoding-Modell von Stuart Hall greifbar sind – dargelegt werden. Ausgehend davon wird die Entwicklung der Produkt- und Diskursanalysen der Cultural Studies in ihrem wissenschaftsgeschichtlichen Kontext diskutiert, angefangen von den frühen Studien, die Fragen der medialen Konstruktion gesellschaftlichen Konsenses thematisieren, über die Kontextualisierung des Textbegriffs und die sogenannte „Revisionismus-Debatte" bis hin zu gegenwärtigen Arbeiten, die sich neben einer diskursanalytischen Orientierung dadurch auszeichnen, dass in ihnen Fragen des Produktionskontextes behandelt werden. Implizit wird dabei von einer ‚heuristischen Dreiteilung' der Medienanalysen der Cultural Studies in Arbeiten, die die Produktions-, Produkt- und Rezeptionssphäre behandeln, ausgegangen und der Fokus auf die ersten beiden Sphären gelegt – allerdings in dem Bewusstsein, dass eine solche Dreiteilung dem „Kultur-Modell" (Grossberg et al. 1998) von Medienkommunikation nicht gerecht wird (Kap. 4.4), also rein heuristischen Charakter hat und deshalb in der Darstellung immer wieder durchbrochen werden muss.

Insgesamt können – bedingt durch die einführende Zielsetzung dieses Buchs – nicht alle Studien, die im Rahmen der Cultural Studies entstanden sind, behandelt werden. Die Auswahl der diskutierten Untersuchungen erfolgt im Hinblick darauf, inwieweit diese für ein Verständnis der ‚Entwicklung' der Medientext- und Diskursanalysen der Cultural Studies von Relevanz sind.

4.1 Das Encoding/Decoding-Modell

Der zentrale frühe Kristallisationspunkt der Medienstudien der Cultural Studies ist das Encoding/Decoding-Modell Stuart Halls, das dieser erstmals in dem Vortrag *Encoding and Decoding in the Television Discourse* dargelegt hat, ein Paper für das 1973 durchgeführte Kolloquium „Training in the Critical Reading of Television Language" des „Centre for Mass Communication Research" der Universität Leicester. Später erfuhr das Modell zuerst als *CCCS Stencilled Paper no. 7* und dann durch eine gekürzte Aufsatzfassung eine große Verbreitung (Hall 1980c; dt. Hall 1999b und Hall 2004: 66-80). Jenseits seiner grundlegenden Orientierung am Produktionskreislauf von Karl Marx (Hall 2004: 83; Krotz 2009: 215) muss das Encoding/Decoding-Modell vor dem Hintergrund einer umfassenden Auseinandersetzung Stuart Halls mit damals (und heute) etablierten kommunikations- und medienwissenschaftlichen Ansätzen gesehen werden, konkret dem Stimulus-Response-Ansatz, dem Uses-and-Gratifications-Approach sowie der Screen-Theorie.

Generell lehnt Hall das **Stimulus-Response-Modell** zur Beschreibung von Prozessen medialer Kommunikation ab, da es mit seiner Vorstellung einer ‚direkten Wirkung' von Medien behavioristisch und grob vereinfachend ist (zum Stimulus-Response-Ansatz in der Medienwirkungsforschung vgl. Bonfadelli 2004: 29ff.). Medientexte lassen sich nicht, wie es dieses behavioristische Modell impliziert, auf ein-eindeutige Inhalte oder Meinungen reduzieren, die dann – quasi als Reize – direkte, kausal verortbare Einflüsse auf die Rezipierenden haben (Hall 1980c: 117). Ein solcher Ansatz verkennt, dass die Aneignung medialer Texte seitens Rezipierender ein komplexer soziokulturell lokalisierter Vorgang ist, dem behavioristische Konzepte nicht gerecht werden können. Aus diesem Grund sind Überlegungen, die von einer eindimensionalen ‚Wirkung' von Medien im Sinne einer direkten Reaktion auf einen Stimulus ausgehen, kein geeigneter Bezugspunkt für eine kulturanalytische Beschäftigung mit Medien.

Ebenso widersinnig ist es für Stuart Hall, wie beim **Uses-and-Gratifications-Approach** (dt. Nutzenansatz; vgl. dazu Renckstorf 1989; Bonfadelli 2004: 168-180) ausgehend von der Erkenntnis, dass Rezipienten ‚aktiv' sind und Medien aufgrund individueller Bedürfnisse und Motive nutzen, zu vergessen, dass Medientexte (wie auch immer geartete) Einflüsse auf die Zuschauer haben. Medienforschung kann sich nicht damit begnügen, auf Rezipientenseite verschiedene Gratifikationen zu typisieren, sondern muss auch weitergehende Aspekte wie beispielsweise Produktionszusammenhänge oder soziokulturelle Situierung der Rezipierenden im Blick haben (zu Divergenzen zwischen dem Ansatz der Cultural Studies und dem Uses-and-Gratifications-Approach (vgl. auch Morley 1996b: 38f.).

Prinzipiell böte es sich hier an, bei der nach den britischen Zeitschriften *Screen* und *Screen Education* benannten **Screen-Theorie** anzuknüpfen, in der psychoanalytische Überlegungen als Grundlage für eine Film- und Fernsehanalyse aufgegriffen werden. Nach der Vorstellung der Screen-Theorie positionieren Medientexte wie Filme oder Fernsehsendungen Rezipierende auf eine solche Weise, dass sie während der Rezeption in die Subjektposition einer unproblematischen Identifikation mit den Medieninhalten versetzt werden. Dadurch entsteht eine Aneignungssituation, innerhalb derer sich ähnliche psychische Prozesse abspielen wie im psychoanalytischen Setting. Entsprechend ist es möglich, die während der Medienrezeption ablaufenden unbewussten Prozesse mit psychoanalytischen Konzepten wie beispielsweise der Spiegel-Theorie von Lacan zu fassen (vgl. Lacan 1975). Zwar hat die Vorstellung der Positionierung von Rezipierenden insbesondere im Bereich der Gender Studies zu relevanten Ergebnissen geführt (Kap. 2.4), jedoch erscheint die Screen-Theorie zur Beschreibung des Prozesses von Medienkommunikation als reduktionistisch, weil bei ihr ein trans-historischer und trans-kultureller Subjektbegriff im Mittelpunkt steht, der es unmöglich macht, kulturelle Faktoren ausreichend zu berücksichtigen (vgl. Hall 1980d: 160-162; Morley 1989: 19-22; siehe Kap. 5.1). Subjektpositionen innerhalb von Medientexten sind bei weitem nicht so eindeutig und kontextunabhängig, wie die Screen-Theorie es impliziert.

Aufgrund dieser mangelnden Reichweite von Ansätzen in der Tradition des Stimulus-Response-Ansatzes, des Uses-and-Gratification-Approaches und der Screen-Theorie muss eine kulturanalytische Medientheorie in bewusster Abgrenzung zu diesen formuliert werden. Entsprechend greift Stuart Hall in dem Encoding/Decoding-Modell insbesondere auf semiotische Überlegungen zurück, die er mit sozialwissenschaftlichen Ansätzen verbindet. Der Kern des Modells ist der Gedanke, dass Medienkommunikation stets als ein Prozess gedacht wird, in dem der Medientext auf nicht hintergehbare Weise zwischen „encoding" (Produktion) und „decoding" (Rezeption) lokalisiert ist. Dabei darf nicht nur die in institutionelle Kontexte eingebettete Produktion als eine Aktivität verstanden werden, auch der Vorgang des Decodings ist an ein „set of operations" (Hall 1980c: 130) gebunden, durch das die Rezipierenden dem Kommunikat eine spezifische Bedeutung zuweisen. Stuart Hall selbst fasst dieses Modell in folgender grafischen Veranschaulichung:

Abbildung 10:   Encoding/Decoding-Modell

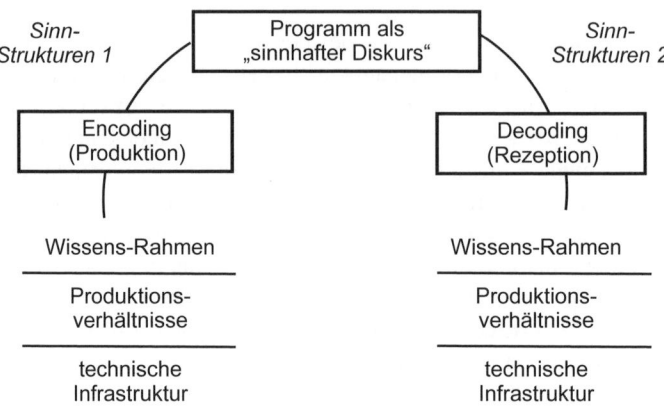

Quelle: Hall 1980c: 130

Das Encoding/Decoding-Modell geht davon aus, dass bei einer Analyse medialer Kommunikationsprozesse wie beispielsweise des Fernsehens die institutionellen Strukturen des Rundfunks mit berücksichtigt werden müssen. Hierzu zählen die Praktiken und (Sender-)Netzwerke der Produktion ebenso wie die Organisationsstrukturen und technische Infrastruktur, die die Voraussetzung zur Produktion medialer Programme in einem arbeitsteiligen Prozess sind. In gewissem Sinne ist dieser Produktionsvorgang als **Encoding** selbst doppelt diskursiv strukturiert: Erstens ist er gerahmt durch spezifische Bedeutungs- bzw. Sinnstrukturen, die sich in historisch definierten technischen Fertigkeiten, Berufsideologien und spezifischen Annahmen bezüglich des Medienpublikums usw. manifestieren. Zweitens strukturieren die diskursiven Spezifika des genutzten Mediums die Möglichkeiten der Produktionspraxis mit. So können beispielsweise bezogen auf das Fernsehen ‚historische Ereignisse‘ nicht direkt kommuniziert werden, sondern nur über eine mediengerecht ‚aufbereitete Geschichte‘, bei der bestimmte diskursive Konventionen eingehalten werden müssen. In dem derart strukturierten Encoding-Prozess werden also bestimmte Themen, Agendas, Bilder des Publikums und Ereignisdefinitionen gesetzt, die selbst in spezifischen Diskursen lokalisiert sind.

In gewissem Sinne kann das **Decoding** analog zum Encoding als Moment der medialen Produktion verstanden werden, da dem medialen Diskurs erst in seiner Aneignung eine spezifische Bedeutung zukommt. Wie Hall formuliert, muss eine Botschaft, bevor sie eine (wie auch immer definierte) ‚Wirkung' haben, ein bestimmtes ‚Bedürfnis' befriedigen oder einen bestimmten ‚Nutzen' bringen kann, erst als sinnhaft angeeignet werden (Hall 1980c: 130). Es ist diese Gesamtheit dekodierter Bedeutungen, die auf höchst komplexe Weise perzeptive, kognitive, emotionale, ideologische oder ‚behavioristische' Folgen hat. Entsprechend sind die in positivistischer Forschung häufig isoliert betrachteten Elemente – Effekte, Nutzen und Gratifikationen – selbst vermittelt durch spezifische Sinnstrukturen („meaning structures"), ebenso wie sie lokalisiert sind in Wissensrahmen, Produktionsverhältnissen und technischer Infrastruktur. Zu betonen ist, dass die „Sinnstrukturen 1" und „Sinnstrukturen 2" nicht identisch sind und damit Differenzen zwischen Encoding und Decoding bestehen. Die Grade der Symmetrie/Asymmetrie – d.h. die Grade von ‚Verstehen' und ‚Missverstehen' im kommunikativen Austausch oder in technizistischer Terminologie die Grade der ‚Störung' des Kommunikationsprozesses – hängen vom Umfang der „Kodes" ab, die Rezipierende und Produzierende teilen. Differenzen können nach Hall darauf zurückzuführen sein, dass Rezipierende einem anderen soziokulturellen Umfeld entstammen als Produzierende und entsprechend Unterschiede in den kulturellen Wissensvorräten bestehen.

Mit Bezug auf semiotische Argumentationen geht Hall bei der Betrachtung der Relation von Encoding und Decoding davon aus, dass das **Programm als ‚bedeutungstragender' oder ‚sinnhafter Diskurs'** sich aus Zeichen konstituiert, die keine ein-eindeutige Bedeutung haben, sondern vielmehr polysem sind. Um diese Überlegungen zu untermauern, greift Hall die Unterscheidung zwischen Denotation und Konnotation eines Zeichens auf, wobei es wie dargelegt (Kap. 2.1) vor allem die konnotative Ebene ist, die bei der Analyse Beachtung verdient. So ist die Konnotation jener Bereich, bei dem „sich *bereits kodierte* Zeichen mit den tiefen semantischen Kodes einer Kultur kreuzen und zusätzliche, aktive ideologische Dimensionen annehmen" (Hall 1999: 103; Herv. i. O.). Polysemie kann also nicht mit Willkürlichkeit von Bedeutungskonstitution gleichgesetzt werden. In einer fast schon klassischen Formulierung stellt Hall aber fest:

„Polysemie darf jedoch keinesfalls mit Pluralismus verwechselt werden. Konnotative Kodes sind untereinander *nicht* gleichrangig. Jede Gesellschaft bzw. Kultur neigt mit variierenden Graden der Geschlossenheit dazu, ihre jeweiligen Klassifizierungen der gesellschaftlichen, kulturellen und politischen Welt durchzusetzen. Diese bilden eine *dominante kulturelle Ordnung*, die allerdings weder einhellig akzeptiert noch unumstritten ist." (Hall 1999b: 134; Herv. i. O.)

Da Medientexte in diesem Sinne polysem sind, ihre konnotativen Bedeutungen aber nicht untereinander gleichrangig, liegt es für Hall nahe, dass es unterschiedliche „decoding positions" gibt, die die Aneignung von Medientexten bestimmen. Stuart Hall stellt hier eine Idealtypologie im Sinne Max Webers von dreien solcher „Dekodierungs-Standpunkte" auf, die der dominant-hegemonialen Position („dominant hegemonic position"), die der ausgehandelten Position („negotiated position") und die der oppositionellen Position („oppositional position"). Damit korrespondieren – in einer Sprechweise, die sich insbesondere in der Rezeption des Encoding/Decoding-Modells eingebürgert hat – drei Lesarten medialer Texte, die favorisierte Lesart, die ausgehandelte Lesart und die oppositionelle Lesart. Mit dieser Dreiteilung greift Hall eine Differenzierung von Frank Parkin (1972: 81-102) auf, der drei Bedeutungssysteme innerhalb von Gesellschaften unterschieden hat, das dominante, untergeordnete und oppositionelle. Nach Halls Verständnis ist die dreifache Unterscheidung als eine „hypothetische Differenzierung" anzusehen, die in empirischen Untersuchungen erst bestätigt bzw. weiter verfeinert werden muss.

Die **dominant-hegemoniale Position** oder **favorisierte Lesart** liegt dann vor, wenn ein Rezipierender die konnotative Bedeutung eines Medientextes im Rahmen des Kodes dekodiert, in dem der Medientext enkodiert wurde (zum Begriff der Hegemonie siehe Kap. 2.3). Der Rezipierende bewegt sich hier innerhalb des dominanten Kodes. Dabei handelt es sich um den „idealtypischen Fall einer ‚vollkommen transparenten Kommunikation'" (Hall 1999b: 107). Auf den ersten Blick ist diese Definition eingängig, bei näherer Betrachtung wird aber eine Reihe von zumindest erklärungsbedürftigen Prämissen deutlich, durch die sie sich auszeichnet. So impliziert die Definition eine Entsprechung zwischen hegemonialem Diskurs und der Enkodierung seitens der Medienschaffenden. D.h., dass es überhaupt eine solche „dominant-hegemoniale Position" geben kann, setzt voraus, dass die Kodes des Encodings innerhalb der dominanten, hegemonialen Wirklichkeitsdefinition operieren. Dies begründet Hall am Beispiel der Fernsehberichterstattung damit, dass es die Machthabenden sind, die die primäre Definitionsmacht bei der Berichterstattung haben, indem sie bei nahezu jedem Thema zuerst befragt werden und so die „Regeln der Debatte" aufstellen. Ein Bezug zum kommunikationswissenschaftlichen Ansatz des „Agenda-Setting" ist offensichtlich (vgl. dazu Rössler 1997; Maurer 2010). Die Machthabenden legen fest, „wie das Thema behandelt werden wird, [was] ‚relevant' und was ‚irrelevant' ist" (Hall 1989: 141). Hierdurch schaffen sie eine Situationsdefinition, d.h. eine Definition dessen, was das berichtete Ereignis überhaupt ist. Innerhalb dieser Definition müssen sich auch die Berichterstattenden bewegen, wenn sie über das Ereignis als Ereignis berichten wollen. Auch wenn im Großen und Ganzen die Produzierenden also ‚gewissenhaft', ‚fair' und ‚ausgewogen' bei ihrer Berichterstattung sind – indem sie über ‚relevante' Ereignisse einer Gesellschaft bzw. Kultur berichten, übernehmen sie ebenfalls hegemoniale Ereignisdefinitionen.

Die **ausgehandelte Position** bzw. **ausgehandelte Lesart** unterscheidet sich von der dominant-hegemonialen dadurch, dass ihr eine Mischung aus adaptiven und oppositionellen Elementen zugrunde liegt. Bei ihr wird die Legitimität der hegemonialen Ereignisdefinition bestätigt, während auf einer eher beschränkten, situativen Ebene die Bedeutungskonstitution auf der Basis von davon abweichenden Regeln erfolgt – in gewissem Sinne wird hier auf der Ebene von ‚Ausnahmen von der Regel' operiert. Die ausgehandelte Lesart stimmt mit der privilegierten Position der dominanten Ereignisdefinition überein, während sie sich das ‚Recht' einer an die lokalen Verhältnisse angepassten Verwendung vorbehält. Ausgehandelte Positionen zeichnen sich durch umfassende Kontradiktionen und eine lokale, situative Logik aus, auch wenn diese nur bei bestimmten Gelegenheiten erkennbar sind. Die situative Logik wird aufrechterhalten durch differenzierte und ungleiche Beziehungen zu den Diskursen und Logiken der Macht – die poststrukturalistische Unterscheidung Fiskes zwischen Powerblock und den Leuten klingt hier schon an (vgl. dazu Kap. 2.5). Ein Beispiel für eine solche ausgehandelte Position oder Lesart wäre das Verständnis einer Person der Mittelschicht von einem Fernsehnachrichtenbeitrag über einen Streik, bei dem sie zwar mit der dominanten Definition des Ereignisses des Streiks (als einem abzulehnenden, da zu Produktionsausfällen führenden Problem für das grundlegende Staatsziel von Wirtschaftswachstum und Stabilität) übereinstimmt, jedoch mit den Streikenden deshalb sympathisiert, weil sie für Lohnerhöhungen eintreten, die ihr selbst zugute kämen.

Eine **oppositionelle Lesart** oder **Position** liegt dann vor, wenn es dem Rezipierenden gelingt, sowohl die denotativen als auch konnotativen Bedeutungsaspekte eines Medientextes zu ‚verstehen' und sie bzw. er damit die favorisierte Ereignisdefinition erkennt, jedoch sich den Medientext in einem vollkommen entgegengesetzten Bezugsrahmen aneignet. Ein solcher Rezipierender ‚zerlegt' den Medientext im favorisierten Kode, um ihn dann innerhalb eines alternativen Bezugsrahmens wieder ‚zusammenzubauen'. Charakteristisch ist eine solche Lesart für Rezipierende, die sich in direkter Opposition zum „dominanten Kode" befinden. Ein von Hall angeführtes Beispiel wäre die Aneignung eines Zuschauers, „der eine Debatte über die Notwendigkeit von Lohnkürzungen verfolgt, aber jeden Hinweis auf ‚nationales Interesse' als ‚Klasseninteresse' interpretiert" (Hall 1999b: 110).

Insgesamt geht Stuart Hall in seinem Encoding/Decoding-Modell davon aus, dass Lesart und soziale Lage miteinander in enger Beziehung stehen. So impliziert er, dass die Lesart von Personen, die dem etablierten Mittelstand oder der Elite zuzurechnen sind, nahe bei der „dominanten Position" liegen, oder aber sie werden – wenn sie sich in einzelnen Aspekten in Opposition zu dem „dominanten Kode" befinden – eine moderat ausgehandelte Lesart entwickeln. Personen aus der Arbeiterklasse dagegen würden eher zu einer oppositionellen Lesart neigen, da sie den „dominanten Kode" ablehnen.

Das Encoding/Decoding-Modell ist in mehrfacher Hinsicht kritisiert worden (siehe beispielsweise Wren-Lewis 1983; Morley 1992; Pillai 1992). David Morley (1992: 119-130) weist in seinem Postskript zu *The Nationwide Audiences* darauf hin, dass Stuart Hall nicht näher klärt, wo und wie die favorisierte Lesart eines Medientextes als „dominanter Kode" zu lokalisieren sei. Handelt es sich dabei um Ideologien oder politische Positionen, die mit sozialwissenschaftlichen Methoden zu ergründen sind (wie Halls Beispiele nahelegen, die sich durchweg auf in Fernseh-Nachrichtensendungen präsentierte politische Standpunkte beziehen)? Oder um Textstrategien, die man mit Hilfe semiotischer Verfahren ermitteln kann (vergleichbar Umberto Ecos (1990) Konzept der „intentio operis")? Oder ist die favorisierte Lesart nichts weiter als das Vorurteil des Forschers darüber, wie sich die Mehrheit der Rezipierenden einen Medientext aneignet? Ähnlich argumentiert auch Justin Wren-Lewis, der deutlich macht, dass innerhalb des Encoding/Decoding-Modells die Tendenz zur begrifflichen Unschärfe besteht. So erlaubt es Halls Modell nicht, zwischen den einzelnen Bedeutungsebenen eines Kommunikats und den Intentionen der Textproduzenten zu unterscheiden, beide verschmelzen im Begriff des Encoding. Ebenso werden mit Decoding sowohl eher unbewusst ablaufende Phänomene wie das ‚Verstehen' bzw. ‚Missverstehen' von Medientexten gefasst als auch kommunikative oder doch zumindest innere Handlungen wie ‚Übereinstimmen' oder ‚Ablehnen'.

Ebenfalls nicht unproblematisch ist Stuart Halls Begriff des Aushandelns („negotiation"). Der Ausdruck „negotiated position" – in der Rezeption des Encoding/Decoding-Modells häufig ausgehandelte Lesart genannt – bezeichnet in der Konzeption Halls nicht, wie man vermuten könnte, ein Textverständnis, zu dem mehrere Rezipierende in einem gemeinsamen Aushandlungs- oder Interpretationsprozess gelangt sind. Für diesen wäre dann ein gegenseitiges Abwägen unterschiedlicher Lesarten charakteristisch, d.h. mehrere Rezipierende würden verschiedene (konnotative?) Aspekte eines Textes interpretierend ‚verhandeln' (Hepp 1998: 120f.). Hall benennt hingegen mit dem Ausdruck „negotiated position" ein Textverständnis, zu dem einzelne Rezipierende in einem inneren

Prozess gelangen. Ein solcher Aushandlungsbegriff liegt gleichwohl in seiner theoretischen Reflexion nahe (Fiske 1987a: 292). So impliziert der Ausdruck ‚Aushandeln‘ innerhalb des Encoding/Decoding-Modells zweierlei, nämlich zum einen, dass im Prozess der Medienkommunikation im weitesten Sinne ein Konflikt vorliegt (ein „Kampf um Bedeutungen“), zum zweiten, dass bei diesem Konflikt in einem gewissen Rahmen vermittelt werden kann (so stellt die ausgehandelte Lesart eine Vermittlung zwischen dem dominanten Kode und der eigenen sozialen Position dar). Dennoch bleibt eine erhebliche Diskrepanz zwischen Halls Aushandlungsbegriff und dessen Verwendung beispielsweise im symbolischen Interaktionismus bestehen.

Trotz solcher sicher vorhandenen Probleme kann das Encoding/Decoding-Modell Stuart Halls als der zentrale Kristallisationspunkt der Medienstudien der Cultural Studies gelten. Dies lässt sich mit der grundlegenden Orientierung des Modells begründen, mit der eine Abkehr von Fragen der als Stimulus-Reaktion gedachten Medienwirkung einhergeht, ebenso wie vom Uses-and-Gratifications-Approach, insoweit sich dieser nur auf die individuelle Gratifikation bei der Mediennutzung konzentriert, und vom medienanalytischen Ansatz der Screen-Theorie, die die kulturelle Bedeutung von Medien ausschließlich in die Text-Publikum-Diade verlagert. Medientexte werden innerhalb eines umfassenden soziokulturellen Bezugsrahmens lokalisiert, ohne dessen Berücksichtigung der Prozess von Medienkommunikation nicht analysierbar ist. In einer solchen Perspektive blickt Hall – durchaus ‚niedrig-stapelnd‘ – auf sein Encoding/Decoding-Modell zurück:

„Ich habe […] nicht daran gedacht, ein Modell zu entwerfen, das der Forschung über die nächsten fünfundzwanzig Jahre dienen könnte. Ich glaube nicht, dass es die theoretische Strenge, die innere Logik und konzeptuelle Konsistenz dafür besitzt. Wenn es irgendeinen Wert besitzt, heute oder in der Zukunft, dann ist es ein Modell auf Grund dessen, was es anregt. Es schlägt einen bestimmten Zugang vor und stellt neue Fragen. Es umreißt das Terrain.“ (Hall 2004: 83)

Innerhalb der Cultural Studies wurde das Encoding/Decoding-Modell in zwei Richtungen fortgeführt, nämlich erstens in Bezug auf die Analyse von Medientexten selbst, wobei hier insbesondere eine nähere Beschreibung der Spezifika des Medienangebots als „‚sinnhaftem‘ Diskurs“ im Mittelpunkt steht. Zweitens wurde das Modell im Hinblick auf eine Differenzierung der von Hall typisierten drei Dekodierungspositionen fortgeführt, was insbesondere in der qualitativ-empirischen Tradition der Aneignungsstudien der Cultural Studies geschah und geschieht. Während diese zweite Fortführung in Kapitel 5 näher betrachtet werden soll, steht im Weiteren die text- und diskursanalytische Tradition der Cultural Studies-Medienanalysen im Mittelpunkt.

Weiterführende Literatur: Hall 1999b; Hall 2004: 81-107; Krotz 2009; Wren-Lewis 1983

4.2 Für eine Kontextualisierung des Text- und Produktbegriffs

Ende der 1970er Jahre konzentrieren sich die meisten Analysen in der Tradition der Cultural Studies auf die ideologischen Zusammenhänge, in denen Medien stehen. Wie Hall schreibt, ist es dabei immer wieder ein Aspekt, der ins Auge fällt, nämlich dass in den Medien die innerhalb der (britischen) Gesellschaft bestehenden Gegensätze zugunsten eines gesamtgesellschaftlichen „Konsenses" eingeebnet werden (Hall 1989: 126-149). In den Studien der Cultural Studies aus der damaligen Zeit steht die Frage im Mittelpunkt, wie dieser „Konsens" durch Medientexte (mit) konstruiert wird, mittels welcher semiotischer Verfahren die mediale Reproduktion des *Status quo* und dominanter Wirklichkeitsdefinitionen erreicht wird. Zwar wird mit dem Encoding/Decoding-Modell die Vorstellung einer vollkommenen Passivität des Publikums überwunden, indem diesem unterschiedliche Dekodierungs-Positionen oder Lesarten zugesprochen werden. Jedoch wird in der anfänglichen Rezeption dieses Modells nicht der Reichweite solcher Überlegungen Rechnung getragen. Nichtsdestotrotz sind die Studien auch aus heutiger Perspektive nach wie vor lesenswert, indem sie verdeutlichen wie schwierig es ist, bestimmte in Medienprodukten favorisierte Positionen oder Lesarten herauszuarbeiten. Dies soll exemplarisch an einer Studie der Media Group des CCCS gezeigt werden, nämlich der Untersuchung *Everyday Television: Nationwide* von Charlotte Brunsdon und David Morley. Die Studie steht beispielhaft für eine Reihe weiterer Untersuchungen des CCCS aus der damaligen Zeit, die sowohl von ihrem Vorgehen als auch ihren Ergebnissen mit der hier betrachteten vergleichbar sind (vgl. Hall et al. 1978; Hall et al. 1980). Ausgehend hiervon soll anhand dreier wiederum exemplarisch ausgewählter Studien die Entwicklung von den Cultural Studies nahestehenden bzw. in der späteren Entwicklung in diesen aufgehenden, semiotisch orientierten Medienanalysen betrachtet werden.

Im Mittelpunkt der Studie *Everyday Television: Nationwide* (Brunsdon/ Morley 1978, Neuauflage in Morley and Brunsdon 1999) steht – wie der Titel schon verdeutlicht – die Sendung *Nationwide* der BBC. Hierbei handelt es sich um eine erstmals 1966 ausgestrahlte Magazinsendung, die man heute im weitesten Sinne den Anfängen des Infotainments zuordnen würde. In der Sendung wird in verschiedenen Beiträgen aus den einzelnen Regionen Großbritanniens berichtet, wobei weniger die großen, weltpolitischen Ereignisse im Mittelpunkt stehen als das Alltagsleben der Leute bzw. die Frage, inwieweit sich politische Ereignisse auf dieses auswirken. Diese inhaltliche Orientierung zeigt sich bereits in dem damaligen Vorspann von *Nationwide*, eine Art Mandala oder Rad, das die konstante Bewegung der Sendung durch das Land symbolisiert, eine Sendung, die versucht, das „Alltagsleben wie es ist" einzufangen, wobei es einen zentralen Drehpunkt gibt, nämlich *Nationwide* – die Nation – selbst.

In ihrem Sprach- und Präsentationsstil haftet die Sendung einer **populistischen Ideologie** (Brunsdon/Morley 1978: 7) an, die von einer Irrelevanz der Politik für die „wirklichen Angelegenheiten des Alltagslebens" ausgeht. Dies manifestiert sich in einer Art „Anti-Intellektualismus" mit einer Präferenz für „human interest stories", bei dem – falls Experten zu Wort kommen – deren Statements in die „Sprache der Leute" übertragen werden müssen. Überhaupt versteht sich die Sendung als „Stimme der Leute", was daran deutlich wird, dass innerhalb der zwischen den einzelnen Berichten überleitenden Moderationsbeiträgen Ereignisse mit dem Verweis auf den „alltäglichen Commonsense" kommentiert werden. Brunsdon und Morley sprechen von einer umfassenden Identifikation von *Nationwide* mit ihrem Zielpublikum, von dem Versuch einer „populistischen Bauchrednerei" als zentralem Merkmal ihrer Machart:

„*Nationwide* bietet uns kurz gesagt einen ‚abendlichen Spiegel (eher als ein Fenster) der Welt'. Es präsentiert sich selbst, als ob es in seinem abwechslungsreichen und inhaltsvollen Blick ‚alles' einfängt, was uns möglicherweise interessieren könnte, und es einfach zu uns ‚zurückspiegelt' oder reflektiert. [...] Die Ideologie des Fernsehens als einem durchsichtigen Medium, einem Medium, das uns einfach zeigt, ‚was passiert', wird hier erhöht zu einem Modell, zu einem Selbstbild. Die Gesamtheit der komplexen Arbeit der Produktion von *Nationwides* Version der ‚Wirklichkeit', die sich auf die Praktiken der Aufnahme, der Auswahl, des Schnitts, der Einstellung und Moderation stützt, sowie die auf Identifikation zielenden Strategien der Herstellung eines ‚landesweiten, nationalen Schauplatzes', wird unterdrückt in der Selbstpräsentation des Programms als ein unproblematisches Spiegelbild von ‚uns' und ‚unserer Welt' in ‚unserem' Programm. *Nationwide* naturalisiert seine eigene Praxis, während es gleichzeitig konstant damit befasst ist, das Publikums nach seinem eigenen Bild zu konstruieren." (Brunsdon/Morley 1978: 9)

Über diese Grundeinschätzung hinaus sind es vor allem zwei Ergebnisse, die die Studie von Brunsdon und Morley bis heute als lesenswert erscheinen lassen. Erstens sind dies ihre Darlegungen zur Repräsentation von Gender in *Nationwide*, zweitens deren Auseinandersetzung mit der Repräsentation von Nation. *Nationwide* gruppiert ihre Inhalte um ein sich auf ein Feld von binären Oppositionen stützendes Schema, dem eine „‚favorisierte' Struktur von Abwesenheit und Anwesenheit" (Brunsdon/Morley 1978: 25) zugrunde liegt. Im Mittelpunkt von *Nationwide* steht das Zuhause und die ‚Welt der Freizeit' als eine Sphäre von Unterhaltung und Hobbys. Von Relevanz ist dabei, dass bei dieser Konstruktion einer häuslichen Freizeitwelt vollkommen ausgeblendet wird, dass dies für die Frauen die Welt der täglichen Arbeit von Kindererziehung und Hausarbeit ist. Ein solcher Blick auf das Zuhause ist der Blick von primär männlichen Arbeitnehmern, die nach getaner Arbeit ihre Freizeit genießen möchten, indem sie ihren Hobbys und Vergnügen nachgehen. Durch eine solche Artikulation einer spezifischen Sphäre von Häuslichkeit, die das Zentrum der Berichterstattung von *Nationwide* ist, versuchen die Produzierenden, das „Familien-Publikum" als ihre erklärte Zielgruppe anzusprechen. Letztendlich repräsentieren sie dabei jedoch eine gender-abhängige Zweiteilung der häuslichen Welt, ein „Bild des Zuhauses konstruiert in männlicher Hegemonie" (Brunsdon/Morley 1978: 90).

Der zweite Punkt, der an der Studie von Brunsdon und Morley bis heute als relevant erscheint, ist deren Auseinandersetzung mit der Darstellung von **nationalem Konsens** als gemeinsamem Referenzpunkt der Alltagsleben der Leute. Zwar stehen bei *Nationwide* Human-Interest-Stories aus den verschiedenen Regionen des Landes im Mittelpunkt der Berichterstattung. Jedoch werden diese als Teile einer „einheitlichen Vielfalt" dargestellt, der der Nation. Dies wird in den Moderationsbeiträgen von *Nationwide* deutlich, bei denen der wohl zentrale Ausdruck das ‚Wir' ist. Brunsdon und Morley sprechen hier von einer „we-ness", die die Moderation zu konstituieren versucht, einem „co-optive we". Ein großer Teil des Diskurses von *Nationwide* besteht aus Verfahren, die der Konstruktion eines solchen „Nationwide we" als Bezugspunkt eines gesamtgesellschaftlichen „Konsenses" dienen. Die Beiträge, die zu nicht unbeträchtlichen Teilen exzentrische Hobbys und Lebensstile thematisieren, werden durch Statements gerahmt, die sie als Teil eines größeren Ganzen, der Nation selbst, präsentieren, die gerade in ihrer Vielfalt eine kulturelle Einheit bewahrt (Brunsdon/Morley 1978: 22). Der „Mythos der Nation" wird so zum verbindenden Element, durch das die Leute in den unterschiedlichen Regionen Großbritanniens als Mitglieder einer einzigen, großen Wertegemeinschaft erscheinen, die sie trotz regionaler Verschiedenheiten miteinander verbindet.

Mit einer solchen Herangehensweise an Medienprodukte steht die Analyse von Brunsdon und Morley nicht isoliert. Weitere Beispiele für Studien, die sich auf ganz ähnliche Weise mit Medien und Populärkultur auseinandersetzen, finden sich in dem dritten Teil des Bandes *Popular Culture and Social Relations*, der von Tony Bennett, Colin Mercer und Janet Woollacott herausgegeben wurde. Überschrieben ist dieser Teil mit „Formen und Ideologien der Populärkultur", und er enthält beispielsweise Analysen zur Repräsentation von Ideologie in Sitcoms (Woollacott 1986) oder zur Definition von „Law-and-Order" in Polizeiserien (Clarke 1986). Gemeinsam haben solche Studien mit der Untersuchung von Brunsdon und Morley, dass sie auf Fragen des „Konsenses", die Repräsentation von Ideologie und die Reproduktion des Status quo orientiert bleiben. Allerdings klingt bei ihnen – wie auch bei der *Nationwide*-Studie – bereits die Frageperspektive vieler gegenwärtiger Medienstudien der Cultural Studies an, wenn der Versuch unternommen wird, das Spannungsverhältnis näher zu beleuchten, in dem der Diskurs der Sendung und „die Leute" als seine Zielgruppe stehen. Hier wird eine Öffnung der Produktanalyse zur Aneignungsforschung greifbar, wie sie für gegenwärtige Arbeiten der Cultural Studies kennzeichnend ist (vgl. Kap. 5). Selbst ideologische Tendenzen innerhalb einzelner Sendungen, die auf eine Bestätigung des „Status quo" oder „Konsenses" zielen, müssen in ihrem weiteren Kontext der Aneignung gesehen werden, ein Kontext, der gewissermaßen das einzelne Medienprodukt entgrenzt. Dies verweist auf grundlegende Beschränkungen, *eine* favorisierte Lesart eines Medientextes überhaupt herausarbeiten zu können.

Solche Entwicklungen müssen im Hinblick auf die allgemeine Tendenz zu einer semiotisch orientierten Analyse von Mediensendungen in Großbritannien (bzw. Australien) auch über den CCCS hinaus gesehen werden, eine Tendenz, die sich zur damaligen Zeit am deutlichsten in der Tätigkeit des Methuen-Verlags manifestiert. Dieser legte nach Erscheinen von Fiskes und Hartleys (1989) *Reading Television* mit „Studies in Communication" eine Reihe auf, die auf eine Auseinandersetzung mit ‚medialen Texten' fokussiert ist. Angestoßen wurde „Studies in Communication" durch ein erwachtes Interesse an einer semiotisch begründeten Behandlung aktueller medienkultureller Phänomene, ein Interesse, das sich zweifellos mit der wachsenden Popularität von Radio, Fernsehen und Kino als Forschungsgegenstand insbesondere jüngerer Wissenschaftlerinnen und Wissenschaftler begründen lässt. Ausgangspunkt einer solchen Beschäftigung war einerseits die Frage, durch welche kulturellen Formen einzelne Medien gekennzeichnet sind, andererseits welche Rückschlüsse Analysen von Medientexten auf aktuelle kulturelle Entwicklungen zulassen.

Unter der Herausgeberschaft von John Fiske zeichnete sich die Methuen-Reihe dadurch aus, dass sie versuchte, eher kommunikations- und medienwissenschaftliche Ansätze mit der kulturtheoretischen Tradition des CCCS zu verbinden. In der Reihe „Studies in Communication" erschienen – neben der *Introduction to Communication Studies* von John Fiske (1990b) und dem von Tim O'Sullivan et al. herausgegebenen Handbuch *Key Concepts in Communication* (1994; Titel der von Hartley herausgegebenen Neuauflage 2002 ist *Key Con-*

cepts in Communication, Cultural and Media Studies) – John Hartleys *Understanding News* (1982), Gillian Dyers *Advertising as Communication* (1988), Andrew Crisells *Understanding Radio* (1988, Zweitauflage 1994), Graeme Turners *Film as Social Practice* (1988) und Roy Armes *On Video* (1989). Später wurden in der Reihe u.a. John Tullochs *Television Drama* (1990), der Sammelband *Understanding Television* (Goodwin/Whannel 1990) und Henry Jenkins *Textual Poachers* (1992) publiziert. Die mit diesen Arbeiten verbundene, grundlegende Neuorientierung der Beschäftigung mit Medien wird an folgendem Zitat von Terence Hawkes deutlich:

„Es ist leicht zu sehen, dass wir in einer Zeit des schnellen und radikalen sozialen Wandels leben. Weniger leicht ist es, sich der Tatsache bewusst zu werden, dass ein solcher Wandel zwangsläufig Auswirkungen auf die Beschaffenheit derjenigen akademischen Disziplinen haben wird, die sowohl unsere Gesellschaft reflektieren als auch helfen, sie zu gestalten. Momentan ist dies nirgendwo offensichtlicher als in dem, was verallgemeinernd als das Hauptarbeitsfeld der Literaturwissenschaften bezeichnet wird. Hier hat sich – unter einer großen Zahl von Studierenden auf allen Ebenen der universitären Ausbildung – die Erosion der Annahmen und Voraussetzungen der literaturwissenschaftlichen Disziplinen in ihrer herkömmlichen Form als fundamental erwiesen. Vorgehensweisen sowie Kategorien als Erbe der Vergangenheit scheinen nicht länger passend zu sein zu den Erfahrungen der Realität einer jungen Generation. [...] Und dies wird schließlich eine Konzentration der Aufmerksamkeit auf solche Aktivitäten verlangen, die bis jetzt in unserer Gesellschaft aus den angesehenen Gefilden der Kultur ausgeschlossen wurden." (T. Hawkes im Vorwort zu Fiske/Hartley 1989: 9f.)

Dieses Zitat kann als charakteristisch für die Umorientierung von Teilen der britischen Geistes- und Sozialwissenschaften zur damaligen Zeit gelten. Ähnlich wie die Studien des CCCS in seiner Anfangszeit (vgl. Kap. 3.1) stützen sich solche Arbeiten auf ein eher an literaturtheoretischen Konzepten orientiertes Verständnis von Kommunikation denn an Modellen, wie sie die amerikanische Kommunikationswissenschaft oder die deutsche Publizistikforschung entwickelt haben. Vor diesem Hintergrund trugen die Reihen des Methuen-Verlags nicht unerheblich zur Verbreitung einer kulturanalytischen Zugangsweise zu medialen Phänomenen bei. Exemplarisch soll dies an drei Beispielen deutlich gemacht werden, nämlich erstens John Fiskes und John Hartleys *Reading Television*, zweitens Andrew Crisells *Understanding Radio* und drittens Graeme Turners *Film as Social Practice*. Ein Ziel der Auswahl ist auch zu zeigen, welche Reichweite ein semiotisch orientierter, medienanalytischer Ansatz mit kulturtheoretischen Bezügen zum damaligen Zeitpunkt entwickelte.

Der in obigem Zitat anklingende Orientierungsrahmen konkretisiert sich in den Darlegungen von Fiske und Hartley in *Reading Television* (im Weiteren zitiert nach dem sechsten Reprint von 1989), ein Buch, in dem sich die Autoren einleitend mit der Frage befassen, wie Fernsehen zu ‚lesen' sei. Dem Ausdruck des **Lesens von Medien** kommt eine zentrale Bedeutung zu, denn es geht den Autoren darum zu zeigen, dass die Produkte des Fernsehens so gut oder schlecht wie die des elisabethanischen Theaters seien, das – ähnlich wie das Fernsehen in den 1960er und 1970er Jahren – mit vorherrschenden Kommunikationskonventionen brach und deshalb auf erhebliche Kritik stieß (Fiske/Hartley 1989: 14f.). Gerade in dem Bruch des Fernsehens mit Kommunikationskonventionen, mit dem verbunden ist, dass bestehende literatur- und sprachwissenschaftliche Analyseverfahren nicht direkt auf dieses übertragen werden können, ist die in der damaligen Medienkritik häufig zu findende generelle Ablehnung des Mediums begründet. In gewissem Sinne muss man aber das (kritische) ‚Lesen' von Fernsehen genauso einüben wie das von Romanen oder Theaterstücken. Die zentrale These von Fiske und Hartley ist, dass das Fernsehen weniger ein literales Medium ist als ein orales. Damit meinen sie, dass die Kodes und Strukturen von Fernsehtexten sich eher an denen des Sprechens orientieren als an denen des Schreibens. In Anbetracht dessen, dass die dominanten Werte der heutigen Gesellschaft nach wie vor literal geprägt sind, verwundert es also nicht, wenn das Fernsehen als ‚minderwertig' abgeurteilt wird. Mit einem solchen von vornherein abweisenden Urteil macht man es sich aber – so die Autoren – zu leicht und wird dem Fernsehen in seiner zentralen Stellung in der gegenwärtigen Kultur nicht gerecht.

Diesen kulturellen Stellenwert haben damals existierende inhaltsanalytische Studien nicht näher beleuchtet (Fiske/Hartley 1989: 21). Solche Untersuchungen beschäftigen sich fast durchweg mit dem zu einem bestimmten Zeitraum gesendeten Programm eines Senders und versuchen, dessen „manifesten Inhalt" in umfassenden statistischen Zusammenstellungen zu erfassen. Diese Auswertungen vermeiden allerdings weitergehende Interpretationen des erhobenen Materials und scheitern zumeist daran, auch deren „latente Inhalte" bei der Analyse zu berücksichtigen (eine ähnliche Kritik der inhaltsanalytischen Forschung findet sich auch bei Williams 1984). Eben dies wollen Fiske und Hartley mit ihrem Analyseansatz leisten, der die kulturelle Lokalisiertheit von Fernsehen berücksichtigt und bei dem vor allem „latente Inhalte" wie Mythen oder die konnotativen Aspekte von Fernsehsendungen im Mittelpunkt stehen.

Der orale Charakter des Fernsehens lässt sich sowohl auf der Ebene seiner Kommunikationsstrukturen sowie auf funktionaler Ebene festmachen. Auf kommunikationsstruktureller Ebene darf Oralität nicht mit Analphabetismus verwechselt werden. Wie Walter J. Ong (1987) in *Oralität und Literalität* festgestellt hat, zeichnet sich das Fernsehen durch eine **sekundäre Oralität** aus, d.h. diese fußt auf den literalen Wurzeln der gegenwärtigen Gesellschaften. Dies wird daran deutlich, dass die oral präsentierten Sendungen des Fernsehens (aber auch des Radios und des Films) zum Großteil auf schriftsprachlich verfassten Skripts beruhen. Nichtsdestotrotz lassen sich eine Reihe von Modi ausmachen, die charakteristisch für orale Kommunikation sind und auch den Diskurs des Fernsehens prägen. Diese Modi sind aus der Erzählforschung bekannt und finden sich – gleichwohl literal überformt – als sekundäre Oralität des Fernsehens wieder. In einer Zusammenstellung führen Fiske und Hartley hier folgende Punkte auf:

Abbildung 11:   *Orale und literale Modi*

oraler Modus	: literaler Modus
dramatisch	: narrativ
episodisch	: sequenziell
flickenartig	: linear
dynamisch	: linear
agil	: artifiziell
konkret	: abstrakt
flüchtig	: dauerhaft
sozial	: individuell
metaphorisch	: metonymisch
rhetorisch	: logisch
dialektal	: univokal

Quelle: Fiske/Hartley 1989: 124f.

Betrachtet man das Fernsehen auf funktionaler Ebene, so wird deutlich, dass seine Spezifik darin besteht, für die Gesellschaft ein Kommunikator der kollektiven Selbstvergewisserung zu sein. Fiske und Hartley sprechen davon, dass das Fernsehen zum Barden der gegenwärtigen Kultur geworden ist (Fiske/Hartley 1989: 85-89). Ähnlich einem Barden in oralen Gesellschaften ist das Fernsehen zum primären Vermittler kultureller Ereignisse avanciert, es markiert das kommunikative Zentrum der heutigen Kultur, indem es das soziokulturelle Geschehen fortlaufend interpretiert und die grundlegenden Mythen einer Gesellschaft sammelt, (re-)kombiniert und in umfassenden Mythologien weiterverbreitet. In Bezug auf diese **bardische Funktion** des Fernsehens lassen sich sieben Aspekte unterscheiden: Erstens artikuliert das Fernsehen den grundlegenden Rahmen des kulturellen Konsenses über die gesellschaftliche Realität und hat die Funktion der Selbstverständigung der innerhalb dieser Gesellschaft Lebenden, ist Referenzpunkt für deren fortlaufende ,Wirklichkeitsunterhaltung'. Zweitens bindet das Fernsehen die einzelnen Gesellschaftsmitglieder in eine Kommunikation ein, die diesen das dominante Wertesystem derselben – wie es beispielsweise in

Mythologien konkret wird – vermittelt. Diese beiden Aspekte sind es, die in den textanalytischen Studien des CCCS wie der *Nationwide*-Studie von C. Brunsdon und D. Morley im Mittelpunkt standen. Drittens kommt dem Fernsehen eine zeremonielle Funktion zu, indem in ihm die für eine Gesellschaft zentralen Ereignisse und Festtage gefeiert werden, auf Basis derer die kollektive Erinnerung einer Gesellschaft erfolgt (vgl. dazu auch Dayan/Katz 1992). Viertens versichert das Fernsehen einer Kultur ihre zweckmäßige Angemessenheit durch die Bestätigung ihrer Ideologien bzw. Mythologien. Fünftens enthüllt das Fernsehen Unangemessenheiten einer Kultur in Bezug auf die fortlaufende gesellschaftliche Entwicklung und trägt so zur Modifikation derselben bei. Sechstens vermittelt das Fernsehen seinem Publikum, dass dessen Status und Identität von der Kultur, in der sie leben, gesichert wird. Und siebtens schließlich übermittelt das Fernsehen durch solche Möglichkeiten ein Gefühl der kulturellen Zugehörigkeit.

Ausgehend von einem solchen Verständnis des Fernsehens als „Barden" der gegenwärtigen Gesellschaft untersuchen Fiske und Hartley eine Reihe von Fernsehsendungen näher, angefangen von Tanz-Wettbewerben über Game-Shows, Nachrichten- und Sportsendungen bis hin zu narrativen Fernsehsendungen. Ähnlich wie teilweise die Studie von Morley und Brunsdon machen ihre Produktanalysen deutlich, wie schwer es ist, innerhalb von Medientexten das „Arbeiten" eines dominanten Kodes auszumachen. Vor diesem Hintergrund gelangen sie auch zu einer Modifikation des Hallschen Verständnisses von Fernsehkommunikation als einer primär auf Konsensbildung und Stabilisierung zielenden Kommunikationsform. Deutlich wird dies in folgendem Zitat, das an die Analyse einer Game-Show anschließt:

„Während das einfache, binäre Modell von dominant/dominiert möglicherweise auf die Basis unserer Klassenstruktur verweist, müssen wir vorsichtig dabei sein, es zu direkt auf Texte zu beziehen. Sie feiern oder stützen nie lediglich ein einwertiges Set von kulturell lokalisierten Einstellungen, sondern reflektieren vielmehr die Spannungen, die verursacht werden durch die vielen kontradiktorischen Faktoren, die jede Kultur kontinuierlich in einem funktionsfähigen Gleichgewicht aussöhnen muss. Kulturen sind ein dynamischer Organismus, der sich in einer kontinuierlichen Entwicklung befindet, und das Fernsehen ist aktiv an diesem Prozess beteiligt." (Fiske/Hartley 1989: 157)

Dieses Zitat markiert einen wichtigen Wendepunkt bei der Ausrichtung von Produktanalysen, der erhebliche Folgen für die Arbeiten in der Tradition der Cultural Studies hatte, auch wenn die Untersuchung von Fiske und Hartley damals nicht im Umfeld des CCCS wahrgenommen wurde. Zwar ist der organologische Kulturbegriff nicht gänzlich unproblematisch, ebenso wie der Gebrauch des Ausdrucks ‚reflektieren', jedoch streichen die Autoren deutlich heraus, dass Fernsehtexte nicht auf eindimensionale Weise bestimmte Inhalte favorisieren können. Gerade dadurch, dass Fernsehtexte in weitergehenden kulturellen Auseinandersetzungen lokalisiert sind, müssen unterschiedliche Wirklichkeitsdefinitionen in ihren Diskurs einbezogen werden, wodurch ihnen eine grundlegende Offenheit zukommt. Der Begriff des „produzierenden Textes" (Kap. 2.5) klingt hier an.

Ein solcher Standpunkt, der sich durch ein zunehmendes Bewusstsein der komplexen Funktion von Medien innerhalb der gegenwärtigen Kultur auszeichnet, ist ebenfalls für *Understanding Radio* von Andrew Crisell charakteristisch. Das Buch ist eine der wenigen semiotisch orientierten Monografien der damaligen Zeit zu dem Medium Radio, die – sicherlich nicht bruchlos – in einer gewissen Beziehung zu der text- und diskursanalytischen Tradition der Cultural Studies stehen. Der Autor selbst betont, dass es ihm in seiner Publikation weniger darum geht, herauszuarbeiten, auf welche Weise dominante Ideologien sich im Radiodiskurs manifestieren, als darum, das Medium Radio in einer umfassenden Perspektive zu fassen. Entsprechend ist die Referenz auf ideologiekritische Arbeiten des CCCS nur gering. Indem Crisell jedoch Radiokommunikation in Rückgriff auf das Flow-Konzept von Williams (siehe dazu weiter unten) bzw. Fiskes und Hartleys Konzept des „Bardic Television" beschreibt, reiht sich das Buch bruchlos in die anderen Publikationen der Reihe „Studies in Communication" ein.

Grundlegend für *Understanding Radio* ist eine semiotische Annäherung an das Medium. So lassen sich beim Radio indexikalische, ikonische und symbolische Radio-Zeichen unterscheiden, wobei die Besonderheit des Mediums darin besteht, dass all diese Zeichen auditiv sind, d.h. sich aus Lauten und Stille in der Zeit (und nicht im Raum) konstituieren (Crisell 1994: 42). Das Radio als Medium erschließt sich aber erst, wenn man solche ‚Radio-Zeichen' als Teile eines umfassenden Programmflusses begreift. Der Begriff des **Flow** geht auf die Studie *Television: Technology and Cultural Form* von Raymond Williams zurück (Williams 1990: 80; vgl. zum Begriff des Flow auch Wulff 1995). Mit dem Begriff des Flow bezeichnete Williams ursprünglich ein spezifisches Programm-Strukturierungsprinzip des kommerziellen, amerikanischen Fernsehens, bei dem sich das Programm aus kleineren Einheiten von Werbespots, Trailern, journalistischen Beiträgen, Serieneinstellungen usw. konstituiert, die einen Gesamtfluss bilden, zu dem man sich jederzeit zuschalten kann. Hierdurch geht nicht zuletzt der Eindruck der ‚Werbeunterbrechung' verloren, man schaut weniger eine bestimmte Sendung, sondern ganz allgemein fern. Mit der Etablierung des kommerziellen Fernsehens in Europa wurde dieses Programmkonzept des Flow zum zentralen Strukturierungsprinzip des dortigen Fernsehens. Wie Crisell argumentiert werden mehr noch als beim Fernsehen beim

Radio kaum gezielt Sendungen rezipiert, sondern man hört ganz allgemein Radio, häufig neben der Verrichtung anderer Tätigkeiten. Diese Flow-Struktur des Radioprogramms gepaart mit den spezifischen Eigenschaften der ‚Radio-Zeichen' prägt seine einzelnen kulturellen Formen. Radiosender lassen sich als fortlaufenden Fluss eines bestimmten Programm-Formats beschreiben, wobei sich dieser Fluss in der Aneinanderreihung verschiedener kommunikativer Formen – Nachrichtenbeiträge, (Kurz-)Interviews, Musik, Moderationen, Phone-Ins usw. – artikuliert.

Diese Formen sind in erheblichem Maße den rein auditiven Möglichkeiten des Mediums unterworfen. So kann beispielsweise ein Nachrichtenbeitrag im Radio nicht nach dem visuellen Pyramidenprinzip von Printmedien – zuerst in einem Lead das Wichtige, dann in zunehmender Differenzierung weitere Inhalte – aufgebaut sein, sondern muss dem Rechnung tragen, dass bei ausschließlich auditiv-zeitlich strukturierten Medien die Möglichkeit von Informationsaufnahme seitens der Rezipierenden wesentlich geringer ist als bei rein visuell-räumlich strukturierten Medien wie der Zeitung. Auch bei Nachrichtenbeiträgen orientiert sich die Sprache des Radios an der Alltagssprache der Hörenden, d.h. ihre Sätze sind eher einfach, parataktisch und additiv strukturiert. So ist die Sprache des Radios wesentlich stärker noch als die des Fernsehens „umgangssprachlich, enthält viele Redundanzen, ist eher phatisch als referentiell [...] und setzt einen Hintergrund geteilter Erfahrungen voraus, um Dinge zu betonen, die den Mitgliedern seines Publikums eher gemeinsam sind als dass sie sie trennen" (Crisell 1994: 87). Entsprechend zeichnet sich das Radio ebenfalls durch eine sekundäre Oralität aus. In diesem Sinne kann man nicht nur von einem „bardic television" sprechen, sondern auch von einem „bardic radio".

Stärker noch als bei Fiske und Hartley rückt in der Monografie von Crisell das Publikum in den Vordergrund der Betrachtung. Ausgangspunkt ist bezogen auf die Publikumsforschung eine ähnliche Kritik, wie sie Fiske und Hartley gegenüber der traditionellen Inhaltsanalyse geäußert haben, nämlich dass bezüglich des Radiopublikums zwar eine Vielzahl von statistischen Daten erhoben wurde, auf der Basis dieser Daten jedoch nur wenige Aussagen in qualitativ-kultureller Hinsicht gemacht werden können (Crisell 1994: 208f.). Grundlegend streicht Crisell heraus, dass die Hörerinnen und Hörer von Radio durch Phone-Ins bei weitem größere **Beteiligungsmöglichkeiten** haben, als dies bei anderen Medien der Fall ist, weswegen das Bild eines passiven, vom Medium manipulierten Publikums von vornherein widersinnig erscheint. Zwar haben die Phone-Ins für die Radiomacher eine zentrale Funktion, indem sie den Hörerinnen und Hörern eine Präsenz im Medium verschaffen und helfen, letztere an den eigenen Sender zu binden. Aus der Perspektive der Hörerinnen und Hörer lassen sich dem gegenüber aber drei andere Funktionsaspekte von Phone-Ins unterscheiden, nämlich eine „expressive Funktion", eine „exhibitionistische Funktion" und eine „beichtende Funktion" (Crisell 1994: 192). Die expressive Funktion von Phone-Ins ist darin zu sehen, dass sie die Möglichkeit bieten, den „bardischen Tendenzen" des Mediums durch die Artikulation von eigenen, im medialen Diskurs marginalisierten Ansichten entgegenzuwirken. Die exhibitionistische oder vielleicht besser performative Funktion besteht darin, dass Phone-Ins Hörerinnen und Hörern die Gelegenheit bieten, selbst die Rolle des Darstellenden im Radiodiskurs einzunehmen, wobei es weniger um Inhalte geht, als darum, wie die Moderierenden auch das restliche Publikum zu unterhalten. Die beichtende Funktion von Phone-Ins ergibt sich durch strukturelle Parallelen des Phone-In-Settings mit dem kirchlichen Setting der Beichte, wobei Hörerinnen und Hörer in der Wahrung einer gewissen Anonymität eigene Ängste, Probleme usw. einer Person bzw. der „Hörergemeinde" anvertrauen. Im Diskurs des Radios sind die Hörerinnen und Hörer also sehr wohl manifest, ein Blickwinkel, der auch für die jüngere Radioforschung allgemein richtungsweisend wurde (Crisell 2004).

Ein solcher Versuch der Annäherung an ein Medium, der auf die Öffnung von Medienprodukten hin zur Sphäre der Rezeption und Aneignung zielt, kennzeichnet ebenfalls Graeme Turners Monografie *Film as Social Practice* (Turner 1988). Das Buch versteht sich – wie sein Titel verdeutlicht – als eine Absage an die durch literarisch-ästhetische Werte geprägte, traditionelle Filmwissenschaft. Ähnlich wie die anderen Autorinnen und Autoren der Reihe „Studies in Communication" geht es Turner darum, in diesem Fall den Film als ein im Sinne der Cultural Studies kulturelles Phänomen zu beschreiben und nicht einer ästhetischen Kritik zu unterziehen. So betont er in seiner Einleitung in die Publikation:

„Und sogar die Filmwissenschaft ist lange durch eine Perspektive dominiert worden, bei der ästhetische Analysen das Zentrum des Interesses sind und die Frage im Mittelpunkt steht, inwieweit der Film mit seiner Wiedergabe und seinem Arrangement von Ton und Bildern zu Kunst werden kann. Dieses Buch bricht mit dieser Tradition, um Film als Unterhaltung, als Narration, als kulturelles Ereignis zu betrachten. […] Film als soziale Praxis für seine Macherinnen und Macher und sein Publikum; in seinen Erzählungen und Bedeutungen können wir die Evidenz der Art und Weise lokalisieren, in der unsere Kultur sich ihrer selbst vergewissert." (Turner 1988: xiiiff.)

Diesem Anspruch versucht Turner gerecht zu werden, indem er sich, ausgehend von einer kurzen Betrachtung der Entwicklung der Filmindustrie, dem Film als einer „Bezeichnungspraxis" („signifying practice") nähert (Turner 1988: 48f.). Als Bezeichnungs-Praxis lassen sich Filme kaum mit dem Konzept einer Filmsprache beschreiben, wie es Filmsemiotiker zum Teil versuchen. So existiert beispielsweise beim Film kein Äquivalent zur sprachlichen Syntax, d.h. kein zwingendes Ordnungssystem, das die Kombination einzelner filmischer Elemente determiniert. Im Gegensatz zu der Grammatik der gesprochenen Sprache, die in einem hohen Maß auf expliziten ‚Regeln' beruht, ist die Beziehung zwischen einzelnen filmischen Elementen durch ein weniger instabiles Set **kultureller Konventionen** geregelt. Vieles hängt nicht nur von der filmischen Kompetenz des Publikums ab, sondern auch von der Fähigkeit der Filmschaffenden, Inhalte zu fassen, deren Darstellung nicht explizit konventionell geregelt ist. In diesem Sinne lassen sich zwar verschiedene filmische Zeichen nach indexikalischen, ikonischen und symbolischen Aspekten differenzieren, jedoch finden sich Parallelen zwischen Film und Sprache eher auf der Ebene des Films als Gesamtheit eines Textes, weniger auf der Ebene einer „Filmsprache". Entsprechend nähert man sich dem Film sinnvoll über seine Erzählungen, ihre Macher und deren Publika an.

Filmerzählungen unterscheiden sich von anderen Erzählungen durch ihre narrativen Mittel, gleichzeitig teilen sie mit ihnen aber grundlegende strukturelle und funktionale Aspekte. So bieten geteilte Erzählungen innerhalb jeder Kultur die Möglichkeit einer kommunikativen Selbstvergewisserung der sozialen Wirklichkeit. Die Filmerzählung kann man in Anlehnung an die strukturalistischen Überlegungen T. Todorovs (1977) als eine Bewegung von einem ursprünglichen Gleichgewicht über einen Konflikt hin zu einem neuen Gleichgewicht begreifen. Dabei sind die erzählten Geschichten nicht vom Alltag der Rezipierenden losgekoppelt, vielmehr werden in ihnen Themen und Inhalte verhandelt, die als **Mythologien** auch alltägliches Handeln und Denken prägen. Entsprechend lassen sich die Narrationen von Spielfilmen als Teil umfassender Mythologien begreifen, denen die Funktion zukommt, bestehende lebenspraktische Widersprüche vereinbar zu machen, indem das offensichtlich Unerklärliche erklärt und das Unvermeidliche auf symbolische Art und Weise gerechtfertigt wird (zum Begriff des Mythos bzw. der Mythologie siehe Kap. 2.1). Ähnlich wie in Alltagsmythen wird in Filmerzählungen mit binären Oppositionen operiert, auf deren Basis sich der die Filmhandlung prägende Hauptkonflikt entwickelt. Unmittelbar einleuchtend ist dies beim Genre-Western, wo anhand der Auseinandersetzung von Siedlern und Indianern eine Reihe weiterer Gegensätze verhandelt werden (weiß : rot; christlich : heidnisch; häuslich : wild; hilflos : gefährlich; schwach : stark etc.). Aktuelle Hollywoodfilme operieren ebenfalls mit solchen Oppositionen, die beispielsweise in Gegensatzpaaren wie konventionell : unkonventionell; vorstädtisch : städtisch oder gebunden : frei aufgehen.

Die Inhalte und Themen von Filmen können aber nicht in eine direkte Beziehung gesetzt werden mit dem Alltagsleben, sie spiegeln es nicht einfach direkt wieder. Vielmehr stehen Film und Alltagsleben in einer komplexen Interaktion. Einerseits ist jeder Film in einem umfassenden Kontext lokalisiert, zu dem nicht nur weitere Texte gehören, auf die der Film Bezug nimmt, sondern auch das Alltagsleben selbst mit seinen konventionellen Gesten, Sprachakzenten, Modestilen, Subkulturen, Geschmäckern usw. Die Relevanz eines solchen Wissens fällt insbesondere dann auf, wenn amerikanische Filme in nichtamerikanischen Kontexten angeeignet werden und bestimmte Inhalte vor dem Hintergrund anderer alltäglicher Kontexte anders gedeutet werden (Turner 1988: 80f., 120-126). Andererseits stellen Filmerzählungen als Repräsentationen dieser Zusammenhänge dem Publikum ein Material zur Verfügung, kommunikativ Alltagsmythologien zu verhandeln, zu modifizieren und auf deren Basis ihr aktuelles soziokulturelles Umfeld deutend zu ‚verstehen'. Die Beziehung zwischen Film und Alltagsleben ist also mehrfach kommunikativ gebrochen. In diesem Sinne können die in Filmen behandelten Inhalte nicht als das Alltagsleben determinierende Ideologie verstanden werden. Filme müssen wie andere Medientexte in ihrem vielschichtigen, ihr Bedeutungspotenzial häufig auf kontradiktorische Weise produzierenden, gleichwohl machtgeprägten Kontext gesehen werden.

Während die bisher betrachteten Arbeiten von John Fiske, John Hartley und Graeme Turner als semiotisch orientierter Ausgangspunkt für eine kulturtheoretische Produktanalyse im Rahmen der Cultural Studies gelten können, ordnet sich die Publikation von Andrew Crisell sicherlich nicht in das allgemeine Paradigma der Cultural Studies ein. Dennoch ist sie nicht allein wegen ihres Themas ‚Radio', das in wenigen anderen gegenwärtigen Studien Beachtung findet, nennenswert. Auch zeigt sie im Kontext der anderen Arbeiten, dass eine Hinwendung zu semiotischen Ansätzen eine generelle Tendenz in den medienanalytischen Arbeiten im britischen (bzw. australischen) Sprachraum Mitte der 1980er Jahre gewesen ist. Am Ende dieser stark semiotisch orientierten Phase steht eine umfassende Kontextualisierung des Medientext- bzw. Produktbegriffs, als deren vorläufige Endpunkte zwei Publikationen gelten können, zum einen Tony Bennetts und Janet Woollacotts (1987) *Bond and Beyond: The Political Career of a Popular Hero,* zum anderen John Fiskes (1987b) *Television Culture.*

Analysegegenstand der Studie *Bond and Beyond* von Bennett und Woollacott ist nicht mehr ein einzelner Medientext (z.B. ein Bond-Film), sondern das Phänomen James Bond in seiner Gesamtheit (vgl. Bennett 1982; Bennett 1983). Die Beschäftigung mit dem Phänomen Bond zeigt, dass die Bedeutung, die James Bond als **Figur** hat, nicht allein das Produkt *eines* der Filme (oder eines der Bücher von Ian Fleming) ist. Vielmehr wird sie über eine Vielzahl von Texten konstituiert, die in einem wechselseitigen Verhältnis zueinander stehen. Eine solche Betrachtungsweise verweist auf die Position Jacques Derridas, der betont, dass die Bedeutung eines Textes durch den Kontext, in dem er gelesen wird, vermittelt ist (Bennett 1982: 5; Derrida 1990). Es wäre jedoch irreführend davon auszugehen, dass irgendein Kontext – auch nicht der, in dem ein Medientext entstanden ist – die Bedeutung des Textes für alle anderen Kontexte festlegen könnte. Medientexte sind eher als Material anzusehen, das stets in verschiedene soziokulturelle Kontexte eingeschrieben ist und in einer sich ständig ändernden Beziehung zu anderen Texten steht. Hierzu zählen, um das Beispiel der Bond-Filme zu nehmen, auch Interviews mit Filmdarstellern, Artikel in populären Magazinen und Werbeanzeigen.

In ihrer Studie arbeiten Bennett und Woollacott heraus, dass die Figur James Bond als ein **mobiler Signifier** (Bennett/Woollacott 1987: 42) verstanden werden sollte, als eine Art Variable für spezifische, aber sich je nach Kontext verändernde, machtgeprägte Bedeutungen. Dies begründen sie damit, dass sich in der Geschichte der Bond-Figur unterschiedliche Bedeutungsmomente differenzieren lassen. So war Bond in den 1950er Jahren eine literarische Kult-Figur der „englischen Intelligenzija". Als ein auf Distinktion bedachter Gentleman war Bond ein politischer Held der gehobenen Mittelklasse in der Zeit des Kalten Krieges. Mit den Bond-Filmen der 1960er Jahre, in denen Sean Connery die Hauptrolle spielt, ändert sich dies: In diesem Zeitraum wird Bond zu einer Figur für breitere Schichten. Er entwickelte sich vom englischen Gentleman zu einem eher draufgängerischen Helden, der in einem sich wandelnden politischen Umfeld für Entscheidungskraft, Durchsetzungsvermögen, aber auch befreite Sexualität und Nationalgefühl steht. Als ein solcher Held wird Bond zu einem expandierenden populärkulturellen Phänomen, das Texte verschiedenster Art einschließt. Mit der Entwicklung Bonds zu einem populärkulturellen Phänomen steigen wiederum die Käuferzahlen für die Bond-Erzählungen rapide an, jedoch wandelt sich, ausgehend von den Filmen, ebenfalls die ursprüngliche Bedeutung Bonds in diesen, wie Bennett und Woollacott zeigen können. So stellt selbst Ian Fleming, der Autor eines Großteils der Bond-Erzählungen, fest, dass er seit den Bond-Verfilmungen die Figur Bond nicht mehr als Verkörperung des spionierenden Gentleman der 1950er Jahre ansieht, sondern als den durch Sean Connery verkörperten draufgängerischen Helden (Bennett 1983: 215). In den 1980er Jahren veränderte sich die Bedeutung der Figur Bond weiter, indem draufgängerische Elemente der Figur zurück- und parodistische Elemente hinzutraten (vgl. Winter 1992: 83). Diese Veränderungen der Figur sind mit durch einen sich auflösenden Ost-West-Konflikt und eine sich ändernde Sexualmoral im Zeitalter von AIDS vermittelt und führen schließlich in den 1990er Jahren zu einer Bond-Figur, die selbstironisch mit der eigenen Geschichte spielt. Bond stellt also innerhalb der Populärkultur seit dem Zweiten Weltkrieg ein sich wandelndes „sign of the times" dar. Dabei wird die Figur Bond über eine Vielzahl von Texten konstituiert, die wiederum in bestimmte soziokulturelle Kontexte eingeschrieben sind.

Vor diesem Hintergrund weisen Tony Bennett und Janet Woollacott darauf hin, dass die Bedeutung von populärkulturellen Texten als ein Phänomen aufgefasst werden sollte, das als abhängig von unterschiedlichen „reading formations" (Aneignungsformationen) angesehen werden kann. Unter einer **Aneignungsformation** verstehen sie den kulturellen Kontext, in den jede Aneignung eines Textes eingebettet ist. Dieser vermittelt, welche Bezüge eines Textes bei seiner Aneignung maßgeblich sind, aber auch, welche weiteren Bedeutungspotenziale von den Rezipierenden in einem Text gesehen werden. Dies heißt alles andere, als dass die Lektüren beliebig wären, denn jede Aneignungsformation

„ist das Produkt von bestimmten sozialen und ideologischen Verhältnissen der Aneignung, die im Allgemeinen von jenen Instrumentarien – der Schule, Presse, kritische Besprechungen, Fanzines – gesetzt werden, innerhalb und zwischen denen die dominanten Formen für die Oberaufsicht der Aneignung sowohl konstruiert als auch angefochten werden. (Bennett/Woollacott 1987: 64f.)

Bei solchen Überlegungen handelt es sich nicht einfach um eine Akzentverschiebung der Betrachtungsweise von Medienprodukten, sondern um eine neue Zugangsweise. Geht man wie Tony Bennett und Janet Woollacott davon aus, dass die Bedeutung eines Medientextes durch seine Aneignungsformation vermittelt ist, erscheint es sinnvoll, nicht bei einer text-immanent favorisierten Lesart anzusetzen. Vielmehr muss man zur Bestimmung des Bedeutungspotenzials eines einzelnen Medientextes den soziokulturellen Rahmen einbeziehen, in dem dieser lokalisiert ist. Hierbei sind verschiedene Institutionen ebenso zu berücksichtigen wie das Gesamt weiterer Texte, in denen ein Medienprodukt steht.

Vergleichbar argumentiert John Fiske (1987b) in *Television Culture*, in dem er den von ihm und Hartley mit *Reading Television* begonnenen Versuch aufgreift, das Medium Fernsehen aus einer kulturtheoretischen Perspektive zu beschreiben. Ähnlich wie Bennett und Woollacott operiert Fiske mit einem umfassend kontextualisierten Textbegriff, geht aber über deren Argumentation insofern hinaus, als sich seine Aussagen bezüglich des Bedeutungspotenzials von Medientexten nicht nur auf Analysen ihres jeweiligen – wiederum durch Textanalysen zugänglichen – soziokulturellen Textes stützen, sondern ebenfalls die Ergebnisse von empirischen Rezeptions- und Aneignungsstudien einbeziehen (vgl. dazu Kap. 5). *Television Culture* ist sicherlich eine der umfassendsten Darstellungen der aktuellen Fernsehkultur. Das Buch beschäftigt sich bezogen auf das Medium Fernsehen auf theoretischer Ebene mit Fragen des Fernseh-

Realismus, der Ideologie, Subjektivität, Adressierung, Publika, Intertextualität, Genre und Narration sowie des Genders, des Vergnügens und der soziokulturellen Macht des Fernsehens. Auf textanalytischer Ebene werden eine Vielfalt von Programm- und Sendungsanalysen durchgeführt, u.a. zu Fernsehserien, Krimis, Abenteuer-Reihen, Wrestling, Musik-Videos, Quiz-Shows und Nachrichtensendungen.

Großes Aufsehen erregte *Television Culture* aber weniger wegen der in dem Buch enthaltenen Einzelanalysen als vielmehr aufgrund seiner theoretischen Grundausrichtung, auch wenn einzelne in der Publikation erstmals entwickelte Ansätze mittlerweile zu den wenn auch nicht gänzlich unumstrittenen Grundkonzepten der Cultural Studies zählen (vgl. Kap. 2.5). Wichtig für Fiskes Zugang ist, dass der argumentative Dreh- und Angelpunkt weniger der einzelne Fernsehtext selbst ist, der einer ästhetischen Kritik unterzogen wird, sondern das Fernsehen als fortlaufender Flow von produzierbaren, multiakzentuierten und zum Publikum hin geöffneten Texten. Diesen Blickwinkel der Textoffenheit begründet Fiske damit, dass die Rezeptions- und Aneignungsstudien der Cultural Studies zeigen, dass es die in einem spezifischen soziokulturellen Kontext lokalisierten Rezipierenden sind, die in der Interaktion mit Fernsehsendungen diesen eine letztendlich spezifische Bedeutung zuweisen.

Fiske geht also von einer ‚doppelten Aktivierung' aus, nämlich einerseits durch die Publika, andererseits durch die Fernsehtexte. Bei seinem Begriff des **aktiven Publikums** („active audiences") knüpft Fiske umfassend an die Aneignungsstudien der Cultural Studies an (vgl. dazu Kap. 5; zum Begriff des aktiven Publikums siehe auch Lull 2000: 97-128), die er dahingehend deutet, dass es nicht sinnvoll erscheint, bei einer einzelnen favorisierten Lesart von Medientexten anzusetzen, „sondern bei Strukturen der Präferenz in Texten, die manche Bedeutungen zu präferieren suchen und andere ausschließen" (Fiske 1987b: 65; siehe auch Fiske 2008). Die Aktivität des Publikums besteht darin, Bedeutungen im Prozess der Rezeption zu produzieren, wobei dieser Produktionsprozess in unterschiedlichen Modi der Rezeption einerseits und in einer weiteren oralen Kultur der Alltagskommunikation andererseits lokalisiert ist. Dabei sind für verschiedene Rezipierende unterschiedliche Potenziale des einzelnen Fernsehtextes relevant, was zur Folge hat, dass die Fernsehmachenden einer solchen Dispersität bei der Textproduktion Rechnung tragen müssen. Entsprechend müssen Fernsehtexte polysemer strukturiert sein, als dies in bisherigen medientheoretischen Arbeiten reflektiert wurde. Fiske spricht hier von **aktivierten Texten** („activated texts"), womit er die umfassende, strukturierte ‚Offenheit' von Fernsehtexten zu fassen sucht, die er wie folgt beschreibt:

„Um bei der Dispersität seines Publikums populär zu sein, muss das Fernsehen sowohl seine Lesenden provozieren, Bedeutungen und Vergnügen zu produzieren, als auch den textuellen Raum für diese Bedeutungen und Vergnügen zur Verfügung stellen, damit diese mit den sozialen Interessen der Lesenden artikuliert werden können. Lesende werden nur dann Bedeutungen aus einem Fernsehprogramm und Vergnügen an demselben produzieren, wenn es diese Artikulation ihrer Interessen erlaubt." (Fiske 1987b: 83)

Dieses Zitat verdeutlicht pointiert die in *Television Culture* vollzogene, grundlegende Umorientierung: Fiske geht es nicht mehr darum, in einzelnen Fernsehtexten favorisierte Lesarten zu typisieren, vielmehr versucht er auf textanalytischer Ebene zu erklären, weshalb ‚aktivierte' Fernsehtexte ein solch vielschichtiges Bedeutungspotenzial haben, das sie für Rezipierende aus verschiedenen kulturellen Kontexten anschlussfähig macht. Zentral für ihn ist – neben dem Begriff des produzierbaren Textes (vgl. Kap. 2.5) – das Konzept der **Intertextualität**. Aus der Perspektive der Rezipierenden ist jeder Fernsehtext in eine „unausweichliche Intertextualität", einen intertextuellen Horizont eingeschrieben, der diesen für unterschiedliche Bedeutungspotenziale öffnet. Fiske unterscheidet dabei zwei grundlegende Dimensionen (Fiske 1987b: 108f.). Diese sind zum einen die horizontale Dimension, womit Fiske Beziehungen zwischen zwei (primären) Fernsehtexten bezeichnet, also beispielsweise von einer Serie zu einer anderen. Davon kann eine zweite, vertikale Dimension differenziert werden, worunter Beziehungen zwischen einem primären Fernsehtext und anderen Texten zu verstehen sind. Diese können sekundäre Medientexte sein, d.h. Texte eines anderen Mediums, die zum primären Fernsehtext in einer direkten Relation stehen wie die Filmankündigung in einer Fernsehzeitschrift. Es können aber auch tertiäre Texte sein, womit Fiske von den Rezipierenden selbst produzierte Texte fasst, beispielsweise Zuschauerbriefe oder Fanzines. Idealtypisch können für beide Dimensionen drei Achsen unterschieden werden, entlang derer die intertextuellen Beziehungen gesehen werden: zum einen das Genre, zweitens der Charakter bzw. die Person und drittens der Inhalt. Die Unterscheidung Fiskes verweist generell darauf, dass sich das polyseme Potenzial von Fernsehprodukten nicht nur aus ihrer „produzierbaren" Struktur ergibt, die durch Witz und Ironie, Metaphern, Heteroglossie und semiotischen Exzess geprägt sind (vgl. Kap. 2.1), sondern Fernsehtexte aus Sicht der Rezipierenden zu weiteren Texten hin und zu der (Folge-)Kommunikation über sie entgrenzt sind.

Bezugsrahmen der Analysen von Fiske in *Television Culture* bleiben aber gesellschaftliche Auseinandersetzungen, die in medialen Diskursen greifbar werden. Deutlich wird das an seinem Begriff der **semiotischen Macht** oder **Demokratie**. Wie dargelegt, begründet Fiske die (semiotische) Macht der Leute auf der Basis einer klaren Differenzierung von „finanzieller" und „kultureller

Ökonomie" von Kulturwaren (vgl. Kap. 2.5). Innerhalb dieser kulturellen Ökonomie nutzen die Leute zwar die von der Kulturindustrie aus ökonomischen
Interessen hergestellten Kulturwaren. Jedoch verwenden sie diese als ein Material zur Produktion einer eigenen Populärkultur, die Fiske als einen gegenüber
der Kulturindustrie in der Regel autarken Bereich konzeptionalisiert. Diese
Grundüberlegung Fiskes lässt sich in dem räumlich-metaphorischen Gegensatz
von „top-down" und „bottom-up" fassen. Während durch die Kulturindustrie
über Medien zwar versucht wird, bestimmte Bedeutungen ‚von oben' zu definieren, eignen die Leute sie gemäß ihrer Interessen ‚von unten' an. Sie weisen
einzelnen Medienprodukten spezifische, in ihrem Alltagsleben lokalisierte
Bedeutungen zu und finden Vergnügen an ihnen. Hierdurch besteht ein „eigener
Machtbereich" von Populärkultur:

> „Der Machtbereich, innerhalb dessen Populärkultur arbeitet, ist weitgehend, aber nicht
> ausschließlich der der semiotischen Macht. Eine bedeutende Artikulation dieser Macht ist
> der Kampf zwischen Homogenisierung und Differenz, oder zwischen Konsens und Kon-
> flikt. Die ‚top-down' Kraft dieser Macht versucht ein kohärentes Set von Bedeutungen
> und sozialen Identitäten um einen unartikulierten Konsens herum zu produzieren, dessen
> Formen dem Status quo dienen. Sie versucht jeden Interessenskonflikt zu verleugnen und
> soziale Differenzen in einer Struktur von Komplementarität aufgehen zu lassen. Sie ist
> eine homogenisierende, zentralisierende, integrierende Kraft, die versucht, semiotische
> und soziale Macht für das Zentrum zu bewahren. [...] Diesem widersteht die Verschie-
> denheit von sozialen Gruppen mit der Verschiedenheit ihrer sozialen Interessen. Deren
> Macht äußert sich in den Widerständen gegenüber der Homogenisierung, sie arbeitet als
> eine eher zentrifugale denn zentripetale Kraft. Sie erkennt Interessenskonflikte an, favori-
> siert Vielfalt vor Einzigartigkeit und kann vielleicht als das Arbeiten der Macht von Dif-
> ferenz gefasst werden. Diese Macht, Bedeutungen, Vergnügen und soziale Identitäten zu
> konstruieren, die von denen *abweichen*, die von den dominanten Strukturen angetragen
> werden, ist entscheidend [...]." (Fiske 1987b: 317; Herv. i. O.).

Die Betonung Fiskes liegt also nicht auf der ‚von oben' arbeitenden Ideologie
im Prozess von Medienkommunikation, sondern auf dem ‚von unten' arbeitenden Widerstand gegen sie, den er in der Fähigkeit der Leute lokalisiert, gemäß
ihrer eigenen Interessen zu handeln. Dass sich solche Prozesse insbesondere in
Fankulturen wie beispielsweise der von Science-Fiction-Fans ausmachen lassen,
haben mit Bezug auf die Überlegungen Fiskes Henry Jenkins und John Tulloch
gezeigt (vgl. Jenkins 1992; Tulloch/Jenkins 1995; siehe Kap. 5.3).

    Die hier exemplarisch betrachteten Studien sollten die grundlegende Um-
orientierung der text- und diskursanalytischen Medienstudien im Umfeld der
Cultural Studies im Verlauf der 1980er Jahre verdeutlichen. Zwar wird in den
einzelnen Studien die Frage diskutiert, inwieweit sich der Diskurs einzelner
Medien innerhalb hegemonialer Wirklichkeitsdefinitionen bewegt. Jedoch hat

eine Abkehr von einem strikt auf eine Beschäftigung mit gesellschaftlichem Konsens orientierten Modell bzw. von Fragen der Hegemonie stattgefunden. Eine **Kontextualisierung des Textbegriffs** ist insofern erfolgt, als generell die Ansicht in den Vordergrund tritt, dass eine kulturtheoretisch adäquate Analyse von Medienprodukten diese nicht für sich nehmen kann, sondern sie in ihrer soziokulturellen Lokalisiertheit betrachten muss. Dies wird erklärt mit dem Ergebnis semiotisch differenzierter Reflexionen, die zeigen, dass dominante Ideologien nicht eindimensional als favorisierte Lesart in Texte eingeschrieben sind. Medientexte greifen insoweit gesellschaftliche Auseinandersetzungen auf, dass sie in mehrdimensionaler Weise unterschiedliche Bedeutungsaspekte in sich integrieren. Solche Überlegungen führten zu einer „Revisionismus-Debatte" in den Cultural Studies, die der Gegenstand des folgenden Kapitels ist.

Weiterführende Literatur: Bennett/Woollacott 1987; Crisell 1994; Fiske 1987b; Fiske/Hartley 1989; Morley/Brunsdon 1999; Turner 1988

4.3   Die „Revisionismus-Debatte"

Ende der 1980er und Anfang der 1990er Jahre hat die im vorigen Kapitel beschriebene, umfassende Kontextualisierung des Text- und Produktbegriffes – eine Kontextualisierung, die mehr und mehr mit einem Entdecken des Potenzials eines nun als „aktiv" verstandenen Publikums einherging (siehe Kap. 5) – zu einer sogenannten „Revisionismus-Debatte" geführt. Sicherlich ist der Begriff des „neuen Revisionismus" – der von Kritikern der Cultural Studies geprägt wurde – selbst höchst problematisch, weil er dem Fokus der medienanalytischen Arbeiten der Cultural Studies nicht gerecht wird, der Verständlichkeit halber soll er aber im Folgenden beibehalten werden. Mit dem **neuen Revisionismus** wird die These eines Aufkommens eines „Subjektivismus" innerhalb der kulturanalytischen Medienforschung verbunden, der einen Bruch mit einer kritischen Beschäftigung mit politisch-ökonomischen Fragen der Produktion von Kulturwaren einerseits und Fragen hegemonialer Wirklichkeitsdefinition in Medien andererseits forciert. Mit dem Ansatz des „aktiven Publikums" sei eine Abkehr von der ehemals ideologiekritischen Position der Cultural Studies verbunden, eine Abkehr, die diesen Ansatz pervertiere, indem durch das ‚Feiern' einer Offenheit medialer Texte der Raum für jede Form von Kritik genommen werden würde. Diese Kritik tragen als Selbstkritik bestimmter Entwicklungstendenzen sowohl eine Reihe von Vertreterinnen und Vertretern der Cultural Studies selbst (vgl. beispielsweise Morris 1990, Morris 2003; McGuigan 1992; McGuigan 2007; Morley 1996c, Morley 2003), insbesondere aber kommunikations- und medienwissenschaftliche Kritiker der Cultural Studies (vgl. beispielsweise Budd et al. 1990; Curran 1996; Evans 1990; Corner 1991 und Seaman 1992). Die Hauptargumente der „Revisionismus-Debatte" werden im Weiteren entlang dieser zwei Linien aufgerollt. Ausgangspunkt hierfür ist die Rezension von John Fiskes *Television Culture* durch Jim Bee aus dem Jahr 1989, in der bereits die wichtigsten Argumente der Debatte fallen.

Während Bee die Publikation Fiskes aufgrund ihrer umfassenden Theoretisierung von Fernsehkultur bzw. der detaillierten und vielschichtigen Analysen für lesenswert hält, konstatiert er dem Buch Fiskes eine grundlegende Schwäche. Diese sei darin zu sehen, dass Fiske mit seiner theoretischen Konzeption – auf der einen Seite die Vorstellung des für vielfältige Deutungen offenen, produzierbaren Fernsehtexts, auf der anderen Seite die der „Leute" – jeden Raum für **Interventionen** nimmt, da diese von vornherein absurd erscheinen, wenn die „semiotische Macht" auf die Seite der Rezipierenden verlagert wird. Das Konzept der „semiotischen Demokratie" lähme eine kritische Auseinandersetzung mit Medien:

„Fiske behauptet, dass der produzierbare Text ‚seine Lesenden als Mitglieder einer semiotischen Demokratie behandelt'. […] Das bedeutet, wie Fiske feststellt, dass Lesende unterschiedlichen Stimmen in den Texten lauschen und dass diese Stimmen nicht endgültig in einer diskursiven Hierarchie gefasst werden können. Solch ein Ansatz scheint den Zuschauenden die Freiheit zu geben, mit den Texten machen zu können, was sie wollen." (Bee 1989: 355)

Sicherlich hat Bee damit Recht, dass die Begründung von (Medien-)Kritik nicht die Stärke von Fiskes analytischem Ansatz ist. Allerdings könnte man Bee vorhalten, der analytischen Brauchbarkeit von Fiskes Begriff des „produzierbaren Textes" nicht gerecht zu werden. Dieser erscheint insofern sinnvoll, als er verstehen hilft, wieso ein und dieselbe Fernsehsendung in unterschiedlichen Rezeptionskontexten verschiedene Bedeutungsaspekte erfährt. Dabei bedient sich Fiske einer Reihe von in den weiteren Textwissenschaften etablierten Konzepten wie dem der Textoffenheit, Konnotation oder Polysemie (Jurga 1999a, 1999b). Davon ist klar Fiskes Postulat einer „semiotischen Macht" der Rezipierenden zu trennen, das einer *wertenden* Einschätzung von Populärkultur dient und innerhalb der „Revisionismus-Debatte" einen wesentlich größeren Stellenwert zugesprochen bekommt, als es in seiner Argumentation hat. Dies zeigt die Diskussion in der Kommunikations- und Medienwissenschaft, wo der Begriff des „neuen Revisionismus" geprägt wurde.

Unter den kommunikations- und medienwissenschaftlichen Kritiken ist wegen ihrer argumentativen Vielschichtigkeit die von James Curran (1996) zu nennen, der wie David Morley am Goldsmiths College lehrt und mit ihm durch eine Reihe von gemeinsamen Publikationen verbunden ist (beispielsweise Curran/Morley 2006b; Curran et al. 1996). Curran begreift den „neuen Revisionismus" im Kontext einer grundlegenden Umorientierung der wissenschaftlichen Auseinandersetzung mit Medien. Nach ihm bestanden bei der Beschäftigung mit Medien seit den 1970er Jahren zwei Traditionen, zum einen die **pluralistische Forschungstradition**, die liberalen Gesellschaftsmodellen anhängt und sich von einer „optimistischen Grundposition" aus mit Funktion und Wirkung von Medien befasst, zum anderen eine **radikale Forschungstradition**, die primär von marxistischen Gesellschaftsmodellen ausgeht und nach der ideologischen Rolle der Medien fragt. Die Medienanalysen der Cultural Studies lokalisiert Curran klar in der zweiten dieser Traditionen, während er eine Vielzahl anderer Forschungsparadigmen (beispielsweise den Wirkungsansatz, den Uses-and-Gratifications-Approach oder das Transaktionsmodell) der ersten der beiden Traditionen zurechnet. Für die Entwicklung der wissenschaftlichen Beschäftigung mit Medien konstatiert Curran nun das Paradox, dass sich die „Revisionisten" innerhalb der Cultural Studies bei ihren Analysen so weit von der ursprünglichen Orientierung auf Fragen der ideologiestiftenden bzw. wirklichkeitsdefinierenden Funktion von Medien entfernt haben, dass sie „pluralistischer" geworden sind als die Ansätze der von ihnen selbst kritisierten „pluralistischen Tradition". Der zweite Vorwurf, den Curran äußert, besteht darin, dass seines Erachtens die Cultural Studies (in der „pluralistischen Tradition") längst Bekanntes wiederentdecken würden und dabei glaubten, das „Rad neu zu erfinden" (Curran 1996: 264).

Die Vorhaltung des Zu-weit-Gehens macht Curran wiederum an den Publikationen von Fiske fest, die er als „Zelebration einer ‚semiotischen Demokratie'" (Curran 1996: 260) begreift, in der Medientexte für nahezu alle Formen des Gebrauchs offen seien und das Publikum als Ansammlung von Leuten erscheint, die ihre eigenen Bedeutungen autonom konstruierten. Dieses würde so zur Hauptinstanz eines „souveränen Konsumenten-Pluralismus", was letztendlich eine „neue Version des pluralistischen Arguments" sei:

„[D]iese neue Version des pluralistischen Arguments übertreibt ihre Sache, nicht nur, weil es die Unabhängigkeit des Publikums von Medieneinflüssen überspitzt. Genau wie die Autonomie von Medienorganisationen gegenüber Machtblöcken in klassisch pluralistischen Ansätzen überbetont wird, so geschieht dies hier mit dem autonomen Status des Publikums." (Curran 1996: 268)

In diesem Zitat klingt deutlich der Vorwurf, das „Rad neu erfinden" zu wollen, an, den Curran insbesondere auf die ethnografischen Aneignungsstudien der Cultural Studies bezieht (siehe Kap. 5). Nach Argumentation von Curran sind auch Forscherinnen und Forscher der „pluralistischen Tradition" nicht generell davon ausgegangen, dass Medientexte eindimensional fassbare Wirkungen hätten, sondern es wurde schon in amerikanischen Studien aus den 1940er und 1950er Jahren herausgearbeitet, inwieweit beispielsweise Prädispositionen von Rezipierenden Einfluss auf deren Verständnis von Texten haben bzw. inwieweit soziale Lage Einflüsse auf deren Medienumgang und -aneignung hat. Entsprechend seien Aneignungsprozesse, wie sie in „revisionistischen" Aneignungsstudien beschrieben werden, innerhalb der „pluralistischen Tradition" der Medienforschung bereits zuvor bekannt und hätten bei Weitem nicht die Innovationskraft, die die Vertreterinnen und Vertreter der Cultural Studies ihnen zusprechen.

Diese Argumentation von Curran ist insofern von Relevanz, als sie zwar eine kritische **Grundhaltung der Kommunikations- und Medienwissenschaft** gegenüber einer umfassenden Kontextualisierung des Textbegriffes dokumentiert, gleichzeitig aber auch eine beginnende, eingehende Beschäftigung in der Kommunikations- und Medienwissenschaft mit den Cultural Studies offenbart, für die im deutschen Sprachraum eine vergleichbare Veröffentlichung von Michael Jäckel und Jochen Peter (1997) steht. Eine solche Auseinandersetzung findet ebenfalls in dem von Marjorie Ferguson und Peter Golding (1997) herausgegebenen Buch *Cultural Studies in Question* statt, der auf Themen-Session der Jahrestagung 2003 der „International Communications Association" (ICA) zum Thema „Interfaces: Kultur und Struktur in der Kommunikationsforschung" von 1993 zurückgeht und u.a. Beiträge von James Carey, Denis McQuail, Jim McGuigan und David Morley bzw. Angela McRobbie als zwei Cultural Studies-Vertretern einschließt (zur heutigen Perspektive von Morley auf den Band vgl. Morley 1998; dt. Morley 2003). Als Hauptkritikpunkt durchzieht alle Artikel der Publikation der mehr oder weniger stereotyp vorgebrachte, bekannte Vorwurf, der Ansatz der Cultural Studies zeichne sich durch eine Vernachlässigung makropolitischer und ökonomischer Fragestellungen aus, was einerseits zu einer umfassenden Textfixierung geführt habe, andererseits zu einer distanzlosen ethnografischen Publikumsforschung (Ferguson/Golding 1997: xiif.). Dabei fallen die meisten in ihm enthaltenen Aufsätze in ihrer Differenziertheit hinter der kommunikationswissenschaftlichen Kritik von James Curran zurück. Das Buch stellt eher eine Art Zusammenstellung bereits kursierender Thesen der „Revisionismus-Debatte" dar, als dass es originär neue Diskussionsbeiträge liefert (vgl. Göttlich 1998), was in ähnlichem Sinne im

Vergleich zur Rezension von Jim Bee für den Artikel von William R. Seaman (1992) zutrifft.

Gleichwohl trug die „Revisionismus-Debatte" zu einer ‚Selbstvergewisserung' der Cultural Studies über die Entwicklung ihrer Medienanalysen bei (siehe zu dieser Kontroverse die Beiträge in Hepp/Winter 2003). Wichtiger Bezugspunkt ist hier Meaghan Morris' Aufsatz *Das Banale in den Cultural Studies* (Morris 1990; dt. Morris 2003). Geht man von einem alltagssprachlichen Verständnis seines Titels aus, ist dieser irreführend, indem er suggeriert, die Veröffentlichung würde eine Neigung in den Cultural Studies hin zu Einfallslosigkeit oder Oberflächlichkeit kritisieren. In Abgrenzung zu diesem Verständnis knüpft Morris an Jean Baudrillards Überlegungen an, nach denen diejenigen Theorien als **Banalität** zu bezeichnen sind, die unterstellen, das Subjekt sei machtvoller als das Objekt (Morris 2003: 63f.). Eine solche Tendenz zur Banalität macht Morris im Hinblick auf den Boom aus, den die Cultural Studies Ende der 1980er Jahre im angloamerikanischen Sprachraum erfahren haben:

> „Was sich für mich aus dem neueren Cultural Studies-Boom ergibt, ist nämlich die beginnende Tendenz, einen bestimmten theoretischen *Stil* der Alltagsanalyse – und dementsprechend eine bestimmte (und in meinen Augen ‚banale') Äußerungsposition für den Theoretiker der Populärkultur – zu vermarkten." (Morris 2003: 55)

Es sind vor allem zwei Kritikpunkte, die Morris in diesem Kontext nennt, erstens dass sich innerhalb der Cultural Studies eine Bias hin zu einer „narzisstischen Struktur" der Betrachtung von Populärkultur etabliert hat, zweitens, dass in der Schreibpraxis einzelner Autorinnen und Autoren gewissermaßen durch die Hintertür die Vorstellung des „kulturellen Trotteltums" („cultural dopes") alltäglicher Rezipierender Einzug in die Debatte erhält – wogegen sich früh Raymond Williams und Stuart Hall gewendet haben.

Den ersten Kritikpunkt bezieht Morris auf die **Betrachtung von Populärkultur** in (textanalytischen) Arbeiten, in denen die ‚Macht der Rezipierenden' im Mittelpunkt steht. In diesen publikumszentrierten Textanalysen lässt sich folgende diskursive Struktur ausmachen: In einem ersten Schritt beruft man sich innerhalb seiner Analysen auf „populär[e] Stimmen" (die Informanten, also beispielsweise Mitglieder einer Subkultur oder Rezipierende von Fernsehsendungen; Morris 2003: 68f.), wobei primär Sekundärdaten verwendet werden. Deren Textverständnis wird dann in einem Akt von „Übersetzen" und „Kommentieren" dargestellt, der nach Morris die Basis für eine Gleichsetzung des „Erkenntnissubjekts der Cultural Studies" (der Position des Analysierenden) mit einem „Kollektivsubjekt" (nämlich „den Leuten") bildet (Morris 2003: 69). Es scheint, als ob „die Leute" *de facto* die Analysepraxis kritischer Lektüre repräsentieren, wodurch sie nicht nur sowohl als projizierter Informant kulturanalytischer Forschung erscheinen, sondern ebenso als ein textuell generiertes, allegorisches Sinnbild der eigenen Aktivität des Forschenden (Morris 2003: 70).

Den zweiten Kritikpunkt einer Tendenz zur ‚Rethronisierung' eines Bildes von „kulturellem Trotteltum" im **Schreiben über Populärkultur** macht Morris an Iain Chambers' – der einige Zeit dem CCCS angehörte – Publikation *Popular Culture* fest. In der Einleitung zu dieser Monografie setzt sich Chambers u.a. mit der Frage auseinander, welche Vorgehen für eine wissenschaftliche Darstellung von Populärkultur angemessen sind, indem sie keine statisch-abstrakte Ästhetik an die Populärkultur herantragen, die dieser als einem sich fortlaufend wandelnden Phänomen nicht gerecht wird. Chambers entscheidet sich in Anlehnung an Walter Benjamin für ein „Schreiben durch Zitieren", ein Verfahren, bei dem es ihm weniger darum geht, einzelne Argumente durch Zitate populärkultureller Texte als Quellen zu ‚verifizieren', als vielmehr diese ‚für sich selbst' sprechen zu lassen (Chambers 1996b: 13). Ein solches Konzept rückt nach Morris das Buch von Chambers in die Nähe von „anti-akademischer Poptheorie", wobei ihr hier problematisch erscheint, dass diese wissenschaftliche Schreibpraxis eine Trivialität ihres Gegenstandes im Sinne einer Nicht-Erklärungsbedürftigkeit suggeriert (Morris 2003: 71). Überspitzt könnte man ihre These so formulieren, dass gerade dadurch, dass Chambers Populärkultur nur zu ‚protokollieren' gedenkt, er zu einer Distanzlosigkeit übergeht, mit der seine Publikation gewissermaßen zum Teil von „Pop-Theorie" wird. Dass diese Argumente bezogen auf die deutsche Rezeption der Cultural Studies im „avancierten Musikjournalismus" der Zeitschrift *Spex* etwas für sich haben, hat Ralf Hinz (1998, 2008) in seiner Untersuchung *Cultural Studies und Pop* gezeigt.

Sicherlich kann man Meaghan Morris an dieser Stelle den Vorwurf machen, dass sie innerhalb einer traditionellen Vorstellung von kritischer Analyse verhaftet bleibt. Bemerkenswert sind ihre Einwände dennoch, weil sie auf ein grundlegendes Problem der Auseinandersetzung mit populärkulturellen Phänomenen verweist, nämlich das der Beziehung des bzw. der Forschenden zu seinem bzw. ihrem Gegenstand. Hat er oder sie die Position des bzw. der Protokollierenden oder nicht eher die des bzw. der Kritisierenden, und wenn ja, worauf stützt sich die Kritik? Geht man von dem in Anlehnung an Lawrence Grossberg und Cary Nelson eingangs formulierten Begriff von Cultural Studies aus (vgl. Kap. 1.2), müsste es Aufgabe des Forschenden sein, sich reflexiv-distanziert gegenüber seinem ‚Forschungsobjekt' zu positionieren, eine Überlegung, die in einzelnen Medienanalysen der Cultural Studies in den 1980er Jahren zu selten angestellt wurde. Eine kulturanalytische Beschäftigung mit populärkulturellen und medialen Phänomenen hat weniger mit ‚Fan-Sein' zu tun, sondern stellt eine spezifische wissenschaftliche Praxis dar.

In eine ähnliche Richtung wie Meaghan Morris' Kritik zielt das Buch *Cultural Populism* von Jim McGuigan. Interessant erscheint seine Publikation trotz ihrer an manchen Stellen überzogenen Argumentation, weil McGuigan in ihr die Debatte um den „neuen Revisionismus" in einem generellen Konfliktfeld verortet, nämlich dem zwischen einem „kulturellen Elitarismus" und einem „kulturellen Populismus". Beide Begriffe versteht McGuigan als analytische Kategorien, um eine grundlegende Ausrichtung einzelner Theoretikerinnen und Theoretiker innerhalb der kulturanalytischen Medienforschung zu fassen. So verweist für ihn der Ausdruck des **kulturellen Elitarismus** auf eine Grundorientierung, die sich durch eine Ablehnung des (alltagskulturellen) Geschmacks der gewöhnlichen Leute oder besser durch eine negative Beziehung zwischen Intellektuellen und Alltagskultur auszeichnet. Folglich bildet beim „kulturellen Elitarismus" die analytische Betrachtung „kulturell wertvoller", d.h. nach spezifischen ästhetisch-normativen Werten hochstehender Kulturwaren den Mittelpunkt (vgl. zu diesem Aspekt Williams' Diskussion des Kulturbegriffs in Kap. 2.2). Dagegen ist der **kulturelle Populismus** durch eine positive Beziehung von Intellektuellen und Alltagskultur gekennzeichnet: „Kultureller Populismus ist die intellektuelle Annahme, [...] dass die symbolischen Erfahrungen und Praktiken der gewöhnlichen Leute analytisch und politisch wichtiger sind als die groß geschriebene Kultur" (McGuigan 1992: 4; Satz im Original hervorgehoben). Entsprechend offen sind „kulturelle Populisten" diesem Gegenstand gegenüber, der für sie allein aufgrund der Verbreitung von Populärkultur eine größere Relevanz hat als die Hochkultur. Dies heißt nicht, dass diese kulturanalytische Grundorientierung mit einer unkritischen (affirmativen) Haltung gegenüber Populärkultur einhergehen muss, auch wenn dies natürlich der Fall sein kann.

Den Ansatz der Cultural Studies verortet McGuigan nun in dieser Tradition des „kulturellen Populismus", dem er – wie er selbst schreibt (McGuigan 1992: 1f.) – sympathisierend gegenübersteht. Allerdings macht McGuigan einige problematische „Auswüchse" des kulturellen Populismus aus, und hierzu zählt er vor allem den „neuen Revisionismus", als dessen herausragenden Vertreter er wiederum John Fiske sieht. Problematisch am „neuen Revisionismus" ist für McGuigan, dass die makropolitische, institutionelle Perspektive auf Medienkultur aus dem Blick gerät. McGuigan unterstellt Fiske, dass er mit der Unterscheidung einer „finanziellen" und „kulturellen Ökonomie" davon ausgeht, dass die kulturelle Bedeutung von Fernsehen unabhängig von kommerziellen Mechanismen zu betrachten ist. Hierdurch fixiere sich Fiske auf die „Mikro-Politik" der

Populärkultur mit ihren Aneignungspraktiken und Lesevergnügen und liquidiere Differenzen auf Makroebene zugunsten einer Vorstellung, die an eine „*Laissez-faire*-Wirtschaftslehre" erinnere. Dabei bestehe „eine bemerkenswerte Überein-stimmung zwischen Fiskes ‚semiotischer Demokratie' und dem Ideal einer ‚Konsumenten-Souveränität' in Wirtschaftstheorien des freien Marktes" (McGuigan 1992: 72).

Relativ eindeutig – und an manchen Stellen polemisch – werden die Überle-gungen Fiskes so als ‚neo-liberales Gedankengut' diskreditiert und Fiske damit vorgeworfen, nicht nur die ehemals kritische Orientierung der Cultural Studies aus dem Blick verloren zu haben, sondern zu einem ‚argumentativen Gehilfen' affirmativer Ansätze geworden zu sein (vgl. Budd et al. 1990). Wie gesagt ist die Kritik McGuigans an dem „neuen Revisionismus" gewiss überzogen. Wich-tig erscheint sie allerdings im Hinblick auf den Begriff des Populismus, der auch bei Fiske als *analytische Kategorie* Verwendung findet (vgl. bereits Fiske 1989: 159-194; dt. Fiske 1999b), ein Aspekt, der in der Darstellung von McGuigan kaum berücksichtigt wird. Fiske stützt sich hier auf die Auseinandersetzung Ernesto Laclaus (1981) mit dem Begriff des Populismus, von dem er die Dif-ferenzierung des Populären vs. dem Populistischen und des Progressiven vs. dem Reaktionären übernimmt. Der Unterschied zwischen dem Populären und dem Populistischen ist darin zu sehen, dass populäre (Gegen-)Bewegungen nicht darauf hin arbeiten, den Machtblock zu stürzen, ihn jedoch unter Druck setzen. Diese können in bestimmten Situationen zu populistischen Bewegungen werden, die beispielsweise die Staatsmacht direkt herausfordern. Daneben ist nun das Begriffspaar des Radikalen vs. dem Progressiven zu stellen, wobei mit einer radikalen Orientierung eine grundlegende Infragestellung von etwas ver-bunden ist, mit einer progressiven Orientierung eine oppositionelle, auf Verän-derung zielende Haltung. In gegenwärtigen Gesellschaften nun „bewegt sich die Populärkultur vorwiegend im Bereich der populären, weniger populistischen Opposition, insofern betreibt sie eher eine progressive als eine radikale Politik" (Fiske 1999b: 239). Es wird deutlich, dass Fiskes Gebrauch des Populistischen erheblich von dem McGuigans abweicht. Legt man den auf Laclau zurückge-henden Begriffsrahmen Fiskes zugrunde, so wäre McGuigans Begriff des Popu-lismus mit dem des „demokratischen Populismus" gleichzusetzen, der von dem System, das ihn hervorbringt, absorbiert wird und der prinzipiell kon-sensorientiert ist. Gerade von einer solchen, „liberalistisch-pluralistischen Theo-rie", mit der eine Fokussierung auf makropolitische Zusammenhänge verbunden ist, versucht sich Fiske abzugrenzen, weswegen ein Populismus-Vorwurf seinen Theorierahmen nicht wirklich trifft. Fiske geht es darum, die progressiven Potenziale von Populärkultur herauszuarbeiten, die durch ihren populären (und nicht populistischen) Charakter im Mikropolitischen (und weniger im Makropolitischen) greifbar werden. Auf genau eine solche Orientierung Fiskes zielt die Tagung „Fiske Matters", die anlässlich seiner zehnjährigen Emeritierung vom 10. bis zum 12. Juli 2010 an der Universität Madison, Wisconsin (USA) veranstaltet wird.

Vor dem Hintergrund solcher Kritiken aus dem Umfeld der Cultural Studies selbst und des „Revisionismus"-Vorwurfs aus der Kommunikations- und Medienwissenschaft legte David Morley eine Reformulierung des text- und diskursanalytischen Paradigmas der Cultural Studies vor, das zu einem sinnvollen Ausgangspunkt für eine kulturanalytische Medienforschung wurde. Morley betont, dass eine Diskussion zwischen Kommunikations- und Medienwissenschaft bzw. Cultural Studies für beide Forschungstraditionen fruchtbar ist, auch wenn grundlegende Differenzen aufgrund unterschiedlicher Zugangsweisen – auf der einen Seite steht der (Massen-)Kommunikationsprozess als Zentrum des Interesses, auf der anderen Seite die konfliktäre (Medien-)Kultur – bestehen bleiben (vgl. Morley 1996a: 302; siehe für die weitere Entwicklung auch Curran/Morley 2006a). Ausgehend von einer solchen Grundorientierung versucht Morley, den kontextualisierten Textbegriff der Cultural Studies – dessen Entwicklung mit durch seine theoretischen und empirischen Studien forciert wurde – zu reformulieren. So hatte Morley selbst das Konzept der „favorisierten Lesart" in seiner ursprünglichen Version innerhalb des Hallschen Encoding/Decoding-Modells kritisiert, vor allem weil Hall nicht klärt, was genau unter einer „favorisierten Lesart" zu verstehen sei (vgl. Kap. 4.1). Allerdings hält Morley es für angebracht, sich auf die grundlegende Annahme des Encoding/Decoding-Modells zurückzubesinnen, dass sich jedes Kommunikat durch **bedeutungsgenerierende Mechanismen** („signifying mechanisms") auszeichne, die eine Polysemie nicht ausschließen, dem Bedeutungspotenzial aber einen klaren diskursiven Rahmen setzen. Entsprechend lassen sich Bedeutungspotenziale sehr wohl über spezifische Analysen herausarbeiten, jedoch muss man dabei bemüht sein, dass es sich nicht um eindimensionale Bestimmungen handle:

„Die Analyse des Textes oder des Kommunikats bleibt natürlich eine fundamentale Notwendigkeit, denn die Polysemie des Kommunikats besteht nicht ohne ihre eigene Struktur. Publika sehen nur, was sie gerne sehen möchten, denn eine Botschaft (oder ein Programm) ist nicht einfach ein Fenster zur Welt, sondern eine Konstruktion. Während das Kommunikat nicht ein Objekt mit einer eindeutigen Bedeutung ist, enthält es dennoch bedeutungsgenerierende Mechanismen, die bestimmte Bedeutungen fördern, selbst eine privilegierte Bedeutung, und andere unterdrücken: Dies sind die ‚direktiven Schließmechanismen', die in dem Kommunikat enkodiert sind." (Morley 1996c: 282)

Mit diesem reformulierten Text- bzw. Kommunikatbegriff bietet Morley einen vermittelnden Ansatzpunkt, der die Angemessenheit kritischer Textanalysen betont. Allerdings sollten diese in dem Bewusstsein erfolgen, dass man zwar bestimmte „bedeutungsgenerierende Mechanismen" beschreiben kann, jedoch keine letztendlichen Textbedeutungen, die alle Rezipierenden teilen. Diskursive, Ideologien favorisierende Prozesse sind weder auf Produkt- noch auf Rezeptionsebene eindimensional.

Zentral bleiben Morleys klare begriffliche Trennungen, die auf drei Ebenen systematisiert werden können. Dies ist erstens die Ebene der textuellen Strukturen, auf der Morley die favorisierte Textbedeutung als durch die „bedeutungsgenerierenden Mechanismen" eines Kommunikats nahe gelegte Bedeutung verortet. Zum zweiten ist dies die Ebene des Verständnisses bzw. der Interpretation dieses Kommunikats, eine Ebene, auf der man die einzelnen Lesarten der Rezipierenden zu lokalisieren hat, die als favorisierte Lesart der favorisierten Textbedeutung entsprechen, aber ebenso von dieser in unterschiedlichen Graden abweichen können. Die dritte Ebene ist schließlich der diskursive Kontext, auf den einzelne Texte mit spezifischen „Mechanismen" verweisen und in den sie eingeschrieben sind. Zwar darf eine solche Differenzierung nur als heuristisch aufgefasst werden, gleichwohl verhindert sie begriffliche Unschärfen, die innerhalb der „Revisionismus-Debatte" zu einer Reihe von Missverständnissen geführt haben.

Vor diesem Hintergrund wehrt sich David Morley gegenüber den Vorwürfen des ‚Zu-Weit-Gehens' bzw. des ‚Rad-neu-Erfinden-Wollens' in den Medienanalysen der Cultural Studies. So gehen nach Morley die Cultural Studies mit ihrem kontextualisierten Textbegriff keinesfalls zu weit, und es ist nicht angebracht, ihnen eine ‚neo-liberale Orientierung' zu unterstellen. Morley hält es nicht für angemessen, beispielsweise Fiskes Überlegungen dadurch diskreditieren zu wollen, dass sein Textbegriff auf die konservative Ideologie eines „souveränen Konsumenten-Pluralismus" hinauslaufe. Argumentiert man in diese Richtung, wird man der Komplexität der Darstellung Fiskes nicht gerecht (Morley 1996c: 286f.). Dies darf man umgekehrt nicht damit verwechseln, dass die Bedeutungspotenziale von Medientexten nicht spezifizierbar wären.

Dem Vorwurf, die Cultural Studies würden nur bestehende Ergebnisse der „pluralistischen Tradition" der Kommunikations- und Medienwissenschaft reformulieren, steht gegenüber, dass die Cultural Studies Fragestellungen in die Diskussion um Medien gebracht haben, die in der Kommunikations- und Medienwissenschaft allenfalls eine randständige Position hatten (Morley 1996c: 280f.). Nach Morley ist es relativ leicht auf der Basis von quantifizierenden Inhaltsanalysen zu postulieren, dass Mediensendungen auf diese oder jene Weise bestimmte Ideologien repräsentieren oder das Publikum ideologisch beeinflussen. Sinnvoll können solche Thesen aber nur dann behauptet werden, wenn man auf der **Mikroebene** zeigen kann, wie ideologische u.a. Makro-zusammenhänge in Texten ‚arbeiten' bzw. wie diese von den Rezipierenden ‚aufgenommen' werden. Die Kombination dieser beiden Perspektiven hat sicherlich dazu beigetragen, dass im Rahmen der Cultural Studies nur wenige Studien beispielsweise zu Medieninstitutionen durchgeführt wurden. Jedoch hat sie einen differenzierten Blick auf die heutigen Medienkulturen eröffnet, der diese nicht mehr als etwas Monolithisches erscheinen lässt und verstehen hilft, dass sowohl Medienprodukte als Texte diskursiv hochgradig vielschichtig struk-turiert sind bzw. dass das Publikum nicht aus einer Ansammlung von isolierten Einzelnen besteht, die Ideologien direkt übernehmen, sondern dass auch hier komplexe Prozesse vonstatten gehen.

Weiterführende Literatur: Curran et al. 1996: 251-305; McGuigan 1992; Morley 2003; Morris 2003

4.4   Neue Wege der Produkt- und Produktionsanalyse

Wie die dargelegten Überlegungen David Morleys gezeigt haben, hat die „Revi-sionismus-Debatte" als ‚Zerrspiegel' innerhalb der Cultural Studies eine Refle-xion des eigenen Standpunktes stimuliert. Diese Reflexion hat bei den Produkt-analysen der Cultural Studies zumindest zu vier Entwicklungstendenzen beige-tragen, nämlich erstens zu einer verstärkten Betonung des Diskurses als struk-turierendes Moment von Medienkommunikation, zweitens zu einer His-torisierung der diskursanalytischen Auseinandersetzung mit Medien, drittens zu einer stärkeren Kontextualisierung der Produktanalyse in umfassenden Kultur-praktiken und vor allem viertens zu einer Revitalisierung des integrativen An-satzes, wie er ursprünglich von Raymond Williams mit den Cultural Studies in Verbindung gebracht und später mit dem Kreislauf der Kultur weiter entwickelt wurde (siehe Kap 2.2 sowie 2.6). Im Weiteren sollen diese vier sich seit Mitte der 1990er Jahre abzeichnenden Entwicklungstendenzen skizziert werden.

Eine umfassende Orientierung hin zu einem weniger text-, sondern mehr diskurstheoretischen Vorgehen zeichnet sich schon in John Fiskes Publikation *Power Plays Power Works* ab, deren erklärtes Ziel es ist, eine kritische post-strukturalistische Analyse der „Politik von Kultur" in der amerikanischen Gesellschaft zu liefern (vgl. Fiske 1993b: 9). Hierbei ist neben den bereits ein-geführten Kategorien des Machtblocks und der Leute (vgl. dazu Kap. 2.5) ins-besondere der Begriff des diskursiv konstituierten Wissens zentral, den Fiske den Überlegungen Michel Foucaults entlehnt (vgl. Foucault 1974 und 1992; zum Stellenwert von Foucault für die Entwicklung der Cultural Studies siehe Thomas 2009). Wissen in diesem Sinne verstanden als **diskursives Konstrukt** ist stets selektiv. Zu ihm müssen sowohl der Inhalt des Wissens (was schließt das Wissen ein und was wird von ihm ausgeschlossen) als auch die Art des Wissens (seine Strukturen und Systematiken) gezählt werden. Wissen ist nichts Neutrales, es dient den (materiellen oder politischen) Interessen einer sozialen Formation, die dieses mit dem Anspruch einer absoluten Wirklichkeitsdefinition herstellt. Entsprechend produziert Wissen keine Wahrheit, sondern Macht oder besser Macht, die sich als Wahrheit verkörpert. Dabei sind Wissen und Diskurs vollkommen interdependent (siehe Kap. 2.1): Diskurse lassen Wissen zirkulieren und tragen seine Macht in bestimmte Situationen, ebenso kann man die unterschiedlichen Formen von Wissen mittels der Diskurse unterscheiden, die sie jeweils produzieren. Folglich ist Wissen stets ein soziokulturelles und kein individuelles Phänomen, denn selbst wenn man Wissen als das Wissen eines Subjektes oder einer Gruppe von Subjekten typisiert, ist es doch durch überindividuelle Diskurse konstituiert.

Diese Definition von Wissen verdeutlicht, dass es Fiske bei seinen Analysen nicht mehr wie in *Television Culture* um die Beschäftigung mit einzelnen Medientexten geht, bei der zwar deren kultureller Kontext mit einbezogen wird, insgesamt jedoch die Medienprodukte der Fluchtpunkt der Betrachtung bleiben. Vielmehr rückt die Frage in den Mittelpunkt, wie vielfältige Texte als Manifestationen von Diskursen zur Produktion von bestimmten Formen des Wissens beitragen. Dabei wird Wissen als kein Bereich der ‚Objektivität‘ verstanden, sondern Wissensformen bezogen auf soziokulturelle Auseinandersetzungen betrachtet. Das Verhältnis von den Leuten und dem Machtblock wird nun also als eine Auseinandersetzung um Wissen konzeptionalisiert, wobei Fiske korrespondierend zu der Unterscheidung dieser beiden ‚Kräfte‘ offizielle und populäre Formen des Wissens differenziert. Populistische Medien werden als zwischen beiden Wissensformen vermittelnde Instanzen gedacht.

Exemplarisch macht Fiske diesen Zusammenhang an den Diskursen um den **Körper** von Elvis Presley nach dessen Tod deutlich. Wie Foucault geht Fiske davon aus, dass sich verschiedene Formen von Wissen in Körpern ‚einschreiben‘, und damit auch Macht und Kontrolle:

„Der Körper ist der Ort, an dem Kontrolle und Macht wesentlich werden: Was sonst bloße Abstraktionen sind, wird hier zur Materie, soziohistorische Strukturprinzipien werden in gelebte Erfahrung umgewandelt." (Fiske 1999a: 339)

Im Falle von Elvis Presley wurde nun dessen Körper nach seinem Tod auf ein ‚offenes Feld‘ der diskursiven Auseinandersetzung um kulturelle Bedeutung

‚geworfen': Während der lebendige Körper noch einen „rechtlichen Besitzer" hatte, wurde die Besitzfrage nach dem Tod Presleys ungleich komplizierter, indem unterschiedliche Personen und Institutionen (staatliche Einrichtungen mit ihren Autopsien, Verwandte und Angehörige mit ihren Augenzeugenberichten und Fans mit ihren parapsychologischen Erfahrungen) den Körper des toten Presley als materiellen Bezugspunkt für verschiedene Diskurse der Produktion von Wissen nahmen. Hierdurch wurde Presleys „Körper ein umstrittener und widersprüchlicher Text, in dem der Kampf um die Kontrolle über sein Leben sichtbar wird" (Fiske 1999a: 339). Weniger metaphorisch formuliert wird der Körper zum Kennzeichen der Presley zugesprochenen Identität und das Wissen um den Körper zum Mittel, diese Identität zu kontrollieren.

Fiske sieht nun drei Diskurse als bei der **Produktion von Wissen** um den Körper Elvis Presleys virulent an, erstens den offiziellen, wissenschaftlichen Diskurs, zweitens den populären, alltagskulturellen Diskurs und drittens den medienpopulistischen Diskurs. Der offizielle, wissenschaftliche Diskurs und das durch ihn konstituierte Wissen zirkuliert unter den Mitgliedern des Machtblocks, die ihm seine Geltung verleihen. Sein Wissen, das im Autopsiebericht zum Tod Presleys Ausdruck findet, wurde durch wissenschaftliche Instrumentarien produziert und ratifiziert, also Methoden, die nur denen zugänglich sind, die in Institutionen des Machtblocks ausgebildet wurden. Hierdurch hat das Wissen eine ‚Einstimmigkeit', d.h. es braucht sich dank seiner Machtposition das eigene Verhältnis zu anderen (schwächeren) Wissensformen nicht einzuschreiben. Dem gegenüber steht der populäre Diskurs, der sich mit seinen Wissensformen nicht im offiziellen, wissenschaftlichen Diskurs repräsentiert sieht, da dieser Erfahrungen, wie sie Fans mit Elvis Presley gemacht haben, wie sie ihn gesehen, gehört und gefühlt haben, keinen Raum gibt. Solche Wissensformen sind ungleich ‚schwächer' als der offizielle Diskurs, was nicht zuletzt daran ersichtlich ist, dass sie offizielles Wissen (beispielsweise die Befunde des Autopsieberichts) in ihr Wissen über Elvis einbauen. Das Beispiel des Autopsieberichts macht aber deutlich, dass dies nicht eins-zu-eins geschieht, sondern mit Umdeutungsprozessen verbunden ist: Die Befunde des Berichts werden als Hinweise darauf gedeutet, dass Elvis immer noch lebt und der offensichtlich kranke, tote Körper einer anderen Person gehört hat. Gewissermaßen zwischen beiden Diskursen mit ihren Wissensformen steht der medienpopulistische Diskurs, der ständig bestrebt ist, „den Unterschied vom Populären zum Offiziellen zu überbrücken, wobei er mal in die Richtung des einen mal in die Richtung des anderen schweift" (Fiske 1999a: 344).

Pointiert formuliert geht es Fiske darum zu zeigen, wie auf der einen Seite Formen des offiziellen Wissens als instrumentelles, machtvolles Wissen bestehen, das in einer „Rhetorik der Objektivität" (Fiske 1999a: 346) Wahrheit produziert, auf der anderen Seite Formen des populären Wissens, das heteroglott, abergläubisch, temporär, zufällig und performativ ist und keine Wahrheit, sondern eher Unglauben gegenüber der Singularität der offiziellen Wahrheit artikuliert. Im Mittelpunkt einer solchen Untersuchung steht nicht mehr die Polysemie von Medientexten, denn vielmehr der Diskurs in seiner wissensproduzierenden und wirklichkeitsdefinierenden Funktion. Die zentrale Stellung, die in früheren Publikationen Fiskes und anderer Vertreterinnen und Vertreter der Cultural Studies die Kategorien der Polysemie und der Offenheit haben, wird nun von der des Diskurses eingenommen. Eine an Foucault orientierte Diskursanalyse geht mit einer Interessensverschiebung von einer wenn auch in hohem Maße kontextualisierten Textanalyse hin zu einer Analyse von soziokulturellen Prozessen der Produktion von Wissen und der medialen Repräsentation von Wirklichkeitsdefinitionen einher, wobei es gilt, den Einfluss verschiedener sozialer Institutionen dabei zu berücksichtigen.

Ein zweiter zunehmend an Raum gewinnender Ansatz der Analyse von Medienprodukten im Rahmen der Cultural Studies ist die **Historisierung der Produktanalyse**. Wiederum soll dieser Zugang an einem Beispiel veranschaulicht werden, um sein Potenzial exemplarisch aufzuzeigen, nämlich an Lynn Spigels (1992) Studie *Make Room for TV*. Die Autorin versteht ihre Untersuchung als eine „Kulturgeschichte des amerikanischen Fernsehens", die auf seine Etablierung in der häuslichen Welt nach dem Zweiten Weltkrieg fokussiert ist. Diese Phase ist nach ihren Überlegungen durch einen Transformationsprozess gekennzeichnet, in dem sich die primäre Situierung von Zuschauerinnen- und Zuschauer-Vergnügen vom öffentlichen Raum des Filmtheaters zum privaten Raum des Zuhauses verlagert. Das Material, auf das sich die Arbeit stützt, sind nicht nur Fernsehsendungen, sondern auch historische „sekundäre Texte" über Fernsehen, konkret Artikel aus Frauen- und Haushalts-Zeitschriften, Werbungen von Fernsehgeräteherstellern, Zeitungsartikel, das Fernsehen thematisierende Filme und damalige Wirkungs- und Nutzungsstudien von Fernsehen, die aufgrund ihrer Widersprüchlichkeit und ihres mitunter problematischen Forschungsdesigns aus heutiger Perspektive eher den Stellenwert von Quellen bezüglich des damaligen akademisch-szientistischen Diskurses über Fernsehen haben als den Status heute noch zitierbarer Studien. Ziel von Spigels historischer Arbeit ist es herauszuarbeiten, warum einerseits das Fernsehen als Medium in der Nachkriegszeit zugleich in so umfassender Weise den Fokus sowohl der Hoffnungen als auch Ängste bezüglich kultureller Entwicklung repräsentierte, wie das Fernsehen andererseits in der kurzen Zeit von gut zehn Jahren zu einem solch dominierenden Medium werden konnte. Es geht ihr demnach um eine historische Analyse der Regeln von Diskursen über Medientechnologie und Freizeitvergnügen, innerhalb derer sich das neu aufkommende Medium lokalisieren musste und die es gleichzeitig beeinflusste.

Basierend auf einer Betrachtung des weiteren historischen Kontextes häuslicher Freizeitaktivitäten und Regeneration vom 19. Jahrhundert bis zum Zweiten Weltkrieg befasst sich Lynn Spigel mit den zentralen Themen von Diskursen über Fernsehen in der amerikanischen Nachkriegszeit, insbesondere in Bezug auf den „Familienkreis" (Spigel 1992: 36-72). Dabei kann sie zeigen, dass das Fernsehen sowohl als „vereinigende" als auch als „teilende" Kraft konzeptionalisiert wurde. Zum Teil wurde es begrüßt als ein Medium mit dem Potenzial, die Familie ‚zusammenzubringen'. In Werbeanzeigen amerikanischer Hausfrauen-Zeitschriften wurde das Fernsehen bereits kurz nach Ende des Zweiten Weltkriegs als das „Medium der Familie" stilisiert, wobei die Familie in diesem Diskurs die idealtypische Gestalt der Harmonie annimmt (Spigel 1990: 78). Diese Werbungen legen nahe, dass das Fernsehen als ein Katalysator für eine ‚Rückkehr' in eine idealisierte Welt häuslicher Liebe und Gefühle dienen konnte. Ein solcher Diskurs korrespondiert mit bestehenden amerikanischen Idealen der häuslichen Welt und fügt sich ein in das neue vorstädtische Familien-Ideal, das nach der Weltwirtschaftskrise und dem Zweiten Weltkrieg aufkommt. Dieses Ideal des eigenen, beschützten Hauses als Lebensmittelpunkt der Kleinfamilie im städtischen Vorort, wie es sich im Schlagwort des „Suburbia" manifestiert, verspricht Menschen Sicherheit und Stabilität, die zwei Jahrzehnte sozialer und kultureller Zerwürfnisse erlebten. Gerade während des Zweiten Weltkriegs verlor durch die Trennung der Männer als Soldaten von ihren Familien und den damit verbundenen Zwang für die Frauen – wie den damit verbundenen emanzipatorischen Möglichkeiten –, innerhalb der Familie Teile der traditionell männlichen Rolle zu übernehmen, die klassische Form des Familienlebens an Stellenwert. In diesem soziokulturellen Klima war das Fernsehen als ein ‚Medium der Erneuerung häuslicher Werte' in konservativen Kreisen höchst willkommen. Und Adressierte solcher Diskurse über Fernsehen waren insbesondere Frauen, denen eine spezifische Rolle bei der Gestaltung der häuslichen Welt zugesprochen wurde.

Diesen eher ‚instrumentalisierenden' Diskursen über Fernsehen in seiner Anfangszeit standen aber von Beginn an ‚ablehnende' gegenüber. In diesen wurde Fernsehen gerade im Gegenteil als Gefährdung des Familienkreises angesehen. Das Fernsehen wurde als ein Medium dargestellt, das die traditionellen Muster des Familienlebens zerstört – ebenso wie die genderbasierten Ideale der häuslichen Arbeit. Entsprechend verwundern Artikel in Frauenmagazinen auch nicht, in denen vor dem zerrüttenden Einfluss von Fernsehen auf das Management häuslicher Arbeit gewarnt wird. Ähnlich wurde das Fernsehen innerhalb solcher Diskurse nicht im positiven Sinne als „Fenster zur Welt" konzeptionalisiert, sondern als Gefahr gesehen, insofern das Fernsehen als „Familien-Theater" traditionelle Formen des Gemeinschaftslebens substituiert und zu einer Homogenisierung kultureller Erfahrung beiträgt.

Durch die Breite ihrer Quellen und die Fokussierung auf den soziokulturellen, häuslichen Kontext von Fernsehen gelangt Spigel in ihrer Studie zu einer Geschichte der Anfangszeit des amerikanischen Fernsehens, die die engen Grenzen traditioneller Mediengeschichten überwindet, die sich primär auf Sendungs- und Gattungsgeschichte, Rundfunkordnungspolitik und technologische Entwicklung konzentrieren. Entsprechend geht es bei ihrer Untersuchung um eine Medienkulturgeschichte als Diskursgeschichte, wobei der Kernpunkt ihres Ansatzes das Konzept einer **dialogischen Beziehung** zwischen Kommunikationstechnologie und Kultur ist (Spigel 1992: 3). Kommunikationstechnologien wie Radio, Fernsehen und Computer prägen einerseits die Kultur in einem nachhaltigen Sinne, andererseits ist der Umgang mit und die Aufnahme von solchen Kommunikationstechnologien durch kulturspezifische Diskurse vermittelt, wodurch Kommunikations-Technologien nicht als etwas ‚von außen' an die Kultur Herangetragenes erscheinen, sondern als ihr inhärenter Teil. Dies verweist auf ein in der Mediengeschichte immer wieder zu findendes, kulturelles Muster:

„Charakteristisch ist hier, dass die diskursiven Kategorien des Denkens über neue Technologien und deren Implementierung im Alltagsgebrauch auf bekannte Themen zurückgreifen. Durch ihre Fähigkeit, die Welt außerhalb in die häusliche Welt zu bringen, versprechen elektronische Medien die Natur zu domestizieren, indem sie der Privatperson die Möglichkeit geben, imaginär in die Welt hinauszureisen, während sie oder er in der Bequemlichkeit der häuslichen Welt zurückbleibt. […] Auf diese Weise dienen Vorstellungen einer demokratischen Zugänglichkeit – ein domestiziertes Ideal, an dem wir alle Gefallen finden – immer noch dazu, Voraussagen über neue Kommunikationstechnologien zu strukturieren, Voraussagen, die utopische Alternativen durch ein konsensorientiertes Modell des sozialen Fortschritts versprechen." (Spigel 1992: 182f.)

Dieses Zitat macht den Kernpunkt der medienkulturgeschichtlichen Analysen von Spigel deutlich: Es geht ihr letztendlich darum, umfassende diskursive Muster in ihrer jeweiligen historischen Ausformung zu beschreiben, die den Umgang mit neu aufkommenden Technologien prägen. Bestimmte Medienprodukte dienen nur als Ausgang für eine Analyse. In diesem Sinne ordnet sich Spigels Ansatz der Mediengeschichte als Kulturgeschichte in die weiteren am Foucaultschen Diskursbegriff orientierten Studien der Cultural Studies ein, allerdings mit der Spezifik einer historischen Fokussierung der Analyse.

Als dritte Tendenz kann man die einer stärkeren Kontextualisierung der Produkt- und Produktionsanalysen in einer Betrachtung von umfassenden **Kulturpraktiken** wie der des populären Journalismus ausmachen. Dafür stehen exemplarisch die Arbeiten von John Hartley, der sich bereits früh in dem Buch *Understanding News* (1982) mit populären Nachrichten in Fernsehen und Print befasst hat. Diesen Zugang entwickelt Hartley in *Popular Reality: Journalism, Modernity, Popular Culture* weiter, wo er „eine umfassende Theorie über die Funktionen des Journalismus in der modernen Mediengesellschaft" (Renger 2009: 230; siehe auch Renger 2000 und Renger 2004) entwickelt. Den Kern bildet dabei ein Verständnis von Journalismus, nach dem dieser die herausgehobene „sinnstiftende Praxis der Moderne" (Hartley 1996: 31) ist. Journalismus ist für Hartley entsprechend nicht fassbar im Hinblick auf bestimmte journalistische Institutionen (beispielsweise Zeitungen und deren Redaktionen) oder bestimmte journalistische Inhalte. Vielmehr ist er insgesamt als ein „textuelles System" (Hartley 1996: 30) zu beschreiben. Als solches ist der Journalismus fest mit der Moderne verbunden:

> „[…] man kann argumentieren, dass Journalismus als textuelles System einige Charakteristika aufweist, die beschrieben werden können ohne sie zu essenzialisieren. An erster Stelle unter diesen steht seine *Modernität*. Journalismus ist *die* sinnstiftende Praxis der Moderne (die Voraussetzung) und der Popularisierer des Modernismus (die Ideologie); er ist ein Produkt und ein Beförderer des modernen Lebens, und ist unbekannt in traditionalen Gesellschaften. Je ‚moderner' sein Kontext ist, desto intensiver ist Journalismus; er gedeiht am besten in urbanen, entwickelten, industriellen und post-industriellen Kontexten; seine dichtesten und exotischsten Blüten bestehen, wo Bildung, Wohlstand und soziale Differenzierung am höchsten sind, wo kompetitive, individualisierte Lebensstile am entwickeltsten sind." (Hartley 1996: 33; Herv. i.O.)

An diesem Zitat wird sehr gut das umfassende Verständnis von Journalismus als Kulturpraxis greifbar, das Hartley entwickelt. Ein *populärer* Journalismus ist der gegenwärtige deswegen, weil er auf Menschen zielt, die fest in heutige Populärkulturen eingebunden sind. Wichtig um Hartleys Zugang zum **populären Journalismus** zu verstehen, ist, dass er nicht einfach auf Ebene der Rezeption und Aneignung argumentiert, sondern wiederum das gesamte „textuelle System" der journalistischen Praxis im Blick hat. So betont er, dass „Öffentlichkeiten und Konsumierende nicht einfach Menschen sind, die passiv irgendwo draußen warten, um etwas zu konsumieren" (Hartley 1996: 47). Vielmehr werden sie selbst in dem „textuellen System" des Journalismus reflektiert und produziert, indem sie in der kulturellen Produktion und damit auch den journalistischen Texten antizipiert werden: „sind werden *als* Konsumierende und Öffentlichkeiten zum Leben erweckt durch den Prozess der kulturellen Produktion als solcher" (Hartley 1996: 47).

Ausgehend von diesem Grundverständnis legt Hartley dann eine Analyse des populären Journalismus vor, deren Zentrum die Betrachtung von drei unterschiedlichen **Kommunikationssphären** ist: der Sphäre der Öffentlichkeit („public sphere"), der Mediensphäre („mediasphere") und der Semiosphäre („semiosphere"). Alle drei Sphären stehen analytisch gesehen in Beziehung zueinander. Sie sind – wie es Hartley metaphorisch ausdrückt (Hartley 1996: 78) – wie russische Puppen ineinander geschachtelt: Die größte Puppe ist die kulturelle Semiosphäre, die nächst kleinere die Mediensphäre und die kleinste die politische Sphäre der Öffentlichkeit.

Das Konzept der Semiosphäre entlehnt Hartley den Überlegungen des russischen Semiotikers Yuri Lotman (1990) und fasst hierunter den geteilten, gleichwohl in sich hoch differenten semiotischen Raum einer bestimmten Kultur, der als Voraussetzung für das Funktionieren von Sprache und Kommunikation angesehen werden kann. Die Mediensphäre ist in dieser allgemeinen Semiosphäre der Bereich der technisch vermittelten Kommunikation – eine Sphäre, die „„mehr als Öffentlichkeit" (Hartley 1996: 79) umfasst und auch andere Formen medienvermittelter Kommunikation denn (politischen) Journalismus einschließt (beispielsweise Musik, Drama oder die visuellen Künste). Gleichwohl ist Journalismus für moderne Politik entscheidend, indem beide in einer engen Beziehung zueinander stehen. So habe die journalistische Vermittlung von Öffentlichkeit determinierende Effekte darauf, wie politische Fragen präsentiert und sozial aufgenommen werden. Und umgekehrt sei Journalismus – zumindest in seinen politischen Komponenten – das Produkt modernisierender politischer Energien. Deswegen bedarf die Sphäre der Öffentlichkeit einer besonderen Untersuchung.

Eine solche kontextualisierende Betrachtung der Kulturpraxis des Journalismus über die verschiedenen Kommunikationssphären hinweg ermöglicht es Hartley dann, die Entwicklung des (populären) Journalismus von der Französischen Revolution bis zum Ende des 20. Jahrhunderts anhand von ausgewählten Beispielen zu analysieren. Hierbei macht er im populären Journalismus eine Veränderung des Umgangs mit dem Politischen aus, die in einen „postmodernen politischen Journalismus" (Hartley 1996: 128) mündet. Mit einer zunehmenden Entwicklung der Mediensphäre hin zu einer kommerziell orientierten Medienproduktion wandelt sich die Grenzziehung des Politischen. Es geht beispielsweise in Artikeln über Nelson Mandela in der *Vogue* weniger um die Logik der Kritik seines politischen Handelns, sondern um seine Schönheit und Ästhetik. Das Politische wird über Fragen eines bestimmten Stils verhandelt, über eine bestimmte „Ästhetisierung radikaler Politik" (Hartley 1996: 130), was als kennzeichnend für die gegenwärtige „popular reality" angesehen werden kann.

In dem Buch von John Hartley – wie auch in anschließenden, wieder stärker auf das Fernsehen bezogenen Publikationen (Hartley 2007, Hartley 1999) – wird eine Vielzahl von Beispielen für populären Journalismus analysiert. Dabei sind Hartleys Ergebnisse nicht zuletzt aufgrund seiner Zugangsweise sehr vielschichtig. Denn er wendet in seinen Veröffentlichungen „eine spezifische Montagetechnik zur Sichtbarmachung komplexer Zusammenhänge an" (Renger 2009: 225), für die neben einem sprachkreativen Stil der Einbezug vielfältigen historischen und gegenwärtigen (Bild-)Materials kennzeichnend ist, weswegen die Einzelstudien einen mitunter ‚überquellenden' Eindruck hinterlassen. Trotz dieses individuellen Stils können die Untersuchungen von Hartley insofern als charakteristisch für die aktuelle Entwicklung der Text- und Produktanalyse der Cultural Studies angesehen werden, als sie auf einen Zugang zu populärem Journalismus verweisen, der gewissermaßen ‚zwischen' John Fiskes an Foucault orientierten Diskursanalysen und Lynn Spigels historischer Untersuchung liegt: Ihm geht es in historischer wie gegenwärtiger Perspektive um eine integrative Auseinandersetzung mit Journalismus als einer umfassenden Kulturpraxis, deren Produkte und Texte entsprechend Teil eines weitergehenden kulturellen Sinnstiftungsprozesses sind.

In gewissem Sinne verweist ein solches Vorgehen bereits auf die vierte Tendenz bei der Medienproduktanalyse der Cultural Studies – wenn der Ausdruck der Medienproduktanalyse dann überhaupt noch angemessen ist –, nämlich den stärkeren Rückbezug der Analysen wieder auf die kulturelle Zirkulation von Medienkommunikation in ihrer Gesamtheit. Letztendlich war es dieser kommunikationskulturelle Zusammenhang, der von Raymond Williams (Kap. 2.2) oder Richard Johnson (2.6) in den Mittelpunkt ihrer Reflexionen über Medien gerückt wurde und der mit der Kontextualisierung des Textbegriffes bzw. der ‚Abkoppelung' der Aneignungsstudien von der Produkt- und Produktionsanalyse aus dem Blick geriet. Die Sinnhaftigkeit einer Rückbesinnung hierauf zeichnet sich bereits in Stuart Halls späterer Reflexion seines Encoding/ Decoding-Modells ab. So rückt Hall dieses Modell in eine große Nähe zu Richard Johnsons Kreislauf der Kultur, wenn er selbstkritisch formuliert:

„Ich habe einen Fehler gemacht, als ich das verdammte Diagramm nur mit der oberen Hälfte gemalt habe. Wenn man einen Kreislauf beschreibt, dann sollte man auch einen Kreis malen. Ich müsste zeigen, wie das Dekodieren sich in Praktiken und Diskursen niederschlägt, die ein Reporter wieder aufgreift. Der Reporter bezieht sich auf eine bereits mit Bedeutungen versehene Welt, um selbst neue Bedeutungen zu erzeugen. Es ist wirklich problematisch, wenn ich das so darstelle,als gebe es einen bestimmten Moment. Man versteht den Kreislauf leicht so, als gäbe es eine Realität, über die jemand spricht und dann kodiert; dann liest es jemand, und dann sind wir wieder in der Realität. Diese Realität existiert natürlich, aber nicht außerhalb des Diskurses und der Bedeutungsproduktion. Sie ist Praxis und Diskurs wie alles andere auch." (Hall 2004: 90)

Diese Selbstkritik führt zu einer Weiterentwicklung der in den Cultural Studies seit den 1980er Jahren bestehenden Überlegungen zum Kreislauf der Kultur, die Stuart Hall zusammen mit Kolleginnen und Kollegen dann in dem Band *Doing Cultural Studies – The Story of the Sony Walkman* (du Gay et al. 1997) vorlegt, der die Auftaktpublikation des Kurses D318 „Culture, Media and Identities" der Open University ist. Unter Fortführung der Argumente von Richard Johnson schlagen Paul du Gay, Stuart Hall, Linda Janes, Hugh Mackay und Keith Negus ein erweitertes Zirkulationsmodell von Kultur vor (Abbildung 12). Die Metapher des **Kreislaufs der Kultur** („circuit of culture") soll verdeutlichen, dass eine kulturtheoretisch orientierte Medienanalyse zumindest fünf Aspekte berücksichtigen sollte: (1.) Produktion als ein Artikulationsmoment, das die Strukturen, Praktiken und Prozesse der ‚Hervorbringung' von Kulturprodukten fasst; (2.) Repräsentation als ein Artikulationsmoment, das die ‚Darstellung' von Kultur in Kulturprodukten bezeichnet; (3.) Konsumption als ein Artikulationsmoment, das das ‚Sich-Zu-Eigen-Machen' von Kultur im Prozess des Konsums charakterisiert; (4.) Identifikation als Moment der (fortlaufenden) Artikulation von Identität auf Basis vermittelter kultureller Muster und Diskurse; (5.) und schließlich Regulation als Artikulationsmoment der Einflussnahme nichtproduzierender Institutionen und Formationen (bspw. Politik) auf Kultur. Über diese fünf Momente der Artikulation von Kultur hinweg ist die Metapher des Kreislaufes geeignet, deren Interdependenz zu fassen:

„Es ist egal, an welcher Stelle man in dem Kreislauf beginnt, da man ihn einmal durchlaufen haben muss, bevor eine Untersuchung abgeschlossen ist. Hinzu kommt, dass jeder Teil des Kreislaufes im nächsten Teil aufgegriffen wird und dort wieder in Erscheinung tritt. Wenn man beispielsweise mit *Repräsentation* begonnen hat, ist die Frage von Repräsentation auch ein Element des nächsten Teils, in dem Fall der Konstruktion von *Identitäten*. Und so weiter. Wir haben diese Teile des Kreislaufs als verschiedene Sektionen unterschieden, aber im wirklichen Leben überschneiden und verschränken sie sich fortwährend auf komplexe und kontingente Weise. Dennoch sind sie die Elemente, die zusammen genommen das ausmachen, was wir mit dem auf ein bestimmtes Objekt bezogenen Durchführen einer ‚Kulturstudie' meinen." (du Gay et al. 1997: 4; Herv. i. O.)

Abbildung 12:   *Der Kreislauf von Kultur*

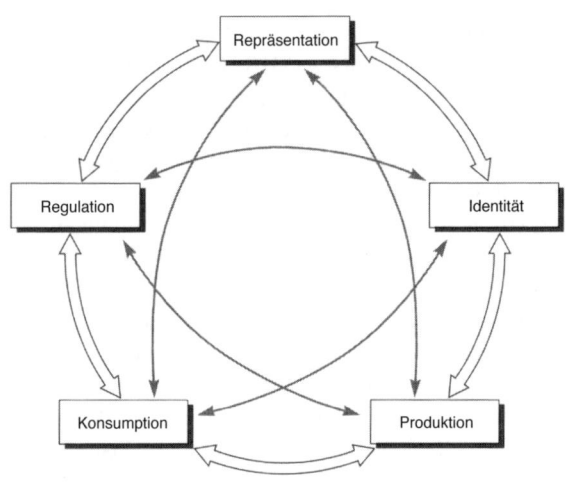

Quelle: du Gay et al. 1997: 3

Paul du Gay et al. (1997) haben ein solches Vorgehen exemplarisch in der „Story des Sony Walkmans" verdeutlicht. So entstand der Walkman in einer spezifischen Produktionskultur („culture of production"), nämlich der des Sony-Konzerns, der in sich hochgradig differenziert ist, indem er verschiedene Produktionsbereiche von ‚Hardware' (Kassetten- und Videorecorder, Kameras, etc.) und ‚Software' (bespielte Musikkassetten, Videos, CDs etc.) umfasst, die jeweils durch andere Praktiken der Kulturproduktion geprägt sind (Negus 1997). Der Walkman ist als kulturelles Phänomen aber nicht ausschließlich über eine Analyse seiner zwar industriellen, hochgradig differenzierten Produktionskulturen zu erfassen, sondern erschließt sich erst, wenn man seine Nutzung und die Bedeutungen, die er repräsentiert, in die Betrachtung mit einbezieht.

Zu Beginn der Entwicklung des Walkmans konnten sich die Produzierenden in öffentlichen Räumen keinen rein privaten Musikkonsum einzelner Subjekte als eine übliche Aneignungspraxis von Musik vorstellen und konstruierten das Vorläufer-Modell des Walkmans mit zwei Kopfhörerausgängen als mobile, aber dennoch kollektiv nutzbare Technologie. Dies wird ebenfalls an der Repräsentation dieser Vorstellungen in den ersten Werbungen für den Vorläufer des heutigen Walkmans deutlich, bei denen beispielsweise ein verliebtes Paar sich wechselseitig in die Augen sah, während es gemeinsam Musik hörte. Solche Repräsentationen entsprachen aber eher den Erwartungen der Produzierenden denn den in vielen Nutzungskontexten präferierten Nutzungspraktiken, in denen die Nutzerinnen und Nutzer den Walkman als ‚persönliche Technologie' ansahen: Der Walkman schien ihnen dafür geschaffen zu sein, jederzeit die selbst präferierte Musik hören zu können, um sich so aus dem kollektiven Fluss in öffentlichen Räumen ‚auszuklinken' (siehe auch Bull 2000, Bull 2006, Bull 2007). Diese Nutzungspraktiken hatten dann Rückwirkungen auf das Produkt, indem der Walkman in seiner weiteren Entwicklung nicht nur kleiner wurde, sondern auch nur noch über einen Kopfhörerausgang verfügte. In der Folge bot die Werbung für den Walkman Anknüpfungspunkte für die Artikulation unterschiedlicher Identitäten an, angefangen über Identitäten einer ‚mobilen, sich in Bewegung befindenden Jugend(lichkeit)' (wobei hier verschiedene jugendkulturelle Stile in den Werbungen aufgegriffen wurden) bis hin zu einem distinguierten, sich gegenüber ‚einfacheren Geschmäckern' abgrenzenden Gebrauch. Auffallend bei einem global vermarkteten Produkt wie dem Walkman ist, dass solche Identitätsangebote von einem kulturellen Kontext zum anderen variieren, es also die kontextfreie und Kulturen übergreifende Bedeutung des Walkmans nicht gibt. Schließlich ist der Walkman in einen bestimmten Regulationszusammenhang eingebunden: Die kulturelle Bedeutung des Walkmans ist darin zu sehen, dass er als Technologie die zunehmende regulative Auflösung privater und öffentlicher Sphären greifbar macht. Während in den 1960er und 1970er Jahren der Raum des individuellen Musikkonsums klar das Private gewesen ist, wird durch den Walkman der private Musikkonsum in öffentlichen Räumen möglich.

Dieses an der Skizze des Beispiels des Sony Walkmans deutlich gemachte Kreislaufmodell von Kultur kann als der bisher differenzierteste, integrative Ansatz der Medienanalyse in den Cultural Studies angesehen werden. Zwar bildet ein Produkt – im Fallbeispiel der Walkman – den Ausgangspunkt der Betrachtung. Jedoch wird in dem Modell die Kontextualisierung des Produktbegriffes wirklich ernst genommen, indem das Medienprodukt nicht nur als offener Text oder in seinen diskursiven Repräsentationen beschrieben wird, sondern auch Produktionskulturen und Aneignungsprozesse miteinbezogen werden. Diesen Ansatz haben die folgenden Bände der Reihe „Culture, Media and Identities" weiter ausdifferenziert für die Bereiche der kulturellen Repräsentation (Hall 1997b), der Konstruktion von Identität und Differenz mittels Medien (Woodward 1997), der Produktionskulturen bzw. der Produktion von Kultur (du

Gay 1997), des im Alltag lokalisierten Medienkonsums (Mackay 1997) und der Prozesse der kulturellen Regulierung (Thompson 1997b).

Es ist nicht möglich, alle in den letzten zehn Jahren entstandenen Medienanalysen der Cultural Studies zu diskutieren, die durch eine Erweiterung des Blickwinkels gekennzeichnet sind, die mit der Diskursanalyse, Historisierung, (Re-)Kontextualisierung von Kulturpraktiken bzw. dem Kreislauf der Kultur einhergehen. Deren Zahl würde den Raum dieses Buchs sprengen. Für einen Überblick der aktuellen Entwicklungen sei entsprechend einmal mehr auf die Programme der *Crossroads in Cultural Studies*-Tagungen verwiesen. Gleichwohl möchte ich abschließend anhand weniger exemplarisch herausgegriffener Arbeiten deutlich machen, wie sich die **Erweiterung des produktanalytischen Blickwinkels** der Cultural Studies gegenwärtig konkretisiert.

So hat eine Beschäftigung mit kultureller Produktion durch die Diskussion um den „circuit of culture" einen nachhaltigen Schub erfahren. Dies wird beispielhaft an der Auseinandersetzung mit dem Status von Kulturvermittlern („cultural intermediaries") – vereinfacht formuliert: Arbeitenden in der Medien- und Kulturbranche – greifbar. Ein entsprechendes Themenheft der Zeitschrift *Cultural Studies* wurde von Simon Nixon und Paul du Gay (Nixon/du Gay 2002: 495) mit der polemischen Frage eingeleitet, wer Kulturvermittler bräuchte. Mit dieser Frage greifen sie die eher kritische Darstellung von Kulturvermittlern in der weiteren Öffentlichkeit wie auch der Forschung auf (beispielsweise Bourdieu 1987) und argumentieren, dass in Abgrenzung dazu eine fundierte Beschäftigung mit deren Stellung notwendig ist, wenn man sich adäquat mit gegenwärtigen Medienkulturen befassen möchte. Gerade Kulturvermittler machten die Beziehung zwischen Produktion und Konsum in deren Wechselverhältnis greifbar (Nixon/du Gay 2002: 498). Dieses Wechselverhältnis wird in dem Themenheft dann diskutiert, u.a. für die Musikindustrie (Negus 2002b; siehe auch Negus 2002a), die Werbung (McFall 2002) oder die sogenannte Kreativbranche (McRobbie 2002; siehe auch Baldauf 2009). Solche Untersuchungen verweisen direkt auf die Diskussion um Kultur- und Kreativindustrien und deren heutigen Stellenwert (Hartley 2004; Hesmondhalgh 2005; Hesmondhalgh 2007; Miller et al. 2001; Negus 2006).

Ein gänzlich anderes Beispiel für eine Erweiterung des produktanalytischen Blickwinkels betrifft aktuelle Analysen sogenannter „Make-Over-Shows", Formate, die damit operieren, dass ‚gewöhnliche Menschen' in einem Prozess des positiv bewerteten Übergangs begleitet werden: Übergang zu einem ‚besseren Aussehen' („The Swan"), im weiteren Sinne aber auch Übergang zu ‚besserer Gesundheit' („Big Challenge") oder einem ‚aufgeräumteren Zuhause' („Extreme Makeover: Home Edition", dt. „Trautes Heim, Glück allein"). Im

Kern sind die verschiedenen Make-Over-Formate nach dem selben Grundschema aufgebaut (Lewis 2008: 442): Gewöhnlich starten sie mit einem Überraschungsbesuch zuhause oder am Arbeitsplatz des unwissenden Teilnehmers, der oft zur Teilnahme durch Freunde, Bekannte oder seine Familie ‚nominiert' wurde. Die ‚Defizite' des Teilnehmens – in welchem Gebiet auch immer – werden durch die in der Show beteiligten Experten diagnostiziert. Der Teilnehmer wird dann, angeleitet von den Experten der Show, einem „transformativen neuen Lebenstil-Regime" (Lewis 2008: 442) unterzogen, bevor er nun in welcher Form auch immer geändert in einer „Enthüllung" (Lewis 2008: 442) präsentiert wird. Die Untersuchungen zu diesen Shows weisen darauf hin, dass durch sie Modelle der Lebensführung präsentiert werden, in denen der Einzelne bzw. die Einzelne die Verantwortung für die eigene Lebensgestaltung zugewiesen bekommt – letztlich „neoliberale" (Ouellette/Hay 2008) oder doch zumindest hochgradig „reflexive" (Redden 2008) Identitätskonstruktionen in Zeiten fortschreitender Individualisierung. Die Kernaussage der verschiedenen Shows ist entsprechend die der Unhintergehbarkeit einer individuellen Verantwortung für die eigene Lebensführung.

Die Beispiele der Forschung zu Kulturvermittlern und Make-Over-Shows machen deutlich, dass die „Revisionismus-Debatte" mit der Erweiterung des produktanalytischen Blickwinkels in den Cultural Studies produktiv überwunden wurde. Über Diskursanalyse, Historisierung, Kontextualisierung in umfassenden Kulturpraktiken und den Kreislauf der Kultur kam es zu einer Revitalisierung des kritischen Ansatzes der Cultural Studies. Im Vordergrund der Produkt- und Produktionsanalyse steht gegenwärtig tendenziell eine kritische Untersuchung, die Medienprodukte als Manifestationen einer umkämpften Medienkultur in ihrer Gesamtheit begreift. Dabei werden die Ränder zwischen den Medienanalysen der Cultural Studies und einer kritischen Kommunikations- und Medienwissenschaft gleichwohl unschärfer, ein Punkt, auf den nach der folgenden Betrachtung der Aneignungsforschung einzugehen ist.

Weiterführende Literatur: Curran/Morley 2006b; Fiske 2001; du Gay et al. 1997; Hesmondhalgh 2007

5 Aneignungsforschung: Soziokulturelle Lage und Ethnografie

Die Medienanalysen der Cultural Studies sind in den letzten Jahren international und im deutschen Sprachraum insbesondere durch die im Rahmen dieses Ansatzes entstandenen Rezeptionsstudien bekannt geworden. Nicht zuletzt aus diesem Grund, aber auch aufgrund der Vielschichtigkeit der Rezeptionsforschung der Cultural Studies möchte ich diesen Studien ein separates Kapitel widmen. Charakteristisch für die Forschung der Cultural Studies in diesem Bereich ist, dass sie sich am ehesten als Aneignungsforschung begreifen lässt (zum Begriff der Aneignungspraktik vgl. Kap. 2.5 sowie Hepp 1998: 33-45; Hepp 2005, zur weiteren Diskussion Hasebrink 2003 und Krönert 2009). Gemeinsam ist den verschiedenen Studien der Cultural Studies in diesem Feld, dass sie davon ausgehen, dass die Nutzung von Medien kein Prozess der ‚Übernahme‘ von oder ‚Assimilation‘ an bestimmte Medieninhalte ist – wie es traditionell mit dem Ausdruck **Rezeption** gefasst wird –, sondern ein Vorgang des ‚Sich-Zu-Eigen-Machens‘ der Medieninhalte. Dieser Prozess ist nicht mit eindimensionalen Wirkungskonzepten wie dem des ‚Stimulus-Response-Ansatzes‘ beschreibbar, ebenso wenig aber mit aktivistischen Konzepten von ‚Gratifikation‘. Vielmehr handelt es sich bei dieser **Aneignung** von Medieninhalten um einen Vermittlungsprozess zwischen den in spezifischen Diskursen lokalisierten Medieninhalten einerseits und den ebenfalls diskursiv vermittelten, alltagsweltlichen Lebenszusammenhängen der Nutzerinnen und Nutzer andererseits. Zwar ist es sinnvoll, von Rezeption im Sinne von Lesen, (Fern-)Sehen oder Hören in Abgrenzung zum weiteren Gebrauch von Medienprodukten (beispielsweise den Gesprächen über diese) zu sprechen, jedoch ist damit im Sinne der Cultural Studies eine spezifische Form der Aneignung selbst gemeint, indem bereits die Rezeption keine ‚Übernahme‘ von Inhalten darstellt, sondern umfassend alltagsweltlich lokalisiert ist.

Im Weiteren geht es mir darum, die Entwicklung der Aneignungsstudien der Cultural Studies zu skizzieren, wobei dies, wie auch die bisherigen Darstellungen, exemplarisch sein muss: Es ist kaum möglich, alle Untersuchungen in dem Feld gleichwertig vorzustellen. Der Fokus liegt entsprechend einmal mehr auf den Arbeiten, die die Entwicklung in diesem Forschungszusammenhang nachhaltig beeinflusst haben.

5.1 Die Publika von „Nationwide" und Fernsehserien als Ausgangspunkt

Als einer der zentralen Ausgangspunkte der Aneignungsstudien der Cultural Studies kann David Morleys Untersuchung *The Nationwide Audience: Structure and Decoding* gelten. Die Relevanz der Arbeit wird allein an der Vielzahl von Publikationen deutlich, die sich mit ihr als Referenzpunkt für eigene Untersuchungen auseinandergesetzt haben. Ebenso wird die Studie nicht nur in einer Reihe von Forschungsüberblicken der kulturanalytischen, ethnografischen Medienforschung an zentraler Stelle diskutiert (vgl. Moores 1993: 19-22; Nightingale 1996: 64-69), sondern David Morley hat sich im Rückblick selbst mehrfach mit seiner ersten Aneignungsstudie kritisch beschäftigt (Morley 1986, 1992, 1996b bzw. die Neuauflage der von Morley zusammen mit Charlotte Brunsdon durchgeführten *Nationwide*-Studien, Morley/Brunsdon 1999). Was ist nun das Besondere an *Nationwide Audience*, das die Studie zu einem immer wieder diskutierten Bezugspunkt der Rezeptionsforschung der Cultural Studies gemacht hat?

Als zentral kann hier sicherlich gelten, dass die Studie das Encoding/Decoding-Modell Stuart Halls als direkten Ausgangspunkt für eine Aneignungsforschung genommen hat, die in festem Rückbezug zu Produktanalysen steht. *Nationwide Audience* stellt den zweiten Teil eines umfassenden Projektzusammenhangs dar, dessen erste Hälfte mit der bereits diskutierten Untersuchung *Everyday Television: Nationwide* eine umfassende Analyse des Programms ist, dessen Rezeption Morley untersucht (vgl. Kap. 4.2). Virginia Nightingale streicht dies deutlich heraus, wenn sie mit Bezug auf die beiden Arbeiten von „zwei Komponenten" (Nightingale 1996: 64) ein und desselben Forschungszusammenhangs spricht. Während die gemeinsame Studie der beiden zum Ziel hat, das Bedeutungspotenzial und die ideologischen Festschreibungen der Sendung zu untersuchen, hat Morley mit seiner Aneignungsstudie zum Ziel, die „Dekodierungs-Positionen" der Rezipierenden dieser Sendung zu erforschen. Hierdurch – so war die Idee – könnte man am Beispiel einer Sendung zeigen, wie bestimmte (Konsens-)Ideologien innerhalb von Medienprodukten in die alltägliche Sinnwelt der Rezipierenden ‚eingebaut' werden.

Um die genaue Argumentation der Studie einordnen zu können, ist der theoretische Rahmen, in dem David Morley diese verortet, zentral. Am Ausgangspunkt von *Nationwide Audience* steht eine doppelte Kritik, nämlich sowohl eine

Kritik am zum damaligen Zeitpunkt etablierten psychoanalytischen Begriff von Publikum, wie er vor allem in filmanalytischen Ansätzen Anwendung fand, als auch eine Kritik an der zum damaligen Zeitpunkt durchgeführten kommunikationswissenschaftlichen Medienwirkungsforschung. Auch damit greift Morley die Überlegungen Halls auf, ausgehend von denen dieser sein Encoding/Decoding-Modell entwickelte (vgl. Kap. 4.1). Der Fluchtpunkt der Kritik Morleys ist allerdings ein anderer als der von Hall, da Morley einen für eine kulturanalytische Aneignungsforschung geeigneten Begriff des Publikums zu entwickeln sucht.

Morleys Kritik an **psychoanalytischen Ansätzen** der Film- und Medienforschung wie der *Screen*-Theorie richtet sich gegen deren Verständnis des Publikums als ein in das Medienprodukt eingeschriebenes, positioniertes Subjekt (Morley 1980; Morley/Brunsdon 1999). In solchen Ansätzen wird die Aneignung von Medienprodukten auf einer rein psychologischen Ebene lokalisiert, indem davon ausgegangen wird, dass durch die Erzählstruktur eines Textes eine klare Text-Subjekt-Beziehung konstituiert wird, die sich mit universalistischen psychoanalytischen Konzepten – beispielsweise dem Ödipus-Komplex, der Spiegelphase oder dem Phallus-Komplex – fassen lässt. Ein solcher Ansatz geht nach Morley auf mehrfacher Ebene an dem *de facto* Publikum medialer Produkte vorbei. Erstens ist es monokausal und damit unzulässig vereinfachend, den Prozess der Medienaneignung mit Hilfe eines einzigen Mechanismus erklären zu wollen. So spielen bei der Medienaneignung zwar sehr wohl psychische Prozesse eine wichtige Rolle, jedoch können diese nicht gegenüber anderen Zusammenhängen verabsolutiert werden. Zweitens ist es unterkomplex, wenn man davon ausgeht, dass die Medienaneignung ausschließlich durch die Beziehung *eines* Textes/Medienprodukts zu *einem* Subjekt zu beschreiben wäre. Gerade eine detaillierte Betrachtung verschiedener empirischer Beispiele zeigt, dass im Aneignungsprozess die intertextuelle Beziehung des primär rezipierten Medienproduktes zu einer Vielzahl von weiteren Texten und Diskursen von Relevanz ist (vgl. dazu auch Kap. 4.2). Drittens schließlich wehrt sich Morley gegen den Versuch, ein psychologisch konzeptionalisiertes Subjekt von weiteren Kontexten abgelöst betrachten zu wollen. Für ihn sind Subjekte als Individuen nur in ihrer soziokulturellen Situierung fassbar. Insofern tragen für ihn psychologische Ansätze der Medienforschung recht wenig zu einer empirischen Erforschung des Publikums bei.

Mehr Potenzial sieht Morley im Bereich der **kommunikations- und medienwissenschaftlichen Medien(wirkungs)forschung**, deren frühen Studien er aus kulturanalytischer Sicht durchaus bemerkenswerte Aspekte abgewinnen kann. Die folgende Entwicklung der Medienwirkungsforschung beurteilt Morley jedoch als problematisch, indem er einen Prozess der zunehmenden Verengung der ursprünglich breiten Perspektive ausmacht. Die anfänglich differenzierte Beschäftigung mit Medienprodukten wurde zu einer quantitativ orientierten Inhaltsanalyse, die von einer manifesten Bedeutung medialer Produkte ausgeht und eine mehr oder weniger direkte Beziehung zwischen Medieninhalt- und -wirkung postuliert. Ähnliche Konzepte direkter Relationierung haben für ihn die unterschiedlichen quantitativen Studien der Wirkungsforschung, die mittels standardisierter Befragungen mehr oder weniger direkte Folgen von Medienkommunikation erforschen wollen. Wie für Hall stellt aber der Uses-and-Gratifications-Approach für Morley ebenfalls einen nicht akzeptablen Reduktionismus dar, da er mit seiner Fixierung auf die funktionalen Aspekte individueller Mediennutzung eher ein psychologisches denn ein soziologisches Beschreibungsmodell ist. Der Einfluss soziokultureller Faktoren von Medienaneignung bleibt so unterbelichtet. Ein ähnliches Problem sieht Morley bei Ansätzen des interpretativen Paradigmas wie beispielsweise der Ethnomethodologie, der es durch ihre Untersuchungen zwar gelingt, zentrale Aspekte der Wirklichkeitskonstitution auf Mikroebene herauszuarbeiten, bei der letztendlich jedoch Prozesse auf übergeordneter Ebene wie die Rolle von Macht oder sozialer Klasse in der Medienkommunikation aus dem Blick gerät.

Zwar ist dieser kritische Abriss der Geschichte der Medienforschung durch David Morley sicher lückenhaft und an manchen Stellen nicht unproblematisch (vgl. Kap. 4.3). Nichtsdestotrotz gelangt Morley in seiner Kritik bestehender Ansätze zu einem reformulierten Begriff von **Publikum**, der bis heute nachhaltig die Aneignungsstudien der Cultural Studies geprägt hat. So formuliert er in Abgrenzung zum Uses-and-Gratifications-Approach:

„Wir müssen grundlegend mit dem Uses-and-Gratifications-Approach brechen, seiner psychologistischen Problematik und seiner Betonung der individuellen Unterschiede der Interpretation. Natürlich wird es immer individuelle, persönliche Lesarten geben, aber wir müssen erforschen, in welchem Ausmaß diese individuellen Lesarten durch kulturelle Muster und Cluster strukturiert werden. Was hier vonnöten ist, ist ein Ansatz, der die Unterschiedlichkeit von Interpretationen rückbindet an die sozioökonomische Struktur der Gesellschaft und zeigt, wie Mitglieder unterschiedlicher Gruppen und Klassen, die unterschiedliche ‚kulturelle Kodes' teilen, eine bestimmte Nachricht unterschiedlich interpretieren, aber nicht auf einer persönlichen, idiosynkratischen Ebene, sondern auf eine systematische Weise, die in Verbindung steht mit ihrer sozio-ökonomischen Position." (Morley 1980: 14f.)

Morley schlägt also einen Begriff des Publikums vor, nach dem sich dieses nicht aus einer Masse atomisierter Einzelner konstituiert, sondern aus einer Reihe „subkultureller Formationen" oder „Gruppierungen", deren Mitglieder bestimmte kulturelle Orientierungen bezüglich der Dekodierung von Medienprodukten teilen. Das Publikum wird als aus einer Reihe von „Clustern sozial situierter individueller Rezipierender" (Morley 1980: 15) bestehend gedacht, deren Lesarten gerahmt werden durch gemeinsam geteilte kulturelle Formationen und Praktiken, die preexistent zur individuellen Mediennutzung sind. In diesem Sinne hat kein Medienprodukt *ein* Publikum, sondern verschiedene Publika.

Abbildung 13:   „Dekodierungen" von „Nationwide"

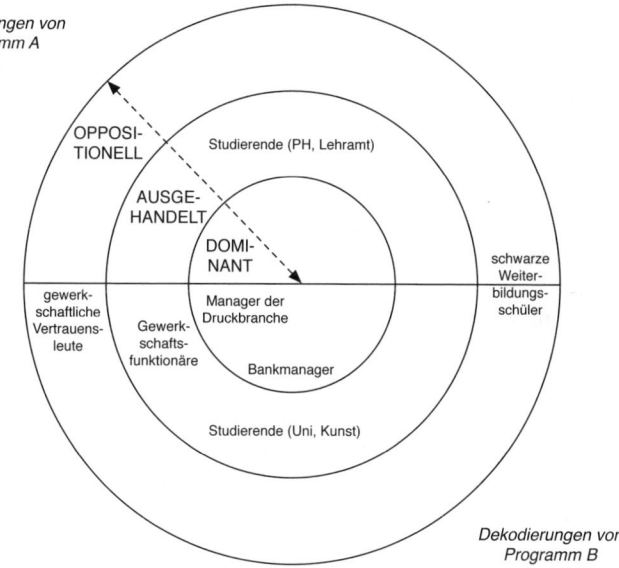

Quelle: Morley 1992: 117

Ausgehend von diesem Publikumsbegriff versucht Morley, Stuart Halls in Anlehnung an Parkin entwickelte Typologie der drei mit Schicht- bzw. Klassenlage korrelierenden „Dekodierungspositionen" empirisch zu prüfen (vgl. Kap. 4.1). Methodisch stützt sich *Nationwide Audience* bei der Überprüfung dieser Typologie auf Gruppendiskussionen, einerseits da diese – und hier sieht man enge Bezüge zu dem von Morley entwickelten Begriff des Publikums – im Gegensatz zu Einzelinterviews es ermöglichen, einen Zugang zu Rezipierenden eben nicht als atomisierte Einzelne sondern als Mitglieder verschiedener Gruppen zu finden. Andererseits standen zum Zeitpunkt der Realisierung der Studie keine umfassenden Finanzmittel zur Verfügung, die für eine breitere Untersuchung notwendig gewesen wären (Hall 2004: 104f.). Morley führt zwei *Nation-*

wide-Sendungen insgesamt 29 Gruppen unterschiedlicher Studierender, Auszubildender, Gewerkschaftler und Manager vor, deren Diskussionen über die jeweilige Sendung aufgezeichnet, transkribiert und im Hinblick auf eine Typologie von „Dekodierungspositionen" ausgewertet werden. Ausgehend von der Hallschen Dreiteilung von dominanter, ausgehandelter und oppositioneller Lesart gelangt Morley bei der Einordnung der unterschiedlichen „Dekodierungen" der Mitglieder der einzelnen Rezipierendengruppen zum Schema in Abbildung 13.

Interessant ist dieses Schema weniger bezüglich der Lesarten der Mitglieder der einzelnen Gruppen im Detail, als vielmehr wegen des Gesamteindrucks der Studie, den es vergegenwärtigt. Aus heutiger Perspektive verdeutlicht das Schaubild nämlich, in welchem Maße Morley in seinem anfänglichen Ansatz die Stabilität der drei Dekodierungs-Positionen betonte (siehe auch Röser 2009: 279f.). Eine distanzierte Lektüre zeigt, dass die in den einzelnen Gruppen vorherrschenden Lesarten durch eine Vielzahl von Faktoren vermittelt werden, was sich an den Differenzen der Lesarten zwischen Gruppen mit gleicher ‚Klassenzugehörigkeit' zeigt. Während beispielsweise Bankmanager die in *Nationwide* vertretenen politischen Positionen in dem Maße teilen, dass sie ihnen als solche überhaupt nicht auffallen, ist dies bei Management-Trainees aus der Druckbranche nicht der Fall. Hier herrscht eine oppositionelle Haltung gegenüber dem Gesehenen vor, die politisch eher rechts zu verorten wäre, und *Nationwide* wird als Ausdruck von „Labour-Ideen" angesehen. Insofern erscheint es problematisch, beide im Bereich der ‚dominanten Dekodierungen' zu verorten, wie es in dem Schaubild gemacht wird. Ähnliche Differenzen in den Lesarten gibt es unter den befragten Studierenden. So kritisieren Kunststudierende *Nationwide* zwar wegen seiner „populistischen Machart", ihre Äußerungen innerhalb der Gruppendiskussion weisen aber gleichzeitig darauf hin, dass sie die in der Sendung vorherrschenden politischen Positionen teilen. Anders verhält es sich bei einer Gruppe von farbigen Studierenden, die die Sendung aufgrund ihres „weißen Weltbildes" in dem Maße ablehnen, dass sie *Nationwide* normalerweise überhaupt nicht rezipieren würden (Morley 1980: 137).

Morley folgert aus diesen Ergebnissen eine Kritik an dem Encoding/Decoding-Modell Halls, das vor dem Hintergrund der Ergebnisse in *Nationwide Audience* in Bezug auf die Rezeptionsebene mit seiner Dreifachtypologie von „Dekodierungspositionen" bzw. Lesarten und ihrer direkten Korrelation mit Klasse zu kurz greift. So zeigt das Schema deutlich, dass ein-eindeutige Bezüge hier nicht zu sehen sind. Jedoch hält Morley an seiner grundlegenden Orientierung fest, dass Lesarten von Medienprodukten soziokulturell vermittelt sind, wobei eine standardisierte Sekundärauswertung der Daten von Morley dies auch belegt (Kim 2004). Morley macht dabei zwei Vorschläge, die für die zukünftige Aneignungsforschung der Cultural Studies richtungsweisend gewesen sind. Erstens schlägt er vor, dass soziale Faktoren wie Klassenlage keinen direkten, bedingenden Einfluss auf Lesarten haben, sondern die spezifische Vermittlungsfunktion weiterer Diskurse zu berücksichtigen ist. Bezüglich einer weiteren Rezeptions- und Aneignungsforschung wäre demnach nicht zu klären, welche Klassenzugehörigkeit welche Lesart zur Folge hat, vielmehr sollte die erkenntnisleitende Frage lauten, „wie soziale Positionen plus bestimmte diskursive Positionen spezifische Lesarten produzieren, wobei diese Lesarten deshalb strukturiert sind, weil die Zugangsstrukturen zu unterschiedlichen Diskursen durch soziale Positionen bestimmt sind" (Morley 1992: 118). Zweitens schlägt Morley vor, dass es um die potenzielle Bedeutung eines Medienproduktes zu kennen notwendig ist, die Untersuchung auf ein **Mapping** kultureller Kontexte zu fokussieren, d.h. es ist eine „,kulturelle Karte' des durch das Medienprodukt adressierten Publikums [zu erstellen] – eine Karte, die die mannigfachen kulturellen Repertoires und symbolischen Ressourcen zeigt, die unterschiedlich lokalisierten Subgruppen des Publikums zugänglich sind" (Morley 1992: 118).

Jenseits aller sicherlich berechtigten Kritik an der „Nationwide Audience"-Studie – Morley selbst sieht im Rückblick einen zentralen Mangel an ihrem (wie gesagt auch finanziell begründeten) methodischen Design, weil nicht mit ‚natürlichen' Gruppen von Rezipierenden gearbeitet wird, sondern durch die Gruppendiskussionen die untersuchten Rezipierendengruppen selbst ‚produziert' werden (Morley 1986: 40-49) – formuliert Morley das zentrale ‚Programm' der Aneignungsforschung der Cultural Studies: In ihr geht es darum, Medienaneignung als einen komplexen soziokulturellen Prozess zu beschreiben, in dem eine machtgeprägte kulturelle Lokalisierung der Medien und ihrer Inhalte in der Alltagswelt der Rezipierenden stattfindet.

In direktem Bezug auf ein solches Programm, dem seit Ende der 1970er Jahre die „media group" des „Centre for Contemporary Cultural Studies" und zunehmend auch weitere sich auf Überlegungen des CCCS stützende Forscherinnen und Forscher anhängen, stehen eine Vielzahl von Studien. Allein die Arbeiten des CCCS zu diesem Thema, die zum Teil in dem von Stuart Hall et al. (1980) herausgegebenen Band *Culture, Media, Language* vorgestellt werden, würde den Rahmen dieser Darstellung sprengen. Entsprechend beschränkt sich das folgende Teilkapitel auf Arbeiten, die die Diskussion nachhaltig beeinflusst haben, wobei eine solche Auswahl nie unproblematisch ist. Genannt werden müssen unter den frühen Aneignungsstudien der Cultural Studies die Untersuchung *Crossroads: the Drama of a Soap Opera* von Dorothy Hobson, *Das*

Gefühl Dallas: Zur Produktion des Trivialen von Ien Ang und *Public Secrets: EastEnders and its Audience* von David Buckingham. Bemerkenswert sind alle drei Studien deshalb, weil sie erstmals einerseits die Schwierigkeiten deutlich machen, mit denen sich eine kulturanalytische Aneignungsforschung konfrontiert sieht, sie aber andererseits in ihrem Versuch, mit deren Komplexität umzugehen, das Potenzial einer solchen Forschung aufzeigen.

Ähnlich wie *Nationwide Audience* ist Dorothy Hobsons (1982) Studie *Crossroads* bis heute in hohem Maße lesenswert, was insbesondere an der Sensibilität liegt, mit der Hobson die Aneignung der Fernsehserie beschreibt. Mit dieser Sensibilität gegenüber den Serien-Publika hängt zusammen, dass die Untersuchung von Hobson primär als Rezeptionsstudie wahrgenommen wird, obwohl sie – ganz in der Tradition der Überlegungen Stuart Halls – den gesamten kommunikationskulturellen Zusammenhang der Serie betrachtet, also die Sendung als kulturelles Phänomen sowohl auf Produktions- als auch Produkt- und Rezeptionsebene.

Crossroads war zum damaligen Zeitpunkt – neben *Coronation Street*, dem Vorbild der deutschen *Lindenstraße* – die wohl populärste, dreimal wöchentlich ausgestrahlte Fernsehserie im britischen Fernsehen. Im Zentrum der Serie steht ein sich an einer Straßenkreuzung befindendes Motel, wobei die Geschichte der Familie, der dieses Motel gehört, ihrer Angestellten und Gäste erzählt wird. Am Ausgangspunkt der Studie von Hobson steht eine Beschreibung des **Genres der Fernsehserie** („soap opera"), das sie gegenüber Reihen („serials") und Mehrteilern („series") abgrenzt. Bemerkenswert ist, dass sie auf produktanalytischer Ebene in Bezug auf *Crossroads* nahezu alle zentralen Merkmale von Fernsehserien herausarbeitet, die in etlichen späteren Studien als herausragende Erzählmuster des Genres bestätigt wurden. Hierzu zählt u.a. das Vorhandensein zumeist dreier Handlungsstränge, ein fester Ort der Handlung bzw. ein festes Kernset von Charakteren, das Aufgreifen von Alltagsthemen, die Parallelität von erzählter Zeit der Serie und Alltagszeit der Rezipierenden (Hobson 1982: 32f.) – alles Merkmale, die später unter dem Theorem der Offenheit von Fernsehserien diskutiert wurden (Mikos 1987; Jurga 1999a). Im Hinblick auf solche erzählerischen Konzepte erscheint das Motel – neben der Nachbarschaft einer Straße – als der ideale Ort einer Serie: Die Besitzer bzw. Angestellten des Motels bilden einen Kern von Charakteren, der eine erzählerische Kontinuität sichert, und die Gäste des Motels gestatten es, in die über Jahre fortlaufende Erzählung mit zusätzlichen Charakteren immer wieder neue und auch aktuelle Themen in die Erzählung der Serie einzuführen.

Mit ihrer Beschreibung des **Produktionsprozesses** bricht Dorothy Hobson bereits klar mit Konzepten, die von einer standardisierten und standardisierenden „Kulturindustrie" ausgehen. Hobson macht darauf aufmerksam, dass der Ausdruck ‚Produktion' bei Medien zwar (wie in der Industrie) impliziert, dass eine Vielzahl von Personen am arbeitsteiligen Prozess der Entstehung eines Medienproduktes wie der Serie beteiligt sind, innerhalb des Produktionsprozesses aber ein dynamisches Wechselspiel zwischen (‚künstlerischen') Freiheiten und Produktionszwängen besteht, das man so nicht mit den Bereichen vergleichen kann, die traditionell als ‚Industrien' bezeichnet werden (Hobson 1982: 50). Zwar setzt das niedrige Budget der Serie und der Druck, drei wöchentliche Folgen an definierten Drehtagen zu produzieren, einen engen Rahmen, in diesem bestehen allerdings Spielräume für die an der Produktion Beteiligten. In gewissem Sinne liegt für die Medienschaffenden der Reiz der Serienproduktion gerade darin, in dem durch das geringe Budget beschränkten Rahmen das Bestmögliche zu leisten, was mitunter erhebliche Anforderungen an die Kreativität stellt. Dabei ist die „Produktionskultur" (Negus 2002a) innerhalb des produzierenden Teams freundlich und kooperativ, nicht zuletzt, weil umfassende Rivalitäten eine so enge und langjährige Zusammenarbeit, wie es eine Soap Opera erfordert, wohl unmöglich machen würden.

Der eigentliche Kern der Untersuchung von Hobson ist jedoch, wie gesagt, die Beschäftigung mit der Aneignung der Serie. Hobson arbeitet hier mit einem Mehrmethodendesign, indem sie teilnehmende Beobachtung während der Serienrezeption in unterschiedlichen häuslichen Kontexten mit offenen Interviews und einer Auswertung von Rezipierendenpost verbindet. Die befragten Rezipierenden sind fast durchweg Frauen, die zum damaligen Zeitpunkt das primäre Publikum der Fernsehserie darstellten. Grundlage für den rezeptionsanalytischen Teil der Studie ist ein an der **Alltagskompetenz** der Rezipierenden orientiertes Modell von Medienaneignung:

„Unterschiedliche Leute schauen Fernsehsendungen aus unterschiedlichen Gründen, haben unterschiedliche ‚Lesarten' dieser Sendungen, und Vieles, was sie sagen, ist bestimmt durch vorgefasste Ideen und Meinungen, die sie an die Sendung herantragen. Die Nachricht ist nicht lediglich im ‚Text', sondern kann durch das Publikum verändert oder ‚losgearbeitet' werden, wenn sie eigene Interpretationen der Sendung entwickeln. [...] Jeder ist ein Fernsehkritiker, aber die meisten von uns werden nicht dafür bezahlt, bestimmte Sendungen auszuwählen und für den Rest der Bevölkerung zu kommentieren. [...] Nichtsdestotrotz operieren [die Rezipierenden] mit scharfen kritischen Fähigkeiten, die auf einem ‚Common-Sense' gründen, der erlernt ist durch ihre Erfahrungen im Alltagsleben und ihre oftmals langjährige Erfahrung als Fernsehkritiker, die ihre eigene Auswahl an Sendungen treffen." (Hobson 1982: 105f.)

Dieses Bild der Rezipierenden macht den Kontrast zu Morleys Studie *Nationwide Audience* deutlich. Im Zentrum steht nicht mehr der Morleys Untersuchung beherrschende Gedanke der klassenabhängigen Vermittlung von Medienaneignung, sondern die mit einer Alltagskompetenz ausgestatteten Rezipierenden. Alltagskompetenz meint, dass Rezipierende – wenn auch begrifflich nicht elaboriert – über ein kritisches Wissen bezüglich Medien verfügen bzw. eine Fähigkeit, dieses Wissen anzuwenden. Dorothy Hobson charakterisiert das geteilte Wissen über die Serie als ein spezifisches „kulturelles Kapital", das die Frauen besitzen und das sie beispielsweise in ihre Alltagsunterhaltungen miteinander einfließen lassen (Hobson 1982: 124f.).

Diese Vorstellung des über eine Alltagskompetenz verfügenden Publikums heißt nicht, dass Hobson in einen Ansatz zurückfällt, nach dem dieses als Gesamtheit von (mehr oder weniger autonom handelnden) Individuen zu beschreiben wäre. Dies wird deutlich, wenn Hobson den Einfluss der soziokulturellen Faktoren auf die Aneignung der Serie durch die von ihr befragten (Haus-)Frauen untersucht, die primär dem Kleinbürgertum bzw. der Arbeiterschicht zuzurechnen sind. Sie arbeitet heraus, dass deren **soziale Rolle** in der häuslichen Welt umfassend ihre Aneignung der Fernsehserie vermittelt. So ist für die Frauen die häusliche Welt eine Welt der Arbeit, die es ihnen nur in wenigen Momenten gestattet, wirklich konzentriert die Serie – aber auch andere Fernsehsendungen, die sie interessieren – zu rezipieren (Hobson 1982: 111). Dies veranlasst sie teilweise auch zu Schuldgefühlen, wenn sie ihre Arbeit unterbrechen und sich mit der Fernsehrezeption ihrem Vergnügen widmen. Dennoch ist die Aneignung von *Crossroads* in den meisten Fällen der befragten Zuschauerinnen fest habitualisiert, insbesondere weil die Serienrezeption als dreimaliges Ereignis in der Woche es ermöglicht, die Isolation zu kompensieren, die über das Gebundensein an den Haushalt entsteht. *Crossroads* ist hier eine fest planbare Abwechslung in dem ansonsten häufig eintönigen und isolierten Tagesablauf vieler Hausfrauen. Eine Nähe zur eigenen Alltagswelt ergibt sich für die Frauen vor allem durch die „Bescheidenheit" der Serie, eine Formulierung, mit der sie den ebenfalls eher kleinbürgerlichen Rahmen der Serienwelt und den nicht glamourösen Inszenierungsstil der Serie fassen.

Ein solches Bild des weiblichen Publikums der Serie *Crossroads* wendet sich explizit gegen die aus dem Uses-and-Gratifications-Approach bekannte **Eskapismus-These**. So suchen die von Hobson befragten Frauen nicht nach einer kurzen ‚Flucht' in eine Fantasiewelt. Vielmehr stellen Themen der Serie eine Art symbolisches Material dar, das den Frauen eine Auseinandersetzung mit ihren aus dem eigenen Alltagsleben bekannten Problemen wie beispielsweise ungewollte Schwangerschaft oder Ehekrisen ermöglicht. Hobson spricht von „fiktionalen Problemlösungen" (Hobson 1982: 131), die den Zuschauerinnen angeboten werden. Diese bewegen sich zwar im Rahmen eines allgemeinen gesellschaftlichen Konsenses und sind in keinster Weise „revolutionär", was

insofern aber für die Frauen nicht zentral ist, weil sie den in der Serie präsentierten Lösungen nicht unkritisch gegenüberstehen. Wichtig ist für sie vielmehr,
dass solche Themen überhaupt angesprochen werden und ihnen damit Material
zur Verfügung gestellt wird, mittels dessen sie die Themen (kommunikativ) verhandeln können. Dadurch werden ihnen „Anregungen" für die Entwicklung
eigener Lösungen für Probleme gegeben.

Diese Überlegungen machen mit Nachdruck den Fluchtpunkt der Studie
von Hobson deutlich: Ihr geht es, wie sie selbst formuliert, darum, den „Mythos
des passiven Zuschauers [...] zu zerschmettern" (Hobson 1982: 135) und auf
der Basis ihres empirischen Materials zu zeigen, dass die weiblichen Rezipierenden von *Crossroads* sich in gewissem Sinne kompetent die Sendung
aneignen. Diese Aneignung ist allerdings – wie sie sagt – durch den soziokulturellen Kontext des Hausfrauendaseins in kleinbürgerlichen Familien bzw.
Arbeiterfamilien und der korrespondierenden häuslichen Rolle vermittelt. Entsprechend kann man die Studie von Hobson als einen ersten Schritt hin zu dem
von Morley geforderten „Mapping" von soziokulturellen Kontexten, innerhalb
derer spezifische Fernsehsendungen angeeignet werden, begreifen. Ein solches
„Mapping" ist aber – und dies hat Morley wahrscheinlich selbst im Moment der
Formulierung dieses ‚Programms' nicht vermutet – ein Unterfangen, an dessen
Ende eine zunehmende Infragestellung des Einflusses von Klasse auf Medien-
nutzungsforschung ist. Dies zeigt insbesondere auch eine andere Studie zur
Aneignung von Fernsehserien, nämlich Ien Angs *Das Gefühl Dallas* (Ang 1986;
orig. 1982 *Het geval Dallas*; siehe auch Dorer 2009).

Die Studie von Ien Ang stützt sich auf 42 Zuschriften von Rezipierenden
der Serie *Dallas*, die auf eine Anzeige der Autorin in der holländischen Frauen-
zeitschrift *Viva* antworteten. Sicherlich mit bedingt durch das Organ, in dem
Ang die Anzeige publizierte, waren unter den Zuschriften nur drei Briefe von
männlichen Verfassern, der Großteil also von Mädchen und Frauen geschrieben.
Bei der Auswertung des Materials ging es Ang darum herauszuarbeiten, wie die
Schreibenden die Serie *Dallas* erfahren, was ihnen an der Serie Vergnügen
bereitet und welche Muster sich diesbezüglich typisieren lassen. Insofern fällt
die Studie ein Stück weit aus dem Konzept des „Mappings" unterschiedlicher
kultureller Aneignungskontexte heraus, kann aber eine Reihe von kulturellen
Mustern herausarbeiten, die in diesen virulent sind.

Ihren Begriff des **Vergnügens** formuliert Ang in direkter Abgrenzung zur
Theorie der Massenkultur von Adorno und Horkheimer. Vergnügen ist für sie
weniger auf einer ökonomischen Ebene der Kulturindustrie lokalisierbar, auf der
Adorno und Horkheimer primär argumentieren. Will man mit ökonomischen
Begriffen operieren, wäre Vergnügen an Medienerzeugnissen als der

„Gebrauchswert" bzw. „Unterhaltungswert", den Medienprodukte für die Rezipierenden haben, fassbar, in jedem Fall aber nicht als der „Tauschwert" von Kulturwaren, der im Mittelpunkt der Überlegungen von Adorno und Horkheimer steht (Ang 1986: 27f.). Angs Begriff des Vergnügens weist darauf hin, dass jede Form von Vergnügen konstruiert und in einem besonderen sozialen und historischen Zusammenhang lokalisiert ist. Wie ist jedoch der „Unterhaltungswert" von *Dallas* zu fassen, was ist es, das die Zuschauerinnen und Zuschauer am meisten an der Serie fasziniert?

Vor dem Hintergrund des von ihr untersuchten Materials weist Ang darauf hin, dass der „Unterhaltungswert" der Serie insbesondere in ihrem **emotionalen Realismus** (Ang 1986: 53) zu suchen ist. So sind sich die Rezipierenden der Serie darüber im Klaren, dass die Serie vor der Folie eines „empirischen Realismus" nicht ‚realistisch' ist in dem Sinne, dass sie die soziale Wirklichkeit der Rezipierenden ‚widerspiegele'. Beispielsweise sind die Geschichten in *Dallas* in der Quantität und Intensität der sich dort abspielenden Dramen konstruiert, die Charaktere eher stereotyp und die glamouröse Welt der Serie steht in klarem Gegensatz zur Alltagswelt nahezu aller Rezipierenden der Serie. Entsprechend ist das Vergnügen der Zuschauerinnen und Zuschauer an *Dallas* weniger durch den illusionären Charakter der Erzählung der Serie vermittelt. Die Auswertung der Zuschriften zeigt vielmehr, dass dieses sich auf einer ‚tieferen Ebene' des Realismus konstituiert, nämlich der des emotionalen: Es sind nicht die Serienhandlungen *en detail*, die den Rezipierenden in Bezug auf ihr eigenes Leben als ‚real' erscheinen, vielmehr sind es die in den einzelnen Krisen und Konflikten der Serie verhandelten *Gefühle*, die sie aus ihrem eigenen Leben kennen und die sie in der Serienhandlung wiederentdecken. Die Zuschauerinnen und Zuschauer sehen die „konkreten Situationen und Komplikationen [der Serie] […] als symbolische Darstellungen allgemeiner Lebenserfahrungen an […]: Streit, Intrigen, Probleme, Glück und Unglück. Und genau in diesem Sinne finden die Briefeschreiber *Dallas* ‚realistisch'" (Ang 1986: 57).

Der emotionale Realismus von *Dallas* verweist auf eine spezifische „tragische Gefühlsstruktur" im Sinne Raymond Williams' (vgl. zu diesem Begriff Kap. 2.2), die charakteristisch für das Leben der Rezipierenden ist und die sich ebenfalls in der Erzählstruktur der Serie manifestiert. Als „tragisch" kann man die mit dem emotionalen Realismus von *Dallas* verbundene Gefühlsstruktur charakterisieren, weil in ihrem Mittelpunkt die Vorstellung steht, dass das Glück nie endlos anhalten kann, sondern wechselhaft ist (Ang 1986: 58). *Dallas* ist eine „melodramatische Seifenoper", bei der sich die Handlungen als übertriebene symbolische Zusammenballungen eines diffusen und schwer fassbaren Begriffs von „Lebensqual" beschreiben lassen. Auch Ien Ang betont dabei auf der Basis ihrer Auswertungen, dass, um die durch die Erzählung von *Dallas* nahegelegte „tragische Gefühlsstruktur" zu erfassen, eine alltägliche kulturelle Kompetenz oder Medienkompetenz notwendig ist (Ang 1986: 95). Verfügen die Rezipierenden nicht über eine solche Kompetenz, die beispielsweise die Kenntnis bestimmter Erzähl-Konventionen von Soap Operas einschließt, so bleibt ihnen die Serie in ihrer Eigenart unzugänglich.

Ebenso wendet sich Angs Konzept des „emotionalen Realismus" explizit gegen die Eskapismus-These des Uses-and-Gratifications-Approach (Ang 1986: 62f.). Deutlich zeigen die von Ang ausgewerteten Zuschriften, dass es den Zuschauerinnen und Zuschauern der Serie nicht um „Flucht" geht, auch wenn sie an einzelnen Stellen das Wort in ihren Statements selbst gebrauchen. Rückt der „emotionale Realismus" in den Mittelpunkt der Aneignung der Fernsehserie, wird greifbar, dass die Rezipierenden nicht vor ihren alltäglichen Problemen entfliehen wollen. Vielmehr versetzen sie sich in eine fiktionale Fantasiewelt, die es ihnen ermöglicht, auf spielerische Weise aus der eigenen Lebenswirklichkeit bekannte Probleme zu verhandeln.

Neben diesem „emotionalen Realismus" als Bezugspunkt für das Vergnügen, das die Zuschauerinnen und Zuschauer bei der Aneignung der Serie haben, weist die Studie Angs auf einen zweiten zentralen Aspekt hin, nämlich dass die Aneignung der Serie stark über das Spannungsverhältnis von einer „Ideologie der Massenkultur" und einer „Ideologie des Populismus" geprägt wird (Ang 1986: 104-138). Unter **Ideologie der Massenkultur** ist die Popularisierung der Kernüberlegungen der skizzierten Massenkulturtheorie Adornos und Horkheimers zu verstehen, die mit der Vorstellung einhergeht, dass es sich bei *Dallas* um ein minderwertiges, weil kommerziell und durch die „Kulturindustrie" hergestelltes Medienprodukt handelt. In dieser Ideologie erscheint die Serie von vornherein als ‚ästhetisch nicht wertvoll'. Die Virulenz einer solchen Ideologie bei der alltäglichen Aneignung der Serie zeigt sich auf doppelte Weise: Zum einen sehen sich Rezipierende, die Vergnügen an der Serie finden, gezwungen, dieses gerade gegenüber dieser Ideologie zu rechtfertigen. Zum anderen genügt denjenigen, die die Serie ablehnen, zur Begründung ein kurzer Verweis auf diese „Ideologie der Massenkultur", eine umfassende (inhaltliche) Begründung ihrer Ablehnung liefern sie nur selten. Diese in beiden Fällen bestehende implizite Akzeptanz des diskursiven Rahmens, der über die „Ideologie der Massenkultur" konstituiert wird, macht pointiert deren Virulenz bei der alltäglichen Aneignung der Fernsehserie deutlich.

Vollkommen anders sieht es bei der **Ideologie des Populismus** aus. Ien Ang fasst diese wie folgt:

„[D]ie populistische Ideologie [...] ist in erster Linie eine Anti-Ideologie: Sie führt zu einer Position, von der aus gesehen jeder Versuch, über die ästhetischen Vorlieben von Leuten ein Urteil abzugeben, *a priori* zurückgewiesen wird, da ein solcher als ungerechtfertigter Angriff auf den persönlichen Geschmack angesehen wird. Die populistische Ideologie fordert daher eine Identität heraus, die von einem Appell an die Autonomie des Einzelnen gekennzeichnet ist [...]. Die populistische Ideologie fungiert daher auf einer *praktischen* Ebene: Sie besteht aus Vorstellungen des sogenannten ‚gesunden Menschenverstands‘, die nahezu ‚spontan‘ und unbewusst im alltäglichen Leben der Menschen eingenommen werden." (Ang 1986: 134f.)

Insofern ist die „populistische Ideologie" mit einer „populären Ästhetik" verbunden, die das genaue Gegenteil der bürgerlichen Ästhetik darstellt, auf die sich die Ideologie der Massenkultur bezieht. Die populäre Ästhetik ist pluralistischer als die bürgerliche, indem sie nicht ein spezifisches Set kultureller Werte in den Mittelpunkt rückt (beispielsweise die der Hochkultur), sondern Raum für verschiedene ästhetische Wertorientierungen lässt. Allerdings hat die Ideologie des Populismus einen untergeordneten gesellschaftlichen Stellenwert, indem in den Briefen der Rezipierenden nicht nur ein kurzer Verweis auf dieselbe genügt, um das eigene Gefallen an *Dallas* als einer Form populärer Ästhetik zu begründen.

Die Studie *Das Gefühl Dallas* von Ien Ang ist im Vergleich zur Untersuchung von Dorothy Hobson in mehrfacher Hinsicht interessant. So kann sie in gewissem Sinne als eine Weiterführung der Überlegung Hobsons gesehen werden, da sie zeigt, dass die Rezipierenden populärkultureller Produkte über eine alltägliche Medienkompetenz verfügen, die eine Voraussetzung für eine produktive Auseinandersetzung mit Medienprodukten ist. Vor allem aber gelingt es Ang in ihrer Forschung zu erfassen, *wie* weitergehende Diskurse bei der Aneignung von Medienprodukten virulent sind. Zentrales Stichwort sind hier die Zusammenhänge, die Ang mit den Begriffen der „Ideologie der Massenkultur" und „des Populismus" fasst. In Bezug auf den „Populismus" als Referenzrahmen von Fernsehaneignung klingen bei Ang erstmals Überlegungen eines alltäglichen Eigensinns oder „Widerstands" (Ang 1986: 134) bei der Aneignung von Medienprodukten an, die später einen wichtigen Bezugspunkt für die Rezeptions- und Aneignungsstudien der Cultural Studies bilden sollen (vgl. Kap. 5.3). Insofern muss die Untersuchung von Ang – trotz sicherlich bestehender methodischer und begrifflicher Schwächen, die sich zum Teil durch die Anwendung des Konzepts von „Gefühlsstruktur" sowohl auf der Aneignungs- als auch Produktebene ergeben – als richtungsweisend für die Medienstudien der Cultural Studies gelten.

Der theoretische und methodische Bezugspunkt von David Buckinghams Untersuchung *Public Secrets: EastEnders and It's Audience* (Buckingham

1987) ist ebenfalls durchaus mit dem Anliegen von Dorothy Hobsons Studie zu *Crossroads* vergleichbar: In seiner Arbeit möchte Buckingham die zweimal wöchentlich ausgestrahlte Fernsehserie *EastEnders* der BBC aus Produktions-, Produkt- und Rezeptionsperspektive beschreiben, wobei der Fluchtpunkt seiner Studie das Publikum sowohl als ‚Adressat der Medienschaffenden' als auch als ‚empirisches Forschungsobjekt' ist. Zur Erforschung dieses gesamten medienkulturellen Zusammenhangs arbeitet er neben Produktanalysen primär mit qualitativen Interviews der Medienschaffenden und Rezipierenden. *EastEnders* war zum damaligen Zeitpunkt insofern ein relevantes Forschungsobjekt, als die Serie Gegenstand öffentlicher Diskussion gewesen ist. So wurde *EastEnders* von der BBC zu einem Zeitpunkt produziert, als eine umfassende „Deregulierung" der BBC diskutiert wurde und diese sich zunehmend der Konkurrenz privater Fernsehanbieter ausgesetzt sah. In diesem Kontext verfolgte die Sendeanstalt mit der Serie das Ziel, ein möglichst breites und insbesondere jüngeres Publikum zu binden, nicht zuletzt um die eigene Stellung zu sichern. Gleichzeitig war *EastEnders* aber inhaltlich nicht unumstritten, weil genau an dieser Serie der Vorwurf vor allem von konservativer Seite festgemacht wurde, BBC-Produkte genügten dem Standard nicht, den man von einer öffentlich-rechtlichen Anstalt erwarten müsste. Dieser Hintergrund macht die Relevanz einer Studie deutlich, bei der „die Erforschung der Beziehung zwischen Sendung und Publikum" (Buckingham 1987: 4f.) im Mittelpunkt steht.

Um diese Beziehung von Produktion, Produkt und Rezeption zu fassen, bedient sich Buckingham des kommunikationstheoretischen Konzepts der **beiderseitigen Annahme**. Dieses fasst er in eigenen Worten wie folgt:

„Jeder Akt der Kommunikation – von einer kurzen verbalen Äußerung bis hin zu literarischen Texten und Fernsehtexten – beruht auf einer Reihe von beiderseitigen Annahmen. Leser machen notwendigerweise Annahmen über den oder die Schreibenden eines Textes, selbst wenn diese nicht genannt werden. […] Gleichfalls machen Schreibende notwendigerweise Annahmen über ihre Leser – über ihr bestehendes Wissen, über ihre Werte und ihre Überzeugungen und über ihre Erwartungen bezüglich des spezifischen, rezipierten Textes. In beiden Fällen sind diese Annahmen, Inferenzen und Erwartungen Gegenstand eines Prozesses des Austauschs und Aushandelns." (Buckingham 1987: 34)

In diesem Sinne haben die Produzenten von *EastEnders* spezifische Annahmen bezüglich des von ihnen adressierten Publikums. Analysiert man allerdings die Äußerungen der von Buckingham interviewten beteiligten Medienschaffenden, so fällt auf, dass es innerhalb der „Produktionskultur" von *EastEnders* weniger um wie auch immer verstandene ‚empirische Publika' geht, sondern vielmehr um das *Bild* von Publikum, das die Medienschaffenden haben. Dies hängt mit einer skeptischen Grundhaltung der Beteiligten gegenüber (qualitativer und quantitativer) Publikumsforschung zusammen, die sie weniger als ein Instrument begreifen, die Nutzungsweisen, Wünsche und Erwartungen der Rezipierenden zu erfassen, an denen sie sich dann mit einer Medienproduktion zu orientieren haben, denn als eine Möglichkeit, Rückmeldungen für die eigene Arbeit zu bekommen, über die sie sich aber in nicht unerheblichen Fällen hinwegsetzen. Buckingham führt dies nicht auf eine Arroganz der Medienschaffenden zurück, sondern auf die bestehenden Strukturen von Sendeanstalten, die zu einem erheblichen Druck auf die Produzierenden führen (Buckingham 1987: 27): Ein so teures Programm wie *EastEnders* mit der Notwendigkeit zu produzieren, ein breites und jüngeres Publikum zu erreichen, lässt wenig Raum, einmal getroffene Entscheidungen zu revidieren. Entsprechend verlassen sich die Medienschaffenden weitgehend auf ihre Annahmen bezüglich des Publikums, die sich großteils auf ihre „professionelle ,Intuition‘" (Buckingham 1987: 32) stützen.

Solche Annahmen bezüglich des von den Medienschaffenden adressierten Publikums sind in dem Medienprodukt *EastEnders* selbst eingeschrieben. Der Text adressiert durch spezifische kulturelle Muster seine Rezipierenden, in gewissem Sinne ist „das Publikum im Text" (Buckingham 1987: 34). So weist die Erzählstruktur von *EastEnders* deutlich auf das von den Medienschaffenden vorgestellte, ,breite Publikum‘ hin, indem durch das Vorhandensein mehrerer Erzählstränge, eines umfassenden Sets von Charakteren, das beispielsweise auch Jugendliche, Schwarze und sozial Ausgegrenzte einschließt, und gewisse Lücken in der Erzählung etc. ein breites Feld von möglichen Interessierten konstruiert wird. Die in *EastEnders* angeschnittenen Themen versuchen ebenfalls, eine größtmögliche Vielfalt abzudecken. Entsprechend bewegen sich die Analysen Buckinghams im Spektrum der weiteren Produktanalysen der Cultural Studies, die die strukturierte Polysemie von Medientexten betonen (vgl. Kap. 4.2).

Der interessanteste Teil der Studie von Buckingham ist derjenige, der sich mit dem ,empirischen Publikum‘ von *EastEnders* befasst. Bemerkenswert ist er u.a., weil er – neben der Studie *Children and Television* von Bob Hodge und David Tripp (1986) – als eine der ersten Aneignungsstudien im Theorierahmen der Cultural Studies angesehen werden muss, der sich mit der Medienaneignung von Kindern und Jugendlichen befasst. Mit der von David Morley verwendeten Begrifflichkeit lässt sich sagen, dass es Buckingham um das „Mapping" der jungen Publika von *EastEnders* geht. Das Material, auf das er sich stützt, ist eine Serie von Gruppendiskussionen mit jungen Leuten zwischen sieben und achtzehn Jahren, die innerhalb von Schulen und Jugendclubs durchgeführt und für eine spätere Transkription und Auswertung aufgezeichnet wurden. Bei den Gruppen handelt es sich größtenteils um ,natürliche‘ Gruppen (Cliquen, Freundeskreise), deren Mitglieder unabhängig von der Gruppendiskussion in regelmäßigem Kontakt stehen und *EastEnders* rezipieren. Vom sozialen Hintergrund entstammen sie zumeist der Arbeiterschicht, wobei sowohl Jungen als auch Mädchen und Farbige wie Weiße in den Gruppen vertreten sind. Auf der Basis dieser Gruppendiskussionen zeigt Buckingham, dass die Kinder und Jugendlichen nicht von *EastEnders* ‚manipuliert' werden, sondern über eine erstaunliche alltägliche Medienkompetenz verfügen, die er in einem späteren Buch als **Fernseh-Lesefähigkeit** („television literacy", Buckingham 1993a; vgl. zu dem späteren Ansatz von Buckingham Bachmair/Burn 2009) bezeichnet hat. Zwar postuliert Buckingham, dass das Fernsehen sehr wohl Langzeitfolgen auf Kinder und Jugendliche hat, insbesondere als Einflussfaktor auf die Sozialisation. Jedoch belegen seine Ergebnisse, dass „Kinder die Rolle eines *aktiven Produzenten von Bedeutung*" beim Fernsehen einnehmen (Buckingham 1987: 156; Herv. i. O.). Mit „Fernseh-Lesefähigkeit" geht dabei, bezogen auf den Untersuchungsgegenstand von Buckingham, nicht nur einher, dass die Kinder und Jugendlichen über ein Wissen der kulturellen Muster der Fernsehserie *EastEnders* verfügen. Die Gruppendiskussionen weisen darauf hin, dass ein Teil der „Fernseh-Lesefähigkeit" die Kompetenz des weiteren kommunikativen Umgangs mit Fernsehen ist. Es lassen sich verschiedene Grundmuster dieser Gespräche über die Sendung unterscheiden (Buckingham 1987: 163-200), beispielsweise das Nacherzählen von „Geheimnissen" der Serie oder das Vorhersagen des weiteren Handlungsverlaufs. Insbesondere der Themenkomplex dessen, was die Kinder und Jugendlichen als „Geheimnisse" der Serie bezeichnen, macht die Spezifik ihrer Aneignung von *EastEnders* greifbar: Die Produktion bietet ihnen Zugang zu Themen wie Sexualität, Verbrechen und Gewalt, die gewöhnlicherweise für sie tabuisiert sind. Indem sie diese Themen anhand des symbolischen Materials der Fernsehserie diskutieren, eröffnet sich für sie eine relativ unproblematische Möglichkeit, untereinander solche für sie wichtigen Themen zu verhandeln. Ähnliche Zusammenhänge werden bei den in *EastEnders* thematisierten Fragen der Moral und gesellschaftlicher Normen deutlich, wobei die Kinder und Jugendlichen die Serie als Material verwenden, um damit eigene Moralvorstellungen auszuhandeln. Wichtig ist den Kindern und Jugendlichen die Abgrenzung gegenüber dem, was nach ihren Annahmen die Intentionen, Werte und Moralvorstellungen der Produzierenden von *EastEnders* sind. Hierbei zeigen sich bemerkenswerte Differenzen zwischen den innerhalb der Peer Groups etablierten Normvorstellungen und den innerhalb der Serie präferierten. Deutlich wird dies insbesondere im Bereich Gender, wo vor allem die Mädchen sich von dem eher traditionellen Frauenbild der Serie distanzieren.

Es ist hier nicht möglich, die vielfältigen Ergebnisse des aneignungsanalytischen Teils der Untersuchung von Buckingham zu diskutieren bzw. kritisieren. Die zentrale Richtung der Argumentation sollte allerdings deutlich geworden sein: Auch die Kinder und Jugendlichen sind durch ihren Konsum der Serie nicht ‚verblödet' und ihr ‚passiv ausgesetzt', sondern verfügen über eine gewisse **kritische Distanz** zu ihr. Diese Distanz heißt nicht, dass sie kein Vergnügen an der Serie hätten. Im Gegenteil, Buckingham argumentiert, dass eine Distanz Teil dessen ist, was er später als „Fernseh-Lesefähigkeit" bezeichnet hat und was als Voraussetzung für Kinder und Jugendliche angesehen werden kann, spezifische Formen des Vergnügens an der Serie zu haben. Die Hauptdifferenz zwischen älteren und jüngeren Kindern bzw. Jugendlichen zeigt sich darin, dass die älteren bezüglich ihrer Fernsehpraxis selbst-reflexiver sind und ihren Medienumgang besser diskursiv artikulieren können. Zusammenfassend hält Buckingham fest:

> „Das Argument, dass populäres Fernsehen eine reaktionäre oder eine lediglich einschläfernde Wirkung auf seine Publika ausübt und dass junge Leute besonders anfällige Ziele seiner Manipulation sind, ist somit höchst fragwürdig." (Buckingham 1987: 201)

Eine solche Analyse weist – folgt man Buckingham, aber auch Hobson und Ang – auf eine Produktivität alltäglicher Fernsehaneignung hin, zu der der „offene Text" der Fernsehserie beiträgt, aber keine hinreichende Erklärung hierfür ist: Nur ein empirisch fundiertes und kulturtheoretisch differenziertes „Mapping" bietet einen Zugang zu dem sich aus verschiedensten Gruppen in unterschiedlichsten kulturellen Kontexten konstituierenden Gesamtpublikum.

Die betrachteten Studien können als exemplarisch für eine spezifische Orientierung der kulturanalytischen Aneignungsforschung bis in die zweite Hälfte der 1980er Jahre gelten. Will man diese Orientierung übergreifend beschreiben, so ist dies vielleicht anhand von zwei Tendenzen möglich. Die erste könnte man als eine Tendenz zu einer kulturtheoretisch und semiotisch begründeten Orientierung auf den Gesamtzusammenhang von Produktion, Produkt und Rezeption ansehen – eine Perspektive, die im Kreislauf der Kultur (2.6) und in dem Encoding/Decoding-Modell Halls (Kap. 4.1) angelegt ist und zunehmend wieder den Fokus der Medienanalysen der Cultural Studies ausmacht (Kap. 4.4). So setzen alle bisher fokussierten Arbeiten nicht nur bei der Aneignungsebene an, sondern versuchen ebenfalls Produkt und teilweise auch Produktionsanalysen in die Betrachtung zu integrieren. Der begriffliche Rahmen für ein In-Beziehung-Setzen der unterschiedlichen Ebenen sind primär textsemiotische Konzepte – auf der einen Seite der gezielt produzierte, aber zu den Publika auf strukturierte Weise geöffnete Text, auf der anderen Seite die Publika, die bezüglich der Muster und Erzählkonventionen des Medienproduktes über eine Alltagskompetenz oder Lesefähigkeit verfügen. Dabei wird die alltägliche Fernsehaneignung als ein Phänomen angesehen, dessen Analyse einer Betrachtung des weiteren kulturellen Kontextes bedarf, indem sie über spezifische Diskurse, Ideologien und soziale Rollen strukturiert wird, die sich nicht mit einer ausschließlichen Betrachtung des ‚Produzierenden – Produkt – Rezipierenden'-Verhältnisses fassen lässt. Die Medienaneignung ist zum weiteren soziokulturellen Kontext entgrenzt. Durch die umfassende Betonung dieses Aspekts auf der Basis von empirisch erhobenem, qualitativem Material brechen diese Untersuchungen mit der zuvor in den Cultural Studies vorherrschenden Favorisierung von Produktanalysen und wenden sich den Publika zu.

Ein zweite Tendenz, die die Studien wenn auch in unterschiedlichem Maße verbindet, ist die zu einer Betonung der **Produktivität der Publika**. Dieser Aspekt zeichnet sich bereits in der Studie von Morley ab, die sich sicherlich noch am stärksten in dem eher engen Rahmen der Hallschen Differenzierung dreier „Dekodierungspositionen" oder Lesarten bewegt, aber insofern auf eine Produktivität der Rezipierenden verweist, als das Ergebnis der Studie dahingehend zusammengefasst werden kann, dass es eben nicht möglich ist, die Aneignung von Medienprodukten mit einem an einem engen Klassenmodell orientierten Konzept zu fassen. Noch deutlicher wird das, was man als die Produktivität von Medienaneignung bezeichnen kann, in den Studien von Hobson, Ang und Buckingham, die über alle Unterschiede hinweg zeigen, dass die Publika von Medienprodukten diese als Material zur Konstitution ‚eigener' kultureller Bedeutung verwenden. Besonders die Untersuchung von Ien Ang weist darauf hin, dass die Betonung von Produktivität innerhalb der Rezeptions- und Aneignungsforschung der Cultural Studies zur damaligen Zeit nicht nur als Beschreibung eines ‚empirischen' Phänomens begriffen werden kann, sondern innerhalb der wissenschaftlichen Medienforschung gezielt gegen bestehende Konzepte gerichtet gewesen ist: Insbesondere in Arbeiten aus dem Kontext der Kulturindustrie-These ist es üblich gewesen, die Publika von populären Medienprodukten unhinterfragt als kulturell wenig kompetent zu stigmatisieren, wogegen sich die Vertreterinnen und Vertreter der Cultural Studies in ihrem Selbstverständnis als Fürsprecher sozial Untergeordneter oder Schwacher explizit wenden. Nicht zuletzt aus diesem Grund fokussieren die meisten Aneignungsstudien zu diesem Zeitpunkt Fernsehserien als dasjenige Fernsehgenre, das (hoch-)kulturell als am minderwertigsten markiert ist. Entsprechend ist die empirisch basierte Betonung der Produktivität der Rezipierenden als Intervention innerhalb des wissenschaftlichen Diskurses der damaligen Zeit zu sehen und hat letztendlich zu John Fiskes Konzept einer von der finanziellen (Produktions-)Ökonomie losgelösten, kulturellen (Aneignungs-)Ökonomie der Leute geführt, die es als etwas Eigenständiges bis hin zu etwas Widerständigem zu beschreiben gilt (Kap. 2.5). In einen solchen Rahmen, den man in gewissem Sinne als erste Phase der Aneignungsforschung der Cultural Studies bezeichnen kann, lassen sich eine Reihe weiterer Studien einordnen. Zu nennen wären beispielsweise die *A Country Practice* von John Tulloch und Albert Moran (1986), in der Produktion, Text und Rezeption einer australischen Soap Opera untersucht wird, aber auch die ethnografische Untersuchung von Ellen Seiter et al. (1989b) zu Zuschauerinnen von Fernsehserien (zu weiteren Studien vgl. die Forschungsüberblicke von Moores 1993 und Nightingale 1996 sowie die Beiträge in Gillespie 2005). Dabei sind die Arbeiten – trotz ihrer empirischen Vorgehensweise – eher semiotisch als ethnografisch orientiert. Indem sie aber den Blick weg vom Medienprodukt hin zur Aneignung und zum ‚Mapping' des Aneignungskontexts lenken, bereiten sie die umfassende ethnografische Wende vor, die sich in einer zweiten Entwicklungsphase der Aneignungsstudien der Cultural Studies letztendlich vollzog. In dieser Phase treten Fragen der Produktion und des Produktes vollkommen in den Hintergrund zugunsten einer intensiven und ethnografisch fundierten Beschäftigung mit der Aneignung selbst. Bevor Studien dieser zweiten Phase jedoch näher behandelt werden können, ist es unabdingbar einen Blick auf die Jugendstudien der Cultural Studies zu werfen, in denen erstmals innerhalb der Cultural Studies im engeren Sinne des Wortes ethnografisch gearbeitet wurde.

Weiterführende Literatur: Gillespie 2005; Moores 1993; Nightingale 1996; Röser 2009

5.2 Jugend als Publikum – die Jugendstudien der Cultural Studies

Sicherlich gehen die Jugendstudien der Cultural Studies nicht in der Aneignungsforschung auf. Vor dem Hintergrund, dass Medien zentrale „Kristallisationspunkte" (Vogelgesang 1994) für vielfältige Jugendkulturen sind, hat die Frage der Medienaneignung von Jugendlichen in den Jugendstudien von Anfang an einen großen Stellenwert gehabt. Dabei werden die Medien als keine die Jugendlichen manipulierenden oder die Alltagswelt der Jugendlichen nivellierenden Kräfte gesehen. Vielmehr wird davon ausgegangen, dass Medienprodukte für die Jugendlichen „symbolische Ressourcen" (Willis et al. 1991) sind, die es ihnen ermöglichen, eigene Erfahrungen in medienbezogenen Jugendkulturen auszudrücken. Diese Jugendkulturen sind lokalisiert in der Alltagswelt der Jugendlichen, die häufig durch soziale Probleme und Ausgrenzung gekennzeichnet ist. Im Weiteren sollen die Jugendstudien der Cultural Studies im Hinblick auf ihren Beitrag zur Erforschung des Verhältnisses von Medienkonsum und Jugendkultur dargelegt und darüber hinaus gezeigt werden, dass insbesondere sie es waren, die einen nachhaltigen Einfluss auf die ‚Ethnografisierung' der Aneignungsforschung der Cultural Studies hatten.

Der Ausgangspunkt für die Jugendstudien der Cultural Studies ist der von Stuart Hall und Tony Jefferson 1976 herausgegebene Sammelband *Resistance through Rituals. Youth Subcultures in Post-War Britain* (Hall/Jefferson 1976; dt. Clarke et al. 1979b), der mit Beiträgen von John Clarke, Dick Hebdige, Angela McRobbie und anderen die wichtigsten Angehörigen des „Centre for Contemporary Cultural Studies" versammelt, die sich mit dem Phänomen der Jugend(sub)kultur auseinandersetzen. Zentral für das Verständnis der Jugendstudien der Cultural Studies ist ihr Begriff der Jugendkultur als **Subkultur** (Clarke et al. 1979b; siehe auch Jacke 2009). Mit Bezug auf das Williamssche Konzept der Kultur als „whole way of life" (Kap. 2.2) begreifen John Clarke et al. die Kultur als die distinkte Lebensweise einer Gruppe oder Klasse, die neben den materiellen Produkten deren Bedeutungen, Werte und Ideen mit einschließt. Subkulturen zeichnen sich nun durch „kleinere, stärker lokalisierte und differenzierte Strukturen" (Clarke et al. 1979b: 45) innerhalb eines größeren kulturellen Netzwerkes aus, wobei sie einerseits in einer Beziehung zu ihrer „Stammkultur" stehen, andererseits hinreichend eigenständige Gestalt und Strukturen aufweisen, die sie von dieser unterscheidbar machen. Die Erfahrungen und Reaktionen der Mitglieder einer Subkultur basieren auf der gleichen Grundproblematik wie die der Mitglieder ihrer Stammkultur, wobei sich die Subkultur dadurch auszeichnet, dass sie gegenüber der in einer Gesellschaft dominanten oder hegemonialen Kultur untergeordnet bleibt. In diesem Sinne sind Jugendsubkulturen wie die der Rocker, Hippies etc. doppelt artikuliert, erstens in Bezug auf ihre Stammkultur (z.B. die Arbeiterkultur), zweitens in Bezug auf die dominante Kultur (z.B. die des Bürgertums).

Dieses Konzept von Jugendkultur als Subkultur ist auf zweifache Weise gegen die zum damaligen Zeitpunkt vorherrschende Diskussion um Jugend orientiert (Clarke et al. 1979b: 48): Erstens ist es gegen ein Verständnis gerichtet, das Jugend selbst als ‚Quasi-Klasse' begreift, also als eine mehr oder weniger autonome, unabhängig von ihren weiteren soziokulturellen Kontexten zu beschreibende Entität. Zweitens aber – und dies mag aus heutiger Perspektive als die eigentlich interessante Stoßrichtung der Jugendstudien der Cultural Studies erscheinen – ist es gegen eine Vorstellung gerichtet, die Jugendkultur ausschließlich im Rahmen einer kommerziellen Ausbeutung und medialen Manipulation versteht. Jugend(kultur) ist – so die grundlegende These – mehr als nur ein Marktphänomen und bedarf eines komplexen Begriffsgefüges zu ihrer Beschreibung.

Wichtige Begriffe für die Beschreibung dieses komplexen Gefüges sind der des Stils und der Homologie, wobei Stil primär als ein Freizeitphänomen angesehen wird. Dies kann mit der „Stammkultur" der meisten jugendkulturellen Stile begründet werden, nämlich der Arbeiterkultur, wie sie sich seit dem 19. Jahrhundert entwickelt hat. In dieser ist die Freizeit der Bereich der „relativen Freiheit", in dem die Arbeiter ihren Vergnügen nachgehen können. Zentral dabei ist, dass die Freizeitwelt nicht von der der Arbeit losgekoppelt ist, sondern dass die Freizeitvergnügen in ihren kulturellen Mustern „homolog" zu der Arbeitswelt sind. Unter **Homologie** ist also zu fassen – wie es Paul Willis formuliert –, dass „besondere Gegenstände [und Praktiken; A.H.] in ihrer Struktur und ihrem Gehalt der Struktur [...] der sozialen Gruppe entsprechen und diese reflektieren" (Willis 1981: 238). Als homolog zur Arbeitswelt wird beispielsweise das Männlichkeitsethos, wie es in der Fußballkultur der Arbeiter ausgelebt wird, begriffen: „ein ‚Mann' muss, wie ein Fußballer, in der Lage sein, ‚etwas einzustecken und es trotzdem wieder versuchen'" (Clarke 1979: 135). Arbeitswelt und Freizeitwelt werden hier auf der Ebene kultureller Muster in einer weitgehenden Übereinstimmung gesehen, die als Homologie wiederum auf die Spezifik der sozialen Gruppe verweist.

Wie kann nun Stil begrifflich gefasst werden? Was ist hierunter zu verstehen? Ein Ansatzpunkt zum Verständnis von **Stil** in Jugendkulturen ist die Stilschöpfung (die Vermittlung und Entstehung von Stil veranschaulicht John Clarke in der in Abbildung 14 wiedergegebenen Grafik). So entstehen Stile nicht aus dem Nichts, sondern – um einen Begriff von Claude Lévi-Strauss zu gebrauchen – durch die **Bricolage** bestehender Objekte, d.h. durch deren Rekontextualisierung „innerhalb eines Gesamtsystems von Bedeutung, das bereits vorrangig und sedimentierte, den gebrauchten Objekten anhaftende Bedeutungen enthält" (Clarke 1979: 136). Solche Objekte können Kleidungsstücke, aber auch Schmuck und Gebrauchsgegenstände sein, d.h. Waren, wie sie auf dem Markt existieren. In der bricolagehaften Aneignung werden diese Objekte einer Transformation unterzogen, durch die die primären Objektbedeutungen transformiert werden, wodurch ihnen im Kontext des Stils eine neue Bedeutung zukommt.

Abbildung 14:   *Vermittlung und Entstehung von Stil*

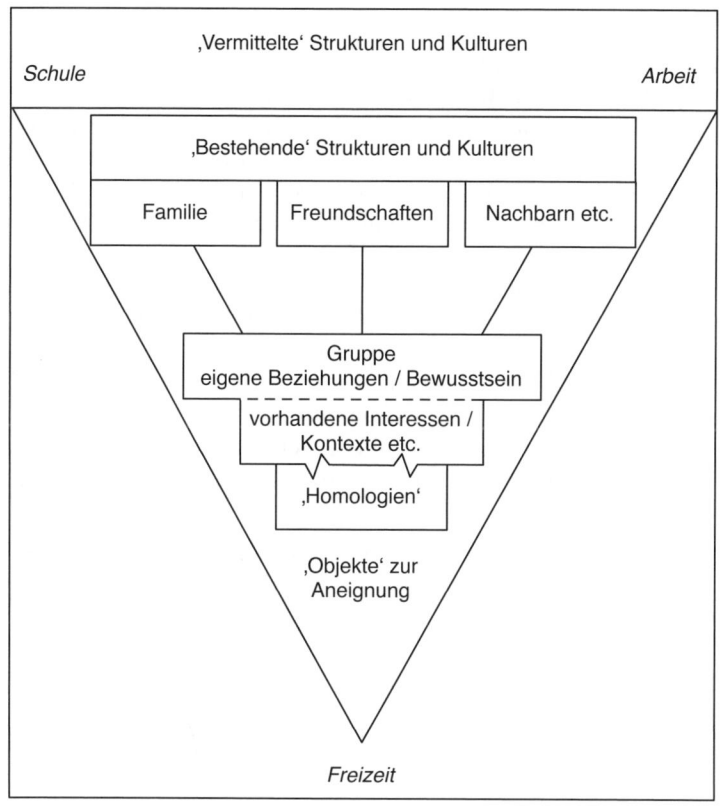

Quelle: Clarke 1979: 145

Vergegenwärtigen kann man sich dies beispielsweise am Stil der Punks, in dem die verschiedensten (Konsum-)Objekte rekombiniert werden zu einem gegen Konsum gerichteten Stil des Punk-Seins. Die zentrale Funktion des Stils ist dabei die Abgrenzung der Gruppenidentität gegenüber anderen Gruppierungen. In den Worten John Clarkes:

„Eine der wichtigsten Funktionen eines eigenen subkulturellen Stils ist es, die Grenzen der Gruppenmitgliedschaft gegenüber anderen Gruppen zu definieren. Dies stellen wir uns meist als Reaktion auf andere Gruppen innerhalb eines subkulturellen Lebenszusammenhangs der Jugend vor (z.B. Mods contra Rockers, Skinheads contra Hippies und ‚Greasers'; usw.). [...] [I]hre Reaktion gegen bestimmte Gruppen manifestiert sich nicht *primär* in den *symbolischen* Aspekten des Stils (Kleidung, Musik usw.), sondern zeigt sich in der ganzen Skala von Aktivitäten, Kontexten und Objekten, die zusammen das Stil-Ensemble bilden." (Clarke 1979: 141; Herv. i. O.)

Es stellt sich im Kontext dieser Einführung die Frage, welche Funktion den Medien in diesem Ansatz zur Beschreibung von Jugendkultur zugesprochen wird. Clarke diskutiert diese insbesondere in Bezug auf die Verbreitung des Stils, wobei er davon ausgeht, dass sich ein subkultureller Stil mit seiner Ausbreitung in einem „Konsumstil" auflöst bzw. auflösen kann. Die Medien haben dabei eine widersprüchliche Rolle, die man nicht auf den Aspekt der „Manipulation" der Jugendlichen reduzieren kann.

So kann auf der einen Seite die häufig ablehnende Berichterstattung in den Medien über subkulturelle Stile eine in Relation zur Intention der Medienschaffenden gegenteilige Wirkung haben, nämlich die, dass sich der Stil in seiner subkulturellen Spezifik unter Jugendlichen weiter verbreitet. Dies ist insbesondere dann der Fall, wenn zwischen medial vermitteltem, jugendkulturellem Stil und der (Stamm-)Kultur der Jugendlichen eine Homologie besteht. Clarke macht diesen Zusammenhang an der Berichterstattung über die Skinheads bzw. den Skinhead-Stil deutlich:

„Im Fall der Skinheads wie auch in anderen Fällen wird das Image dem Publikum mit gänzlich negativen Konnotationen präsentiert. [...] Aber es sind auch ‚deviante' Lesarten möglich, und zwar durch Gruppen von Heranwachsenden, die *bereits* am Fußball-Vandalismus beteiligt sind. So können Medienberichte über Gruppen, die ein ähnliches Engagement haben, sich aber in ihrer Kleidung und ihrer Haartracht unterscheiden, den ‚stillosen' Fußballanhängern ein Mittel zum Eintritt in den voll entwickelten subkulturellen Stil bieten. Ihre eigenen Bezugssysteme (Fußball, Gewalt, Gruppenmitgliedschaft) gestatten es ihnen, die Nachrichten über Skinhead-Banden positiv zu interpretieren und potenzielle Verbindungen zwischen dem Stil und ihren eigenen Aktivitäten herauszulesen." (Clarke 1979: 148f.; Herv. i. O.)

Dies wäre ein Beispiel für eine nicht intendierte Funktionalisierung der Medien seitens Jugendlicher als Kristallisationspunkte von Jugendsubkultur.

Auf der anderen Seite kann die (positiv oder negativ wertende) Berichterstattung in den Medien über die Stile jugendlicher Subkulturen den Effekt ihrer Kommerzialisierung und damit verbunden ihrer Auflösung als *Sub*kultur haben. Indem sich bestimmte Stilelemente so weit verbreiten, dass sie über keine Distinktionsspezifik mehr verfügen, werden sie für die Jugendlichen in ihrer gruppenkonstituierenden Funktion ‚bedeutungslos', der subkulturelle Stil als solcher löst sich allenfalls in einem „Konsumstil" auf. Auch hier geht es aber nicht einfach um eine Standardisierung der Jugendkultur durch die Medien oder ‚Jugendindustrie'. Insbesondere beim Aufgreifen neuer Stile spielen junge

Unternehmende eine zentrale Rolle, die in enger Verbindung zu ihren ‚Märkten‘ stehen, ja fast Teil der Subkultur sind. Beispiele für Unternehmende in diesem Sinne wären Inhaberinnen oder Inhaber ‚alternativer Medieninstitutionen‘ wie kleine Platten-Labels und alternative Hörfunkstationen oder Modeunternehmen, die in eigenen Läden verkaufen. Die „Kommerzialisierung" von Jugendstilen beginnt also von ‚unten‘, d.h. aus dem Umfeld der Jugendkulturen selbst. Eine Auflösung des primären Lebensstils der Jugendkulturen in einen sekundären Konsumstil setzt aber in dem Moment ein, wenn einzelne Elemente aus dem sozialen Kontext der ursprünglichen Stil-Bricolage herausgenommen werden, d.h. die verkauften (Medien-)Produkte zu einem Symbol von „Jugendlichkeit" im Allgemeinen werden. An diesem Punkt startet allerdings der Prozess von Stil-Bricolage möglicherweise von Neuem: Die Produkte besitzen nun ein Bedeutungspotenzial, das sie prinzipiell als Objekte für neue subkulturelle Stil-Bricolagen geeignet erscheinen lassen kann.

Dieses knapp umrissene Konzept des subkulturellen Stils kann als Ausgangspunkt für die Jugendstudien der Cultural Studies angesehen werden. Relevante Studien, die durchgeführt wurden, sind die Untersuchungen *Learning to Labour. How Working Class Kids get Working Class Jobs* (dt. P. Willis 1979) und *Profane Culture* (dt. Willis 1981) von Paul Willis, Dick Hebdiges *Subculture – The Meaning of Style* (dt. Hebdige 1983) und *Hiding in the Light* (Hebdige 1988) sowie die Studien von Angela McRobbie zu „Mädchenkulturen" (McRobbie/Savier 1982; McRobbie 1994; McRobbie 1997; siehe auch Baldauf 2009). Gemeinsam ist diesen frühen Jugendstudien, dass sie den Jugendkulturen die Dimension einer **Politik von Subkultur** zusprechen. Paul Willis spricht diesbezüglich von der „lokalen Kulturpolitik" (Willis 1981: 221), Dick Hebdige von der „Politik des Vergnügens" oder der „Politik der Lust" (Hebdige 1985: 190). Diese in den Jugendstudien aufgezeigte ‚widerständige‘ Dimension subkulturellen Handelns ist es, die nachhaltig auch die weiteren Aneignungsstudien der Cultural Studies geprägt hat. Doch was ist genau unter dieser Politik von Subkultur zu verstehen? Wie können jugendliche Subkulturen eine politische Dimension ihres Stils entwickeln? Dies soll im Weiteren an den wohl einflussreichsten der klassischen Jugendstudien der Cultural Studies gezeigt werden, nämlich Paul Willis *Profane Culture* und Dick Hebdiges *Subculture*, wobei es – im Vorgriff auf die Darlegungen zur Methodologie der Cultural Studies (siehe dazu Kap. 6) – unerlässlich ist, einige Anmerkungen zur Methodik und Methodologie der Jugendstudien der Cultural Studies zu machen, da es deren strikt ethnografische Orientierung gewesen ist, die neben der Betonung der politischen Dimension von Subkultur nachhaltigen Einfluss auf die Aneignungs- und Rezeptionsforschung hatte.

Den Begriff von Ethnografie, der im Umfeld der so genannten „ethnographic group" des CCCS entwickelt wurde, die die wichtigsten Jugendstudien der Cultural Studies stimuliert hat, wurde erstmals von Paul Willis (1980) in dem Aufsatz *Notes on Method* dargelegt. Paul Willis setzt sich in diesem Aufsatz mit der qualitativen Methodologie, wie sie in den Sozialwissenschaften in der Tradition der sogenannten „Chicago School" entstanden ist, auseinander. Sein zentrales Argument ist, dass sich in das Methoden-Verständnis vieler qualitativ arbeitender Soziologinnen und Soziologen der damaligen Zeit eine ähnlich positivistische Grundannahme einschleicht, wie sie für das Methoden-Verständnis vieler quantitativ arbeitender Soziologen kennzeichnend ist, indem erstere davon ausgehen, insbesondere mit dem Verfahren der teilnehmenden Beobachtung einen direkten Zugang zu den beobachteten Gruppen als Objekten zu haben. Gegen ein solches Verständnis setzt Willis eine **kritische Ethnografie**, die sich auf zweifacher Ebene zur Subjektivität ihrer Methodologie bekennt: Zum einen sind die Forschenden selbst Subjekt, die sich mit ihren kulturellen Praktiken und Wertvorstellungen in den Forschungsprozess einbringen. Zum anderen haben ethnografisch Forschende keinen Zugang zu ‚menschlichen Objekten', vielmehr setzten sie sich mit der kulturellen Sinnproduktion von Subjekten auseinander. In diesem Sinne ist ethnografische Forschung aus kulturtheoretischer Perspektive als ein Prozess kultureller Verständigung zu begreifen, der im Idealfall reflexive Momente hat, die sich in solchen Momenten ergeben, wenn die kulturellen Praktiken und Wertvorstellungen der Forschenden ungenügend erscheinen, um die subjektiven Sinnproduktionen, die sie untersuchen, zu fassen (siehe dazu Krotz 2005).

Ausgehend von einem solchen Verständnis von Ethnografie arbeitet Paul Willis in *Profane Culture* die Spezifik der Stile von Rocker- und Hippie-Kulturen heraus, die sich seiner Argumentation nach durch eine **lokale Kulturpolitik** auszeichnen. Mit diesem Ausdruck möchte Willis den Sachverhalt fassen, dass die beiden von ihm beschriebenen Subkulturen in ihrem Lebensstil und damit in ihren Transformationen charakteristischer kultureller Objekte und Felder mittels ihrer Alltagsroutinen „einige der massiven Widersprüche in der modernen Gesellschaft" (Willis 1981: 214) sondieren: „Statt sich der Kontrolle zu unterwerfen und zuzulassen, dass die Waren [...] das Alltagsleben und die Lebensweise bestimmten und somit viel umfassendere ideologische Muster aufzwangen, nahmen sie in gewisser Weise die Kontrolle selbst in die Hand" (Willis 1981: 215). Diese ‚lokale Kulturpolitik' ist dann zu fassen, wenn man die beiden Subkulturen im Spannungsverhältnis zu ihren Stammkulturen – im Falle der Hippiekultur die bürgerliche Angestelltenkultur, im Falle der Rocker die Arbeiterkultur – sieht. So kann man die Hippies als „immanente Kritik der protestantischen Ethik" der Angestelltenkultur ansehen: In ihrer Zelebrierung des Hedonismus, einer umfassenden Ablehnung von Arbeit und traditioneller Zeiteinteilung sowie der (Über-)Betonung von subjektiver Befindlichkeit bis hin zu deren Dekonstruktion konstituiert sich die Hippiekultur in einem Lebensstil, der gegen deren Werte gerichtet ist.

Ähnliches gilt – wenn auch in anderen Zusammenhängen – für die Subkultur der Rocker. Im Mittelpunkt dieses Lebensstils steht einerseits die Technik, die die Rocker mit ihren Maschinen ‚bändigen'. Damit wird ihnen auf symbolische Weise das möglich, was innerhalb der Stammkultur der Arbeiter nicht gelingt, in der der Umgang mit (Produktions-)Technik am Arbeitsplatz eher durch Entfremdung und ein ‚Von-der-Technik-kontrolliert-Werden' gekennzeichnet ist. Andererseits fordern die Rocker durch die Respektlosigkeit und Direktheit ihres Umgangsstils die institutionalisierten Formen von Höflichkeit heraus, die für den bürokratischen Konformismus kennzeichnend sind, der ebenfalls die Arbeiterkultur prägt. Die körperliche, maskuline Präsenz manifestiert ein Potenzial der Stammkultur, das in ihrem Alltag kaum mehr zu finden ist. In den Worten von Paul Willis zeigt so die „Robustheit der Motorradkultur [...] uns die Zerbrechlichkeit der urbanen Sensibilität, und das dem Menschen angepasste Motorrad zeigt uns den Terror gigantischer Technologien" (Willis 1981: 219).

Das Vorhandensein dieser ‚eigenen, lokalen Kulturpolitik' bedeutet aber nicht, dass Subkulturen eine wirkliche Alternative zu ihren Stammkulturen darstellen würden, da sie gerade als *Sub*kultur – d.h. durch ihre Unfähigkeit, sich zur selbstständigen Stammkultur fortzuentwickeln – scheitern, indem sie auf sich selbst bezogen bleiben. So lehnen die Hippies Arbeit in der gesellschaftlich definierten Form ebenso ab wie die meisten Ideologien, die das gesellschaftliche Leben prägen. Sie tragen eine solche Kritik aber nicht nach außen, beispielsweise indem sie andere Definitionen von Arbeit realisieren. Vielmehr verabschieden sie sich in einem „abergläubischen Rückzug" von der weiteren Gesellschaft. Ähnlich haben die Rocker zwar eine Form der Technik in ihrer Subkultur gemeistert, in einem umfassenderen politischen Sinne versagen sie jedoch in ihrem Unvermögen, sich produktiv in ihrer durch Technik geprägten Arbeitswelt einzubringen. Trotz einem solchen ‚Scheitern nach außen' beinhaltet die „lokale Kulturpolitik" der beiden Subkulturen aber ein Potenzial von Widerstand, das – um hier einen jüngeren Begriff von Ulrich Beck (1993) zu gebrauchen – subpolitisch ist:

„Das Entscheidende bei diesen Kulturen ist, dass sie beispielhaft zeigen, wie großräumige Lösungen, politische Programme und theoretische Perspektiven völlig bei der Aufgabe versagen, eine kulturelle Ebene herzustellen oder auch nur deren Bedeutsamkeit zu erahnen – die Bedeutsamkeit von Transformationen im Detail, die Bedeutsamkeit eines Wandels in der täglichen Routine und im Alltagsbewusstsein. Diese Leistung muss erhalten bleiben – das, wo Menschen sich wirklich einmal die Ärmel hochgekrempelt haben – und nicht die Lehnsesselperspektive: das Es-hätte-sein-Können." (Willis 1981: 226)

Ganz ähnliche Vorstellungen vom gesellschaftsverändernden Potenzial von Subkulturen entwickelt Dick Hebdige mit seinem Begriff der „Politik des Vergnügens", wenn auch seine Argumentationen wesentlich stärker von poststrukturalistischer und postmoderner Theoriebildung geprägt sind als die von Paul Willis. Um Hebdiges Begriff der „Politik des Vergnügens" zu fassen, muss man ihn im Spannungsfeld seiner zwei wohl zentralen Studien sehen, nämlich *Subculture* und *Hiding in the Light*.

Im Gegensatz zu Paul Willis unternimmt Dick Hebdige in *Subculture* nicht den Versuch, seine Argumentation mit einem ethnografischen Vorgehen zu rechtfertigen, sondern präsentiert seine Interpretation der von ihm untersuchten Jugend-Stile – Rockkultur, Black Soul bzw. Reggae, White Rock und insbesondere Punk – eher auf der Basis von Sekundärdaten. Dabei knüpft er an John Clarkes Begriff des jugendkulturellen Stils als Bricolage bestehender (medialer) Objekte an, ‚wendet' ihn aber an einem entscheidenden Punkt: In der Argumentation von Hebdige sind bei der Konstitution von jugendkulturellen Stilen die von Clarke so betonten „Stammkulturen" bei weitem nicht so zentral, wie sein theoretischer Rahmen es vermuten lässt. Es besteht also nicht unbedingt eine homologe Beziehung zwischen den Merkmalen eines Stils und denen von Stammkulturen (beispielsweise denen der Arbeiterklasse). Ebenso begreift Hebdige Medien nicht als Stile ‚verwässernde' Institutionen, sondern als grundlegende Kristallisationspunkte für die Artikulation heutiger Jugendkultur. Dies macht Hebdige am Beispiel des Punks deutlich, der nach seiner Argumentation – wie auch Angela McRobbie in ihrer zusammenfassenden Darstellung der Studien der Cultural Studies zu Subkultur zeigt (McRobbie 1982: 213) – erst durch die Medienberichterstattung entstand, indem er eine Antwort auf schon vorhandene Andeutungen in den Medien von Panik und Krise ist.

Mit dieser Loslösung von einer klassentheoretisch orientierten Analyse von Jugendkultur zugunsten eines an poststrukturalistischen Überlegungen orientierten Begriffsrahmens, bei dem strikt der Stil als ästhetische Kategorie im Mittelpunkt der Analyse steht, kann *Subculture* als Grundlage für Hebdiges spätere Vorstellung der **Politik des Vergnügens** gelten, die er in *Hiding in the Light* (Hebdige 1988) entwickelt (für eine deutsche Übersetzung des ersten Kapitels des Buchs vgl. Hebdige 1985). Auch wenn *Hiding in the Light*, wie Dick Hebdige selbst schreibt, eher in Einzelaufnahmen von Jugend- und Populärkultur zerfällt und so am besten wie das „Tagebuch eines Reisenden" (Hebdige 1988:

8) zu lesen ist – trotz solcher mit der Unabgeschlossenheit von Bedeutungskonstitution spielenden Feststellungen lässt sich doch mit dem Begriff der „Politik des Vergnügens" ein klarer argumentativer Kern des Buchs festmachen. Diesen fasst Hebdige wie folgt:

> „Ich möchte die strikte Trennung von ‚politischen' und ‚kommerziellen' Erscheinungsformen der Jugendkultur, die Unterscheidung zwischen Jugendmarkt und Jugendproblem, zwischen Lust und Frust des Jugendalters hinterfragen. [...] Ich möchte die Trennung von Politik und Spaßhaben, von Werbung und Dokumentarismus angreifen und für eine neue Auffassung plädieren: die Politik des Vergnügens." (Hebdige 1985: 189f.)

Um die politische Dimension von Konsum und Vergnügen Jugendlicher zu erklären, setzt Dick Hebdige beim gesellschaftlichen Umgang mit ‚norm-abweichenden' Jugendlichen im 19. Jahrhundert an. Er macht dabei einen wechselseitigen Mechanismus der Überwachung von Jugendlichen und deren eigenes Zur-Schau-Stellen aus. So begann mit dem sozialpolitischen Interesse für die „Jugendfrage" – d.h. der Auseinandersetzung mit den „verwahrlosten und unzivilisierten Kindern der Arbeiterklasse", die in den Slums der englischen Industriestädte des 19. Jahrhunderts lebten – eine Überwachung derselben: Es wurden Foto-Archive der Jugendlichen angelegt, die sowohl einer beobachtenden Berichterstattung über deren Lage dienten, als auch der systematischen Erfassung potenzieller Straftäter. Hebdige sieht hier Voyeurismus ebenso wie soziale Kontrollversuche am Werk. Eine Verschiebung, wenn auch nicht ein Wandel der grundlegenden Beobachtungsstruktur fand in den 1950er und 1960er Jahren statt, als mit dem steigenden Wohlstand in Großbritannien „aus der Problemjugend [...] die Lebejugend" wurde (Hebdige 1985: 195). Mit einer zunehmenden Orientierung der Jugendkulturen auf den Konsum von Kulturwaren ging es nicht mehr darum, entweder ‚Ärgernis zu sein' oder ‚Spaß zu haben', sondern darum, ‚Ärger-zu-bereiten-um-Spaß-zu-haben'. Hierfür standen die verschiedenen neu aufkommenden Jugendkulturen wie Mods, Teddy-Boys, später Punks. Diese Neuorientierung erklärt, warum es nach Hebdige bei den „Jugend-Krawallen" 1981 in England nicht um einen Kampf für das Recht auf Arbeit ging – für das kein Punk eintritt, der mit seinem Irokesen-Schnitt und den Tätowierungen in seinen Körper für jeden Arbeitgeber ersichtlich das Desinteresse an Arbeit eingeschrieben hat –, sondern um ein Recht auf Konsum: Randaliert wurde nicht in Rathäusern und Arbeitsämtern, sondern HiFi-Geschäfte und Plattenläden wurden geplündert. Die Jugendkulturen haben in dieser Situation eine neue „Politik der Jugend" entwickelt, die Subpolitik des Vergnügens, die gerade mit der Überwachung von Jugend(sub)kulturen spielt:

> „Subkulturen werden ständig überwacht und entziehen sich gleichzeitig jeder Kontrolle. Aus der Last der argwöhnischen Blicke haben sie die Lust entwickelt, Blickfang zu sein.

Sie spielen Versteck im Rampenlicht. [...] Subkulturen wollen Aufmerksamkeit erregen und weigern sich zugleich, ist erst einmal diese Aufmerksamkeit erreicht, buchstabengetreu ‚gelesen' zu werden." (Hebdige 1985: 201f.)

Dieses Zitat sollte die Gemeinsamkeiten, aber auch Differenzen des Begriffs der „Politik des Vergnügens" von Hebdige und des Begriffs der „lokalen Kulturpolitik" von Willis deutlich machen: Ähnlich wie Paul Willis geht es Dick Hebdige darum, die *politische* Dimension von Jugendkulturen herauszuarbeiten, gewissermaßen ihr Widerstandspotenzial. Allerdings sieht er dieses weder in einem direkten Aufstand gegen eine hegemoniale Ordnung noch in einer direkten Homologie mit ihrer Stammkultur lokalisiert, sondern in einer symbolischen Unabhängigkeitserklärung der Jugendlichen im jeweiligen Lebensstil. Die Jugendlichen ‚kämpfen' nicht gegen ihre ‚Schwäche'. Vielmehr inszenieren sie sie auf eine vergnügliche Weise, die die sie umgebenende Welt symbolisch negiert. Stil bricht hier Regeln durch komplexe Verschmelzungen existierender Zeichen und Bedeutungen. Hierin ist das Potenzial ihrer „Politik des Vergnügens" zu sehen.

Die Jugendstudien von Hebdige, Willis, Clarke und anderen blieben nicht ohne Widerspruch. Es sind vor allem drei Kritikpunkte zu nennen, die insbesondere von den Cultural Studies nahe stehenden Wissenschaftlerinnen und Wissenschaftlern bzw. von Vertretern der Cultural Studies selbst geäußert wurden. So hat erstens Angela McRobbie auf der Basis eigener empirischer Untersuchungen zur **Mädchen-Kultur** in der heutigen Gesellschaft darauf aufmerksam gemacht, dass die Jugendstudien der männlichen Vertreter der Cultural Studies durch einen blinden Fleck gekennzeichnet sind, nämlich den des Weiblichen: Frauen spielen in den Forschungen nur ganz am Rande eine Rolle und wenn, dann zumeist als Objekte männlicher Lust und/oder Unterdrückung (McRobbie 1982; Baldauf 2009). Egal welche jugendliche Subkultur man nimmt, die Beschäftigung mit Frauen und Mädchen ist weitgehend marginalisiert. McRobbie fordert, Hebdiges Begriff der Politik des Vergnügens aufzugreifen, ihn aber gender-spezifisch zu wenden als „Politik des Stils" von jungen Frauen (McRobbie 1982: 221). Dadurch würden sich bei Mädchen und jungen Frauen ganz ähnliche Zusammenhänge zeigen wie auch bei der „Kulturpolitik" von männlichen Jugendlichen in Subkulturen: Indem junge Frauen spezifische gendergeprägte Objekte und Verhaltensweisen zu Stilen kombinieren – man denke an den von John Fiske beschriebenen Stil der Madonna-Anhängerinnen oder an das expressive Stricken von weiblichen Angehörigen ‚alternativer Kulturen' – gelingt es ihnen, „verborgen im Licht" gegen eine Ausgrenzung des Weiblichen zu protestieren. Vielleicht mag es also so sein, dass die von Hebdige und anderen beschriebenen Jugendkulturen männlich geprägt sind. Das darf jedoch nicht den

Blick auf weibliche Jugendliche verstellen, die mitunter nach ähnlichen Stilmustern wie männliche handeln. Und liest man Hebdiges Auseinandersetzung mit der Post-Punk-Bewegung genau, so zeigt auch er bezogen auf weibliche Jugendliche solche Zusammenhänge auf, wenn er davon spricht, dass Frauen sich in dieser Bewegung „öffentlich zur Schau [stellen] und […] die gesamte Ikonographie der verlorenen weiblichen Ehre [parodieren]: Vamp, Hure, Flittchen, Schlampe, sadistische Mätresse oder geknechtetes Opfer" (Hebdige 1985: 194). Durch solche Stil-Inszenierungen werden die gängigen Gender-Stereotype in Frage gestellt, indem sie zu Ikonen übersteigert werden. Dies macht deutlich, dass es in den heutigen, durch Individualisierungsschübe gekennzeichneten Jugendkulturen ungemein schwieriger geworden ist, einen vergnüglich-expressiven Umgang mit Gender gegen eine feministische Orientierung auszuspielen. Wie McRobbie schreibt, hat der „alte politische Gegensatz, Weiblichkeit auf der einen und Feminismus auf der anderen Seite, […] als Mittel zur Beschreibung der Erfahrung junger Frauen ausgedient" (McRobbie 1997: 191).

Ein zweiter relevanter Kritikpunkt setzt an dem Stilbegriff der Jugendstudien der Cultural Studies selbst an. Diesbezüglich ist insbesondere die Kritik von Rolf Lindner zu nennen, einem der besten Kenner der Jugendstudien der Cultural Studies, der sich um die Herausgabe ihrer deutschen Übersetzungen verdient gemacht hat, sowie die Kritik Ralf Vollbrechts. Die Kritik von Rolf Lindner bezieht sich auf die – um hier ein Konzept der Jugendstudien der Cultural Studies selbst zu gebrauchen – Homologie des Stilbegriffs zu spezifischen Diskursen der Werbeindustrie, weswegen die Stilanalysen offen sind für eine umfassende Instrumentalisierung innerhalb von Werbung (Lindner 1985: 212). So verführt nach seiner Argumentation die ästhetische Herkunft des Stilkonzeptes zu einer Umgangsweise mit Jugendkultur, die von einer scheinbaren Konsistenz von Symbolen ausgeht und sich dadurch durch eine „positivistische Leseweise" auszeichnet. Stil wird zu einer Summe von Einzelelementen der Form „Musik + Kleidung + Frisur + Droge = X!", wobei „X!" für den jugendkulturellen Stil steht (Lindner 1985: 211). Ein solches additiv-positivistisches Verständnis von jugendkulturellem Stil hat insofern eine Parallele zu Diskursen der Werbeindustrie, als diese bereits seit den 1960er Jahren davon ausgeht, dass Produkte nicht als singuläre Erzeugnisse mehr absetzbar sind, sondern nur im Rahmen von **Lifestyles** (siehe zu aktuellen Tendenzen einer solchen Kritik auch Lindner 2000: 97-112 und McGuigan 2007). Die Folge ist, dass Analysen jugendkultureller Stile in einem in drei Schritte typisierbaren Prozess von der Werbung instrumentalisierbar erscheinen: In einem ersten Schritt identifizieren Forscherinnen und Forscher die Stile von jugendlichen Subkulturen, wobei solche Analysen in einem zweiten Schritt – und hier ohne Berücksichtigung soziokultureller und historischer Hintergründe – durch Medien vermittelt werden. In einem dritten Schritt schließlich greifen Werbeagenturen diese medial verbreiteten „Arithmetiken des Stils" auf, um ihre eigenen Produkte zu vermarkten. Problematisch an diesem Prozess ist nach Lindner, dass solche entkoppelten, medial verbreiteten Stil-Arithmetiken zu Normen avancieren, die Jugendliche dann aufgrund von Gruppendruck einhalten müssen, wenn sie als ‚stil-gerecht' und damit als Teil der sich über Stil definierten Gruppen akzeptiert werden wollen. Hiermit wendet sich das Stilkonzept gerade gegen die Intention der Forscherinnen und Forscher, die mit dessen Hilfe das jugendkulturelle Widerstands-Potenzial herausarbeiten wollen:

„Statt dass Subkulturen den Jugendlichen Ausdrucks-, Entfaltungs- und Orientierungsmöglichkeiten jenseits normativer Zwänge bieten, werden sie hier zu Gehäusen normativ-stilistischer Hörigkeit." (Lindner 1985: 216)

Sicherlich ist gegen diese Schlussfolgerungen aus heutiger Perspektive einzuwenden, dass sich in der Entwicklung von Jugendkulturen seit den 1980er Jahren eher eine *Zunahme* von Wahlfreiheit manifestiert (s.u.), Jugendlichen also die zumindest prinzipielle Möglichkeit des Anschlusses an verschiedene Stilgemeinschaften bleibt. Zuzustimmen ist Lindner aber bei dem Ausgangspunkt seiner Kritik, nämlich dass dem Stilkonzept als einer ursprünglich ästhetischen Kategorie eine Tendenz dahingehend anzuhaften scheint, ‚Werbung' für den jeweiligen Stil zu sein. So weist auch Angela McRobbie in ihrer wohlwollenden, aber kritischen Darstellung von Hebdiges *Subculture* darauf hin, dass Hebdige zu einer ‚romantischen Verklärung' von subkulturellen Stilen tendiert (McRobbie 1982: 212), was in ähnlicher Weise für die Untersuchung von Paul Willis gesagt werden kann.

   Eine dritte Kritik an dem Stilbegriff der Cultural Studies macht sich insbesondere an seiner festen Kopplung an Subkultur fest, was als Analyseansatz für heutige Jugendkulturen nicht mehr angemessen erscheint. In der gegenwärtigen, durch einen nachhaltigen Individualisierungsschub gekennzeichneten Gesellschaft sind jugendkulturelle Stile nicht mehr als Subkulturen an ihre jeweilige Stammkultur rückgebunden, sondern – wie Ralf Vollbrecht argumentiert – an „**Freizeitszenen** als wähl- und abwählbare Formationen" (Vollbrecht 1997: 23), die in fester Beziehung stehen zu Lebens- und Freizeitstilen, nicht nur von Jugendlichen. Solche Zusammenhänge zu erfassen kann jedoch mit einem Begriff von Stil, der diesen an subkulturelle Milieus rückbindet, nicht gelingen:

„Das Subkulturkonzept des CCCS wird also einerseits fragwürdig durch die Auflösung der Milieubedingungen. Andererseits gehen moderne Gesellschaften einher mit einer fragmentierten Kultur, die sich aus Teilkulturen mit spürbarem Einfluss auf die Lebensstilisierung zusammensetzt. Im ausschließlichen Bezug auf Klassen- oder Schichtzugehörigkeit werden jedoch die *expressiven, ästhetischen* und *subjektiv-konstruktiven* Anteile eines Lebensentwurfs – die stiltypischen Distinktionsinteressen – nicht miterfasst." (Vollbrecht 1997: 23; Herv. i. O.)

Man kann Vollbrecht sicherlich vorwerfen, neuere Studien wie das bereits zitierte *Hiding in the Light* von Hebdige oder McRobbies *Postmodernism and Popular Culture* (McRobbie 1994) nicht hinreichend zur Kenntnis genommen zu haben, worin ihm aber zuzustimmen ist, ist dass das ursprüngliche Stilkonzept Clarkes mit Bezug auf die heutige, individualisierte Gesellschaft so nicht mehr stringent erscheint. Medien, angefangen vom Fernsehen mit Programmen wie MTV bis hin zum Internet mit dem Apple iTunes Music Store und verschiedenen Download-Börsen, haben zu einer Globalisierung der Jugendkultur beigetragen, was durch die Vielfalt von neuen Stilen und dem Revival bekannter, ehemals subkultureller Stile geführt hat, aber nicht zu einer vollkommenen Fremdbestimmung von Jugendkultur. Die Medien bieten „gerade durch ihre Allgegenwärtigkeit und Unentrinnbarkeit vielen Jugendlichen eine Chance, Alltagskultur aktiv mitzugestalten bzw. als Ausdrucksmittel zu benutzen" (Vollbrecht 1997: 28).

Solche Überlegungen verweisen auf eine zunehmende Konvergenz der Jugendstudien der Cultural Studies mit der allgemeineren Aneignungsforschung, die vielleicht am deutlichsten wird in der von Paul Willis und seinen Mitarbeitern Simon Jones, Joyce Canaan und Geoff Hurd durchgeführten Untersuchung *Jugend-Stile. Zur Ästhetik der gemeinsamen Kultur* (orig. 1990 *Common Culture*, dt. Willis et al. 1991). Zentral für die Studie ist ein Bruch mit dem Konzept der Subkultur, das Willis et al. zwar nach wie vor als einen angemessenen Analyseansatz zur Erforschung der Jugendkulturen in den 1950er und 1960er Jahren begreifen, das ihres Erachtens für heutige Jugendkulturen nicht mehr trägt (Willis et al. 1991: 31). Der Grund hierfür ist darin zu sehen, dass heute in allen Altersschichten (Lebens-)Stile Ausdruck einer allgemeinen Tendenz sind, zentrale Aspekte der eigenen Identität außerhalb der Arbeitswelt zu inszenieren. Private Stil-Inszenierungen sind also kein Moment in sich geschlossener Teilkulturen mehr, sondern ein genereller Aspekt von kultureller Identität. Hierdurch gewinnt bei jugendlichen Lebensstilen, aber auch jugendnahen Lebensstilen Erwachsener eine neue Form der Arbeit einen zentralen Stellenwert, nämlich die **symbolische Arbeit**. Während die Arbeit als unterhaltssichernde Tätigkeit in der gegenwärtigen Gesellschaft mehr und mehr „enthumanisiert" wird, d.h. eine Mehrzahl von Menschen Tätigkeiten nachgehen, für die sie aufgrund ihrer Monotonie keine Interessen entfalten können, wird die Welt der Freizeit zunehmend aufgewertet als der Bereich des Lebens, in dem die eigene kulturelle Identität gelebt wird: Selbst wenn man auf der Arbeit einfache

Verkäuferin oder Fließbandarbeiter ist, wird man in der Freizeit zur ‚Disco-Queen', einem ‚Techno-Freak' oder was auch immer. Solche kulturellen Identitäten von Jugendlichen, aber auch Erwachsenen, die ihnen ein expressives Ausleben verschiedener Elemente von Lebensstil ermöglichen, werden durch eben jene „symbolische Arbeit" artikuliert, die Willis et al. wie folgt definieren:

> „Es gibt aber [neben der Erwerbsarbeit] noch eine weitere Art von menschlich notwendiger Arbeit, die meistens unerkannt bleibt, aber nicht minder notwendig ist: die *symbolische Arbeit*. Es handelt sich dabei um die Anwendung von menschlichen Fähigkeiten auf und durch symbolische Ressourcen und Rohmaterialien (Ensembles von Zeichen und Symbolen – z.b. die Sprache, in die wir hineingeboren werden, ebenso wie Texte, Lieder, Filme, Bilder und Gegenstände aller Art), um Bedeutungen zu produzieren. Diese Arbeit ist umfassender als die materielle Produktion, geht ihr logisch voran und ist selbst eine Bedingung für sie; aber ihre ‚Notwendigkeit' ist in Vergessenheit geraten." (Willis et al. 1991: 22; Herv. i. O.)

Mit dieser „symbolischen Arbeit" schaffen Kinder und Jugendliche in ihrer Alltagswelt **elementare Ästhetiken** („grounded aesthetics"). Dieser Ausdruck fasst, dass dem Prozess der jugendkulturellen Bedeutungskonstitution ein eigenes, kreatives Moment innewohnt, das durchaus Züge einer genuinen, eben elementaren Ästhetik hat (Willis et al. 1991: 39). Kulturwaren werden als Ressourcen oder Materialien genommen, eine eigene kulturelle Identität, eigenen Sinn zu konstituieren. Sie sind also nicht das Produkt „symbolischer Arbeit", sie sind deren Katalysator, eine Art Zwischenstufe in der Konstitution kultureller Bedeutung.

Die Medien, angefangen vom Fernsehen und Video über Kino bis hin zu neuen Medien wie dem Computer, bieten für sie eine Möglichkeit, eine „gemeinsame Kultur" zu entwickeln, indem sie mit ihren Inhalten und Formen spielen und sie in ihre eigenen, elementaren Ästhetiken einbauen. So bieten beispielsweise die Konventionen und Stereotype, wie sie in Fernsehserien verhandelt werden, Ansatzpunkte für eine „Gegen-Identifikation", d.h. die Möglichkeit, beispielsweise in Gesprächen *in Abgrenzung* zu den Medieninhalten eigene Werte und Verständnisse von Gesellschaft zu entwickeln. Dies verweist generell auf ein **„praktisches Wissen"** (Willis et al. 1991: 53), das die Kinder und Jugendlichen bezüglich des Umgangs mit Medien haben. Wie bereits D. Buckingham (vgl. dazu Kap. 5.1) betonen P. Willis et al., dass Kinder und Jugendliche nicht einfach von den Medien ‚manipuliert' werden oder sich nicht in einer ‚Hyperrealität' medialer Welten verlieren. Vielmehr haben sie eine Fähigkeit entwickelt, Medien sinnvoll in ihre eigene Lebenswirklichkeit zu integrieren, auch wenn dieses „praktische Wissen" als eine Alltagskompetenz nicht in dem Maße diskursiv reflektiert ist, wie die Kompetenz von professionellen Experten.

Studien wie die von Paul Willis und seinen Mitarbeitern dürfen nicht als ‚Extrementwicklungen' der Beschäftigung mit dem Thema Jugend und Medien gelten, sondern verweisen auf einen generellen Sachverhalt, nämlich den, dass Medien in der Gegenwart die Jugendkulturen umfassend durchdringen, Jugendzeit gewissermaßen Medienzeit ist (vgl. dazu auch die Studien in Buckingham 1993b bzw. für den deutschen Sprachraum Hitzler 2008, Hitzler/Pfadenhauer 2001, Hitzler et al. 2001 und Vogelgesang 2001, Vogelgesang 2008).

Ziel dieses Kapitels war es, durch einen kurzen Abriss diejenigen Kernthesen der Jugendstudien der Cultural Studies darzulegen, die einerseits die Spezifik von Jugend als Publikum – oder wie man vielleicht besser formulieren sollte als Gesamtheit verschiedener Publika – fassen helfen. Andererseits sollten die Aspekte herausgearbeitet werden, die nachhaltigen Einfluss auf die weiteren Aneignungsstudien der Cultural Studies hatten. An solchen Einflüssen sind erstens zu nennen die ethnografische Orientierung, die in den weiteren Aneignungsstudien der Cultural Studies übernommen wurde, und zweitens die Betonung der möglichen Produktivität von Rezipierenden – eine Produktivität, die bis hin zur widerständigen „Politik des Vergnügens" reichen kann. Die Jugendstudien haben also zumindest einen partiellen Einfluss darauf gehabt, dass sich die Aneignungsforschung der Cultural Studies von der Frage der Konstitution einzelner Lesarten bei bestimmten Publika fortbewegt hat hin zu einer differenzierten Betrachtung der mitunter widerständigen, häufig aber produktiven Aneignungsformen. Wie diese Entwicklung *en detail* ausgesehen hat, soll im folgenden Kapitel an einigen zentralen Rezeptions- und Aneignungsstudien der letzten Jahre nachgezeichnet werden.

Weiterführende Literatur: Bennett/Kahn-Harris 2004; Hebdige 1985; McRobbie 1997; Willis et al. 1991

5.3 Die ethnografische Wende – Roman, Fernsehen und Internet

Es sind vor allem zwei Studien gewesen, die den „ethnographic turn" der Aneignungsstudien der Cultural Studies stimuliert haben. Zum einen ist dies die Studie *Reading the Romance* von Janice Radway, zum anderen David Morleys *Family Television* – obwohl beide Studien den heutigen ethnografischen Standards der Cultural Studies nicht mehr genügen würden. Während Morleys Untersuchung klar im begrifflichen Rahmen der weiteren Arbeit des CCCS lokalisiert ist, wurde die Untersuchung von Radway in einem gänzlich anderen Kontext, nämlich dem der literaturwissenschaftlichen Beschäftigung mit sogenannter Trivialliteratur in den USA durchgeführt. Nichtsdestotrotz hatte sie eine stimulierende Wirkung auf die nachfolgenden Studien, die sich dem Paradigma der Cultural Studies verpflichtet fühlten, und zwar weniger durch die Untersuchung selbst (Radway 1987, orig. 1984) als durch einen Aufsatz, in dem sie im Nachhinein die Ergebnisse ihrer Studie mit dem Begriff der Interpretationsgemeinschaft („interpretive community") theoretisierte (Radway 1984).

Mit der **Interpretationsgemeinschaft** („interpretive community") führt Janice Radway ein Konzept in die Aneignungsforschung der Cultural Studies ein, das zu einem zentralen Bezugspunkt für das „Mapping" unterschiedlicher Rezeptionskontexte geworden ist (zum Begriff des Mapping vgl. Kap. 5.1; zur Entwicklung des Konzeptes der Interpretationsgemeinschaft Lindlof 1988; Mikos 1994b: 117-123; Hepp 1997). Ursprünglich geht das Konzept auf die Überlegungen des Rezeptionstheoretikers Stanley Fish (1980) zurück, der damit verschiedene „Gemeinschaften" von (Literatur-)Wissenschaftlerinnen und Wissenschaftlern wie Rezeptionsästheten, Konstruktivisten, Poststrukturalisten etc. zu charakterisieren suchte, die bestimmte Annahmen über Literatur, über Ziele von literaturwissenschaftlicher Beschäftigung und Formen oder Praktiken der Interpretation teilen. Dieses Konzept kann aber auch sinnvoll auf alltägliche Publika von Medienprodukten übertragen werden. Dabei lassen sich einzelne Interpretationsgemeinschaften differenzieren, wobei deren Mitglieder (a) bestimmte Genre-Präferenzen teilen, (b) bestimmte Raster des Verständnisses von Medienprodukten und (c) bestimmte Formen oder Praktiken des Umgangs mit ihnen. Bringt man dieses Konzept mit dem Begriff des Mapping zusammen, so geht es in der Aneignungsforschung primär darum, die kulturellen Spezifika verschiedener Interpretationsgemeinschaften herauszuarbeiten (Radway 1984: 53; siehe auch Klaus 2009).

Offen ist für Radway allerdings, inwieweit es sich bei Interpretationsgemeinschaften notwendigerweise um ‚reale Gruppen' handeln muss, deren Mitglieder in einer direkten sozialen Beziehung zueinander stehen – beispielsweise die Interpretationsgemeinschaft eines Fanclubs in einer Stadt –, oder ob sich auch ‚virtuelle Gruppen' sinnvoll als Interpretationsgemeinschaften fassen lassen, wofür die Genre-Leser von Büchern ein Beispiel wären. Diese Frage, so deutet Radway selbst zumindest im Nachhinein ihre Studie *Reading the Romance. Women, Patriarchy, and Popular Culture*, wollte sie am Beispiel der Leserinnen von Liebesromanen untersuchen, die sich um einen Buchladen in der amerikanischen Kleinstadt „Smithton" gruppiert haben, ein Laden, in dem

Dorothy Evans arbeitet, die einen Newsletter zu aktuellen Liebesromanen herausgibt (bei den Namen handelt es sich um Pseudonyme).

Die empirische Grundlage der zwischen 1979 und 1981 durchgeführten Untersuchung sind fünf Expertengespräche, die Radway mit Dorothy Evans geführt hat, zwei halbstandardisierte schriftliche Befragungen von 16 bzw. 26 ihrer Kundinnen sowie zwei Gruppendiskussionen mit diesen (Radway 1984: 47-50). Dieses Material eröffnet Radway einen Einblick in den Umgang der Frauen in einer amerikanischen Kleinstadt mit Liebesromanen, die fast durchweg der Mittelschicht entstammen, verheiratet sind und Kinder haben. Radway kommt zu dem Ergebnis, dass die Aneignung der Liebesromane durch die Frauen in einem Spannungsverhältnis steht zwischen Opposition zu ihren ausgegrenzten Stellungen als (Haus-)Frauen einerseits – eine Opposition, die sich insbesondere in der Tätigkeit des Lesens selbst manifestiert – und den von ihnen präferierten Liebesgeschichten andererseits, die inhaltlich durchaus gegenüber patriarchalen Strukturen affirmative Züge aufweisen.

Der Akt des Lesens hat für die Frauen insofern oppositionelle Züge, als er ihnen eine „Flucht" aus einem Alltag ermöglicht, in dem die (Haus-)Frauen durch familiäre Verpflichtungen in hohem Maße fremdbestimmt sind (Radway 1984: 86). In ihrem Lesen können die Frauen ihr Interesse gänzlich auf ein Objekt richten, das nur sie interessiert, und schaffen sich so einen Freiraum, in dem sie eine emotionale Selbstbestätigung erfahren. Eng zusammen hängen damit – und hier scheinen die Ergebnisse von Radway mit Studien weiblicher Fernsehaneignung zu kumulieren – Gefühle von Schuld, erstens bezüglich der zeitlichen Ressourcen, die die Frauen für das Lesen und nicht ihre häuslichen bzw. familiären Pflichten aufbringen, und zweitens bezüglich der finanziellen Ressourcen, die sie für den Kauf der Bücher verwenden.

Sicherlich ist dieser Rekurs Radways auf das aus dem Uses-and-Gratifications-Approach bekannte Konzept der ‚Flucht' bzw. des ‚Eskapismus' aus der Perspektive anderer Studien der Cultural Studies problematisch, wobei diese Problematik teilweise in ihrer Darlegung selbst anklingt. Bei genauer Betrachtung müsste man wohl eher argumentieren, dass das Lesen der Frauen in hohem Maße durch eine ‚Erlebnisrationalität' gekennzeichnet ist, also eine Handlung ist, mittels der die Frauen sich ganz gezielt eine persönliche Erlebnisenklave im Kontext ihres Alltagslebens schaffen (Ansätze für eine solche Argumentation finden sich auch beispielsweise auf Seite 62 der Studie). An diesem Punkt erweitert Radway das traditionelle Konzept des Eskapismus, indem sie die Frage von ‚Flucht' in Beziehung setzt mit Machtgefügen in patriarchal geprägten, heterosexuellen Beziehungen. Die ‚widerständige Instrumentalisierung' von Medien – und hier sind deutliche Bezüge zu den Jugendstudien der Cultural Studies zu sehen, wie Radway selbst in dem Vorwort der Zweitauflage von *Reading the Romance* betont (Radway 1984: 5f.) – scheint demnach nicht auf Subkulturen beschränkt zu sein.

Zentral bleibt aber die Frage, gegen was sich diese Opposition richtet. Im Falle der Smithton-Frauen ist diese, wie gesagt, *im Akt* des Lesens zu sehen, durch den sich die Frauen ihrer Umwelt verweigern, und weniger in dem, *was* sie lesen. Dies wird an den Teilen der Studie von Radway deutlich, in denen sie sich mit der „idealen Liebesgeschichte" aus Sicht der Frauen befasst. Unter den Frauen besteht eine erstaunliche Konvergenz der Meinungen bezüglich dessen, wie eine solche „ideale Liebesgeschichte" auszusehen habe (vgl. Abbildung 15). So stellt Radway bezüglich der von den Rezipientinnen favorisierten Liebesromane fest:

> „Ihre bevorzugten Bücher können in der Tat durch den ‚eine Frau/ein Mann' Plot charakterisiert werden, den sie ihrem Anspruch nach präferierten – Geschichten, in denen der romantische Held all seine Aufmerksamkeit auf eine Heldin richtet, mit der sie sich identifizieren." (Radway 1984: 67f.)

Am Ende dieser Liebesgeschichten steht das Happyend in der Form der Lösung aller Probleme der Heldin in einer „wahren Liebe" zu dem Helden. Eine Identifikation mit der Heldin in einer solchen Geschichte ermöglicht den Frauen einen ‚virtuellen Rollentausch'. Während in ihrem Leben sie es sind, die sich um andere – ihre Kinder und Männer – kümmern müssen, identifizieren sie sich im Prozess des Lesens solcher Romane mit einer Frau, um die sich gekümmert wird. Auch wenn ein solcher ‚virtueller Rollentausch', auf einer ersten Ebene keine weiteren Konsequenzen für die eigene Lebensführung zu haben und eher zu einer Affirmativität gegenüber patriarchalen Vorstellungen zu tendieren scheint, so trifft aus der Binnenperspektive der Frauen das Gegenteil zu: In ihrer Ablehnung einer Übernahme von (männlicher) Promiskuität und ihrem Rekurs auf eine Vorstellung, wonach Sex nur Teil einer festen Zweierbeziehung (zwischen dem Helden und der Heldin) sein sollte, versuchen sich die Frauen eine Alternative zu den für sie männlich dominierten Vorstellungen des „bed hoppings" in der sie umgebenden Gesellschaft zu bewahren. Dies verweist darauf, dass die Affinität der Frauen zu den oben beschriebenen „idealen Liebesromanen" sich nicht gänzlich in einer Konzeptionalisierung von Affirmativität gegenüber einer patriarchalen Gesellschaft auflösen lässt, da zumindest aus ihren eigenen Perspektiven das Insistieren auf dem Ideal einer „wahren Liebe" den Moment eines Gegenentwurfs innehat.

Abbildung 15:   *Die wichtigsten Elemente einer Liebesgeschichte*

Antwort	Am Wichtigsten	Am Zweitwichtigsten	Am Drittwichtigsten	Gesamtnennung
a. Ein Happyend	22	4	6	32
b. Viele Szenen mit expliziten sexuellen Beschreibungen	0	0	0	0
c. Viele Details über ferne Orte und Zeiten	0	1	2	3
d. Ein langer Konflikt zwischen dem Helden und der Heldin	2	1	1	4
e. Bestrafung des Bösewichts	0	2	3	5
f. Eine sich langsam aber kontinuierlich entwickelnde Liebe zwischen dem Helden und der Heldin	8	9	6	23
g. Ein Setting in einer bestimmten historischen Periode	3	4	3	10
h. Viele Liebesszenen mit einigen expliziten sexuellen Beschreibungen	3	7	3	13
i. Viele Liebesszenen ohne explizite sexuelle Beschreibungen	0	3	1	4
j. Einige Details über die Heldin und den Helden, nachdem sie zusammengefunden haben	1	7	14	22
k. Eine sehr bestimmte Art von Held oder Heldin	3	4	3	10

Quelle: Radway 1987: 67

Nach Argumentation von Janice Radway lassen sich aus den Ergebnissen ihrer Studie wichtige Schlussfolgerungen bezüglich des Charakters von Interpretationsgemeinschaften ziehen. So können die Frauen, die sich um den Buchladen von Dorothy Evans gruppiert haben, in dem Sinne als eine Interpretationsgemeinschaft gefasst werden, dass sie „als Lesende gemeinsame Zwecke, Präferenzen und Interpretationsraster" der Aneignung von Liebesromanen teilen. Zentral bleibt jedoch, dass sich diese Konformität ihrer Medienaneignung nicht zufällig ergibt, sondern „eine Funktion bestimmter gemeinsamer sozialer Faktoren in ihrem Leben zu sein scheint" (Radway 1984: 55). Sowohl die Präferenz für das Genre der Liebesromane als auch die Musterhaftigkeit ihrer Aneignung erklären sich vor allem durch ihre häusliche Rolle als Frauen und Mütter der amerikanischen Mittelschicht. Entsprechend sind Interpretationsgemeinschaften nicht nur als Nutzergruppen bestimmter Genres beschreibbar. Es sind nach Radway primär die geteilten soziokulturellen Faktoren, die die Gemeinsamkeiten bei der Aneignung bestimmter Genres erzeugen, ebenso wie die Präferenzen für dieses Genre selbst. Mit solchen Ergebnissen nahm *Reading the Romance* „die spätere Diskussion innerhalb der Cultural Studies über die Bedeutung von Texten im Verhältnis zu den Publikumsaktivitäten vorweg" (Klaus 2009: 292; siehe auch Wood 2004).

Dieses Konzept der Interpretationsgemeinschaft hat in den Aneignungsstudien der Cultural Studies eine umfassende Verbreitung erfahren. In den 1990er Jahren wurden verschiedenste Interpretationsgemeinschaften im Rahmen der Cultural Studies untersucht, angefangen von den alltäglichen Romanleserinnen Radways bis hin zu Fangemeinschaften (siehe dazu im Weiteren). Allerdings ist das Konzept der Interpretationsgemeinschaft nicht gänzlich unproblematisch, wenn man es von vornherein unhinterfragt auf jeden untersuchten Kontext von Mediennutzenden überträgt (Hepp 1997). Denn nicht immer werden hier „Zwecke, Präferenzen und Interpretationsraster" geteilt, sondern es können in einem spezifischen Kontext erhebliche Differenzen in der Medienaneignung Einzelner bestehen. Aus diesem Grund kann auch die Medienaneignung in der häuslichen Welt nicht zwangsläufig mit dem Konzept der Interpretationsgemeinschaft beschrieben werden, was sich aus der Studie *Family Television* von David Morley (1986) folgern lässt, eine Untersuchung, in deren Folge der so genannte Domestizierungsansatz entwickelt wurde.

Family Television hatte eine möglicherweise noch stärker stimulierende Wirkung auf die Aneignungsforschung der Cultural Studies als *Reading the Romance*. Ausgangspunkt für Morleys Studie ist eine umfassende Kritik seiner eigenen Arbeit im Rahmen des *Nationwide*-Projektes (vgl. dazu Kap. 4.2 und 5.1). In der Anlage seiner Untersuchung *Nationwide Audience* sieht er aus späterer Perspektive vor allem drei Verkürzungen, die er mit *Family Television* umgehen möchte (Morley 1986: 40-49): Erstens besteht das grundlegende methodische Problem seiner ersten Aneignungsstudie darin, dass sie sich auf die Auswertung von Gruppendiskussionen stützt, wobei als Impuls für diese die Rezeption einer *Nationwide*-Sendung in einem ‚öffentlichen Raum' (der Schule, Tagungsstätte etc.) diente. Mit dieser atypischen Rezeptionssituation als Ausgangspunkt schloss das Design der Studie von vornherein Analysen dahingegend aus, *wie* Zuschauerinnen und Zuschauer fernsehen, und ermöglichte ausschließlich die Fokussierung der Inhalte einer Sendungsform. Zweitens fanden die Gruppendiskussionen nicht innerhalb von natürlichen, alltäglich gemeinsam fernsehenden Gruppen statt. Entsprechend produzierte die Studie ‚künstliche Publika', wobei Morley ein zentrales Problem darin sieht, dass er es nicht für zwingend hält, dass die Rezipierenden in ihren häuslichen Kontexten dieselben (oppositionellen) Lesarten entwickelt hätten. Drittens – und dies kann als das Hauptargument gelten – ist das damals zugrunde liegende Encoding/Decoding-Modell kein angemessener Ausgangspunkt für eine Aneignungsforschung, weil es die Auseinandersetzung mit Medienaneignung von vornherein auf Fragen unterschiedlicher Dekodierungspositionen richtet, weitere Fragen wie die der Beziehung zwischen bestimmten Publika und den von ihnen überhaupt rezipierten Genres aber nicht thematisiert. Bezogen auf *Nationwide Audience* wurde ja bereits angemerkt, dass ein Teil der von Morley befragten Rezipierenden die Sendung nie angeschaut hätte, ihre ‚Dekodierungspositionen' also ein Forschungsartefakt sind.

Vor diesem Hintergrund entwickelt Morley als Ausgangspunkt von *Family Television* einen umfassenden Begriff des häuslichen **Rezeptionskontextes** („viewing context"), in den die Fernsehaneignung eingebettet ist. Hierzu greift er eine Reihe von mikrosoziologischen, psychologischen und kulturanalytischen Studien zur Medienaneignung im Familienkontext auf, neben der Untersuchung von Janice Radway unter anderem Arbeiten von Hermann Bausinger (Bausinger 1983), Irene Goodman (Goodman 1983), Gene H. Brody und Zolinda Stoneman (Brody/Stoneman 1983), James Lull (Lull 1980a, Lull 1980b, Lull 1982) bzw. Thomas Lindlof und Peter Traudt (Lindlof/Traudt 1983). Unter dem Rezeptionskontext versteht Morley die alltägliche Situation, in die das Fernsehen als Tätigkeit eingebettet ist, wobei er grundlegend den Zusammenhang von familiärer Interaktion und Fernsehen bzw. den unterschiedlichen sozialen Gebräuchen von Fernsehen in Rezeptionskontexten unterscheidet (Morley 1986: 18-39). So ist die Tätigkeit des gemeinsamen Fernsehens in ein Set umfassender familiärer Interaktionen eingebettet, angefangen von der interaktiven Absicherung der Rezeptionssituation (wer kann was zu welcher Zeit wie konzentriert sehen?) bis hin zu den sich aus der Rezeption selbst ergebenden Interaktionen (den Gesprächen über Fernsehen, den vom Fernsehen ausgehenden Spielen der Kinder etc.;

vgl. dazu auch Keppler 1994, 2001; Hepp 1998; Holly et al. 2001). Ähnlich vielfältig wie der Zusammenhang von Fernsehen und (familiärer) Interaktion im häuslichen Rezeptionskontext ist der soziale Gebrauch des Fernsehens in diesem. Das Fernsehen wird als ritualisierte Tätigkeit ‚gebraucht‘, um den Tages- und Wochenablauf zu strukturieren (Mahlzeiten, Zeiten für Hausarbeit etc.), zur Markierung individueller Freiräume der Kommunikationsverweigerung, oder als klar definierter Tätigkeitsraum, in dem körperliche Nähe unter den Familienmitgliedern erfahrbar ist. Die Gebrauchsformen variieren dabei von einer häuslichen Welt zur anderen. Insgesamt ist ihr Spektrum beträchtlich und geht weit über die eher utilitaristisch gedachten Gratifikationsformen des Uses-and-Gratification-Approaches hinaus (vgl. dazu das untenstehend abgedruckte Beispiel, das einem Aufsatz von Hermann Bausinger entnommen ist).

Das Ziel der Studie *Family Television* ist es, diesen häuslichen oder familiären Rezeptionskontext von Fernsehaneignung differenziert zu analysieren. Methodisch bedient Morley sich des offenen Interviews, wobei er die Datenerhebung im Frühjahr 1985 in den Wohnzimmern von 18 Familien in Süd-London durchführte. Alle Familien besaßen einen Videorecorder und sind dem unteren weißen Mittelstand zuzurechnen. Die Auswertung des Interviewmaterials ergab, dass der Zusammenhang von **Fernsehen und Gender** der zentrale Bezugsrahmen zur Beschreibung des häuslichen Rezeptionskontextes ist, da Fernsehen – zumindest in den von Morley untersuchten Familien – eine hochgradig gendergeprägte Aktivität ist. Wie in den Grundbegriffen dieser Einführung dargelegt (vgl. Kap. 2.4), geht Morley nicht davon aus, dass sich Gender-Differenzen durch essentielle, biologische Unterschiede zwischen Männern und Frauen ergeben. Vielmehr sind die bestehenden Differenzen bei der Fernsehaneignung über soziokulturelle Rollen vermittelt. Während in westlichen Gesellschaften für Männer das Zuhause traditionell primär – in Abgrenzung zur Arbeit – als der Ort der Erholung definiert ist, ist es für Frauen primär der Ort der (Haus-)Arbeit (auch *für* den Mann und die Kinder). Die sich hierdurch ergebenden unterschiedlichen häuslichen Rollen von Männern und Frauen prägen umfassend die jeweilige Fernsehaneignung.

Abbildung 16:   *Fernsehen im häuslichen Rezeptionskontext*

Am Abend verplaudert er [Herr Meier] sich, sonst hätte er wenigstens die Regionalnachrichten sehen können; so sieht er erst nach den Nachrichten wieder die Tabelle. Eigentlich wollte [er] – und er hatte das auch zu seiner Frau gesagt – früh ins Bett, aber nun hat er doch noch eine schwache Hoffnung, im ZDF-Sportstudio könne er das Müller-Tor sehen. Also muss er umschalten. Er sagt zu seiner Frau, sie sehe heute müde aus, sie wundert sich über seine Fürsorge, aber sie geht tatsächlich. Er geht in die Küche und holt ein Bier. Dummerweise kommt die Frau zurück, sie holt sich noch einen Sprudel in der Küche. Da geht ihr ein Licht auf: Mein Gott, das Sportstudio! Deshalb also schickst Du mich ins Bett! Er läßt sich nicht auf ein Gespräch ein, geht schnell noch in die Toilette. Inzwischen geht's los, seine Frau ruft: Hallo, Max Schmeling ist dabei! Er reagiert nicht, Schmeling kann er nicht leiden, weil er irgendetwas mit Coca-Cola zu tun hat. Er macht also betont langsam. Als er herein kommt ist das VfB-Spiel schon in Gang, er sieht gerade noch das zweite, das weniger schöne Tor. [...] Nachmittags [am darauf folgenden Sonntag] hört er vom Nachbarn, dass sein Verein wieder verloren hat – das hatte er sowieso gedacht, denn wenn es windstill ist, hört er das Geschrei vom Sportplatz auf dem Balkon, und es hatte niemand geschrien. Mit der Frau und den jüngeren Kindern geht er spazieren, von Bekannten wird er aufgehalten, als er nach Hause kommt, sitzt sein älterer Sohn vor der Sportschau, nachdem er bis Mittag geschlafen hat. Meier ärgert sich, weil er den Tag vertrödelt hat, noch mehr als der Sohn fragt: Hast du gehört, der VfB hat gewonnen! – als ob er ein Idiot wäre. Er präsentiert dem Sohn ‚Bild am Sonntag', der Sohn sagt: Ich dachte, die liest du nicht. Der Vater geht beleidigt aus dem Zimmer, während die Mutter neben ihrem älteren Sohn Platz nimmt und die Sportschau ansieht, die sie nicht interessiert – ein Kontaktversuch.

Quelle: Bausinger 1983: 32

Auf einer ersten Ebene manifestiert sich die Gender-Differenz in der Macht, über die die Männer in den meisten der befragten Familien bei der Programm-auswahl verfügen. So sind häufig sie es, die bestimmen, was in ihrer Anwesen-heit gesehen wird, und wenn das Fernsehgerät eine Fernbedienung hat, kon-densiert sich die Macht der Programmauswahl in der Verfügungsgewalt über diese. Neben dieser primären Ebene der Gender-Differenz sind die bei der Fern-sehaneignung in den von Morley interviewten Familien bestehenden Unter-schiede vor allem mit den Aneignungsstilen von Männern und Frauen zu fassen. Unter dem **Aneignungsstil** („viewing style") ist die Gesamtheit der Gebrauchs-und Nutzungsweisen des Mediums Fernsehen durch eine Person oder Personen-gruppe zu verstehen. Während sich der Aneignungsstil von Männern dadurch auszeichnet, dass sie die Sendungen, die sie interessieren, gezielt auswählen und konzentriert fernsehen sowie diese Rezeption innerhalb der familiären Interaktion absichern können, ist dies bei den befragten Frauen anders. Ihr Aneignungsstil ist in wesentlich höherem Maße über Fernsehen als Nebentätigkeit geprägt, d.h. die Frauen verrichten beim gemeinsamen Fernsehen mit der Familie Hausarbeit, besprechen mit den Kindern Probleme und kommen weiteren häuslichen Pflichten nach. Und wenn die Frauen zu Tageszeiten, an denen sie allein zu Hause sind, Sendungen, die sie interessieren, ungestört anschauen, so ist diese Rezeption zumeist durch Schuldgefühle dahingehend gekennzeichnet, dass sie dadurch ihre häuslichen Pflichten verletzen. Im Hinblick auf die präferierten Sendungen differieren die Aneignungsstile der Männer und Frauen ebenfalls: Während Männer primär ‚faktische' Fernsehsendungen wie Nachrichten, Politmagazine oder Sportberichterstattungen präferieren, sehen Frauen tendenziell ‚fiktionale' Genres wie Fernsehserien oder Filme. Im Hinblick auf die kommunikative Aneignung unterscheiden sich die Aneignungsstile der befragten Männer und Frauen dahingehend, dass Fernsehen für die Frauen in wesentlich größerem Maße eine kommunikative Ressource zu sein scheint als für Männer – oder Frauen dies zumindest eher zugeben.

Sicherlich ist die Studie *Family Television* nicht gänzlich unproblematisch und wurde – ebenso wie *Nationwide Audience* – umfassend kritisiert. Ein gerechtfertigter Kritikpunkt besteht darin, dass Morley in ihr dazu tendiert, den Aspekt des Genders an einzelnen Punkten überzubewerten (Hepp 1998: 50). Nichtsdestotrotz war sie es, die den alltäglichen Rezeptionskontext und die alltäglichen Aneignungsstile in das Blickfeld der Aneignungsstudien der Cultural Studies gerückt hat. Damit wurde ein weiterer Schritt weg von einer primären Fokussierung unterschiedlicher Lesarten hin zu einer Alltagsethnografie der Medienaneignung vollzogen.

Wie vielschichtig die alltägliche Aneignung von Fernsehen ist, zeigen die Untersuchungen, die seit der Studie von David Morley mehr oder weniger im direkten Kontext der Cultural Studies realisiert wurden. Zu nennen ist – neben den Beiträgen in dem von James Lull herausgegebenen Band *World Families Watch Television* bzw. den Untersuchungen von Lull selbst (Lull 1988b; Lull 1990; siehe auch Winter 2009) – insbesondere das von Eric Hirsch, David Morley und Roger Silverstone geleitete HICT-Projekt („The Household Uses of Information and Communication Technologies", vgl. Silverstone/Hirsch 1992), dessen Ergebnisse von David Morley und Roger Silverstone theoretisiert wurden (Silverstone 1994; Silverstone 1996; Morley 1997). Sie haben vorgeschlagen, den **Haushalt** als „die angemessene Untersuchungseinheit" (Morley 1996b: 43) von Medienaneignungsprozessen zu begreifen. Das Argument hierfür ist, dass ein Ansetzen beim Haushalt in seiner Gesamtheit die materiellen und sozialen Gegebenheiten miteinbezieht, die beim Ansetzen bei der als Interpretationsgemeinschaft verstandenen Familie als Untersuchungseinheit weitgehend ausgeblendet oder doch zumindest zu wenig berücksichtigt werden. Roger Silverstone hat das Verdienst, den Begriff des Haushalts weiter präzisiert zu haben. Silverstone betont, dass jeder Haushalt durch eine spezifische sittliche Ökonomie („moral economy") gekennzeichnet ist (vgl. Silverstone 1994: 45f.). Hiermit möchte er fassen, dass der Haushalt einerseits eine ökonomische Einheit ist und damit Teil des Wirtschaftssystems in seiner Gesamtheit. Andererseits ist er eine ‚sittliche Größe', da das (ökonomische und weitere) Handeln seiner Mitglieder vermittelt wird durch ein spezifisches Set von soziokulturellen Wahrnehmungsweisen, Werten und Ästhetiken, die selbst wiederum konstituiert werden durch die Erfahrungen, Biografien, Strategien und Taktiken der Mitglieder eines Haushalts. Entsprechend ist die ‚sittliche Ökonomie' eines Haushalts keine feststehende soziale oder kulturelle Einheit, sondern in sich hochgradig dispers (vgl. auch Ang 1991; Angerer 1994; Mikos 1997).

Ausgehend von diesem Begriff des Haushalts wurde im Umfeld des HICT-Projekts der sogenannte **Domestizierungsansatz** entwickelt, der nachhaltig die Aneignungsforschung der Cultural Studies geprägt hat. Wie Roger Silverstone in seiner Skizze zu den Ursprüngen des Konzepts der Domestizierung darlegt, muss der Ansatz im Diskussionsrahmen der 1980er-Jahre gesehen werden, in dem er sich gezielt gegen einen Technikdeterminismus richtete, der Medienwandel aus einem Technologiewandel heraus erklärt (Silverstone 2006: 230-235). Der Domestizierungsansatz war – wie Silverstone später formulierte – „ein Produkt dieses Moments" (Silverstone 2006: 231), da mit ihm die Eigenständigkeit des Haushalts in Gegensatz zu den in ihn „eindringenden" Medientechnologien betont wurde. Ein wichtiger theoretischer Bezugspunkt für die Entwicklung des Ansatzes waren die bereits zitierten Überlegungen von Michel de Certeau mit seinem Verständnis von Alltagspraktiken als Aneignungspraktiken (Silverstone 1989; Kap. 2.5).

Das Konzept der Domestizierung will betonen, dass Medienaneignung ein „Prozess des Nachhausebringens" (Silverstone 2006: 233) ist. Dabei lassen sich insgesamt vier Dimensionen dieser Aneignung als Domestizierung ausmachen, nämlich erstens die der Kommodifizierung, zweitens die der Objektifizierung, drittens die der Eingliederung und viertens die der Umwandlung (siehe dazu auch Hartmann 2006; Hartmann 2009). Unter der Kommodifizierung ist zu verstehen, dass eine Medientechnologie zuerst einmal zur „Ware" werden und vermarktet werden muss, um angeeignet werden zu können. Diese Kommodifizierung verweist insofern bereits auf Prozesse der Aneignung, als bestimmte (mögliche) Umgangspraktiken mit Medientechnologien und Produkten bei deren Herstellung und Vermarktung antizipiert bzw. unterstellt werden – unabhängig davon, wie die Aneignung selbst dann konkret aussieht. Objektifizierung bezeichnet das „Inbesitzbringen" eines Mediums als Objekt. Dies kann letztlich als der Ausgangspunkt für eine weitergehende lokale Aneignung begriffen werden. Letztere wird konkret mit der Eingliederung, worunter die Integration eines Mediums und seiner Inhalte in alltägliche Abläufe, Routinen und Rituale zu verstehen ist. Die Dimension der Umwandlung beinhaltet den Umgang mit einem Medium und seinen Inhalten, die damit erworbenen Kompetenzen und Fähigkeiten, die nach außen „sichtbar" und damit in gewissem Sinne „öffentlich" werden – eine Sichtbarkeit, die in (zukünftigen) Kommodifizierungen wiederum aufgegriffen wird. An anderer Stelle sprechen Silverstone et al. von einer fünften Dimension, nämlich der Aneignung im engeren Sinne des Wortes. Damit fassen sie „den gesamten Prozess des Konsums wie auch [...] den Moment an dem ein Objekt die Türschwelle zwischen den formalen und moralischen Ökonomien überschreiten" (Silverstone et al. 1992). Dies wird nach der Kommodifizierung als Ausgangspunkt der weiteren Dimensionen von Aneignung gesehen

Dieses Konzept der Domestizierung – das in jüngerer Zeit wieder zunehmend (kritisch) diskutiert wird (vgl. die Beiträge in Berker et al. 2006 und Röser 2007 sowie die Argumentation am Ende des Abschnitts) – hilft, Medienaneignung weiter zu konkretisieren: Die Aneignung von Medien in unterschiedlichen „häuslichen Welten" (Hepp 1997) muss in einem umfassenden Rahmen begriffen werden, indem es ebenso um die Aneignung von Medientechnologien auf der Ebene von Apparaten und deren Positionierung im häuslichen Rahmen geht (Morley/Silverstone 1990; Morley 2007: 275-292). Gleichzeitig muss man den Umgang mit Medien in einem weitergehenden Rahmen von Alltagshandeln sehen, d.h. in einem Set von verschiedenen Praktiken und Ritualen, die letztlich das artikulieren, was Roger Silverstone als Haushalt bezeichnet: ein Artikulationsprozess, der wiederum auch durch die Nutzung von Medientechnologie geschieht. Mit einer solchen Zugangsweise beeinflusste der Domestizierungsansatz die Aneignungsforschung seit den 1990er Jahren nachhaltig.

In ihrer Gesamtheit lassen sich die an die frühen Studien von Radway, Morley und die an den Domestizierungsansatz anschließenden Aneignungsstudien der Cultural Studies als Detailuntersuchungen zu unterschiedlichen gegenwärtigen Aneignungskontexten begreifen. Die Zahl der Studien ist mittlerweile nur noch schwer zu überblicken (zusammenfassende Darstellungen finden sich beispielsweise bei Gillespie 2005; Mackay 1997; Moores 1993; Nightingale 1996). Entsprechend können und sollen sie im weiteren Verlauf dieses Kapitels nicht umfassend diskutiert werden. Vielmehr ist es das Ziel, zentrale inhaltliche Felder der ethnografischen Untersuchung alltäglicher Aneignungskontexte in den Cultural Studies darzustellen, um so das Spektrum der Studien zu verdeutlichen. Im Einzelnen sind dies – neben dem mit der Studie *Family Television* von Morley bereits eingeführten Thema der Medienaneignung im häuslichen Kontext (siehe dazu Morley 2000) – die Medienaneignung innerhalb von Frauenkulturen, das Verhältnis von Medienaneignung und kultureller Identität und die Medienaneignung innerhalb von Fankulturen sowie Netzkulturen.

Innerhalb der feministischen Studien der Cultural Studies (vgl. den Forschungsüberblick von Zoonen 1994 sowie Dorer/Klaus 2008 und Klaus 2008; einführend zum Aspekt des Gender siehe Kap. 2.4), die sich mit Frauenkulturen und Medienaneignung befassen, werden die zentralen Themenfelder an den Arbeiten von Mary Ellen Brown greifbar. Die Beschäftigung mit der Medienaneignung innerhalb von Frauenkulturen verortet Brown im Rahmen einer – wie sie es bezeichnet – **Widerstandstheorie** („resistance theory"; Brown 1990a: 12). Zu der „Widerstandstheorie" zählt sie all jene Ansätze der Cultural Studies, die sich theoretisch und empirisch mit der Frage befassen, wie gewöhnliche Leute und subkulturelle Gruppen hegemonialen oder dominanten Zwängen widerstehen können. Es geht dabei um die Theoretisierung der widersprüchlichen Situation, dass das politische/soziale System einerseits Möglichkeiten des Vergnügens eröffnet, es andererseits die Adressatinnen und Adressaten solcher Vergnügen aber nicht an ihm partizipieren lässt. Im Rahmen einer so verstandenen „Widerstandstheorie" verortet Brown neben den Jugendstudien die feministische Tradition der Cultural Studies, deren Ausgangspunkt vor allem in der Arbeit der „Women's Studies Group" des CCCS (1978; siehe auch Barker 2003) zu sehen ist. Als feministisch charakterisiert Brown diese Ansätze deshalb, weil sie versuchen, Charakteristika weiblicher Medienaneignung innerhalb von gegenwärtigen Gesellschaften zu fassen und dabei aufzudecken, inwieweit die Gender-spezifischen Aspekte der Medienaneignung durch Sprache, Diskurse und Zeichenprozesse vermittelt sind. Ziel ist es, über die Forschungsarbeit das Wirken dieser Prozesse zu analysieren und so einen Beitrag zu ihrer Re-Evaluation zu leisten. Dies ist dem Selbstverständnis nach die ‚interventionistische Dimension' der feministischen Forschung im Rahmen der Cultural Studies-Medienanalysen.

Was bedeutet aber genau **Frauenkultur** („women's culture")? Was heißt es, ‚Frauen als Publikum' zu konzeptionalisieren? Mit dieser Frage hat sich Virginia Nightingale (1990) auseinandergesetzt und auf eine Reihe von Gefahren hingewiesen, die mit einer unreflektierten Gleichsetzung von ‚Frauenkultur' und ‚Frauen als Publikum' einhergehen können. So rekurriert die Konzeptionalisierung von Frauen als Publikum sowohl in Teilen der Medienaneignungsforschung als auch im Verständnis vieler Medienschaffender auf traditionelle Gender-Definitionen. Hier kondensiert sich die Vorstellung, dass Frau-Sein als Qualität über alle im Allgemeinen bei Publika gemachten Differenzen wie Ethnizität, Alter, Bildung etc. hinweg ein spezifisches Publikum konstituiere, wobei für dieses Publikumssegment klar definierbare Eigenschaften postulierbar seien: Frauen interessierten sich vorrangig für Liebes- und Beziehungsgeschichten (‚soft news'), sie seien insbesondere durch ihre Fähigkeit, sich um andere zu kümmern, zu charakterisieren und wären (als Publikum) nicht fähig, sich selbst zu artikulieren. Virginia Nightingale führt eine solche Konzeptionalisierung von Frauen als Publikum darauf zurück, dass sie von den Medienschaffenden als ‚häusliche Käuferinnen' adressiert werden, d.h. als diejenigen, die für die Familie häusliche Einkäufe tätigen, eine Rolle, in der die Frauen als Adressatinnen insbesondere für die Werbeindustrie von Interesse sind. Entsprechend werden die Frauen nicht *für sich* als Publika ernst genommen, sondern als das Konsumverhalten anderer *repräsentierende* Adressatinnen. Dabei handelt es sich um eine diskursive Konzeptionalisierung, von der – wie man kritisch anmerken kann – auch die Studie *Family Television* nicht gänzlich frei ist. Das ‚charakteristisch weibliche' Publikum, die ‚Frauenkultur' ist aber da zu suchen, wo „die Familie [...] ersetzt wird durch ein Publikum, das von Frauen unter ihren Wahlmöglichkeiten sicherlich hoch geschätzt wird – ihren eigenen Freundinnen" (Nightingale 1990: 36). Befassen sich feministisch orientierte Medienstudien im Rahmen der Cultural Studies mit Frauen als Publikum, so steht in diesem Sinne verstanden die Konstitution von ‚Frauenkultur' in den ihr spezifischen gesellschaftlichen Freiräumen im Mittelpunkt, und dieser Fokus erklärt ebenfalls die umfassende Rekurrierung auf das von Mary Ellen Brown theoretisierte Widerstandskonzept: Unter dem Schlagwort ‚Frauenkultur' werden den weiblichen Rezipierenden spezifische Aneignungskontexte zugesprochen, wobei sich diese – so die Grundüberlegung – durch ein gewisses ‚eigensinniges Potenzial' auszeichnen.

Eine empirische Studie, deren Beschreibungsziel es ist, dieses ‚eigensinnige Potenzial' von Frauenkultur als Aneignungskontext herauszuarbeiten, ist die Untersuchung *Soap Operas and Women's Talk. The Pleasure of Resistance* von Mary Ellen Brown (1994). Ausgangspunkt ihrer Forschung ist die Überlegung, dass sich das Widerstandspotenzial von ‚Frauenkultur' insbesondere im ‚weiblichen Diskurs' manifestiert, für den der Klatsch von Frauen ein herausragendes Beispiel sei. Um die Besonderheit solcher weiblicher Diskurse bezogen auf Medien zu fassen, führt Brown den Begriff des **gesprochenen Textes** („spoken text") ein. Unter „spoken text" versteht sie den ‚Text', der entsteht, wenn über Medien im Allgemeinen und Fernsehen im Speziellen gesprochen wird. Charakteristisch ist dabei, dass solche Gespräche einen festen Bestandteil von Frauen-kultur darstellen, dass sie es sind, durch die Medieninhalte in die alltäglichen Sinnzusammenhänge der Frauen integriert und in denen widerständige Positionen artikuliert werden.

In Rückgriff auf Michel Foucault geht Brown davon aus, dass es der Bereich des Diskursiven ist, in dem eine Vielzahl soziokultureller Auseinandersetzungen ausgetragen wird. Im Rahmen solcher diskursiver Auseinandersetzungen lassen sich idealtypisch ein strategischer, machtvoller und dominanter Diskursbereich von einem taktischen, kalkülhaften und widerständigen unterscheiden (vgl. Kap. 2.5). Widerständig ist dieser Diskurs insoweit, als er versucht, lokale Bedeutungen zu entwickeln, die dominante Festschreibungsversuche unterwandern. Ein so verstandener, ‚widerständiger, weiblicher Diskurs‘ lässt sich in dem ‚gesprochenen Text‘ von Frauen bezüglich Seifenopern ausmachen, weil er nicht wie dominante (männliche) Diskurse auf Informationsaustausch orientiert ist, sondern auch auf ein dort ausgegrenztes, für sich stehendes und im Sinne von M. Bakhtin karnevaleskes Vergnügen:

> „Der Klatsch von Frauen, Seifenopern und dergleichen sind eine konstante Irritation der dominanten Kultur, weil die Bewertung von Gespräch als eine Aktivität und Performance der ziel-orientierten Definition favorisierter kultureller Praktiken trotzt. Sowohl Klatsch als auch Seifenopern sind andauernde Prozesse, und deren offensichtliche Ziellosigkeit markiert sie als unfähig, einer ‚nützlichen‘ informations-tragenden Funktion zu dienen. Sowohl Klatsch als auch Seifenopern reklamieren für Frauen einen Raum und Zeit, in der die Freiheit besteht, mit Dialog zu spielen – Dialog, der nicht notwendigerweise den Plot voran bringt, sondern einfach da ist zum Vergnügen." (Brown 1994: 16)

Sicherlich kann man Brown an dieser Stelle den Vorwurf machen, Klatsch (ebenso wie Soap Operas) als eine ‚weibliche Kommunikationsform‘ zu romantisieren (zu einer umfassenden Analyse des sozialen Phänomens Klatsch vgl. Bergmann 1987). Jenseits davon gelingt es ihr aber zu zeigen, dass sich innerhalb der Gespräche von Frauen über Fernsehserien alltägliche weibliche Interventionen artikulieren – Interventionen im privaten Freundeskreis, die innerhalb der feministischen Auseinandersetzung mit Medien unterbeleuchtet seien (Brown 1994: 12).

Charakteristisch für Frauengespräche über Fernsehserien nach der Studie von Brown ist, dass sie in bestimmten Grenzen („boundaries") stattfinden. So sind sich die von ihr interviewten Frauen darüber bewusst, dass das ‚Tratschen‘ über Fernsehserien in ihren soziokulturellen Kontexten einen ähnlich negativen Stellenwert hat wie der Klatsch. In diesem Sinne sind diese Gespräche eine Form des **illegitimen Vergnügens** (Brown 1994: 111), dem die Frauen nur in spezifischen Settings nachgehen. Als ein solches Setting kann das Gespräch im eigenen Freundeskreis gelten. Die klare Grenze des Gesprächs im Freundeskreis gibt den Frauen den Schutz, sich über die von ihnen favorisierten Themen unterhalten zu können, ohne sich in die Gefahr zu begeben, negativ aufzufallen. Dabei werden die Gespräche über Fernsehserien zum festen Bestandteil der „gossip networks" der von Brown befragten Frauen (siehe ebenfalls Brown 1990b).

In diesen Klatschnetzwerken bereitet es den befragten Frauen immer wieder Vergnügen, mit den alltäglichen sozialen Regeln zu spielen, die in Fernsehserien ihren Niederschlag finden (Brown 1994: 133-152). Beispielsweise scherzen die Frauen über die traditionellen Rollenverteilungen, die für viele Serien-Familien kennzeichnend sind. Oder sie machen sich über die stereotype Darstellung der politischen Inkompetenz der Serienfrauen lustig. Dies heißt nicht, dass für das Leben der Zuschauerinnen selbst eine andere Realität typisch wäre. Indem die Frauen aber anhand der Fernsehserien über solche Verhältnisse scherzen, brechen sie in ihrem Diskurs symbolisch mit ihrer untergeordneten Stellung als Frau (Brown 1990b; Brown 1994: 149-152). Ein solches symbolisches Regel-Brechen kann der Ausgangspunkt für ‚widerständige Lesarten' sein, für die ein spezifischer kritischer, ‚weiblicher Blick' auf das Gesehene charakteristisch ist. Das Vergnügen bereitende Gespräch über Fernsehserien ermöglicht es den Frauen so, ‚eigensinnige Positionen' zu sie betreffenden Fragen zu entwickeln, eine eigene Gender-Identität zu artikulieren. Inwieweit kann dies aber als ‚Widerstand' gewertet werden, dem eine vergleichbare Dimension zukommt wie der „Politik des Vergnügens" in Jugend(sub)kulturen?

Auf die problematischen Aspekte einer solchen Argumentation haben – neben der Diskussion dieses Zusammenhangs in der „Revisionismus-Debatte" (siehe dazu Kap. 4.3) – auch feministische Publikationen aufmerksam gemacht. So betont beispielsweise Marie-Luise Angerer, dass in einzelnen Studien die „Betonung der Aktivität des Publikums, der darin eingebettete Widerstand [...] in ihrer repetitiven Argumentation bisweilen jegliche Aussagekraft verloren" hat (Angerer 1997: 301). Wird in der Studie von Brown „die subversive Kraft der nicht-dominanten Klasse" (Angerer 1997: 301) nicht eher beschworen, als dass *de facto* bestehende ‚Widerstände' herausgearbeitet werden? Liest man die Untersuchung von Brown vor dem Hintergrund dieser Gedanken kritisch, scheint an ihr vor allem der Begriff der „bounderies" zentral, des klar umgrenzten Settings, in dem sich der Eigensinn und Widerstand von weiblicher Medienaneignung in einzelnen Momenten entfaltet: Widerstand ist dann nichts, das einem spezifischen ‚weiblichen Diskurs', wie er sich allgemein in Klatsch aber ebenso Fernsehserien manifestiert, essentiell ist, sondern ‚Widerstand' entwickelt sich allenfalls in ganz spezifischen und klar umgrenzten Settings der Medienaneignung. Entsprechend problematisch ist es auch, einzelnen Genres wie dem der Fernsehserie *per se* ein widerständiges Potenzial zuzusprechen, und es ist Marie-Luise Angerer und Johanna Dorer zumindest partiell mit ihrem kritischen Urteil gegenüber Teilen feministischer Aneignungsforschung zuzustimmen, wenn sie schreiben:

„[W]as die Verschiebungen in der Diskussion über das Verhältnis von Fernsehen und seinen ZuseherInnen deutlich gemacht hat, ist, dass es weder eindeutige Genres gibt, die entweder Männern oder Frauen zugesprochen werden können (Actionfilm den Männern und Soaps den Frauen), dass die Kontexte, innerhalb derer Medienkonsum stattfindet, komplex und miteinzubeziehen sind, dass *weiblich* und *männlich* Positionen bezeichnen, die mit der Realität Mann und Frau nicht zusammenfallen. Das heißt weiter für die Fernsehtheorie und -forschung, dass zum einen manches revidiert werden muss, und zum anderen, dass derzeit mehr offene als beantwortbare Fragen im Hinblick auf das, was sich ‚zwischen dem Fernseher und seinen ZuseherInnen' abspielt, existieren." (Angerer/Dorer 1996: 75; Herv. i. O.)

Eine solche Position des Bewusstseins um Komplexität von Medienaneignung in Bezug auf Fragen des Genders sollte aber nicht zu einer resignativen Einstellung gegenüber der Möglichkeit einer Beschreibung von Medienaneignung überhaupt verleiten. Vielmehr sollte man sie als Aufforderung verstehen, sich Fragen von Medienaneignung – ob in Bezug auf Gender oder in Bezug auf andere Fragen – mit komplexeren theoretischen Instrumentarien anzunähern.

Dass dies sinnvoll machbar ist und dabei auf einer höheren Ebene Ergebnisse der Studie von Mary Ellen Brown bestätigt werden können, hat die Untersuchung *Television, Ethnicity and Cultural Change* von Marie Gillespie (1995) gezeigt. Sie ist dem zweiten Themenfeld zuzurechnen, mit dem sich jüngere empirische Aneignungsstudien der Cultural Studies befassen, nämlich dem Zusammenhang von **Medienaneignung und kultureller Identität**. Mit ihrem Verständnis der kulturellen Identität knüpft Gillespie an den Identitätsbegriff von Stuart Hall an (vgl. dazu Kap. 2.3), akzentuiert diesen allerdings stärker im Hinblick auf Ethnizität, um die Medienaneignungsprozesse jugendlicher und junger erwachsener asiatischer Briten in Southall zu fassen. Hierzu bezieht sie das Werk von Paul Gilroy in ihre Überlegungen ein, der in *The Black Atlantic* (Gilroy 1993; siehe auch Düvel 2009) bezogen auf schwarze Identität herausgearbeitet hat, dass diese sich in einer transnationalen Formation – die die USA, die Karibik, Afrika und Europa umfasst – konstituiert hat, wodurch sie in Abgrenzung zu häufig nationalstaatlich bezogenen, ‚weißen' ethnischen Identitäten am angemessensten im Rahmen des Konzeptes der **Diaspora** zu beschreiben ist. Die Diaspora als eine deterritoriale, kulturell-ethnische Formation ist generell ein angemessener Bezugspunkt für die Beschreibung von Identitäten, die sich im Spannungsverhältnis ‚zwischen' globalen und lokalen kulturellen

Kontexten artikulieren. Den Kern dieses Konzeptes von Diaspora fasst Marie Gillespie in Anlehnung an Paul Gilroy und Stuart Hall wie folgt:

> „Der Ausdruck ‚Diaspora' ist nützlich als ein zwischen dem Lokalen und dem Globalen liegendes Konzept, das nichtsdestotrotz die nationale Perspektive überschreitet, die häufig Kulturstudien einschränkt; es ist ebenso nützlich wegen seiner Fähigkeit, das, was Gilroy ‚das sich wandelnde Gleiche von Kultur' nennt – das Paradox von ethnischer Gleichheit und Heterogenität –, zu fassen. Dies ist das Paradox, dass die Anerkennung einer geteilten Kultur und Geschichte (eher als eine biologische oder ‚rassische' Essenz) kombiniert wird mit einem Gefühl für tiefe Divergenzen und Differenzen, wie dies beim Ausdruck des ‚Schwarzen' der Fall ist (Hall 1990: 223). In dieser Hinsicht funktioniert der Ausdruck ‚asiatisch' auf eine vergleichbare Weise wie ‚schwarz'. Es ist kein Zufall, dass beide Ausdrücke in postkolonialen Gesellschaften von Intellektuellen, die selbst der Diaspora zuzurechnen sind, wieder aufgegriffen wurden, um die Empfindung einer geteilten Kultur, die tiefe Differenzen umfasst, zu verdeutlichen." (Gillespie 1995: 6)

Insbesondere innerhalb der Diaspora wird deutlich – wie Homi Bhabha (2000), Paul Gilroy (Gilroy 1993) und Stuart Hall (Hall 1994: 26-43, 180-222) zeigen –, dass sich eine Vielzahl gegenwärtiger kultureller Identitäten in einer Phase des Übergangs befinden, vermittelt durch eine Vielheit von kulturellen Umstellungen und Mischungen. Es ist der Ausdruck des ‚Übersetzten' („translated"), der verwendet wird, diese Formationen von Identität zu fassen, die bestehende (nationale) Grenzen überschreiten, Formationen von Identität, die vor allem von Leuten artikuliert werden, die von ihrer historischen Heimat deterritorial versprengt sind. Wichtig ist, wie Stuart Hall betont (Hall 1994: 204-208), dass diese nicht im nationalen Sinne homogenisiert werden können, da sie unhintergehbar das Produkt mehrerer, ineinandergreifender Geschichten und Kulturen sind (vgl. Hepp 2006b: 280-296; Hepp 2009a).

Es sind vor allem zwei Begriffe, die bei der Beschreibung solcher Identitäten eine zentrale Position erworben haben, nämlich der der **Hybridität** und der des **Synkretismus** (dazu siehe auch Kap. 2.4). Auch wenn beide Ausdrücke unterschiedliche Wurzeln haben – während Hybridität im biologischen Diskurs beheimatet ist, entstammt Synkretismus dem philosophischen Diskurs –, werden beide Ausdrücke in der Diskussion häufig synonym gebraucht (Bromley 2000; Bromley 2002). Werden Kulturen als hybrid oder synkret charakterisiert, so ist damit gemeint, dass in ihnen Elemente verschiedener ‚Herkunft' zu einem Ganzen rekombiniert werden, wobei dies in einem aktiven Prozess geschieht und nicht als passive Übertragung oder Verschmelzung gedacht werden kann. Zwar tendiert der Begriff der Hybridität dazu, eher auf die individuelle Situation des oder der Einzelnen zu verweisen, wohingegen der Begriff des Synkretismus eher die umfassende, soziokulturelle Lokalisierung solcher Identitätsartikulation betont. Gemeinsam ist beiden begrifflichen Konzepten jedoch, dass sie die Herkunft der in ihrem Rahmen beschriebenen kulturellen Identitäten aus unterschiedlichen Traditionen betonen.

In dem gegenwärtigen Prozess des Wandels von kultureller Identität nehmen Medien eine relevante Rolle ein. Dies haben insbesondere David Morley und Kevin Robins (1989; 2002) herausgearbeitet, auf deren Argumentation sich Gillespie stützt. In *Spaces of Identity: Communication Technologies and the Reconfiguration of Europe* schreiben sie, dass kulturelle Identität kein essentielles Objekt ist, auf das Kommunikationstechnologien eine ‚Wirkung‘ haben. Vielmehr sind kulturelle Identitäten selbst unhintergehbar (mit-)konstituiert durch spezifische Technologien. Ein historisches Beispiel hierfür ist die Presse, später das Radio und Fernsehen, indem sich eine nationale Identität erst durch translokale, den Face-to-Face-Kontext übergreifende Kommunikationsformen entwickeln konnte. In Bezug auf die Möglichkeit der Entwicklung auch hybrider kultureller Identitäten spielen neuere Kommunikationstechnologien wie das Satellitenfernsehen und die Netzkommunikation eine zentrale Rolle, da sie eine neue Art der Beziehung zwischen Ort und Raum ermöglichen (Meyrowitz 1987): Durch ihr Potenzial, Grenzen zu durchschreiten und Territorien zu untergraben, sind sie einbezogen in ein komplexes Wechselspiel der **De- und Reterritorialisierung** von Identitätsräumen (vgl. Morley/Robins 1989: 22; García Canclini 1997; Hepp 2009b; Busch et al. 2001). Ein Beispiel sind die durch Medien vermittelten Ansätze der Konstitution einer ‚europäischen Identität‘, die zwar das Potenzial hat, bestehende Differenzen nationalkultureller Identitäten zu überwinden, gleichzeitig aber im Rahmen bestehender Abgrenzungsdiskurse gegenüber einer ‚amerikanischen Identität‘ oder einer ‚islamischen Identität‘ mit dem dem identitätsstiftenden Artikulationsprozess inhärenten ‚Anderen‘ operiert (zur Medienaneignung und europäischen Öffentlichkeit siehe Lingenberg 2009). Vor diesem Hintergrund fordern Morley und Robins, bei der Analyse des gegenwärtigen Artikulationsprozesses kultureller Identität von alltäglichen Praktiken und häuslichen Ritualen auszugehen, durch die kulturelle Identitäten im Wechselspiel von Mikro- und Makroprozessen konstituiert werden.

Den Kern der Studie von Marie Gillespie kann man darin sehen, dass sie diesen Ansatz von Morley und Robins aufgegriffen und in einer empirischen Untersuchung umgesetzt hat. Sie interessiert sich für die „Übersetzung" der kulturellen Identität von im Londoner Stadtteil Southall lebenden jugendlichen Migrantinnen und Migranten der zweiten Generation, deren Eltern aus dem Pandschab stammen, wobei der Fluchtpunkt insbesondere die Frage ist, welche Rolle das Fernsehen in diesem Prozess des „kulturellen Wandels" spielt. Ihr Vorgehen versteht sie als umfassend ethnografisch, d.h. es stützt sich neben schriftlichen Befragungen auf qualitative Interviews und Gruppendiskussion bzw. eine teilnehmende Beobachtung. Basierend auf ihren Forschungen argumentiert sie, dass die Jugendlichen aus Southall eine gemeinsame britisch-asiatische Identität („British Asian Identity") entwickeln, wobei Fernsehen ihnen das notwendige Material für diesen Prozess der Identitätsartikulation zur Verfügung stellt. Das Fernsehen gestattet es ihren Familien nicht nur, in der Form von „Video-Briefen" die durch die Situation der Diaspora häufig über Europa verstreut lebenden Familienmitglieder an zentralen Festen symbolisch teilhaben zu lassen (zum Stellenwert der ‚kleinen' Medien für Diasporas siehe auch Dayan 1999, zur weiteren Forschung in diesem Feld Bailey et al. 2007; Gillespie 2002 und Hepp 2009a). Gleichzeitig bietet das Fernsehen einen medienvermittelten Einblick in die Alltagswelt der weißen Briten und der jugendlichen Populärkultur, wodurch es gerade in der Vermittlung des Fernsehens möglich wird, eine ‚eigene', hybride Identität im Spannungsverhältnis zwischen beiden Kulturen zu artikulieren.

Einen besonderen Status hat dabei – wie Gillespie in einer gewissen Parallelität zu der Argumentation von Brown feststellt – das Gespräch über die Fernsehsendungen selbst, der von ihr so bezeichnete „TV-Talk" (Gillespie 1995: 23). Dem gegenüber steht der „Broadcast-Talk" (Scannell 1991), der Diskurs des Fernsehens. Nach den Überlegungen von Gillespie bestehen die Beziehungen zwischen Alltags- und Medienkommunikation nicht allein darin, dass im Fluss der Alltagsgespräche – ausgehend von bestimmten thematischen Zusammenhängen – auf einzelne Fernsehtexte verwiesen wird. Darüber hinaus gibt es Beziehungen zwischen Alltags- und Fernsehgesprächen auf der Ebene von kommunikativen Mustern (Gillespie 1995: 57). Diese zeigen sich beispielsweise darin, dass einzelne Gesprächsformen aus Fernsehserien oder Werbeslogans in das eigene kommunikative Repertoire übernommen werden. Der „TV-Talk" bietet den Jugendlichen in Southall die Chance, sich über ihre eigene kulturelle Identität miteinander zu verständigen, sie in einem kontinuierlichen Prozess zu artikulieren. So bilden die Medieninhalte als spezifische **semiotische Ressourcen** einerseits einen Ausgangspunkt für die Jugendlichen, die kulturelle Identität und Lebensform ihrer Eltern in Bezug auf andere Möglichkeiten der Lebensführung zu kritisieren und hier Alternativen zu entwickeln. Dabei bildet die insbesondere durch Werbung vermittelte ‚translokale Konsumwelt' jugendlicher Populärkultur – man denke beispielsweise an die Werbung von Konzernen wie Coca Cola oder McDonalds – eine Art utopischen Freiraum, eine Welt der Konsumentenfreiheit, die die Jugendlichen imaginativ gegen die in ihrem eigenen kulturellen Kontext erfahrenen rassistischen Repressionen setzen. In dieser ‚translokalen Konsumwelt' scheint die Artikulation einer ‚neuen' Identität als asiatische Briten ein bereits realisiertes Projekt.

Dieser Prozess der medienvermittelten Transformation kultureller Identität darf aber nicht eindimensional unter dem Aspekt der Produktivität einer hybriden Identität im Kontext von Diaspora diskutiert werden. Vielmehr wohnen ihm auch gegenläufige Momente inne. So haben binäre Konzepte des „Zusammenpralls" oder „Kampfes der Kulturen" (Huntington 1996), die die Komplexität und Vielschichtigkeit kultureller Identität in der Diaspora verkennen, nachhaltige Auswirkungen auf die Selbstwahrnehmung der Southall-Jugendlichen von kultureller Identität: Zwar haben die Jugendlichen zuerst einmal eine vergleichsweise offene Haltung gegenüber unterschiedlichen Dimensionen kultureller Identität ‚zwischen' den traditionell geteilten kulturellen Grenzen. Insbesondere bei ihrer Auseinandersetzung mit politischen Fernsehsendungen (beispielsweise Nachrichtensendungen oder die Berichterstattung über den Golfkrieg) fallen sie aber wieder in binäre Oppositionen wie die zwischen ‚östlich' und ‚westlich', ‚traditionell' und ‚modern' oder ‚religiös' und ‚säkular' zurück – Hybridität und Synkretismus weichen hier bewährten Wahrnehmungsmustern.

Nichtsdestotrotz bleibt für sie die prinzipielle Aufgabe der **kulturellen Übersetzung** der Ressourcen medialer Produkte in ihren lokalen, kulturellen Kontext der Identitätsartikulation bestehen. Den Begriff der kulturellen Übersetzung im Prozess von Medienaneignung – den Gillespie neben den der Hybridisierung und des Synkretismus stellt – fasst sie wie folgt:

„In Southall aufzuwachsen hat zur Folge, dass man übersetzen lernt, sowohl im wörtlichen Sinne – indem die jungen Leute die britischen Fernsehnachrichten für ihre Eltern übersetzen – als auch gleichzeitig im übertragenen Sinne, indem sie Fertigkeiten erwerben müssen, von Kontext zu Kontext verschiedene Kulturen und verschiedene Positionen miteinander auszuhandeln. Wie viele Kritiker betont haben, bringt die gegenwärtige Entwicklung globaler Kommunikationsformen zunehmend Kulturen zusammen, die möglicherweise einmal klar unterschieden waren [...]. Die anscheinend marginale Erfahrung von Punjabi-Londonern kann somit tatsächlich als zentral für die sogenannte postmoderne Kultur angesehen werden, eine Kultur, in der Übersetzung zu einer gemeinsamen globalen Erfahrung wird." (Gillespie 1995: 207f.)

Sowohl in ihren Ergebnissen, als auch in ihrer umfassenden ethnografischen Methodologie und Reflexion fällt die Untersuchung von Gillespie aus den empirischen Aneignungsstudien der Cultural Studies heraus, indem sie sich von einem eindimensionalen Konzept des Widerstands als einem der Populär- oder Alltagskultur inhärenten Aspekt distanziert und versucht, die Medienaneignung im Spannungsverhältnis von Eigensinn und Stereotypie der Artikulation einer eigenen kulturellen Identität zu fassen. Insgesamt kann ihre Studie damit als charakteristisch für eine Entwicklung der Aneignungsstudien der Cultural Studies angesehen werden, die umfassend von Roger Silverstone in dem Buch *Television and Everyday Life* theoretisiert wurde (vgl. Silverstone 1994; siehe auch Miller/McHoul 1998). Silverstone argumentiert, dass Medienaneignung *per definitionem* ein aktiver Vorgang ist, bei dem die Rezipierenden eine spezifische Produktivität aufweisen. Dies heißt jedoch *nicht*, dass ihre Aneignung der Medienprodukte *per se* widerständig sein muss. Sie kann sich sehr wohl im Rahmen dominierender Diskurse bewegen. Aktivität von Medienaneignung ist also nicht synonym zu verstehen mit Widerständigkeit (siehe auch Müller/Wulff 2008). Genau dies ist der Aspekt, auf den die Untersuchung Gillespies hinweist: Auch wenn die Jugendlichen stets um eine aktive Übersetzung der ihnen dargebotenen Ressourcen bemüht sind, geschieht eine solche Übersetzung mitunter im Rahmen traditioneller und affirmativer binärer Oppositionen. Mit ihrer Erforschung dieser Vielschichtigkeit des Prozesses von Medienaneignung, der Betonung des Stellenwertes von Alltagskommunikation bei der Aneignung von Medien und einer reflexiven, ethnografischen Orientierung entwickelt Gillespie eine Position, die in einer Reihe weiterer Aneignungsstudien der Cultural Studies geteilt wird. Um dies zu belegen, sei exemplarisch auf die Arbeiten von Chris Barker und meine eigene Studie zur kommunikativen Aneignung von Fernsehen verwiesen.

In einer Reihe von Untersuchungen arbeitet Chris Barker die Prozesse der Identitätsartikulation von britischen Jugendlichen heraus, die – ähnlich wie auch in der Studie von Gillespie – insbesondere dem kulturellen Kontext der asiatischen Diaspora entstammen (Barker 1998, Barker/Andre 1996, Barker 1997, Barker 1999). Methodisch sind seine Studien insofern bemerkenswert, als er seine Primärdaten (Gespräche der Jugendlichen über Fernsehsendungen) über einen indirekten Zugang erschließt: Er und Julie Andre, mit der Barker die Materialerhebung durchführte, gaben verschiedenen Jugendlichen Aufnahmegeräte mit der Bitte, in ihren alltäglichen Settings Gespräche mit ihren Freundinnen und Freunden über Fernsehen zu dokumentieren. Der Gedanke hierbei war, in Anlehnung an die Überlegungen Cliffords zumindest partiell die „monologe Kontrolle des exekutiven Schreibenden/Anthropologen" (Clifford 1992: 100) zu relativieren, sich der alltäglichen Kommunikation über Fernsehen anzunähern – allerdings in dem Bewusstsein, dass auch solche Versuche den Interviewer-Effekt zu minimieren keinen ‚authentischen Zugang‘ zu gelebten Kulturen ermöglichen.

In einer weiteren Parallele zur Argumentation Gillespies bezeichnet Barker die alltäglichen Gespräche über Fernsehen als **Identitäts-Unterhaltung** („identity talk"), durch die die Jugendlichen in ihrer Alltagskommunikation eine Identität entwickeln. Erwähnenswert ist insbesondere, dass Barker wesentlich detaillierter als Gillespie die Prozesshaftigkeit und Situativität von Identitätsartikulation zeigen kann: Identität ist nichts Kohärentes, Feststehendes, sondern in einem ständigen Fluss, in dem die Identitäts-Unterhaltung deswegen eine herausragende Position hat, weil durch sie eine momentane Identitäts-Positionierung geschaffen wird, die wie ein vorläufiger Fixpunkt fassbar wird: Identitätsartikulation gewissermaßen als reflexive Erzählung über sich selbst, eine Erzählung, in die medienvermittelte, translokale Ressourcen eingebaut werden.

Diesen kommunikativen Prozess untersucht Barker im Hinblick auf gendergeprägte und ethnische Aspekte kultureller Identität. Ähnlich wie Gillespie kann er als grundlegendes Paradox gegenwärtiger Medienaneignung herausarbeiten, dass die im Mittelpunkt seiner Studie stehenden jungen Leute zwar ein aktives und kompetentes Publikum darstellen – sie wissen sehr wohl zwischen Medienwirklichkeit und Alltagswirklichkeit zu differenzieren, verwenden produktiv das semiotische Material des Fernsehens in ihren eigenen Alltagsunterhaltungen etc. –, dass sie aber dennoch bezogen auf Gender-Identität dominante Ideologien teilen: Während in englischen Fernsehserien wie *EastEnders*, *Brookside* oder *Heartbreak High* homosexuelle Formen von Sexualität unproblematisiert thematisiert werden, indem entsprechend sexuell orientierte Charaktere selbstverständlicher Teil der Erzählungen sind, lehnen insbesondere die asiatisch-britischen Jugendlichen ausgehend von dem soziokulturellen Kontext der eigenen Lebenswirklichkeit solche Formen der Sexualität ab. Sie versuchen, das ,abweichende Verhalten' der betreffenden Seriencharaktere trivial-psychologisch zu erklären, womit sie die Unmarkiertheit von Nicht-Heterosexualität in den Serien konterkarieren. Dieses Beispiel vergegenwärtigt, dass vermittelt durch die soziokulturellen Kontexte von Fernsehaneignung Sendungen im Rahmen von dominanten Diskursen angeeignet werden können, mit denen die betreffenden Programme gerade zu brechen suchen. Nichtsdestotrotz ist diese Reproduktion von Ideologie ebenfalls ein aktiver Vorgang.

In meiner eigenen Untersuchung *Fernsehaneignung und Alltagsgespräche* stehen detailliert die Formen mündlicher Kommunikation im Mittelpunkt, durch die Fernsehen in den Alltag der Zuschauerinnen und Zuschauer integriert wird (Hepp 1998; Hepp 2005). Methodisch basiert die Studie, die ethnografisches mit konversationsanalytischem Vorgehen verbindet, wie die Untersuchung von Chris Barker auf ,indirekt' erhobenem Material, indem sie sich auf Aufnahmen von Äußerungen während des Fernsehens stützt, die Mitglieder verschiedener Lebensgemeinschaften selbst aufgezeichnet haben. In deutlicher Parallelität zu den bisher diskutierten Untersuchungen kann die Studie zeigen, dass **Medienaneignung** als ein Vermittlungsprozess zwischen Medien- und Alltagsdiskursen konzeptionalisiert werden muss, bei dem eine kulturelle Lokalisierung in der Alltagswelt stattfindet und den Gesprächen über Medien eine herausragende Funktion zukommt: Sie sind es, durch die die kulturellen Ressourcen der Medien in die lokale Alltagswelt der Rezipierenden integriert werden, wobei dieser Prozess in keinem eindimensionalen Begriffsrahmen gesehen werden kann. Bezogen auf das Fernsehen zeigt die Studie, dass dieses keine Wirkungen auf seine Publika im Sinne von ungebrochenen Stimuli hat, sondern sich Effekte durch die Kommunikation über Fernsehen als ‚Katalysator' der Fernsehaneignung entfalten. Ebenso ist die alltägliche Fernsehaneignung der Leute nicht *per se* ein widerständiger Akt, sondern sehr wohl auch durch dominante Diskurse geprägt, beispielsweise durch die Reproduktion gewisser Gender-Rollen. Insgesamt kann also festgehalten werden, dass sich in der Aneignungsforschung Ende der 1990-er Jahre eine Position zu etablieren scheint, die einerseits den kontradiktorischen Charakter von alltäglicher Medienaneignung betont, andererseits dem Stellenwert des alltäglichen Diskurses über Medien in ihren Arbeiten gerecht zu werden versucht.

Ein drittes Feld, mit dem sich die Aneignungsstudien der Cultural Studies befasst haben, sind Fankulturen. Hier sind nicht nur Fans verschiedener Musikstile zu nennen, deren Aneignung von Musikvideos untersucht wurde (Quandt 1997; Schmiedke-Rindt 1999; Bechdolf 2008), sondern auch Fans verschiedener Fernseh- und Filmgenres. In diesem Zusammenhang ist insbesondere die Arbeit *Textual Poachers* von Henry Jenkins anzuführen, in der dieser die „Partizipationskultur" von Fernsehfans im Rahmen einer umfassenden Ethnografie erforscht. Ausgangspunkt dafür ist eine diskursanalytische Kritik des stereotypen Bildes vom **Fan** als „Fanatiker". Der Ausdruck des Fans leitet sich vom Wort „fanatisch" ab, dessen lateinische Wurzel ‚fanaticus' ist – was wörtlich ungefähr so viel bedeutet wie ‚Tempeldiener' oder ‚zum Tempel gehörend'. Die religiöse Wurzel der Bezeichnung des Fans ist in gegenwärtigen Diskursen in Presse und elektronischen Medien nach wie vor virulent, indem Fans gewöhnlich eine Art säkularer Glaube an das Objekt ihrer Begeisterung unterstellt wird. Der Fan gilt als jemand, der ‚anders' ist, wobei sich dieses Anders-Sein in einer unkontrollierten Begeisterung für ‚minderwertige' (‚geschmacklose') Produkte manifestiere.

Solche diskursiven Konstruktionen müssen nach der Argumentation von Jenkins vor dem Hintergrund eines Begriffes von **Geschmack** gesehen werden, wie er sich in Anlehnung an Pierre Bourdieu (1987) formulieren lässt. Konzepte des ‚guten Geschmacks' oder ‚ästhetischen Wertes' sind nicht universell. Vielmehr fußen sie auf soziokultureller Erfahrung und reflektieren spezifische soziale Interessen – Geschmack ist differenzstiftend. Entsprechend ist „Geschmack immer in der Krise" (Jenkins 1992: 16), d.h. er ist insofern instabil, als er sich durch seinen differenzstiftenden Charakter kontinuierlich gegen andere Geschmäcker behaupten muss, die entweder mit ihm konkurrieren oder ihn zu assimilieren drohen. Das stereotype Bild des Fans als Fanatiker erklärt Jenkins mit der Transgression des bürgerlichen Geschmacks und der Zerrüttung dominanter kultureller Hierarchien in der Postmoderne (Jenkins 1992: 17). Wie Bourdieu betont, ist die Sache, die am wenigsten für diejenigen tolerierbar ist, die sich selbst als die Besitzer des legitimen Geschmacks verstehen, das sakrilege Wiedervereinigen von Geschmäckern, von denen der ‚legitime Geschmack‘ verlangt, dass sie separiert sind. Genau dies tun die von Jenkins untersuchten Fans, indem sie Produkte der Populärkultur wie ‚Kunstwerke‘ behandeln, die Medienschaffenden als Künstler begreifen, in scheinbar ‚banalen‘ Medienprodukten tiefgehende Bedeutungen sehen bzw. über all dies Fantreffen – die sogenannten „Conventions“ – veranstalten, um sich mit anderen Fans auszutauschen. Entsprechend sind die Fans darum bemüht, durch die Form ihres Umgangs mit den von ihnen favorisierten Medienprodukten diesen ausgehend von traditionellen Verständnissen genau die ‚ästhetische Legitimität‘ zuzusprechen, die gewöhnlicherweise in hochkulturellen Produkten gesehen wird. Dies ist es, was als Affront gegenüber der traditionellen kulturellen Hierarchie verstanden wird.

Diesem Bild von Fans als Fanatikern stellt Jenkins ein anderes Bild gegenüber, nämlich das des Fans als **textueller Wilderer** („textual poacher“). Diesen Begriff lehnt Jenkins an Michel de Certeaus Aneignungstheorie an, der Lesen im Speziellen und Medienaneignung im Allgemeinen als einen Prozess des „Wilderns“ beschrieben hat (siehe Kap. 2.5). Michel de Certeau hat dieses Verständnis des Lesens/der Medienaneignung wie folgt gefasst:

„Weit davon entfernt, Schriftsteller […] zu sein, sind die Leser Reisende; sie bewegen sich auf dem Gelände des Anderen, wildern wie Nomaden in Gebieten, die sie nicht beschrieben haben, und rauben gar die Reichtümer Ägyptens, um sie zu genießen. Die Schrift sammelt an, lagert ein, widersteht der Zeit durch die Schaffung eines Ortes und vermehrt ihre Produktion durch eine expansive Reproduktion. Die Lektüre ist gegen den Verschleiß durch die Zeit nicht gewappnet (man vergisst sich selber und vergisst), sie bewahrt das Erworbene nicht oder bloß schlecht und jeder Ort, an dem sie vorbeikommt, ist eine Wiederholung des verlorenen Paradieses.“ (Certeau 1988: 307)

Nun mag auf den ersten Blick dieses Zitat in hohem Maße metaphorisch anmuten. Im Kern jedoch beschreibt die Metapher des Wilderns sehr gut einen fortlaufenden ‚Kampf‘ der Rezipierenden und Produzierenden um die kulturelle Bedeutung eines Medienproduktes, eine Auseinandersetzung, die insbesondere für den Umgang von Fans mit Medienprodukten charakteristisch ist: Fans sind die textuellen Wilderer *schlechthin*, wie die Wilderer im wörtlichen Sinne operieren Fans von einer kulturell marginalisierten Position aus, sind in ihrer sozialen Stellung schwach. So mangelt es ihnen wie anderen Nutzerinnen und Nutzern von populärkulturellen Waren an einem direkten Zugang zu den Mitteln kommerzieller kultureller Produktion, sie haben nur beschränkte Ressourcen, die Unterhaltungsindustrie zu beeinflussen. Es wäre durchaus möglich, die Geschichte einzelner Fanformen auch als Geschichte missglückter Versuche der Einflussnahme auf Medienschaffende zu schreiben (Jenkins 1992: 28-33), als Geschichte von zumeist gescheiterten Kampagnen, mittels derer Fans Einfluss auf ihre favorisierten Erzählungen zu nehmen versuchten oder das Absetzen einzelner Charaktere oder gar das Ende ganzer Medienangebote verhindern wollten (die Etappen des Scheiterns eines solchen Versuchs bezogen auf die britische Fernsehserie *Crossroads* arbeitete auch Dorothy Hobson heraus; vgl. Hobson 1982: 157-174). Innerhalb der kulturellen Ökonomie im Sinne Fiskes (vgl. dazu Kap. 2.5) müssen Fans, wie Jenkins schreibt, „die Sendernetze beknien, damit ihre Lieblingsshows auf Sendung gehalten werden", sie sind „die Bauern, nicht Eigentümer" (Jenkins 1992: 27).

Was Fans allerdings von anderen Konsumenten unterscheidet, ist der Grad ihrer Produktivität. Diese Differenz zwischen ‚regulären‘ Konsumenten und Fans kumuliert insbesondere in drei Punkten. Erstens sind Fans zumeist in weit höherem Maße bezogen auf mediale Inhalte vergemeinschaftet als die ‚regulären‘ Medienrezipierenden. Fantum zeichnet sich in den meisten Fällen durch *auf einzelne mediale Genres, Schauspieler etc. bezogene* Vergemeinschaftungsformen aus: Fans von Serien wie *StarTrek* oder von Horrorfilmen treffen sich regelmäßig zu so genannten „Conventions", Events, bei denen nicht nur die Entwicklung der aktuellen Folgen diskutiert wird, sondern auch Wettbewerbe ausgetragen, Rollenspiele gespielt werden etc. Eng damit zusammen hängt ein zweiter Punkt, den man die kulturelle Selbstreflexivität von Fantum nennen könnte. Fans von Medienprodukten richten ein hohes Maß ihrer Aufmerksamkeit auf die Prozesse ihrer kulturellen Aneignung selbst, die sie aus ihrer Perspektive reflektieren und in denen sie sich ganz gezielt positionieren. Drittens schließlich werden Fans selbst zu Produzierenden, indem sie ihr Fantum in sogenannter „Fan-Art" bzw. „Fanzines" (selbstproduzierten Fanzeitschriften) artikulieren.

An dieser Stelle ist deswegen eine Differenz zu de Certeaus Begriff des Wilderns zu sehen, weil dieser auf einer strikten Trennung zwischen Produzierenden und Rezipierenden beruht und die Bedeutungsproduktion der Rezipierenden als etwas rein Temporäres und Flüchtiges denkt (Krönert 2009). Diese Flüchtigkeit, die sicherlich für die meisten Formen populärkultureller Medienaneignung charakteristisch ist, wird von Fans durch ein weites Set von Produkten außer Kraft gesetzt, Produkte, in denen Fantum materiell manifest wird. Allerdings bleiben auch hier die Fans insofern textuelle Wilderer, als sich diese Produkte durch eine Bricolage verschiedener semiotischer Materialien der von ihnen favorisierten Medienprodukte auszeichnen und ihnen ausschließlich der Eigenverlag bzw. Eigenvertrieb zur Distribution ihrer Kulturprodukte bleibt. Dies weist wiederum auf die – trotz aller Vergemeinschaftungen bestehende – prinzipielle Schwäche von Fantum hin. Nicht zuletzt deshalb bleiben Fans selbst als Produzierende Wilderer. Wie es Henry Jenkins formuliert: „Fans sind nicht einzigartig in ihrem Status als textuelle Wilderer, jedoch haben sie Wildern zu einer Kunstform weiterentwickelt" (Jenkins 1992: 27).

Ersetzt man das Bild von Fans als Fanatikern durch das Bild von Fans als textuellen Wilderern, wird **Fankultur** in ihrer Spezifik einer Kulturanalyse zugänglich. Henry Jenkins fasst diese in der Metapher der „weekend-only world" als eine „subkulturelle Gemeinschaft" mit einem spezifischen Wertsystem (Jenkins 1992: 277). Fansein im Rahmen einer solchen Fankultur artikuliert sich insbesondere auf fünf Ebenen (Jenkins 1992: 277-282). Auf einer ersten Ebene umfasst Fantum innerhalb einer Fankultur einen bestimmten Modus der Rezeption. Fans rezipieren Medienprodukte mit einer konzentrierten und ungeteilten Aufmerksamkeit, für die eine Mischung aus emotionaler Nähe und kritischer Distanz kennzeichnend ist, wobei die Medienrezeption selbst häufig nicht bzw. nicht nur alleine sondern innerhalb einer Fangruppe erfolgt. Die Rezeption ist in einem Prozess der Interaktion mit anderen Fans eingebettet und so der Beginn und nicht das Ende einer weitreichenden Medienaneignung. Auf einer zweiten Ebene schließt Fantum das Beherrschen einer Reihe von kritischen und interpretativen Praktiken ein. Wird man Teil einer Fangemeinschaft, geht damit das Erlernen spezifischer, in dieser Gemeinschaft favorisierter Lesepraktiken einher, die in erheblichem Maße spielerisch, spekulativ und subjektiv sein können. Drittens konstituiert sich Fantum in einer Fankultur auf der Basis einer Reihe weiterer Aktivitäten. Fans belassen es nicht bei dem Akt einer wildernden Medienaneignung. Wie zuvor argumentiert, handelt es sich bei ihnen um Rezipierende, die sich an die Sendeinstitutionen und Produzierenden wenden, um Einfluss auf ihr präferiertes Programm zu nehmen. Viertens ist – was ebenso wie der vorherige Punkt bereits betont wurde – Fantum mit der eigenen, bei Fanzines häufig gemeinschaftlichen Produktion verbunden. Die kommerziellen Kulturwaren werden als Rohmaterial für eine eigene Kulturproduktion verwendet, die in einigen Punkten Züge der historisch bekannten Volkskulturen annimmt. Dabei konstituieren sich eigene Genres, ebenso wie alternative Institutionen der Produktion, Distribution, Ausstellung und des Konsums solcher Fanartikel entstehen. Auf einer fünften Ebene schließlich funktioniert Fantum als eine alternative soziale Vergemeinschaftung, die teilweise den Status einer „utopischen Gemeinschaft" hat. Genau dies ist es, was Jenkins mit der Metapher der „weekend-only world" zu fassen sucht. Zwar gibt es innerhalb von Fangemeinschaften sehr wohl Hierarchien (s.u.) und Differenzen, jedoch *versprechen* diese Vergemeinschaftungen den Fans eine Gegenwelt zu der Welt der Arbeit (vgl. Dyer 1985: 222). Insofern ermöglicht Fantum zu bestimmten populärkulturellen Produkten die soziale Konstruktion einer alternativen Kultur, die gegen die primäre soziale Erfahrung der Arbeitswelt bzw. der öffentlichen Welt gerichtet ist:

„Fans, wie alle von uns, leben in einer Welt, in der sich traditionelle Formen des Gemeinschaftslebens auflösen, die Mehrzahl der Hochzeiten in Scheidung enden, die meisten sozialen Beziehungen temporär und flüchtig sind und materielle Werte oftmals emotionale und soziale Bedürfnisse dominieren. Fans sind oftmals überqualifiziert für ihre Berufe, ihre intellektuellen Fähigkeiten werden durch ihr Berufsleben nicht herausgefordert. Fans reagieren gegenüber diesen nicht zufriedenstellenden Situationen, indem sie versuchen, eine ‚weekend-only world' zu etablieren, die offener ist für Kreativität und sich durch eine Akzeptanz gegenüber Differenzen auszeichnet, die mehr menschliches Wohlergehen betrifft als ökonomische Vorteile. [...] In den wenigen kurzen Stunden, die sie jeden Monat in der Interaktion mit anderen Fans verbringen, finden sie etwas, das über die flüchtigen Beziehungen und schäbigen Werte von Konsumkultur hinausgeht. Sie finden einen Raum, der es ihnen ermöglicht zu entdecken, ‚wie sich Utopia anfühlt'." (Jenkins 1992: 282f.)

Solche Ergebnisse werden von einer Reihe weiterer Studien zu Fankulturen bestätigt, die in den 1990er Jahren – sowohl im englischsprachigen als auch im deutschsprachigen Raum – entstanden sind (vgl. beispielsweise Eckert et al. 1991; Fiske 1999a; Hills 2002; Tulloch/Jenkins 1995; Vogelgesang 1991; Vogelgesang 1995; Winter 1995; wichtige Bezüge bestehen an dieser Stelle auch zur deutschsprachigen Jugendkultur- und Szeneforschung, siehe http://jugendkulturen.de/ und http://www.jugendszenen.com/). Gemeinsam ist den Studien grundlegend das Bild von Fantum und Fankultur, das auch Jenkins in „Textual Poachers" skizziert, nämlich dass Fans eben keine Fanatiker sind, sondern Fankulturen komplexe Formen gegenwärtiger Vergemeinschaftung darstellen und Fan-Sein mit einem Set spezifischer Aktivitäten verbunden ist.

Bemerkenswert sind unter diesen vor allem die Studien *Grauen und Lust* (Eckert et al. 1991) bzw. *Der produktive Zuschauer* (Winter 1995), die u.a. die Kulturen von Horror- und Pornofans untersuchen und mit zu der frühen empirischen Aneignungsforschung in Deutschland zählen, die nachhaltig vom Cultural Studies Approach stimuliert wurden. In diesen beiden Arbeiten wird die individuelle Entwicklung von Fans als eine soziokulturell vermittelte **Fankarriere** beschrieben, in der in einer hierarchischen Abfolge verschiedene distinguierte Typen des Fantums durchlaufen werden. Fankarrieren werden nicht als objektive, strukturell ‚verfestigte' Durchschnittskarrieren begriffen, sondern vielmehr als Sequenzen, die sich im Bewusstsein der innerhalb einer Fankultur Aktiven entwickelt haben. Für die einzelnen Typen sind im Kontext der Fankultur unterschiedliche Aneignungspraktiken charakteristisch, wie eine jeweils eigene Positionierung in der Fankultur: Während der „Novize" sich an der Peripherie einer Fankultur befindet – im eigentlichen Sinne noch nicht als Fan zu charakterisieren ist –, steht der „Tourist" am Übergang vom gewöhnlichen, interessierten Zuschauer zum (zeitweiligen) Mitglied einer Fankultur. Die eigentliche Fankultur konstituieren aber der „Buff" und der „Freak".

Zwar ist die Fankarriere, wie sie Roland Eckert et al. und Rainer Winter darlegen, primär in der Auseinandersetzung mit Fans von Horrorfilmen entwickelt worden. Jedoch lassen sich bezogen auf jeden Typ – „Novize", „Tourist", „Buff" und „Freak" – grundlegende Aspekte formulieren, die sich in verschiedenen Abstufungen auf andere Fankulturen übertragen lassen. Der „Novize" ist jemand, der mit einem bestimmten Genre erste, möglicherweise ‚negative' Erfahrungen gemacht hat. Negative Erfahrungen können beispielsweise wie beim Horrorfilm dadurch begründet sein, dass die Wahrnehmung der Novizen in einem alltäglichen Rahmen erfolgt und auf explizite Darstellungen von Gewalt mit Ablehnung und negativen Emotionen reagiert wird. Zu den „Touristen" zählen jene Personen, die nach ersten (negativen) Erfahrungen ihr Interesse für ein spezifisches Genre entwickelt haben und weitergehende, explorierende Aktivitäten entwickeln. Hierzu zählt ein intensiverer Konsum des betreffenden Genres und von zusätzlichem Informationsmaterial (beispielsweise Zeitschriften und Bücher, gegenwärtig Fan-Webseiten), sowie erste flüchtige Kontakte zu anderen Fans mit einzelnen Ausflügen in die Fanwelt. Der „Buff" befindet sich im Herzen der Fankultur. Er hat ein dauerhaftes Interesse an dem Genre entwickelt, auf das sie bezogen ist, und partizipiert häufig über viele Jahre an ihr. Die Differenz zum „Novizen" manifestiert sich zum einen in einem umfassenden Wissen sowohl über die jeweiligen Medienprodukte und -genres als auch über die favorisierten Lesarten der Fankultur, ein Wissen, das die „Buffs" durch intensive Rezeption und Lektüre von Fanzines aufbauen. Zum anderen manifestiert sie sich in einer Reihe von fanspezifischen Praktiken, zu denen das Sammeln, das „Re-Reading" und Schreiben von Artikeln, Filmkritiken oder Leserbriefen gehört. Hier zeigen sich soziale Hierarchisierungen innerhalb der Fankultur, da das Verfügen über Wissen und der Besitz beispielsweise von Kopien spezifischer Filme als Distinktionsmerkmale fungieren. Der „Freak" schließlich ist der Typus in einer Fankarriere, dessen Hauptdifferenz zum „Buff" in dem Maße seiner Produktivität besteht. Die „Freaks" sind zwar die zahlenmäßig kleinste Gruppe in einer Fankultur, jedoch sind sie es, die deren Fortbestand sichern, indem sie die verschiedenen Treffen veranstalten und Fanzines herausgeben. Eine Distinktion gegenüber den anderen Fans erfolgt dadurch, dass die „Freaks" sowohl in ihrem Wissen als auch in ihrem gesammelten Besitz diese um ein Vielfaches übertreffen und über weit mehr Fankultur-spezifische Erlebnisse zu ,berichten' wissen – ein Sachverhalt, der von den „Freaks" in ihrer Selbstdarstellung inszeniert wird. „Freaks" sind in der Sprache der Szeneforschung die „Organisationselite" (Hitzler et al. 2001: 27) der Fankultur und die Tragenden bei der Durchführung fankulturtypischer Events (zu Sozilogie des Events siehe Gebhardt et al. 2000).

Die Differenzierung einer solchen Fankarriere macht deutlich, dass Fantum als „posttraditionale" (Hitzler 2008) bzw. „populärkulturelle Vergemeinschaftung" (Hepp 2010) in einer umfassenden und hierarchisierten Sozialwelt lokalisiert ist. Man ist nicht einfach Fan, sondern man muss sich seinen Status als Fan innerhalb einer differenzierten kulturellen Ökonomie ,verdienen'. Insofern mag ein solches Konzept davor bewahren, Fankultur undifferenziert zu feiern. Ebenso sollte man aber vorsichtig sein, Fankultur als das ,gänzlich Andere' zu konzeptionalisieren. Zwar sind Fans als „textuelle Wilderer" in ihren Praktiken in hohem Maße produktiv und unterscheiden sich in diesem Sinne von ,regulären' Rezipierenden. Wenn man aber davon ausgeht, dass viele Rezipierende in ihrer Medienbiografie zumindest einmal bezogen auf eine Fankultur zu kurzzeitigen „Touristen" werden, ist die Grenze von Fankultur und weiterer Populärkultur fließend. Entsprechend hat Henry Jenkins formuliert:

> „Es erscheint mir jedoch ironisch, dass bevor die Cultural Studies begannen, Fankulturen zu erforschen, Fans wegen ihrer Zwanghaftigkeit und extremen Passivität als atypisch im Vergleich zum weiteren Medienpublikum abqualifiziert wurden; jetzt, nachdem ethnografische Zugänge zu Fankultur beginnen, solche Annahmen in Frage zu stellen, werden Fans wegen ihrer Aktivität und ihres Widerstands abqualifiziert. Beide Positionen entwerfen ein Bild des Fans als radikalen ,Anderen', anstatt dass sie versuchen, die komplexe Beziehung zwischen Fankultur und hauptsächlicher Konsumentenkultur zu verstehen." (Jenkins 1992: 287)

Die These, dass das Phänomen der Fankultur auf grundlegende Aspekte des gegenwärtigen kulturellen Wandels verweist, ist auch für jüngere Arbeiten von Henry Jenkins (2006b) orientierend. In diesen hat er das Konzept der **Konvergenzkultur** („convergence culture") entwickelt (Deterding 2009). Bezugspunkt seiner Überlegungen diesbezüglich ist, dass mit der Etablierung des Internets die populären Aspekte der Medienkultur vielfältiger wurden und weit mehr die Aktivitäten der alltagsweltlichen Mediennutzerinnen und Mediennutzer einschließen, als dies zu Zeiten der Dominanz der Massenmedien gewesen ist. Konvergenz ist für Jenkins entsprechend nicht einfach ein technischer Prozess der Integration unterschiedlicher digitaler Endgeräte, sondern ein Zusammengehen „alter" und „neuer" Medien in heutigen Medienkulturen. Wie er schreibt ist „Konvergenz der Fluss von Inhalten über verschiedene Medienplattformen, die Kooperation verschiedener Medienindustrien und das Migrationsverhalten von Medienpublika, die sich auf der Suche nach den von ihnen gewünschten Unterhaltungserlebnissen nahezu überall hinwenden" (Jenkins 2006a: 2). So verstanden ist Konvergenz ein „cultural shift" (Jenkins 2006a: 2), der allgemein kennzeichnend für gegenwärtige Populärkulturen ist: Konsumierende sind in der „Konvergenzkultur" viel stärker in Prozesse der Medienproduktion eingebunden, als dies zuvor der Fall war. Entsprechend eng hängt für Jenkins Konvergenz mit neuen Formen der Partizipation und der kollektiven Intelligenz zusammen: „Konvergenz ermutigt zur Partizipation und kollektiven Intelligenz" (Jenkins 2006a: 245).

Zwei wichtige Beispiele für diese Konvergenzkultur sind populäre Medienevents und auf Medienberühmtheiten fokussierte Nominationsshows. So ist seiner Argumentation nach das **populäre Medienevent** der RealityTV-Show „Survivor" ein herausragendes Beispiel für Partizipation und kollektive Intelligenz in der heutigen populären Medienkultur (siehe ebenfalls Hepp et al. 2009). Bei den Sendungen werden auf einer einsamen Insel oder einer anderen einsamen Gegend Kandidaten zunächst in zwei Teams aufgeteilt. Diese spielen gegeneinander, wobei pro Folge die Mitspieler entscheiden, wer ausscheidet. Ein herausragendes populäres Medienevent war „Survivor" 2004 in den USA deshalb, weil seine Entwicklungen als Nachrichten in verschiedenen Sendern – auch denen konkurrierender Medienunternehmen – zu sehen waren und die Show zu einem breiten Bezugspunkt von Debatten im Internet wie in Alltagsgesprächen wurde.

Alltagsweltliche Partizipation und kollektive Intelligenz bezogen auf diese Show ist für Jenkins in den Aktivitäten einer besonderen Gruppe von Rezipierenden greifbar, nämlich den „spoilers" („Spielverderbern"; Jenkins 2006a: 25). Deren sich in Online-Kommunikation abspielenden Aktivitäten bestehen darin, den Ort des Geschehens der Show, aber auch frühzeitig weitergehende Information wie den Gewinner ausfindig und allgemein zugänglich zu machen. Hierbei besteht eine deutliche Rivalität zu dem die Sendung produzierenden Sender, der genau das vorzeitige Bekanntwerden solcher Informationen verhindern möchte. Es geht entsprechend um eine ganz bestimmte Form der Partizipation am Entstehen dieses populären Medienevents, die insofern auf kollektiver Intelligenz basiert, als das gemeinsame „spoiling" darauf beruht, dass einzelne Personen Spezialwissen wie Insidertipps oder nicht frei verfügbare Satellitenbilder in Internetdiskussionen zur Verfügung stellen. Die Herausforderung liegt also darin, mit den unzureichenden Informationen bzw. Desinformationen der Show umzugehen. Jenkins sieht eine Nähe zu „Big Brother", bei dem die Herausforderung in dem Übermaß an Informationen der ständigen Beobachtung besteht, womit die Fans durch ein schichtweises Sehen der Sendung im Internet und einer Transkription der wichtigsten Informationen für andere umgehen (Jenkins 2006a: 51-53; Wilson 2004). Das zweite Beispiel ist die **Nominationsshow** „American Idol". Jenkins sieht hier eine Annäherung von Rezipierenden und Produzierenden in einer „brand community", die um die Sendung herum entsteht (Jenkins 2006a: 63): Ein einfaches Sehen der Sendung ist nicht mehr genug. Vielmehr werden die Zuschauerinnen und Zuschauer in eine Beteiligung an der sich um die Sendung entwickelnden „community" eingeladen. Die Sendung und ihr Voting-System sind auf eine Weise strukturiert, dass sie sowohl die Wünsche regelmäßiger Zuschauerinnen und Zuschauer bedienen, die diese in hohem Maße aktiv im Internet begleiten, als auch den Einstieg von Gelegenheitskonsumierenden im Finale gestatten. Insgesamt entsteht so das Bild von sich aktiv an der populären Medienkommunikation beteiligenden Nutzerinnen und Nutzern, wobei „das Web [...] diese Konsumierenden von den Rändern der Medienindustrie in ihren Scheinwerfer" (Jenkins 2006b: 246) gebracht hat. Die populäre Konvergenzkultur eröffnet demnach vielfältige Beteiligungsmöglichkeiten, die „die Potenziale einer stärker partizipatorischen Medienkultur" (Jenkins 2006b: 248) vor Augen führen.

Zunächst einmal hat Jenkins sicherlich Recht – und dies verleiht seiner Argumentation eine grundlegende Plausibilität –, dass „alte" und „neue" Medien mit der fortschreitenden Digitalisierung in heutigen populären Medienkulturen in dem Sinne konvergieren, dass sich verschiedene Medienformate über unterschiedliche Medien erstrecken. Auch kommen sich dabei von professionellen Medienschaffenden produzierte Produkte und jenseits professioneller Kontexte entstandene Produkte ‚näher'. Zu denken ist hier an Phänomene wie „YouTube", das sich als Internetplattform dadurch auszeichnet, dass – unter dem Motto „Broadcast Yourself" – sowohl selbst aufgenommene (Handy-)Videos zu finden sind als auch Mitschnitte professioneller Fernsehprogramme. Auch können vielfältige weitere Formen der populären, nicht-professionellen Medienproduktion ausgemacht werden. Ein immer wieder diskutiertes Beispiel ist das Life-Style-Blogging, d.h. Blogs, in denen über aktuelle populäre Trends berichtet wird. Ein anderes Beispiel ist das „digital storytelling" (Lundby 2008), d.h. amateurhaft erzählte persönliche Geschichten, die in Social-Networking-Seiten in den letzten Jahren durchaus üblich geworden sind. In diesen bringen sich Menschen mit ihrer ‚Sicht' auf das Leben und das, was sie als ‚populär' empfinden zum Ausdruck. Entsprechend zeichnet sich die heutige populäre Medienkultur durch eine im weitesten Sinne zu verstehende „Konvergenz" aus. Allerdings ist es eine empirische Frage, ob ein solches aktives Medienhandeln wirklich über die Kreise ausgewählter Fans und Intensivnutzer hinaus verbreitet bzw. ob sich bei diesen

ein emanzipatives Potenzial entwickelt hat oder nicht. Bestehende Aneignungsstudien der Cultural Studies raten an dieser Stelle zu einer Vorsicht gegenüber
vorschnellen Vorannahmen.

Trotz solcher kritischer Anmerkungen stehen über die Fankulturforschung
hinaus die Arbeiten von Jenkins für die zunehmende Hinwendung der Aneignungsforschung der Cultural Studies zu digitalen Medien, insbesondere dem
Internet. Wichtige Bezugspunkte für frühere Untersuchungen in diesem Feld
waren die Begriffe der **virtuellen Kultur(en)** („virtual culture") oder **Netzkul-
tur(en)**. Mit diesen ist eine spezifische Perspektive der Beschäftigung mit dem
Internet bzw. computervermittelter Kommunikation (CMC, „computer mediated
communication") verbunden, die gegen eine primär technisch-ökonomisch
orientierte Beschreibungsperspektive gerichtet gewesen ist. Wie Steven G.
Jones Mitte der 1990er Jahre schreibt, war die Forschung zu computervermittelter Kommunikation primär technisch ausgerichtet, d.h. in den meisten Publikationen wurden ihre Entwicklung und Implementierung in technikgeschichtlicher
Zugangsweise beleuchtet bzw. die technischen Möglichkeiten und Strukturen
oder ökonomischen Einsatzmöglichkeiten des Internets behandelt (Jones 1997:
1; siehe auch Bell/Kennedy 2000). Im Vergleich hierzu fand die soziokulturelle
Dimension computervermittelter Kommunikation in der wissenschaftlichen
Beschäftigung eine geringere Beachtung. Der Begriff der virtuellen Kultur zielte
auf eine Auseinandersetzung mit eben dieser Dimension computervermittelter
Kommunikation, wobei Kultur in Anlehnung an Vorstellungen wie die von Raymond Williams in einem anthropologischen Sinne verstanden wurde (vgl. Kap.
2.2). Virtuelle Kultur wollte also keine nur ‚virtuell vorhandene' Kultur fassen,
sondern fokussiert den Sachverhalt, dass sich über computervermittelte Kommunikation ebenso Kultur konstituiert wie durch andere Kommunikationsformen auch. Der Begriff des Virtuellen erschien insofern angemessen, als sich
diese Kulturen nicht an spezifischen Orten artikulieren, sondern mit dem
„Cyberspace" in einem mit traditionellen begrifflichen Konzepten des Orts nur
schwer fassbaren Raum: „Der Raum des Cyberspace begründet sich", wie Steven G. Jones schrieb, „in Wissen und Information, in den gemeinsamen Überzeugungen und Praktiken einer Gesellschaft, deren Kennzeichen eine Abstraktion vom physikalischen Ort ist" (Jones 1998: 15).

Dabei gehen bei der Beschäftigung mit virtuellen Kulturen eher beschreibende und eher utopische Perspektiven immer wieder ineinander über. Cyberspace erscheint nicht nur als ein Raum von Kultur, der sich auf traditionelle
Konzepte von Örtlichkeit bezogenen Beschreibungsansätzen versperrt, sondern
– gerade wegen seiner Nicht-Lokalität in herkömmlichem Sinne – auch als ein
utopischer Raum, in dem ‚neue' Formen von Kultur artikulierbar erscheinen.

Bekannteste, in den Cultural Studies der 1990er Jahre aufgegriffene Vertreter der letzten dieser beiden Perspektiven sind Howard Rheingold, der in seinen Reflexionen über computervermittelte Kommunikation Möglichkeiten einer neuen „Cybergemeinschaft" bzw. „Cyberdemokratie" sieht (Rheingold 1998), und William Gibson, der in seinen Romanen den Begriff des „Cyberpunks" für Angehörige einer auf computervermittelter Kommunikation ausgerichteten Subkultur geprägt hat (Gibson 1987). In solchen Darlegungen von Personen, die selbst als ‚Mitglieder' von virtuellen Kulturen begriffen werden können, klingen die Hauptthemen der kulturanalytischen Beschäftigung mit Netzkultur bis zur Jahrtausendwende an, nämlich das Phänomen der ‚virtuellen Vergemeinschaftung' im Allgemeinen, Fragen von virtueller Identitätsartikulation in Netzkommunikation und schließlich Fragen von ‚virtueller Ethnizität'. Quasi quer hierzu liegt die Auseinandersetzung mit Örtlichkeit und Räumlichkeit in der Netzkommunikation, was sich nicht zuletzt in der bereits erwähnten ‚Nicht-Lokalität' von Cyberspace in einem traditionellen Sinne begründet (siehe auch die Beiträge in Couldry/McCarthy 2004).

Stimuliert von Publikationen wie denen Rheingolds hat sich eine breite wissenschaftliche Diskussion um virtuelle Vergemeinschaftung entwickelt, wobei diese Diskussion insofern nicht gänzlich unproblematisch ist, als mitunter bei einzelnen Verwendungsweisen von ‚Gemeinschaft' romantisch anmutende Vorstellungen von ‚wahren', in der Netzkommunikation wieder möglichen ‚authentischen' Beziehungen mitschwingen – eine Vorstellung, die sich durch eine deutliche Nähe zum romantischen Diskurs des Dorfes als Ideal einer nichtentfremdeten Lebensform auszeichnet (Jones 1998: 23-26). Solche Überlegungen haben teilweise eine Tendenz zum Spekulativen, indem sie über den Charakter virtueller Vergemeinschaftung reflektieren, ohne dass dies auf der Basis von empirischem Material geschieht. Eine frühe Ausnahme ist die Untersuchung von Nancy K. Baym (2000, 1998, 1994), die in einer dreijährigen Studie die Konstitution und Entwicklung einer Newsgroup (rec.arts.tv.soaps; r.a.t.s.) untersucht hat. Dabei legt sie einen Begriff von **virtueller Vergemeinschaftung** („virtual community", „online community") zugrunde, mit dem sie versucht, die vordergründigen normativ-utopischen Dimensionen von Gemeinschaft zu reflektieren. Zwar nimmt Baym nicht auf Jugendstudien der Cultural Studies Bezug, jedoch in deutlicher Parallele zu deren Stilbegriff (vgl. Kap. 5.2) definiert sie virtuelle Vergemeinschaftung als artikuliert durch einen spezifischen Stil, der umfassend soziokulturell eingebettet ist:

„[…] der ‚Stil' einer virtuellen Vergemeinschaftung ist vermittelt durch eine Reihe von im Voraus bestehenden Strukturen, einschließlich externen Kontexten, temporalen Strukturen, Infrastrukturen, Gruppeninteressen und Charakterzügen der Teilnehmenden. In einer fortlaufenden kommunikativen Interaktion eignen sich die Teilnehmenden strategisch die Ressourcen und Regeln, die diese Strukturen bieten, an und verwerten sie. Das Ergebnis ist ein dynamisches Set von systematischen sozialen Bedeutungen, die es den Teilnehmenden ermöglichen, sich selbst als Gemeinschaft vorzustellen." (Baym 1998: 38)

Virtuelle Vergemeinschaftung ist also einerseits vermittelt durch spezifische externe Kontexte, andererseits artikuliert sie sich in einem Aneignungsprozess von über den Computer kommunizierten Ressourcen. Bezüglich der externen Kontexte virtueller Vergemeinschaftungen arbeitet Baym heraus, dass unter den an der von ihr untersuchten Diskussionsgruppe Teilnehmenden mit verschiedenen Mitgliedern von Soap-Opera-Fangruppen auch Personen aus nicht virtuellen Interpretationsgemeinschaften sind. Insofern ist r.a.t.s. Teil einer umfassenderen Kultur von Serienfans, wobei die in diesen Interpretationsgemeinschaften dominanten Praktiken des Umgangs mit Fernsehprodukten auch den Umgang in der Newsgroup mit ihnen dominieren. Wenn Fans r.a.t.s. für Diskussion über Fernsehserien nutzen, so geschieht dies auf Basis „zuvor bestehender Praktiken von Serien-Fantum" (Baym 1998: 42). Hieraus lässt sich aber umgekehrt nicht folgern, dass sich in der Interaktion der an r.a.t.s. Teilnehmenden nicht spezifische Aspekte von Vergemeinschaftung konstituieren. Dies wird exemplarisch an verschiedenen Kommunikationsformen deutlich, die für r.a.t.s. exklusiv sind (Baym 1998: 53). In der fortlaufenden Interaktion der Teilnehmenden entwickelt sich insbesondere durch solche exklusiven Kommunikationsformen eine gewisse kommunikative Nähe und hiermit ein Gefühl der Gemeinschaft. Jenseits dessen bleibt die kommunikative Aneignung von Fernsehserien innerhalb dieser virtuellen Gemeinschaft aber durch die lokalen Interpretationsgemeinschaften der Teilnehmenden vermittelt. Lokalität löst sich also keinesfalls in einer virtuellen Translokalität auf, vielmehr bestehen „komplexe Interaktionen zwischen virtuellen und lokalen Vergemeinschaftungen" (Baym 1998: 63).

Dies verweist auf das generelle Spannungsverhältnis virtueller Vergemeinschaftungen zwischen Lokalität und durch (potenziell) globale computervermittelte Kommunikation gestützte Translokalität, ein Spannungsverhältnis, das in der bereits zitierten Publikation *Spaces of Identity* von David Morley und Kevin Robins theoretisiert wurde (Morley/Robins 1989; Morley/Robins 1995; Morley/Robins 2002). Morley und Robins sprechen diebezüglich von den „postmodernen Geografien" (Morley/Robins 1989: 22), die sich in einer durch elektronische Kommunikation geprägten Welt konstituieren. Virtuelle Vergemeinschaftungen mögen zwar auf regionalen, nationalen und internationalen Ebenen bestehen. Es bleiben aber die lokalen Kontexte, in denen sie für die Nutzenden eine spezifische Bedeutung entfalten. In diesem Sinne steht ‚Cyberspace' als virtueller Raum – trotz oder gerade wegen seines Potenzials der Transgression – nach wie vor in Beziehung zu bestehenden Orten.

Dies wird bei einem anderen innerhalb der Cultural Studies mit Bezug auf Netzkommunikation Ende der 1990er Jahre diskutierten Thema deutlich, nämlich Cyberspace und Gender-Identität. Wie im Falle der virtuellen Vergemeinschaftung kumulieren eher utopische Betrachtungen, die aus Perspektive der Cultural Studies häufig dekonstruiert werden, mit ethnografisch basierten Argumentationen (siehe auch Hartmann 2004). Mit utopischen Betrachtungen des Zusammenhangs von computervermittelter Kommunikation und Gender hat sich Cheris Kramarae kritisch auseinandergesetzt. Sie argumentiert, dass es insbesondere die Publikationen von Science-Fiction-Autorinnen sind, in denen alternative, nicht durch eine männliche Position dominierte Perspektiven auf das Verhältnis von Sex/Gender und Technologie entwickelt werden, wobei diesen Autorinnen Science Fiction einen Raum bietet, radikale Ideen einer möglichen Veränderung der gegenwärtigen Kultur zu artikulieren (Kramarae 1998: 123). In solchen Publikationen sind ‚Computer‘ und ‚Technologie‘ zentrale Symbole für die Prozesse, in denen Mensch und Technik Verbindungen eingehen, die eine Vielzahl von sozialen Implikationen haben. Denn, wie Donna Haraway formuliert hat, ist der „‚Computer‘ eine Trope, eine Teil-Ganzes-Figur für eine Welt der Akteure und Aktanten, und nicht ein Allein-wirkendes-Ding" (Haraway 1997: 126).

Besonders deutlich werden die Differenzen zwischen den in Science Fiction artikulierten weiblichen Utopien und den Perspektiven auf Netzkommunikation, die die alltäglichen Diskurse in der Presse dominieren, beim Thema der Intimität bzw. des Cybersex. In populären Artikeln und Büchern herrscht ein Diskurs vor, der **Cybersex** als Möglichkeit konzeptionalisiert, Ehebruch auszuschließen ebenso wie Schwangerschaften von Jugendlichen, Geschlechtskrankheiten, Abtreibungen oder Sittlichkeitsverbrechen. Auf ähnliche Weise thematisieren viele (Science-Fiction-)Filme männliche Interessen an Sex mit Maschinen (Kramarae 1998: 115-118). Anders sehen nach Kramarae weibliche Utopien aus, in denen weniger der Cybersex als singulärer sexueller Akt thematisiert wird ‚als vielmehr generell die Möglichkeit von Intimität durch Netzkommunikation. Hier wird die Eventualität der Auflösung bipolarer Gender-Differenzen behandelt – auch aber nicht nur mittels Technologie. Entsprechend manifestieren sich in solcher Science-Fiction-Literatur Aneignungsweisen von Technik, die zumindest als Gedankenexperiment auf relevante alternative Möglichkeiten der Nutzung von Technik verweisen.

Dass solche in Science Fiction artikulierten ‚weiblichen Utopien‘ einen Rückbezug zur Nutzung computervermittelter Kommunikation haben, zeigen insbesondere **virtuelle Rollenspiele**, in denen verschiedene Aspekte von Gender-Identität virtuell ‚gelebt' werden (können). Hierzu wurden in den 1990er Jahren eine Reihe von empirischen qualitativen Untersuchungen durchgeführt (vgl. beispielsweise Danet 1998; Turkle 1998; Vogelgesang 1999). Der Ort von solchen virtuellen Rollenspielen sind synchrone computervermittelte Kommunikationsformen wie Internet Relay Chat (IRC) oder Multi-User Domains (MUDs), die im Gegensatz zu asynchronen computervermittelten Kommunikationsformen (beispielsweise E-Mail), in denen tendenziell Gender-Stereotypen reproduziert werden (Danet 1998: 136f.), als primär spielerische Kommunikationsformen Möglichkeiten einer vom Alltag abweichenden Artikulation von Gender einräumen. Die Konstitution dieser kommunikativen Räume des Cyberspace funktioniert zum damaligen Zeitpunkt ausschließlich über getippten Text, der als „Maske" fungiert, indem die computervermittelte Schrift die Sich-Beteiligenden von allen Gender-Merkmalen der Face-to-Face-Interaktion – Aussehen, Stimme, (Kommunikations-)Verhalten etc. – befreit:

„Es ist ein bemerkenswerter Fakt, dass viele Leute, die niemals zuvor ein Interesse dafür gezeigt haben, sich als Person des anderen Geschlechts zu verkleiden, mit Gender-Identität in schriftbasierten Begegnungen im Internet experimentieren. Männer verkleiden sich als Frauen und Frauen verkleiden sich als Männer. Im Cyberspace *bietet der getippte Text die Maske*." (Danet 1998 : 129 Herv. i. O.)

Sowohl in IRCs als auch MUDs geschieht der primäre Einstieg in das virtuelle Rollenspiel durch die Namen, die sich die Beteiligenden annehmen (im Falle von IRCs sogenannte „nicks" oder „nicknames", im Falle von MUDs „personas" oder „characters"). Die Differenz zwischen beiden virtuellen Kommunikationsformen besteht darin, dass in MUDs nicht nur männliche oder weibliche Gender-Identitäten möglich sind, sondern auch die Möglichkeit einer geschlechtlichen Neutralität oder beispielsweise mit dem „Spivak"-Gender einer virtuellen Geschlechtlichkeit gegeben ist. Dabei geben die Rollenspieler in MUDs von der eigenen Persona eine Kurzcharakteristik, die im Rahmen bestimmter Spielregeln als Spieleinstieg fungiert. Grundlegend ist bemerkenswert, dass zu diesem Zeitpunkt in einzelnen MUDs der Anteil unkonventioneller Gender-Identifikationen zwischen 19,1 und 31,8% liegt (Danet 1998: 142). Ebenso bemerkenswert ist – und hier liegt eine direkte Beziehung zu utopischen Diskursen über Cyberintimität und Cybersex –, dass die Einführung unkonventioneller Genderformen wie die des „per" (als pronominale Gender-Bezeichnung jenseits von „his" und „her") durch Science-Fiction-Literatur wie Marge Piercys *Women on the Edge of Time* stimuliert ist. Gewählte Genderformen müssen von den Beteiligten dann über die gesamte Kommunikation im IRC oder MUD bestätigt und aufrechterhalten werden, wenn sie sich nicht der Gefahr ausgesetzt sehen wollen, ihre Maske fallen lassen zu müssen. Dies setzt ein umfassendes Verständnis davon voraus, wie Gender durch Sprache, Verhaltensformen und eine spezifische Interpretation von Erfahrung soziokulturell konstituiert wird (Turkle 1998).

Fragen computervermittelter Kommunikation und Identität betreffen in der Diskussion der 1990er Jahre aber nicht nur das virtuelle Rollenspiel und Gender, sondern auch weitere Aspekte kultureller Identität. Mark Poster hat hier den Begriff der **virtuellen Ethnizität** geprägt. Der Ausdruck des ‚Virtuellen' bezieht sich dabei nicht primär darauf, dass diese etwas ‚Nicht-Reales' oder ‚Nicht-Konkretes' wäre. Vielmehr muss virtuell als eine historische Artikulation des Realen verstanden werden, d.h. virtuelle Ethnizität ist ebenso konkret wie jede andere Artikulation von Ethnizität auch, mit der Besonderheit, dass sie verbunden ist mit den eine neue Form der Translokalität schaffenden Technologien der Netzkommunikation (Poster 1998: 200). Charakteristisch für eine in diesem Sinne verstandene Virtualität ist ihre „Unterdetermination" (Poster 1998: 202), die sich darin manifestiert, dass sie ihr Bedeutungspotenzial erst über zahllose Transformationen entfalten kann. Beispielsweise steht ein Bild im Internet nicht für sich, sondern kann seine Bedeutungen nur in spezifischen technisch vermittelten Transformationen artikulieren, ob in einem Browser, mittels eines Hilfsprogramms, in dem es nicht nur betrachtet, sondern auch verändert werden kann – oder gar in einer vollkommenen Neukontextualisierung, indem dieses in einen neuen Text eingesetzt wird.

Dabei muss beachtet werden, dass computervermittelte Kommunikation, wie eingangs schon erwähnt, nicht einfach ein vom Alltagsleben losgelöstes „globales Dorf", keine losgelöste „globale Nachbarschaft" konstituiert. In Anlehnung an Michel de Certeau, vor allem aber an Michel Maffesoli betont Poster, dass sich die heutige soziokulturelle Entwicklung durch eine zunehmende Oralität innerhalb des Alltagslebens auszeichnet, inmitten eines sich vergrößernden Geflechts von Mikrogruppen, die Maffesoli als posttraditionelle Stämme bezeichnet (Maffesoli 1988: 125f.; siehe auch Watters 2004). Zwar hält Poster den Begriff des Stammes aufgrund seiner archaischen Konnotationen nicht geeignet für eine Beschreibung der gegenwärtigen Entwicklung – die von Maffesoli als Stämme bezeichneten Gruppen sind urban, nicht ländlich, eingebunden in ein weites Geflecht von Beziehungen, nicht isoliert etc. (Poster 1998: 199) –, insgesamt verdeutlicht die Argumentation von Maffesoli jedoch, dass die computervermittelte Artikulation von Ethnizität rückgebunden ist an direkte Vergemeinschaftungsformen.

Um die Spezifik der Artikulation virtueller Ethnizität zu fassen setzt sich Poster mit dem Fallbeispiel der asynchronen Diskussionsliste „CyberJew" auseinander, an der er über zwei Jahre hinweg teilnahm. Zwar scheint bei den an der Liste Teilnehmenden die lokale Vermittlung ethnischer Identität ebenfalls durch Face-to-Face-Interaktionen – insbesondere in der Kindheit – die grundlegende Bedingung für ethnische Identifikation zu sein, d.h. Identität ist nicht ‚rein virtuell‘ konstituiert. Darüber hinaus bietet die Diskussionsliste jedoch die Möglichkeit, an welchem Ort auch immer die Teilnehmenden sich aufhalten, mit anderen Juden in Verbindung zu treten. „Das Internet ist hier“, wie Mark Poster schreibt, „ein neutrales Werkzeug der Vergemeinschaftung, zuvor etablierte ethnische Identitäten miteinander in Verbindung treten zu lassen“ (Poster 1998: 205f.). Grundlegend bleibt allerdings – und an dieser Stelle ist der eigentlich virtuelle Charakter im Prozess der Identitätsartikulation in der „CyberJew“-Diskussionsliste zu sehen – eine Unterdeterminierung bestehen: Computervermittelte Identitätsartikulation im Internet positioniert den Einzelnen oder die Einzelne in einen unfertigen, kontingenten Zustand, in dem Identität ein temporärer und fließender Link zu einem Prozess der Artikulation ist, „eine Subjektposition, die eher durch ein ‚niemals zuvor‘ denn durch ein ‚immer schon‘ gekennzeichnet ist“ (Poster 1998: 208).

Die Ergebnisse der Studien von Baym und Poster verweisen auf die herausragende Relevanz alltagsweltlicher Kontexte auch für die Aneignung des Internets. Dies deutet an, dass die dichotome Gegenüberstellung des ‚Virtuellen‘ mit dem ‚Alltagsweltlichen‘ nicht tragfähig erscheint. Mit der fortschreitenden **Mediatisierung** der Alltagswelt sind digitale Medien wie WWW, E-Mail. Chat, digitale Spiele oder Mobiltelefonie fester Bestandteil der alltagsweltlichen Wirklichkeitskonstruktion (Krotz 2007; Lundby 2009) und entsprechend nicht als separate Sphäre untersuchbar, wie es das Konzept des ‚Virtuellen‘ impliziert. Mediatisierung meint an dieser Stelle zweierlei, nämlich erstens quantitativ gesehen die Verbreitung von Kommunikationsmedien in zeitlicher, sozialer und räumlicher Hinsicht: Verschiedene Kommunikationsmedien werden zunehmend fortlaufend in verschiedensten sozialen Situationen und räumlichen Kontexten verfügbar, was exemplarisch anhand des internettauglichen Mobiltelefons greifbar wird. Qualitativ gesehen heißt Mediatisierung, dass die Aneignung der unterschiedlichen Medien und ihrer Inhalte als ein Moment der Re-Artikulation der Alltagswelt angesehen werden muss, das diese Re-Artikulation mitprägt. Auch wenn der Stellenwert des Konzepts der Mediatisierung („mediatization“) in Abgrenzung zu dem der medialen Vermittlung („mediation“) in der kulturanalytischen Medienforschung nicht unumstritten ist (Couldry 2008; Livingstone 2009), kann die Notwendigkeit einer Betrachtung der Veralltäglichung vielfältiger Medien als Grundposition der gegenwärtigen Medienaneignungsforschung angesehen werden. Dies hat zu einer Reformulierung etablierter Ansätze wie dem der Domestizierungsforschung geführt.

Unter der Vielzahl von Untersuchungen mit einer solchen Orientierung ist insbesondere die Studie *Internet Society: The Internet in Everyday Life* von Maria Bakardjieva (2005) zu nennen, die aus einer Reihe von empirischen Untersuchungen zur **alltagsweltlichen Aneignung des Internets** hervorgegangen ist (siehe beispielsweise Bakardjieva/Smith 2001). Vor dem Hintergrund dieser Forschung betrachtet Bakardjieva den Domestizierungsansatz zwar als wichtigen Ausgangspunkt, indem er den Blick auf das *Wie* der Medienaneignung lenkt. In seiner Gesamtanlage ist für sie der Domestizierungsansatz jedoch stark auf die Aneignung des Fernsehens und des Videorekorders in den 1980er und frühen 1990er Jahren bezogen. Er greift in dreifacher Hinsicht für gegenwärtige Aneignungen des Internets und seiner verschiedenen Kommunikationsformen zu kurz (Bakardjieva 2006: 66-68): Erstens kann das Postulat *stabiler* moralischer Ordnungen von Haushalten – wie es die Idee ihrer „moralischen Ökonomie" impliziert – in dieser Form nicht aufrecht erhalten werden. Mit fortschreitender Individualisierung (siehe Kap. 5.4) wurden häusliche Welten zum Teil sehr plural, ein Wandel, dem die Etablierung des Internets mit seiner Vielzahl von individualisierten Nutzungsmöglichkeiten entspricht. Wie es Bakardjieva in Bezug auf ihre Forschung formuliert: „Werte von Haushalten und Lebensweisen mussten nahezu täglich wiedererfunden und wiederausgehandelt werden, und genau dieser Punkt entsprach dem neuen Medium weitestgehend" (Bakardjieva 2006: 66). Zweitens verschoben sich die Grenzen zwischen dem ‚beruflichen' bzw. ‚öffentlichen' und dem ‚privaten' Leben im Haushalt bzw. wurden unscharf, was auch aber nicht ausschließlich auf das Internet verweist. Ein Beispiel dafür ist die selbstverständliche berufliche Kommunikation über das Internet von zuhause aus. Auch dies wird in dem Domestizierungsansatz nicht angemessen reflektiert. Drittens schließlich entspricht das Domestizierungsmodell der Aneignung als einem privaten Konsum nicht mehr der Vielfalt der privaten, beruflichen und öffentlichen Aneignungsweisen des Internets, das Arbeit von zuhause ermöglicht oder auch ehrenamtliches Engagement erleichert und damit gerade nicht auf Konsum reduzierbar ist.

Vor diesem Hintergrund kann eine Forschung zur alltagsweltlichen Aneignung des Internets für Maria Bakardjieva nicht im Domestizierungsansatz aufgehen. Dieser muss in doppelter Hinsicht weiterentwickelt werden (Bakardjieva 2006: 68-71). Einerseits sollte an die Stelle des Haushalts das Konzept des Zuhauses treten. Mit diesem wird zwar der Stellenwert des privaten Lebensorts betont, aber nicht von einer einheitlichen „moralischen Ökonomie" ausgegangen. Andererseits sollte an die Stelle des Konzepts von Konsum das der Alltagswelt im Sinne von Schütz als Sphäre der Aneignung treten (siehe auch Hepp 2008). So ist das Spezifikum der Medienaneignung nicht das des Konsums, sondern das der kulturellen Lokalisierung in der Alltagswelt, in der das Zuhause einer von vielen Orten ist:

„[…] das Zuhause ist ein wichtiger, aber nicht der einzige Ort des Alltagslebens. Kommunikationstechnologien werden als Mittel des Verfolgens von individuellen und kollektiven Projekten in einer Vielzahl von Settings außerhalb des Zuhause angeeignet, die ebenfalls Aufmerksamkeit und Berücksichtigung verdienen. In diesen weiteren Settings – solche wie Klubs, Klassenzimmer, Büros – beziehen Nutzerinnen und Nutzer Technologien in ihre Aktivitäten ein und transformieren diese in einem solchen Prozess." (Bakardjieva 2006: 71)

Dieses Zitat verweist auf zwei weitere grundlegende Probleme des Domestizierungsansatzes, die in der jüngeren Forschung über das Internet hinaus gesehen werden. Der erste der beiden Kritikpunkte betrifft Fragen des **Medienwandels**. So ist Domestizierung zuerst einmal ein ‚konservatives' Konzept: Begreift man die Aneignung von Medien(-technologien) als einen Vorgang der Domestizierung, wird der Aspekt der Integration des Neuen in die Re-Artikulation des Bestehenden betont, weniger der damit verbundene Wandel des Bestehenden. Um es konkreter zu machen: Wenn ich mich damit befasse, wie Fernsehen bzw. Fernsehsendungen auf der Basis der bestehenden „moralischen Ökonomie" eines Haushalts domestiziert werden, so liegt der Blick eher darauf, wie diese „moralische Ökonomie" fortbesteht, als darauf, wie sie sich in der Medienaneignung wandelt. Der Fokus dieser Kritik ist nicht, einer traditionellen Wirkungsvorstellung wieder Raum zu geben. Allerdings ist bei diesem Ansatz durch eine gewisse „konservative Natur" (Hartmann 2006) ein zu geringer Akzent auf den mit der Aneignung von Medien(-inhalten) verbundenen kulturellen Wandel gelegt.

Der zweite Kritikpunkt betrifft – und hier ist der Bezug zu den Überlegungen von Bakardjieva explizit – die Kategorie des Haushalts, die den zentralen Ausgangspunkt des Domestizierungsansatzes bildet. Ein zentraler Schritt in der Medienaneignungsforschung war der Fokus auf Haushalte statt auf bestimmte Lebensformen wie die Familie, geriet damit doch die Pluralität verschiedener Lebensformen, wie deren materielle Kontexte in den Blick (vgl. Hepp 1997). Gleichzeitig ist jedoch die „häusliche Welt" nicht der alleinige lokale Kontext der Medienaneignung. Man denke beispielsweise an die vielfältigen öffentlichen und semi-öffentlichen Nutzungsorte des Fernsehens als „public viewing" oder Phänomene der **kommunikativen Mobilität**, d.h. des Mobilwerdens von Endgeräten (Mobiltelefon, Walkman, MP3-Player, tragbare Spielkonsolen usw., vgl. Bull 2004; Hepp 2006a). Zwar haben Haushalte nach wie vor eine „ökonomische Realität in dem makroinstitutionellen Rahmen des Staates" (Silverstone 2006: 241), ob sie damit aber genereller Bezugspunkt der Auseinandersetzung mit Medienaneignungsprozessen sein können, wird zunehmend fraglich.

Solche Argumente treffen sich mit weiteren jüngeren Publikationen der Pioniere der Medienaneignungsforschung. Roger Silverstone beispielsweise hat in den Veröffentlichungen der letzten Jahre vor seinem Tod 2006 statt dem Haushalt den Stellenwert des Zuhauses für eine Betrachtung von Medienaneignung betont (Silverstone 2007: 172-186; Silverstone 2008: 256-265). Und David Morley hat sich intensiv mit der medienvermittelten Konstruktion von „home territories" (Morley 2000) befasst. Ausgehend von solchen Arbeiten stellt er dann zum Domestizierungsansatz selbstkritisch fest: „Während das häusliche Zuhause [‚domestic home'] nun wie man sagen könnte ein umfassender technologischer Artefakt wurde, scheint es, dass Häuslichkeit [‚domesticity'] selbst vom Örtlichen gelöst wurde." (Morley 2006: 36) Entsprechend breit ist der Ansatz einer kritischen Medienaneignungsforschung, für den Morley gegenwärtig plädiert. So sollte diese kritisch die Aneignung verschiedener neuer Medien untersuchen und hierbei eine Euphorie gegenüber digitalen Medien wie Mobiltelefon, iPod oder WWW vermeiden. In Rückbezug auf Hermann Bausinger formuliert Morley in diesem Sinne:

„Mit einer Orientierung hin zu einer detaillierten Untersuchung von Technologie im Kontext müssen wir auch die diesbezüglichen methodischen Probleme beachten, insbesondere die sehr realen Gefahren der Ethnografie. Kontext mag ein entscheidender Punkt der Forschung sein, aber zu viel von ihm kann eine gefährliche Sache werden, falls ein Projekt nicht unter dem Gewicht der nicht analysierten Daten zusammenbrechen will. [...] Alles hängt von der Integration von Makro-Perspektiven und weiteren Kontexten ab, während umgekehrt schematische Makroanalysen, die nicht auf der Untersuchung des Alltagslebens basieren, aus dem gegenteiligen Grund klar nichts anderes als ‚wertloses Zeugs' sind." (Morley 2007: 251)

Man kann dieses Zitat als einen Rückverweis auf die Stärken der Aneignungsforschung der Cultural Studies begreifen, nämlich die kritische Untersuchung des alltagsweltlichen Umgangs von Menschen mit Medien und einer hiervon ausgehenden Reflexion soziokultureller Auseinandersetzungen. In einer solchen Orientierung sollte das zukünftige Potenzial der Aneignungsforschung der Cultural Studies gesehen werden.

Weiterführende Literatur: Berker et al. 2006; Hartmann 2008; Jenkins 2006a; Morley 2007

5.4 Kulturelle Differenzierung, Globalisierung und radikaler Kontextualismus

Am Ende eines Kapitels, das sich mit den Aneignungsstudien der Cultural Studies befasst, stellt sich die Frage, wie sich deren verschiedene Ergebnisse einordnen lassen. Sollten die einzelnen Studien als isolierte Fallstudien angesehen werden oder verweisen sie auf übergreifende kulturelle Zusammenhänge? Und wenn Letzteres zutrifft, welche sind dies? Ich möchte die These aufstellen, dass die Entwicklung der Aneignungsstudien der Cultural Studies nicht nur im immanenten Kontext dieses Projektes verstanden werden sollte. Vielmehr weist sie auf weitergehende soziokulturelle Veränderungen hin, die die Gesellschaften und Kulturen zumindest Europas und Nordamerikas gleichermaßen prägen, ein Wandel, der mit den Schlagworten der kulturellen Differenzierung und Globalisierung gefasst werden kann.

Kulturelle Differenzierung meint an dieser Stelle, dass Kulturen in den letzten Jahrzehnten als spezifische Verdichtungen pluraler, vielfältiger und damit widersprüchlicher geworden sind. Das heißt konkret in Bezug auf die Aneignungsstudien der Cultural Studies, dass deren Hinweise auf bedingte Erklärungsmöglichkeiten der Medienaneignung beispielsweise durch Klassenzugehörigkeit u.a. dahingehend zu kontextualisieren sind, dass soziale Ungleichheit zwar nicht abgenommen hat, diese jedoch in vielen Kontexten zunehmend komplexer strukturiert ist, als es das Klassenmodell impliziert. So gesprochen verweist der Begriff der kulturellen Differenzierung auf das insbesondere in der deutschsprachigen aber auch britischen Sozial- und Kulturforschung etablierte Konzept der Individualisierung. **Individualisierung** versucht im Allgemeinen – wie es Ulrich Beck in einem klassischen Aufsatz der Individualisierungsdiskussion formulierte – ein zunehmendes Herauslösen des bzw. der Einzelnen aus sozial verbindlichen Strukturen und Sicherheiten zu fassen:

„Auf dem Hintergrund eines vergleichsweise hohen materiellen Lebensstandards wurden die Menschen in einem historischen Kontinuitätsbruch aus traditionalen Klassenbindungen und Versorgungsbezügen der Familie herausgelöst und verstärkt auf sich selbst und ihr individuelles (Arbeitsmarkt-)Schicksal mit allen Risiken, Chancen und Widersprüchen verwiesen." (Beck 1994: 44)

Individualisierung als „Jenseits von Stand und Klasse" darf aber nicht in dem Sinne missverstanden werden, dass hiermit der Einzelne sich „Jenseits von Kultur und Gesellschaft" befände. Vielmehr ist der Prozess der Individualisierung selbst soziokulturell vermittelt: Mit Industrialisierung und fortschreitender kapitalistischer Durchdringung der Gesellschaft wurde der Einzelne aus traditionalen Verbindlichkeiten und Sicherheiten der Lebensführung herausgehoben und „verantwortlich" für die Gestaltung des eigenen Lebens gemacht. Entsprechend kann der „Arbeitsmarkt als Motor der Individualisierung" (Beck 1994: 46) verstanden werden, da über ihn die Anforderungen des individualisierten Lebensstils auf die Einzelnen übertragen werden.

Mit der Individualisierung einher geht die Etablierung verschiedenster ‚neuer' Vergemeinschaftungsangebote jenseits von Religion, Nation und unmittelbarer Familie bzw. Nachbarschaft: Medial vermittelte, ‚kommerzialisierte' Vergemeinschaftungen haben einen Relevanzgewinn erfahren. Beispiele solcher Vergemeinschaftungen sind die mehrfach diskutierten Jugend-, Fan- und Freizeitkulturen, also der Bereich, der gewöhnlich mit dem Ausdruck der Populärkultur gefasst wird. Aufgrund ihres kommerziellen Charakters ist die Zugehörigkeit zu diesen Vergemeinschaftungen weit mehr durch Wahl denn Tradition bestimmt. Sie können als charakteristische Formen des Gemeinschaftslebens in Zeiten der Individualisierung begriffen werden – Vergemeinschaftungen, die direkt auf eine zunehmende kulturelle Differenzierung verweisen.

Die Konzepte, mit denen diese Vergemeinschaftungen beschrieben werden, sind unterschiedlich, wie wir gesehen haben. Michel Maffesoli hat argumentiert, diese als komplexe organische Gebilde anzusehen, in denen auf situative Rollen ausgerichtete affektive Stämme eine zentrale Bedeutung haben (Maffesoli 1996: 6). Neostämme sind nicht funktional bzw. zweckrational organisiert, sondern emotionale Gemeinschaften. In diesen steht die symbolische Beziehung der Mitglieder zueinander, die sich in quasi-kultischen Veranstaltungen manifestiert, im Mittelpunkt (Maffesoli 1996: 9f., 97; Shields 1996: xii). Diese Argumentation greift Ronald Hitzler mit seinem Beschreibungsansatz der posttraditionalen Gemeinschaft auf (Hitzler 1998, Hitzler 2008). Dieses Konzept, dem von Maffesoli nicht unähnlich, versucht zu fassen, dass in Kontexten fortschreitender Individualisierung verschiedene Formen der kommerzialisierten Wiedervergemeinschaftung auszumachen sind. So bestehen differente (Freizeit- und Konsum-)Szenen, die von einer Organisations-Elite mit Profitinteressen getragen werden und dem Individuum eine soziale Einbindung ermöglichen. Post*traditional* ist die Gemeinschaft dieser Kollektive insofern, als sich die Zugehörigkeit zu ihr gerade nicht *qua* Tradition ergibt, sondern durch individuelle Partizipation auf Zeit. Dabei umfasst die Zugehörigkeit zu posttraditionalen Vergemeinschaftungen nicht die Totalität einer Person, und ihre Mitglieder werden nicht fraglos in sie hineinsozialisiert. Es handelt sich hierbei um Vergemeinschaftungen, deren Spezifik darin zu sehen ist, dass sie in kommerziell vermittelten Stilen und Szenen ein auf temporären Wahlentscheidungen basierendes, identitätsstiftendes Gemeinschaftserleben gestatten. Der Sinnhorizont der Zugehörigkeit besteht über geteilte Vorstellungen und verweist auf Prozesse „populärkultureller Vergemeinschaftung" (Hepp 2010) bzw. „Kommunikationsgemeinschaften" (Knoblauch 2008) im Allgemeinen.

Aber auch auf Ebene der einzelnen Personen wird Individualisierung sehr konkret. So sind – wie in der Individualisierungstheorie argumentiert – gegenwärtige Identitäten in nicht unerheblichen Teilen „Bastelexistenzen" (Hitzler/ Honer 1994). Diese Metapher zielt darauf, die reflexive Form des individualisierten Lebensentwurfs zu fassen, d.h. eine Artikulation von Identität, bei der aus dem „kulturelle[n] ‚Supermarkt' für Weltdeutungsangebote aller Art" (Hitzler/Honer 1994: 308) verschiedenste Angebote in einem aktiven Prozess der Bricolage in die jeweilige Identitätsartikulation integriert werden. Die Metapher des „Supermarktes" steht an dieser Stelle für die fortschreitende Kommerzialisierung von Kultur, die die kulturelle Differenzierung mitträgt.

Der zweite Wandlungsprozess, in dem die Entwicklung der Aneignungsstudien der Cultural Studies eingeordnet werden kann, ist der der **Globalisierung**, insbesondere der medialen Globalisierung und einer damit zunehmenden „transkulturellen Kommunikation" (Hepp 2006b). Autoren wie Immanuel Wallerstein (1986) haben Globalisierung zuerst einmal als eine fortschreitende wirtschaftliche Verflechtung über nationalstaatliche Grenzen hinweg begriffen, die für heutige Formen des Kapitalismus kennzeichnend sei. Während sich verschiedene Autorinnen und Autoren darüber streiten, wann der Beginn dieses ökonomischen Globalisierungsprozesses zu datieren sei (vgl. die untenstehende Tabelle), sind sie sich darin einig, dass er beim Wandel der Gegenwart zu einer dynamischen und stimulierenden Kraft geworden ist.

Abbildung 17:   *Einsetzen von Globalisierung im Rahmen unterschiedlicher Theoriebezüge*

Autor	Beginn	Theoriebezug
Marx	15. Jhdt.	moderner Kapitalismus
Wallerstein	15. Jhdt.	kapitalistisches Weltsystem
Giddens	18. Jhdt.	Modernisierung
Robertsen	1870 – 1920	multidimensional
Lash & Urry	1974/75	Auflösung des Fordismus
Perlmutter	Ende des Ost- West-Konflikts	globale Zivilgesellschaft

Erweitert nach: Beck 1997: 6

Dieser ökonomische Globalisierungsprozess – in dessen Zusammenhang auch die De- und Regulierung der Medienindustrien gesehen werden muss (Thompson 1997a) – ist verflochten mit einem kulturellen Globalisierungsprozess, ohne dass einer von beiden auf den anderen reduzierbar wäre. Versteht man unter Globalisierung allgemein die multidimensionale Zunahme weltweiter Beziehungen oder Konnektivitäten, so fasst der Begriff der kulturellen Globalisierung die Zunahme dieser Konnektivitäten in kultureller Hinsicht (Tomlinson 1999, 2000, 2002), während man konkreter mit Globalisierung der Medienkommunikation die Zunahme von länderübergreifenden kommunikativen Konnektivitäten bezeichnet (Hepp 2004b; Hepp et al. 2005; Hepp 2006b).

Dies bedeutet jedoch *nicht*, dass hiermit ein Prozess der Amerikanisierung oder kulturellen Homogenisierung einherginge. Hierzu haben sich die einzelnen Kulturen zu stark ausdifferenziert. Vor allem aber ist die ‚globalisierte Welt‘ in sich selbst zu sehr differenziert, als dass sich *ein* (kulturelles) Machtzentrum ausmachen ließe. Wie Saskia Sassen (1996; 2000) formuliert hat, gibt es verschiedene konkurrierende „globale Städte“, auch in Bereichen, die ehemals der Peripherie der Welt zugerechnet wurden. Nicht nur amerikanische Kulturprodukte werden an verschiedenen Orten konsumiert, sondern ebenso positionieren sich verschiedene europäische oder japanische Kulturprodukte auf globalisierten Märkten. Um Mike Featherstone zu zitieren:

„Die Vorstellung von globalen Prozessen, derzufolge ein einziges Zentrum die Peripherie dominiert, lässt sich nicht länger aufrechterhalten. Es gibt vielmehr eine Anzahl von konkurrierenden Zentren, die dazu beitragen, dass sich die globalen Kräfteverhältnisse zwischen Nationalstaaten und Blöcken verschieben und neue Interdependenzen erzwingen. Das bedeutet nicht, dass alle Beteiligten gleiche Bedingungen vorfinden, es scheint vielmehr ein Prozess zu sein, in dessen Verlauf mehr Mitspieler zugelassen werden, die Ansprüche auf Kommunikationsmittel stellen und das Recht einfordern, gehört zu werden.“ (Featherstone 2000: 88)

Entsprechend besteht nicht *eine* globale Kultur, sondern ein weites Feld ‚globalisierter Kulturen‘, auf dem Differenzen, Kämpfe und Wettbewerbe ausgetragen werden. Ein solches Feld sollte man sich als Gesamtheit verschiedener, miteinander in unterschiedlichen kommunikativen Beziehungen stehender lokaler, regionaler und nationaler kultureller Kontexte vorstellen – die sich aber durch dieses Beziehungsgeflecht grundlegend in ihrer Eigenart wandeln. Der Globalisierungsprozess ist also hochgradig fragmentiert und widersprüchlich, was auch Stuart Hall betont hat:

„Die globale Kultur benötigt ‚Differenz‘, und sei dies nur, um diese Differenz (wie beispielsweise ethnische Küche) in eine weitere Ware für den globalen Markt zu verwandeln. Wahrscheinlicher als eine uniforme, homogene Weltkultur werden daher gleichzeitige neue ‚globale‘ und neue ‚lokale‘ Identifikationen entstehen. Die kulturelle Vermischung führt möglicherweise nicht zur Verdrängung des Alten durch das Neue, sondern zur Schaffung hybrider Alternativen, die Alt und Neu dynamisch verbinden – dies ist zunehmend der Fall in den kulturell vielfältigen oder multikulturellen Gesellschaften, die im späten 20. Jahrhundert durch die großen Völkerbewegungen aufgrund von Krieg, Hunger und Armut entstanden sind." (Hall 2002: 97)

Auf ähnliche Weise hat Kevin Robins (1991: 213f.) herausgestrichen, dass man Globalisierung nicht romantisieren darf. Hiergegen sprechen drei Zusammenhänge. Erstens lässt sich im Globalisierungsprozess eine Tendenz zu einer mitunter problematischen Faszination für Differenz und ‚Anders-Sein' ausmachen – man denke beispielsweise an weltweite Werbekampagnen wie die von „Nike", in denen mit ethnischen Differenzen umfassend gespielt wird. Anstatt davon auszugehen, dass das Globale das Lokale ersetzt, erscheint es folglich richtiger – wie Stuart Hall formuliert –, „eine neue Artikulation zwischen dem Lokalen und dem Globalen zu denken" (Hall 1994: 213). Zweitens ist Globalisierung sehr ungleich zwischen Weltregionen verteilt, und auch innerhalb dieser zeigen sich deutliche Differenzen im Hinblick auf einzelne kulturelle Kontexte. Die Welt besteht also nicht *per se* aus globalisierten Kulturen, vielmehr muss eine Kulturanalyse greifbar machen, welche Kulturen inwieweit in diesen Transformationsprozess eingebunden sind. Der dritte zu beachtende Punkt ist, dass Globalisierung trotz ihrer weitreichenden Fragmentierung Aspekte einer ausgedehnten Herrschaft des Westens enthalten *kann* (siehe ebenfalls Tomlinson 2002). Indem sie „die Barrieren der Entfernung überwindet, gestaltet sie das Zusammentreffen zwischen dem kolonialen Zentrum und der kolonisierten Peripherie unmittelbar und intensiv" (Robins 1991: 25). Wie gesagt ist der Globalisierungsprozess ebenfalls ein Kampf um (kulturelle) Ressourcen und um Möglichkeiten – im Fall der Medienkommunikation ein Kampf um translokale Wirklichkeitsdefinitionen. Grundlegend jedoch führt die globale, mediale Übertragung und Repräsentation von Identitäts-Elementen zumindest prinzipiell zu einer Zunahme der Artikulationsmöglichkeiten von kultureller Identität:

„Je mehr das gesellschaftliche Leben durch die globale Vermarktung von Stilen, Räumen und Vorstellungen, durch internationale Reisen, global vernetzte Medienbilder und Kommunikationssysteme vermittelt wird, desto mehr lösen sich Identitäten von besonderen Zeiten, Orten, Vergangenheiten und Traditionen – sie werden entbunden und erscheinen ‚frei flottierend'. Wir werden mit einer Reihe von Identitäten konfrontiert, die alle zu uns oder besser zu bestimmten Seiten von uns gehören und zwischen denen wir wählen können." (Hall 1994: 212)

Im Rückblick lässt sich die Diskussion um Postmoderne, wie sie in den Cultural Studies insbesondere während der 1990er Jahre stattgefunden hat, als eine Reaktion auf die Erfahrung kultureller Fragmentierung und Globalisierung begreifen. **Postmoderne** bzw. **Postmodernismus** wurden zuerst einmal als ästhetischer

Begriff eingeführt (allgemein zum Zusammenhang von postmoderner Theoriebildung und Cultural Studies siehe Grossberg et al. 1988; Grossberg 1997b:
191-252; McGuigan 1999). Zwar ist es immer problematisch, einen Begriff auf
einen Erstbeleg zurückzuführen (vgl. beispielsweise Jameson 1993), jedoch
kann gesagt werden, dass der Ausdruck der Postmoderne zuerst im philosophischen und literaturästhetischen Diskurs eine breitere Verwendung fand (Vester
1993: 10f.; Lyon 1999: 6-24). Eng verbunden mit dem Begriff der Postmoderne
waren Diskussionen um Postmodernismus, d.h. um die Auflösung der Einheit
von Zeit und Raum hin zum Assoziativen, die Auseinandersetzung mit dem Pas-
tiche als Rekombination verschiedener kultureller Ressourcen, die Polyvalenz
der Bedeutungskonstitution und den Verlust von Referenz und Repräsentation.
Auch wenn solche Überlegungen, die primär vom Poststrukturalismus beeinflusst sind, die Medienstudien der Cultural Studies geprägt haben – wie die Argumentationen in den vorangegangenen Kapiteln zeigen – und die Diskussion
um eine ‚postmoderne Ästhetik' entsprechend in den Cultural Studies von Relevanz ist, wurden die Begriffe nicht nur auf eine bestimmte Form der Ästhetik
bezogen. Vielmehr wurden sie in einem übergreifenden Sinne gebraucht, nämlich zur zusammenfassenden Charakterisierung der Erfahrung einer kulturellen
Differenzierung in Zeiten der Globalisierung – und einer damit verbundenen
Dezentrierung:

„der Ausdruck ‚Postmodernismus' [kann] als ein Hinweis auf den Prozess der kulturellen
Fragmentierung und den Zusammenbruch symbolischer Hierarchien verstanden werden.
Dieser verdankt […] seinen Impetus dem Bewusstsein, dass der Wert der symbolischen
Kräfte und des kulturellen Kapitals des Westens sich wandelt, und nicht dem Anbruch
einer neuen Entwicklungsstufe namens ‚Postmoderne', die ihrerseits ein Entwicklungs-
modell von Tradition und Moderne voraussetzt, das auf den Erfahrungen des Westens
basiert. In dieser Hinsicht verweist der Postmodernismus auf die Dezentrierung der Kultur und die Einführung von kultureller Komplexität." (Featherstone 2000: 88f.)

Vor dem Hintergrund dieser, mit den Schlagworten der kulturellen Differenzierung und der Globalisierung gefassten umfassenden Entwicklungen, hat Ien Ang
in ihrem Buch *Living Room Wars* argumentiert, dass die Aneignungsstudien der
Cultural Studies als eine kritische Auseinandersetzung mit dem Umgang mit
Medien in den verschiedenen, lokalen Kontexten in einer postmodernisierten
und globalisierten Welt begriffen werden müssen. Ausgangspunkt für die Argumentation von Ang ist, dass es in dem gegenwärtigen Zustand der Ungewissheit
der Postmoderne keine geschlossene Kommunikationstheorie mehr geben kann,
da es einer solchen Theorie in ihrer Logik der Reduktion von Komplexität nicht
gelingt, *positiv* mit der Unsicherheit und Unbestimmtheit heutiger Kultur umzugehen (Ang 2003: 85f.). Die globalisierte Welt ist eben nicht zu dem von Mars-
hall McLuhan postulierten homogenisierten „global village" geworden, sondern

paradoxerweise hat mit der Zunahme translokaler, kommunikativer Beziehungen die kulturelle Differenzierung zugenommen. Aus diesem Grund erscheint auch das kommunikations- und medienwissenschaftliche Modell von „Kommunikation-als-Transmission" für eine Analyse gegenwärtiger Phänomene von Medienkultur ungeeignet, da es auf ein Modell von Gesellschaft fixiert ist, das dem heutiger Kulturen nicht mehr entspricht:

> „Die Kontrolle durch Kommunikation-als-Transmission betrifft nicht nur die Eroberung von Märkten zum Zwecke ökonomischen Profits; es ist auch eine Kontrolle über Menschen. Gesellschaftlich impliziert sie ganz allgemein das Interesse an sozialer Ordnung und sozialem Management; daher zum Beispiel das anhaltende Interesse der Kommunikationsforschung – besonders in den Vereinigten Staaten – an der ‚Wirkung' von Botschaften: in Form von Überzeugung, Einstellungswandel und Verhaltensänderung. Implizit enthält diese sozialpsychologische Tendenz der Kommunikationsforschung den Wunsch nach einer kooperativen Bevölkerung und damit den Glauben an die Möglichkeit einer geordneten und stabilen ‚Gesellschaft'." (Ang 2003: 86f.)

Die gegenwärtigen, mit den Schlagworten der kulturellen Differenzierung und Globalisierung gefassten Entwicklungen machen deutlich, dass eine solche „stabile ‚Gesellschaft'" zunehmend zur Fiktion wird, ein Sachverhalt, den die wissenschaftliche Beschäftigung mit Medienkommunikation ebenfalls zu reflektieren hat und den nach Ang die Cultural Studies reflektiert haben: In den anfänglichen Aneignungsstudien der Cultural Studies bestand noch eine Tendenz dahingehend, verschiedene Formen der Medienaneignung an Beschreibungskonzepte einer „stabilen ‚Gesellschaft'" rückzubinden – man denke beispielsweise an die Diskussion um die Klassenabhängigkeit verschiedener Dekodierungspositionen bzw. Lesarten oder die Rückbindung von Subkulturen an einzelne klassenabhängige Stammkulturen. Historisch gesehen erscheinen solche Argumentationen auch heute noch stringent, insbesondere wenn man sich vergegenwärtigt, dass viele der Aneignungsstudien der Cultural Studies sich auf den britischen Kontext beziehen, wo die Strukturierungskraft sozialer Klassen bis in die 1970er Jahre hinein deutlich zu spüren war. Mit dem Voranschreiten von Entwicklungstendenzen der kulturellen Differenzierung und Globalisierung differenzierten sich die Medienpublika und mit ihnen das in den Cultural Studies gezeichnete Bild der Medienaneignung: Die Differenziertheit der einzelnen – auch medienvermittelten – Jugendstile rückte in den Mittelpunkt ebenso wie die Heterogenität von Medienaneignungsprozessen in der häuslichen Welt, der Eigensinn verschiedener Fan- bzw. Netzusergruppen usw. Die Cultural Studies nehmen – wie Ang argumentiert (Ang 2003: 89) – eine semiotische Perspektive auf Medienkommunikation ernst, die eben davon ausgeht, dass die Bedeutungen, die Produzierende und Rezipierende mit einem Medienprodukt verbinden, *nicht* korrespondieren müssen.

Gegenwärtige Medienaneignung findet in der „postmodernen Geografie" des „verallgemeinerten Anderswo" (Morley 1997: 18) statt. Für Menschen können medienvermittelte kulturelle Ressourcen ebenso ‚relevant' sein wie diejenigen vor Ort. Ein Reiz solcher Medienangebote besteht darin, dass sie als solche an verschiedenen Orten (eines Bundeslandes, eines Staates, Europas, der Welt) zugänglich sind, was ihnen ein zusätzliches ‚Gewicht' verleiht: Beispielsweise hat die medienvermittelte Semantik des ‚Techno-Seins' an verschiedenen Orten ein spezifisches Potenzial und kann so als translokaler Ausdruck eigener Identität dienen. Gleichzeitig werden aber auch solche translokalen Angebote oder Ressourcen ‚lokalisiert', werden in Verbindung gesetzt mit den primären Lebenszusammenhängen unvermittelter Interaktion, der ‚eigenen' Alltagswelt.

Wie aber kann eine solche umfassende Rückbindung von Medienaneignung in die differenten lokalen Kontexte heutiger Kulturen theoretisch adäquat gefasst werden? Ien Ang hat in diesem Zusammenhang den **radikalen Kontextualismus** der Aneignungsforschung der Cultural Studies betont (vgl. Ang 2008b), wobei vor allem zwei mit diesem Begriff verbundene Paradoxe relevant erscheinen. Dies ist zum einen das Paradox der gleichzeitigen theoretischen Notwendigkeit und praktischen Undurchführbarkeit eines umfassenden Kontexteinbezugs im Forschungsprozess, zum anderen das Paradox der virtuellen Anwesenheit der abwesenden Sphäre des jeweiligen gesamten kommunikationskulturellen Zusammenhangs.

Radikaler Kontextualismus bezogen auf die Analyse von Medienaneignungsprozessen heißt erstens, dass man sich der umfassenden Kontextualisierung von Medienaneignung bewusst sein muss, d.h. der Einbettung einer jeden Medienaneignung in verschiedenartige soziokulturelle Kontexte, als deren nicht hintergehbarer Teil sie erscheinen. Ein radikaler Kontextualismus der Medienaneignungsforschung zeichnet sich dabei paradoxerweise gleichzeitig durch ein Bewusstsein darüber aus, dass es selbst mit der ‚dichtesten ethnografischen Beschreibung' im Sinne von Geertz (1997) unmöglich bleibt, Medienaneignung holistisch zu beschreiben. Radikaler Kontextualismus meint also, dass das Bewusstsein der umfassenden kontextuellen Lokalisierung von Medienaneignung mit einem Bewusstsein der Notwendigkeit einer Beschränkung der analytischen Beschreibung auf bestimmte Kontextaspekte einhergeht, da keine endgültigen kontextbeschränkenden Grenzen gezogen werden können – ein Punkt, den Morley ja auch in Bezug auf Studien zur Aneignung von Technolgie betont (siehe Kap. 5.3). In den Worten von Jonathan Culler:

„Kontext ist grenzenlos, folglich können Erklärungen durch den Kontext niemals ganz die Bedeutung festlegen. Zu jeder Reihe von Formulierungen sind weitere Kontextmöglichkeiten denkbar, eingeschlossen der Erweiterung des Kontextes durch die Wiedereinschreibung seiner eigenen Beschreibung in den Kontext." (Culler 1983: 128)

Einzelne begriffliche Konzepte wie ‚Nutzung', ‚Dekodierungsprozesse', ‚Lesarten', ‚Aushandlungsprozesse' oder ‚Interpretationsgemeinschaft' beschreiben also weniger kontextbeschränkende Entitäten – keine ‚realen Kontextbegrenzungen' –, sondern dienen als diskursive Mittel, „um eine gewisse Ordnung und Kohärenz in die ansonsten sehr chaotische empirische Landschaft von dispersen und heterogenen Erfahrungen und Praktiken der Zuschauer zu bringen" (Ang 2008b: 73).

Das zweite mit dem Begriff des radikalen Kontextualismus verbundene und aus dem Kreislauf der Kultur (Kap. 2.6) bekannte Paradox ist, dass ein Teil der Aneignungssphäre – zumindest im übertragenen Sinne – stets ebenfalls die Sphäre der Produktion ist. Egal welche der Aneignungsstudien der Cultural Studies man anschaut, in fast jeder wird eine gewisse „alltägliche Kompetenz" der Menschen in ihrer Alltagswelt herausgestellt, die sich u.a. darin manifestiert, dass Rezipierende über ein Verständnis der Medienprodukte als von Medienschaffenden in institutionellen Kontexten und aus ökonomischen Interessen ‚gemacht' verfügen. Auch wenn es sich dabei um Kontexte handelt, denen die Rezipierenden – wie Waldemar Vogelgesang und ich es in Anlehnung an John Fiske formuliert haben (Hepp/Vogelgesang 1999) – eine gewisse Skepsis entgegenbringen, so prägt dieses Alltagsverständnis von Medienproduktion die Medienaneignung mit. Ein Beispiel dafür wäre die von Janice Radway untersuchte Interpretationsgemeinschaft von Liebesroman-Leserinnen, unter denen die Frage, wer einen Liebesroman geschrieben hat und wie die- oder derjenige zum Liebesroman-Lesen selbst steht, in der Auseinandersetzung der Leserinnen mit dem Genre eine bemerkenswerte Rolle spielt (Radway 1987: 67-70).

Inwieweit führt ein in diesem Sinne verstandener radikaler Kontextualismus aber nicht zu etwas, das man die ‚Entfokussierung der Medien' nennen könnte? Geht bei einer wirklichen Radikalisierung des Kontexteinbezuges von Medienaneignung nicht der primäre Fokus der Forschung – nämlich auf den Umgang mit Medien – vollkommen verloren? In ihrem Aufsatz *Reception Study: Ethnography and The Problems of Dispersed Audiences and Nomadic Subjects* setzt sich Janice Radway genau mit dieser Frage bezogen auf das von ihr wenige Jahre zuvor favorisierte Konzept der Interpretationsgemeinschaft kritisch auseinander. Sie betont, dass theoretische Konzepte wie das der Interpretationsgemeinschaft das Feld der Erforschung von Medienaneignungsprozessen einengen, indem durch sie der Blick des Forschenden von vornherein auf die Frage festgelegt wird, wie sich im voraus definierte Publika ebenso definierte Genres aneignen (Radway 1988: 367). Einem solchen Ansatz hält sie entgegen, dass in alltäglichen Kontexten keine so klaren und in sich kohärenten Definitionen von Genres, Medienprodukten und Publika vorherrschen – nicht nur, weil der Alltag von Rezipierenden durch die Aneignung verschiedenster Produkte und Produktfragmente unterschiedlichster Genres gekennzeichnet, sondern auch weil die Aneignung selbst in ein Feld weiterer Alltagspraktiken eingebettet ist. Ähnlich wie David Machin und Michael Carrithers (1996) geht Janice Radway davon aus, dass die Aneignung von medialen Produkten je nach soziokulturellen Kontexten sehr unterschiedlich sein kann. Dies begründet Radway mit Verweis auf die jüngeren, eher theoretischen Überlegungen Lawrence Grossbergs zum Subjekt. Wie Lawrence Grossberg betont, hat das Subjekt in der Postmoderne einen „nomadischen" Charakter (Grossberg 1988b: 37-40), und zwar nicht nur weil Subjekte in ihren Aspekten kultureller Identität fragmentiert sind, sondern auch weil Subjektivität als eine spezifische Form der Artikulation betrachtet werden sollte. Soziale Subjekte artikulieren ihre Subjektivität im Raum zwischen und unter Einbeziehung von ideologischen Fragmenten und Diskursen, die ihnen in bestimmten sozialen Formationen angeboten werden. Entsprechend fasst Grossberg Subjektivität als ein „Umherstreifen durch sich beständig wandelnde Positionen und Apparate" (Grossberg 1988a: 38; siehe dazu auch Kap. 2.1).

Vor dem Hintergrund solcher Gedanken plädiert Janice Radway dafür, sich die Medienpublika als aus „nomadischen Subjekten" (Radway 1988: 364) bestehend vorzustellen. Allerdings vollzieht Radway keinen Rückgriff auf ein Konzept des Massenpublikums, sondern lokalisiert die nomadischen Subjekte in verschiedenen **Freizeitwelten** („leisure worlds") (Radway 1988: 369). Mit dem Begriff der Freizeitwelt fasst Radway den Raum, der durch eine Vielzahl von alltäglichen Praktiken konstituiert wird, die mit Hobbys und Freizeitbeschäftigungen in Beziehung stehen, und der so der Welt der Arbeit gegenübersteht. Vor allem in solchen „Freizeitwelten" findet die alltägliche und kollektive Produktion von Alltags- und Populärkultur statt, bei der soziale Subjekte, ausgehend von dem ihnen zur Verfügung stehenden semiotischen Material, ihre eigenen, multiplen Bedeutungen artikulieren. Es sei nun die Aufgabe einer ethnografischen Forschung, die innerhalb von unterschiedlichen Freizeitwelten vorherrschenden Aneignungspraktiken zu analysieren. In der Darstellung Radways bleibt allerdings offen, auf welcher Ebene diese Freizeitwelt exakt zu verorten ist. Ist sie in Bezug auf die subjektive Welt des Einzelnen zu fassen? Oder handelt es sich bei der Freizeitwelt um eine Art von sozialem Raum, in dem sich die Individuen als „nomadische Subjekte" bewegen? Und erscheint die *Freizeit*welt mit einer umfassenden Mediatisierung des Alltags im Allgemeinen überhaupt als angemessener Referenzpunkt der Forschung?

Trotz solcher Unschärfen verweisen die Argumente von Radway auf eine wichtige aktuelle Diskussion um Medien und Medienaneignung in der den Cultural Studies nahestehenden Medienforschung, nämlich die Diskussion um einen Ansatz der **nicht-medienzentrierten Medienforschung**. Als einer der führenden Köpfe in dieser Position kann Nick Couldry gelten. Den Ausgangspunkt seiner Argumentation gibt folgendes Zitat wieder:

„Kommunikations- und Medienwissenschaft hat sich zu nah an und gleichzeitig zu distanziert von den Medien als ihrem Analyseobjekt entwickelt: zu nah in dem Sinne, dass Kommunikations- und Medienwissenschaft bereitwillig ein Bild von dem, was die Medien sind, reproduziere ein Bild, das nur Sinn macht, wenn man nahe bei den hochgradig zentralisierten medialen Formen verbleibt, die bis vor Kurzem als selbstverständlich angenommen wurden; zu distanziert in dem Sinne, dass diese Kurzsichtigkeit die Kommunikations- und Medienwissenschaft davor bewahrt, die weite Landschaft von dem, wie und wie nicht Medien im Leben von Menschen erscheinen, zu erfassen." (Couldry 2006: 177)

Was Couldry von einer Medienforschung – insbesondere einer solchen, die sich mit der alltäglichen Aneignung von Medien befasst – einfordert, ist eine kritische, empirisch basierte Hinterfragung des Mythos eines „medial vermittelten Zentrums" (Couldry 2003: 2). Hierunter versteht Couldry den soziokulturellen Prozess der Konstruktion einer Vorstellung, wonach ‚die Medien' im Singular einen herausgehobenen Zugangspunkt zu den zentralen Realitäten der Gegenwart bilden würden (Couldry 2006: 178). Wie er in verschiedenen Publikationen gezeigt hat, zeichnet ein Fokus auf ein solches medienvermitteltes Zentrum viele theoretischen und empirischen Ansätze der Kommunikations- und Medienwissenschaft aus. Ausgehend von impliziten oder expliziten funktionalistischen Positionen werden ‚die Medien' unhinterfragt als Zentrum jeglicher Bedeutungsproduktion konstruiert. Aufgabe einer kritischen Medien- und Kommunikationsforschung sei es aber, dieses Postulat nicht zu übernehmen, sondern in der eigenen Analyse die Wirkungsweise dieses Konstruktionsprozesses aufzudecken bzw. Momente seiner nicht bestehenden Wirkung herauszuarbeiten. Es geht also um die Frage, wie ‚die Medien' es zusammen mit anderen Institutionen schaffen, sich als ‚das Zentrum' von Gesellschaft darzustellen und wie dies mit Fragen der Macht zusammenhängt.

Wie ein solches Unterfangen empirisch im Bereich einer von den Cultural Studies angeregten Aneignungsforschung aussehen kann, hat Nick Couldry zusammen mit Sonia Livingstone und Tim Markham (2007) in der Studie *Media Consumption and Public Engagement* gezeigt. Diese Untersuchung ist neben ihrer methodischen Orientierung bemerkenswert, weil sie für eine Orientierung von Aneignungsstudien auf Fragen der politischen Kommunikation steht. Im

Kern setzt sie sich mit der Frage nach dem Stellenwert von Medien für „öffentliche Anbindung" („public connection") auseinander. Methodisch basiert die Forschung auf einem interessanten Design, das verschiedene bereits aus den Aneignungsstudien bekannte Vorgehensweisen aufgreift, aber triangulativ neu ergänzt. Im Zentrum stehen Tagebuchaufzeichnungen, die 37 Personen unterschiedlichen Geschlechts aus sechs englischen Regionen über drei Monate im Jahr 2004 angefertigt haben. In diesen Tagebüchern sollten sie fortlaufend insbesondere auf folgende Fragen eingehen (Couldry et al. 2007: 42): Was macht die ‚öffentliche Welt' für sie aus? In welcher Beziehung steht das Verständnis von ‚öffentlicher Welt' zu den Medien, die sie konsumieren? In welcher Beziehung steht sie zu den Möglichkeiten für Gespräche mit anderen und dem weiteren Funktionieren von Medien und Demokratie? Das so erhobene Tagebuchmaterial wurde ergänzt durch qualitative Interviews, die vor und nach der Phase der Tagebuchaufzeichnung durchgeführt wurden, sowie eine englandweite standardisierte Befragung.

Das analytische Konzept der **öffentlichen Anbindung** („public connection") steht für eine Medienaneignungsforschung, die die Relevanz von Medien für in diesem Fall politische Einbindung untersuchen und nicht von vornherein postulierend setzen möchte. „Öffentliche Anbindung" ist für Couldry et al. ein „heuristischer Begriff" (Couldry et al. 2007: 5), um den Einbezug von Menschen in politische öffentliche Räume zu fassen. Dieser Einbezug kann kommunikativ auf sehr unterschiedliche Weise geschehen, wie die Ergebnisse der Studie zeigen. So gibt es keinen „einzelnen Idealtypus medienvermittelter öffentlicher Anbindung" (Couldry et al. 2007: 180), sondern viele verschiedene individuelle Formen entlang eines weitreichenden Spektrums. Dieses reicht von „media world connectors", deren öffentliche Anbindung über deren Medienkonsumpraktiken geschieht, bis hin zu „public world connectors", deren öffentliche Orientierung durch das eigene Handeln als Akteure in der Öffentlichkeit bestimmt ist (Couldry et al. 2007: 181). Dabei sind beide Typen als Endpunkte dieses Spektrums durch Anfälligkeiten einer öffentlichen Anbindung gekennzeichnet: Die Medienwelt-Verbindung gerät bei einer Überladung mit Nachrichten bzw. dem damit einhergehenden Bedürfnis nach Absonderung unter Druck. Die Öffentliche-Welt-Verbindung ist bei einer Desillusionierung bzw. einem Verlust der Motivationskontexte in Gefahr. Zentrales Ergebnis für die Autoren ist, dass es *keine* universelle *Medien*anbindung gibt. Dies wird daran konkret, dass verschiedene Formen der öffentlichen Anbindung vollkommen unabhängig von der Medienaneignung erfolgen bzw. dass unterschiedliche Menschen Medien als relativ entbehrlich betrachten und deren öffentliche Anbindung auf andere Weise herstellen. Solche vor allem durch die Auswertung der Tagebuchsdaten gewonnenen Ergebnisse gewichten die Autoren der Studie insgesamt wie folgt:

„Regelmäßiger Medienkonsum kann oft mit einer Orientierung an den Medien als einer Form des kollektiven Involvements verbunden werden und nicht als ein Mittel, um Zugang zu öffentlichen Fragen zu erhalten. Breitere Orientierungen an sozialen Netzwerken und Familien (selbstverständlich als solche positiv) werden mit größerer Wahrscheinlichkeit mit einer nicht-öffentlichen Medienverbindung einhergehen: In anderen Worten mögen Menschen *positive Gründe dafür haben, nicht verbunden zu sein.* Ein bestimmter Fall ist hier die Orientierung auf eine *celebrity culture* in einem breiten Sinne (Reality TV, Prominentenmagazine). Wir fanden jedoch keine Fälle, in denen die Diskussion um *celebrity culture* von den Tagebuchschreibern mit irgendeinem Aspekt in Beziehung gebracht wurde, der eine öffentliche Beschlussfassung verlangt, was den Behauptungen von früheren Forschern widerspricht, dass die *celebrity culture* ein alternativer Weg in die Politik sein kann, insbesondere für jüngere Menschen. […] Entsprechend meinen wir, dass Autoren, die Populärkultur dafür gefeiert haben, eine altmodische und elitäre politische Kultur zu demokratisieren, die grundlegende Teilung der Art und Weise ignorieren, in der Publika sich zur Welt orientieren." (Couldry et al. 2007: 182; Herv. i.O.)

Dieses Zitat stellt deutlich den Rückbezug an die Grundfragen danach, was eine an den Cultural Studies orientierte Medienforschung ist, her: Will man den Stellenwert von Medien für gegenwärtige soziale und kulturelle Auseinandersetzungen untersuchen, so muss man sich empirisch basiert offen den Aneignungsweisen der Menschen zuwenden und diese kritisch analysieren. Wie die frühe Aneignungsforschung zeigen konnte, ist es dabei problematisch, populärkulturellen Medienkonsum von vornherein als ‚minderwertig' und ‚verdummend' zu brandmarken. Umgekehrt ist es aber auch problematisch, in jeder Form von Populärkultur die Dimension einer politischen Intervention zu sehen. Wann dies der Fall ist, das ist letztlich eine empirische Frage, die eine ‚radikal kontextuelle' Aneignungsforschung zu klären hat.

Weiterführende Literatur: Ang 2003; Couldry 2006; Hall 2002

6 Ausblick: Perspektiven von Cultural Studies und Medienanalyse

In den Kapiteln dieses Buchs wurde umfassend der medienanalytische Ansatz der Cultural Studies dargelegt. Es ging um eine Vorstellung der Grundbegriffe der Cultural Studies, um einen historischen Abriss ihrer Entwicklung, um die Medienproduktions-, Produkt- und Inhaltsforschung der Cultural Studies, sowie um deren Rezeptions- und Aneignungsforschung. Das Ziel war dabei, entlang von exemplarisch ausgewählten Studien ein möglichst differenziertes und dennoch gut nachvollziehbares Bild des medienanalytischen Ansatzes der Cultural Studies zu zeichnen. Am Ende dieses Unterfangens stellt sich zwangsläufig die Frage nach den Perspektiven einer solchen Medienforschung.

Diese Frage ist nicht leicht zu beantworten, hat sie doch etwas Spekulatives: Kein Mensch weiß, wie sich ein wissenschaftlicher Ansatz zukünftig entwickeln wird, was für ein Erklärungs- und Kritikpotenzial er in einer sich wandelnden Welt hat. Dies ist einmal mehr der Fall, wenn wir uns vergegenwärtigen, mit welchen Wandlungsprozessen (Medien-)Kulturen momentan konfrontiert sind. Entsprechend soll in diesem Ausblick nicht über die Zukunft spekuliert werden. Vielmehr werden zwei Diskussionsfelder aufgegriffen, die die Selbstreflexion der Cultural Studies seit Mitte der 1990er Jahren insbesondere geprägt haben. Dies ist zum einen die Diskussion um eine (kritische) Methodologie der Cultural Studies, zum anderen die Beschäftigung damit, inwiefern die Cultural Studies mit dem erfolgreichen „cultural turn" dazu tendieren, in einer allgemeinen (Medien-)Kulturforschung aufzugehen.

6.1 Auf dem Weg zur kritischen Methodologie?

Mit der Internationalisierung und Institutionalisierung der Cultural Studies (vgl. Kap. 3.3) hat eine zunehmende Diskussion um ihre Methoden eingesetzt, u.a. ausgelöst durch die Frage, was die Cultural Studies methodologisch auszeichnet. Auseinandersetzungen mit dieser Thematik durchziehen nicht nur verschiedene Hefte u.a. der Zeitschrift *Cultural Studies* in den 1990er Jahren, sondern sind auch in der deutschsprachigen Rezeption der Cultural Studies Gegenstand der

Diskussion geworden, was früh beispielsweise ein Workshop zu „Methoden der Cultural Studies" am Hans-Bredow-Institut im Juni 1999 dokumentiert.

In mehrfacher Hinsicht bemerkenswert im Zusammenhang dieser aktuellen Beschäftigung mit möglichen Methoden der Cultural Studies ist das von Jim McGuigan herausgegebene Buch *Cultural Methodologies*. Zum einen markiert der Titel des Buchs das erstarkte Interesse von Vertreterinnen und Vertretern der Cultural Studies an einer Auseinandersetzung mit Fragen der Methodologie, wobei McGuigan sicherlich nicht dahingehend zuzustimmen ist, dass dies in früheren Publikationen nicht der Fall gewesen wäre (McGuigan 1997: 1), wie die weitere Darstellung zeigen wird. Zum anderen weist der von McGuigan herausgegebene Band gerade durch die Heterogenität der darin behandelten Methoden darauf hin, dass es *die* Methodik der Cultural Studies im Singular nicht gibt: Empirische Studien, die sich den Cultural Studies zurechnen, bedienen sich der unterschiedlichsten Methoden, angefangen mit der teilnehmenden Beobachtung bzw. beobachtenden Teilnahme, über verschiedene Formen des Interviews und der Gruppendiskussion bis hin zu Text- und Diskursanalysen. Wir können dabei Äußerungen von David Morley (1996b) oder auch die Aneignungsstudien von Marie Gillespie (Kap. 5.3) bzw. Nick Couldry et al. (Kap. 5.4) mit ihren standardisierten Teilen als Hinweis darauf ansehen, dass in den Cultural Studies ebenfalls quantitative Methoden Anwendung finden. In diesem Sinne hat Lawrence Grossberg festgestellt, dass eine Korrespondenz von qualitativer Methodologie und Kritik bzw. quantitativer Methodologie und empirischer Objektivität ein problematisches Konstrukt ist (Grossberg 1987: 86). Unabhängig davon, wie man zu dieser Meinung steht, so dokumentiert sie, dass sich die Cultural Studies nicht anhand eines spezifischen Sets verwendeter Methoden definieren ließen. Ebenso macht der Verweis auf frühe methodische Publikationen wie die von Paul Willis (1980) deutlich, dass die in der sogenannten „Revisionismus-Debatte" geäußerten Vorwürfe, die Cultural Studies seien methodisch ‚blauäugig‘, ins Leere greifen – bezüglich mancher Reflexionen wäre man eher geneigt zu sagen, dass die methodologische bzw. epistemologische Reflexion der Cultural Studies an einigen Punkten eine lähmende Wirkung gehabt hat: Phasenweise war es in Teilen der Cultural Studies eher üblich, Fragen der prinzipiellen Möglichkeit von Aneignungsforschung zu diskutieren, statt selbst Aneignungsstudien durchzuführen (vgl. Grossberg 1987; Hartley 1987; Fiske 1990a).

In gewissem Sinne könnte man hieraus folgern, das Spezifische der Cultural Studies Methodenfragen betreffend sei nicht in den angewandten Methoden zu sehen, sondern im Bereich des Methodologischen, hier nicht verstanden als ‚Lehre der Methoden‘, sondern als ‚Kunst der Reflexion‘ über diese. So lassen sich in Anlehnung an die bisherigen Darlegungen drei Aspekte einer solchen methodologischen Reflexion der Cultural Studies differenzieren. Erstens ist diese interdisziplinär orientiert, was damit zusammenhängt, dass sich die Cultural Studies unterschiedlicher Methoden aus verschiedenen Disziplinen bedienen, folglich verschiedene Diskurse der Reflexion über diese heranziehen. Es ist beispielsweise nicht sinnvoll, qualitative soziologische Methoden mit Verweis auf poststrukturalistische Überlegungen zu kritisieren. Zweitens zielt die methodologische Reflexion der Cultural Studies auf prinzipielle Fragen der Möglichkeit eines Verstehens von Kultur überhaupt, wobei der Fluchtpunkt dieser Auseinandersetzung das Problem ist, wie konfliktäre bzw. divergente Momente von Macht fokussiert werden können. Drittens zielen die methodologischen Reflexionen der Cultural Studies auf die Diskussion der Möglichkeit soziokultureller Intervention, die von Tony Bennett so bezeichnete „Pragmatik" der Cultural Studies (Bennett 1997; siehe auch Barker 2003). Andere Autorinnen und Autoren verwenden hier den traditionellen Begriff „Kulturkritik" (Ang 1999: 318f.) oder „Kulturpolitik" (Willis 1981: 221). Zu dieser „Pragmatik", „Kulturkritik" oder „Kulturpolitik" der Cultural Studies sollte die Methodologie geöffnet sein. Ein rein methodischer Diskurs ist den Cultural Studies also fremd, und vielleicht ist dies der Grund, warum erst mit Pertti Alasuutaris *Researching Culture* (Alasuutari 1995) eine primär methodenorientierte Monografie im Umfeld der Cultural Studies erschienen ist. Das Spezifische der Methodologie der Cultural Studies ist insgesamt das *kritische* empirische Vorgehen, was exemplarisch an der kritischen Ethnografie und der kritischen Diskursanalyse deutlich wird.

Man kann in der angloamerikanischen Rezeptions- und Aneignungsforschung generell einen Trend hin zur Ethnografie ausmachen, an dem die Cultural Studies selbst nicht unbeteiligt gewesen sind (Drotner 1994). Ethnografie im Sinne der Cultural Studies darf aber nicht mit ethnografischem Arbeiten im Allgemeinen gleichgesetzt werden, was sich in dem für die Cultural Studies charakteristischen Konzept der kritischen Ethnografie manifestiert. Dieses hat sich vor allem im Umfeld der Jugendstudien der Cultural Studies entwickelt und über diese zunehmende Verbreitung in den Aneignungsstudien der Cultural Studies erfahren, die anfangs im engeren Sinne nicht ethnografisch, sondern im weiteren Sinne qualitativ arbeiteten (vgl. Kap. 5.2). Paul Willis war einer der ersten, der sich in seinem Aufsatz *Notes on Method* mit einer Ethnografie im Rahmen der Cultural Studies methodologisch auseinandergesetzt hat (Willis 1980, zuerst 1976). Er geht hier von der bekannten Differenzierung **quantitativer und qualitativer Methoden** in den Sozialwissenschaften aus, denen er beiden einen falschen Positivismus vorwirft: Allein die Dualität der Kategorien ‚qualitative' und ‚quantitative Methoden' suggeriert, dass das ‚Objekt' der Forschung „auf die gleiche einheitliche und distanzierte Weise betrachtet wird, auch wenn der *Modus* sich ändert" (Willis 1980: 88). Im Gegensatz zu einer solchen, nach Argumentation von Willis in der Tendenz „positivistischen" Vorstellung des Messens von ‚Objekten' geht es ihm um einen Ansatz der Auseinandersetzung mit soziokultureller Wirklichkeit, der den Gegenstandsbereich der Beschäftigung eben nicht zum ‚Objekt' macht, sondern den Forschungsprozess eher als gleichberechtigten, dialogischen Kontakt mit dem ‚Forschungsfeld' begreift (siehe auch Krotz 2005). Dabei sieht er zwar wichtige Prinzipien bei den – in den 1920er und 1930er Jahren vor allem von der „Chicago School" stimulierten – qualitativen Methoden der Sozialforschung, die in einen ethnografischen Ansatz im Rahmen der Cultural Studies integriert werden sollten (zu Bezügen zwischen Cultural Studies und qualitativer Sozialforschung im Rahmen des symbolischen Interaktionismus vgl. Denzin 1992; Winter 2008). Jedoch gilt es in seinen Augen, den ‚impliziten Positivismus' qualitativer Sozialforschung zu überwinden, und zwar durch einen stärkeren Rückbezug ihrer Methoden auf (Kultur-)Theorie.

Implizit ist nach der Argumentation von Willis die qualitative Methodologie in den Sozialwissenschaften *gegen* eine soziologische Theorie gerichtet gewesen, die ihre Methoden in einer gewissen Parallelität zu ‚Tests' in den Naturwissenschaften konzeptionalisiert hat: Theorie sollte die Hypothesen entwickeln, die es im Forschungsprozess zu bestätigen oder zu widerlegen gilt. Die Vertreter der qualitativen Sozialforschung haben in diesem traditionellen Verständnis des Verhältnisses von Theorie und Empirie in den Sozialwissenschaften die Gefahr gesehen, dass so nur die eigenen Annahmen bestätigt werden – Sozialforschung sich gewissermaßen selbst ‚den Puls' fühlt (siehe Glaser/Strauss 1998). Ziel qualitativer Methodologie war es im Gegensatz dazu, diese Zirkularität zu durchbrechen und zu der ‚Fülle' und ‚Authentizität' gelebter sozialer Wirklichkeit vorzudringen, was durch ein *nicht* theoriegeleitetes Erheben von Primärdaten geschehen sollte. Manifest wird diese Vorstellung nach Willis beim Verfahren der teilnehmenden Beobachtung, wo es gerade das Ziel ist, den Einfluss auf das ‚Feld' zu minimieren, um ein ‚Beobachterparadoxon' von vornherein auszuschließen. An diesem Punkt, so Willis (1980: 90) wird der implizite Positivismus qualitativer Sozialforschung deutlich: Das Objekt der Forschung kann nach dieser Konzeptionalisierung sich selbst ungebrochen einem Beobachtenden darbieten.

Sicherlich ist Willis' Skizzierung der grundlegenden Annahmen qualitativer Sozialforschung sehr holzschnittartig und wird der Komplexität gegenwärtiger Theoriebildung in diesem Bereich nicht gerecht (vgl. u.a. Flick 2007). Bemerkenswert ist seine Kritik aber insofern, als er ausgehend von ihr den grundlegenden Rahmen der *kritischen* Ethnografie im Kontext der Cultural Studies entwickelt: Für Willis ist es ein Fakt, dass es *keine* nicht- oder vortheoretische Möglichkeit des Zugangs zu einem ‚Forschungsobjekt‘ gibt, auch ethnografische Forschung zwangsläufig und in ihrem ganzen Forschungsprozess theoretisierend sein muss. Allerdings – und hier gibt Willis den mit der Methode der teilnehmenden Beobachtung in der qualitativen Sozialforschung verbundenen Überlegungen recht – sollte man dabei nicht eine grundlegende Möglichkeit aus dem Forschungsprozess von vornherein ausgrenzen, nämlich die des *„Überrascht'-Seins"* (Willis 1980: 90, Herv. i. O.). Kulturtheorie muss also den ethnografischen Forschungsprozess leiten, darf diesen aber nicht auf die Beantwortung von sich aus der Theorie ergebenden Hypothesen – möglicherweise gar nach einem Ja/Nein-Schema – reduzieren oder den in einem ‚Feld‘ agierenden Personen nur noch den Status von ‚Objekten‘ zuweisen. Hieraus folgert Willis eine **Politik der Feldarbeit**, deren Kern eine kulturtheorie-geleitete Akzeptanz von Subjektivität ist:

„Das ‚Objekt‘ unserer Forschung ist in der Tat – natürlich – ein Subjekt und muss im selben Modus verstanden und präsentiert werden, wie die eigene Subjektivität des Forschenden – das ist die wahre Bedeutung von ‚Validität‘ im ‚qualitativen‘ Bereich. […] Im Lesen von Augenblicken des Kontakts und der Divergenz wird es möglich, andere Welten zu umreißen, ihre inneren symbolischen Qualitäten darzulegen. Und wenn die konventionellen Techniken sich verabschieden, wenn sie dem Subjekt der Subjekte nicht mehr selber folgen können – dann ist dies der Moment für *Reflexivität*." (Willis 1980: 91f., Herv. i. O.)

Diese „Politik der Feldarbeit" bezeichnet Paul Willis auch als „reflexive Methodologie" (Willis 1980: 94), und begreift sie bis heute als den Kern von „ethnografischer Vorstellung" (Willis 2000) der Cultural Studies. Auf ihrer Basis können eine Reihe verschiedener qualitativer Methoden in die ethnografische Forschung der Cultural Studies integriert werden – Willis nennt u.a. beobachtende Teilnahme, teilnehmende Beobachtung, Gruppendiskussion und das offene Interview.

Wie die Diskussion der Aneignungsstudien der Cultural Studies zeigt, hat sich in ihrem Rahmen dieses Konzept einer Ethnografie zunehmend etabliert. Während frühe Aneignungsstudien sicherlich nicht in Willis‘ Sinne als ethnografisch zu charakterisieren sind, haben sich neben den Jugendstudien jüngere Arbeiten wie Gillespies *Television, Ethnicity and Cultural Change* diesen Vorstellungen angenähert. Der eigentliche Begriff der **kritischen Ethnografie** wurde aber von Ien Ang geprägt, die mit ihm das Ziel verfolgt, die Aneignungsforschung in den von Willis geforderten umfassenden kulturtheoretischen Rahmen einzubinden, um damit der von Meaghan Morris postulierten Gefahr einer Banalisierung entgegen zu wirken (vgl. Morris 2003 und Kap. 4.3).

Ang macht darauf aufmerksam, dass die mit der ethnografischen Aneignungsforschung der Cultural Studies vollzogene „Aufwertung des Populären alleine [...] die Kulturkritik so lange ins Banale abgleiten [lässt], wie das Populäre nicht in seinem sozialen und politischen Kontext untersucht wird" (Ang 1999: 326). Man kann die kulturellen Praktiken und gegebenenfalls bestehende Widerständigkeit von Rezipierenden nicht mit einer institutionellen ‚Kontrolle' von Medien gleichsetzen – eine Überlegung, die de Certeau ja deutlich mit seiner Unterscheidung von Strategie und Taktik betont:

> „Einer der wichtigen Beiträge der ethnografischen Rezeptionsforschung besteht genau in diesem [von de Certeau geforderten; A.H.] ‚Bezeichnen', ‚Lesen' und ‚Symbolisieren' – der Dokumentation, der Übertragung in einen greifbaren Diskurs – jener fragmentierten, unsichtbaren und marginalen Taktiken, durch die sich Mediennutzer [sic!] symbolisch eine Welt aneignen, die sie nicht selbst hergestellt haben. [...] Und doch muss die Publikumsethnografie sich eingehender mit dem beschäftigen, was Soziologen die Mikro-/Makroproblematik nennen, wenn sie ihre kritische Funktion ausüben wollen. (Ang 1999: 327)

Bei einer kritischen Ethnografie im Rahmen der Aneignungsforschung der Cultural Studies geht es entsprechend darum, mittels verschiedener qualitativer Methoden die Praktiken der Aneignung von Medien in ihrer Prozesshaftigkeit herauszuarbeiten, wobei diese Praktiken als *Mikroprozesse* in ihrem weitergehenden Gesamtkontext von Kulturproduktion gesehen und verstanden werden sollten. Das wäre der in die Betrachtung einzubeziehende *Makrobereich*. Will dies eine kritische Ethnografie leisten, ist von ihr gefordert, den engen Horizont des Lokalen zu überschreiten und übergreifende Zusammenhänge zu berücksichtigen, die sich vor allem in den bereits herausgestrichenen Prozessen der Globalisierung und der kulturellen Differenzierung manifestieren. Kritisch ist eine solche ethnografische Forschung insoweit, als bei ihr im Mittelpunkt die kulturellen Auseinandersetzungen stehen, in die die Aneignung medialer Produkte eingebettet ist. Denn wie Ang in Anlehnung an Jesus Martín-Barbero (1988) – und auf durchaus vergleichbarer Ebene argumentieren beispielsweise Barrios 1988 und García Canclini 2001 – feststellt, ist das im Lokalen fassbare Populäre der zeitgemäße Ort, an dem Gruppen versuchen, ihre Existenzbedingungen zu kontrollieren, jedoch in den Grenzen und Zwängen, die ihnen auf der Makroebene auferlegt werden. Eine kritische Ethnografie der Medienaneignung sollte „die kaum wahrnehmbaren, unbewussten und widersprüchlichen Wirkungen des Hegemonialen innerhalb des Populären aufspüren, das der Textur von Rezeptionspraktiken eingeschrieben ist" (Ang 1999: 329).

Eine ethnografische Arbeit in dem von Ien Ang beschriebenen perspektivischen Rahmen ist mittels verschiedener qualitativer Methoden möglich, d.h. kri-

tische Ethnografie setzt nicht zwanghaft eine spezifische Methode der Materialerhebung voraus. Allerdings hat sich eine Ethnografie im Rahmen der Cultural
Studies ebenso an Standards qualitativer Forschung zu orientieren wie die Forschung im Rahmen anderer Methodologien. Dass an dieser Stelle Defizite früher
Aneignungsstudien der Cultural Studies bestanden, hat James Lull früh betont,
wenn er darauf hinweist, dass das, was als Ethnografie in den Cultural Studies
durchging, versäumte, „die fundamentalen Anforderungen an Datenerhebung
und Auswertung zu erreichen, die bezeichnend sind für den Großteil der anthropologischen und soziologischen ethnografischen Forschung" (Lull 1988a: 242).
Sicherlich ist dieses Urteil nicht für alle älteren und vor allem nicht für die meisten jüngeren ethnografischen Arbeiten der Cultural Studies zutreffend – man
denke hier nochmals an die diskutierten Jugendstudien. Allerdings weist Lull zu
Recht auf eine gewisse Blauäugigkeit mancher frühen Aneignungsstudie methodische Fragen betreffend hin. Dies haben David Morley und Roger Silverstone
(1991) ebenfalls in ihrem Handbuchartikel *Communication and Context* angemerkt. Sie argumentieren vor, dass sich eine Ethnografie im Rahmen der Cultural Studies an folgendem, von James Lull formulierten Anforderungsset mes-
sen lassen muss:

„Wenn der Forschende sich auf die ‚Struktur des Alltagslebens' beruft, muss er dafür
Sorge tragen, (1.) dass er das Routinehandeln der untersuchten Personen in all seinen
charakteristischen Formen beobachtet und notiert, (2.) dass er dabei die natürlichen Settings, in denen das Handeln stattfindet, berücksichtigt und (3.) dass er sorgfältige
Schlussfolgerungen zieht, nachdem er die Einzelheiten des kommunikativen Handelns
berücksichtigt hat, wobei eine besondere Aufmerksamkeit der oft subtilen, jedoch auf-
schlussreichen Art und Weise zu gelten hat, in der unterschiedliche Aspekte des Kontextes interferieren." (Lull 1987: 320)

Morley und Silverstone schlagen vor, im Rahmen der Aneignungsforschung
stärker als bisher auf Triangulation zu setzen – also die vergleichende Analyse
von Daten, die in Bezug auf dasselbe Phänomen erhoben wurden aber mittels
unterschiedlicher Methoden, in unterschiedlichen Phasen der Feldarbeit oder
von unterschiedlichen Beobachtenden (Morley/Silverstone 1991: 157). Das Set
von Methoden, auf das sich die Cultural Studies hier stützen können, ist das aus
der qualitativen Medienforschung im Allgemeinen bekannte und bereits von
Paul Willis formulierte: (teilnehmende) Beobachtung, verschiedene Formen des
Interviews, der Gruppendiskussion, Expertengespräche oder konversationsana-
lytische Verfahren (Gunter 2000, Jensen 2002).
    Die Auswertung solcher Daten darf aber nicht durch den von Paul Willis
kritisierten ‚blinden Positivismus' geprägt sein, sondern es muss das selbstkriti-
sche epistemologische Reflexionsniveau beibehalten werden, das auch bisher

für die Aneignungsforschung der Cultural Studies kennzeichnend gewesen ist. Denn, wie es Geertz formuliert hat, ist das, was in der Ethnografie als Daten bezeichnet wird, „in Wirklichkeit unsere Auslegung davon [...], wie andere Menschen ihr eigenes Tun und das ihrer Mitmenschen auslegen" (Geertz 1997: 14; siehe ebenfalls die Beiträge in Clifford/Marcus 1986). Genau hierauf macht Morley aufmerksam, wenn er sich gegen einen „methodischen Rigorismus" wendet, wie er aus Teilen der Medienwirkungsforschung bekannt ist (Morley 1999: 283). Methodisch fundiert zu arbeiten heißt im Rahmen einer kritischen Ethnografie eben nicht, nach vordefinierten Regeln Variablen zu korrelieren, sondern in einem reflexiven Prozess der Beschäftigung mit einem spezifischen Feld die kulturellen, in Makrozusammenhängen lokalisierten Praktiken der in diesem Feld agierenden Subjekte zu verstehen. Wie Ien Ang formuliert hat:

> „Die kritische Ethnografie ist [...] ein Mittel, die wechselseitige Durchdringung von Hegemonialem und Populärem aufzuzeigen und das Globale im Lokalen sowie das Lokale im Globalen aufzusuchen." (Ang 1999: 332)

Die Aufgabe einer solchen kritischen Ethnografie, einer „ethnografischen Vorstellung" im Sinne von Paul Willis, besteht darin, nicht mehr nur den Bereich der Medienaneignung zu fokussieren – wie dies bisher geschehen ist –, sondern ebenfalls unterschiedliche „Produktionskulturen" (Negus 2002a; siehe beispielsweise Hannerz 2004). Das Ergebnis wäre sicherlich eine ebenso differenzierte Beschreibung, wie es die Cultural Studies für viele Aspekte von Medienaneignung geliefert haben, und würde helfen, den Stellenwert von Medien in einer sich globalisierenden Welt kritisch zu beleuchten.

Als neben der Ethnografie zweite, in den Medienstudien der Cultural Studies gegenwärtig verbreitete Methode muss die **kritische Diskursanalyse** gelten. Nun ist die Diskursanalyse ein Verfahren, das in weiten Bereichen der Geistes- und Sozialwissenschaften angewandt wird (siehe Keller 2007), weswegen sich die Frage stellt, was das Spezifische der Zugangsweise der Cultural Studies ist. Dies ist insofern nicht leicht zu beantworten, als sich die Vertreter der Cultural Studies bezüglich ‚ihrer' Diskursanalyse auf die selben Referenzautorinnen und -autoren – insbesondere Michel Foucault (Jäger/Jäger 2007; Thomas 2009) – stützen, wie dies in anderen Bereichen üblich ist. Dennoch gibt es eine den Cultural Studies charakteristische Orientierung der Diskursanalyse als einer *kritischen* Methode.

In Kapitel 4.4 wurde bereits kurz der Rahmen einer Diskursanalyse der Cultural Studies skizziert, wobei John Fiske einer der zentralen Theoretiker ihres diskursanalytischen Vorgehens ist (Winter 1999). Was sind nun die Kernüberlegungen dieses Ansatzes von Fiske, worin ist seine Methodologie zu sehen?

Zwar liegt von Fiske in diesem Bereich keine im engeren Sinne methodologische Publikation vor, jedoch legt er den Kern seiner diskurstheoretischen Überlegungen – die er aus seinen Analysen populärkultureller Produkte entwickelt
hat – in der Einleitung von *Media Matters* dar (Fiske 1994). Die dort vorgelegte
Diskursanalyse unterscheidet sich von einer semiotisch orientierten Analyse
medialer Produkte dadurch, dass sie sich primär darauf konzentriert, welche
Artikulationen in welchen soziokulturellen Kontexten wie gemacht bzw. ausge-
grenzt werden, anstatt ausschließlich auf Text- bzw. Produktebene zu analysieren, wie dies geschieht. Fiske umreißt das Konzept einer so verstandenen
Diskursanalyse wie folgt:

„Diskurs [...] ist Sprache in ihrem sozialen Gebrauch; Sprache mit Betonung auf ihrer
Geschichte der Beherrschung, Unterordnung und Widerstand; Sprache gekennzeichnet
durch die sozialen Bedingungen ihres Gebrauchs und ihrer Nutzer [...]. [...] Die Dis-
kursanalyse [...] beschäftigt sich nicht damit, die Regularitäten und Konventionen von
Diskurs als einem Bedeutungssystem herauszuarbeiten, sondern mit der Analyse, welche
Aussagen gemacht werden und welche entsprechend nicht gemacht werden, wer diese
Aussagen gemacht hat und wer nicht, sowie mit der Analyse der Rolle technischer Medien mittels derer Aussagen zirkulieren. Diskurs kann niemals von den Umständen seiner
Produktion und Zirkulation abstrahiert werden, wie dies bei Sprache der Fall ist." (Fiske
1994: 3)

Dieses Zitat ist deshalb bemerkenswert, weil in ihm die umfassende Kontextualisierung des Textbegriffs, wie sie in den Cultural Studies vollzogen wurde (vgl.
Kap. 4.2), mitschwingt, gleichzeitig aber mit einer im engeren Sinne semiotisch
orientierten *Text*analyse gebrochen wird. Dies heißt aber nicht, dass es hier nicht
um Fragen der kulturellen Musteranalyse ginge. Denn wie Foucault betont,
muss eine adäquate Diskursanalyse „den Diskurs in seiner manifesten Existenz
[...] nehmen, als eine Praxis, die bestimmten Regeln gehorcht. Es geht um Regeln der Formierung, der Existenz, der Koexistenz" (Foucault 1969 nach Schöttler 1988: 164). Eine diskursanalytisch fundierte Auseinandersetzung mit Medienprodukten hat im Rahmen der Cultural Studies also eine doppelte Zielrichtung: Einerseits soll sie die Muster diskursiver Auseinandersetzungen aufde-
cken, die spezifischen artikulatorischen Praktiken, durch die Personen, Gruppen
und Wissensformen unterdrückt, marginalisiert oder ausgeschlossen bzw. andere gestützt werden. Andererseits sollen die Möglichkeiten der Betroffenen (Ausgegrenzten, Minderheiten, Randgruppen etc.) analysiert werden, sich in bestimmten Räumen – wenn auch unter Einbezug ‚machtvoller' Wirklichkeitsdefinitionen – an der diskursiven Zirkulation zu beteiligen. Es geht demnach um
eine umfassende Einbettung der Diskursanalyse im Rahmen einer Machtanalytik. In dieser Fokussierung auf eine Machtanalytik, die Position für die sozial

Schwachen bezieht, ist das kritische Potenzial der Diskursanalyse im Rahmen der Cultural Studies zu sehen.

Die machtanalytische Orientierung der kritischen Diskursanalyse im Rahmen der Cultural Studies kann als einer der zentralen Punkte gelten, an denen diese über die in den Literaturwissenschaften üblichen diskursanalytischen Verfahren hinausgeht. Es geht in den Cultural Studies aber nicht einfach um eine Adaption des Foucaultschen Ansatzes. Erstens herrscht – insbesondere vermittelt durch die Reflexionen Michel de Certeaus – ein Bewusstsein dahingehend vor, dass das Funktionieren einer diskursiv vermittelten „Mikrophysik der Macht" nicht überschätzt werden darf. Deshalb fokussiert die kritische Diskursanalyse auch die Bereiche, in denen sich sozial Schwache an der diskursiven Zirkulation beteiligen können. Zweitens ist man bei einer Diskursanalyse gegenwärtiger medialer Phänomene dazu gezwungen, den begrifflichen Rahmen Foucaults zu erweitern.

Es ist vor allem dieser zweite Punkt, der im Folgenden interessiert. John Fiske hat darauf aufmerksam gemacht, dass die diskursive Zirkulation in kulturell differenzierten und fragmentierten Gesellschaften komplizierter und widersprüchlicher ist als die von Foucault untersuchten neuzeitlichen Diskurse. In solchen „multidiskursiven Gesellschaften" (Fiske 1994: 4) ist jede Diskursanalyse mit einem weit größeren Geflecht von Prozessen der diskursiven Auseinandersetzung konfrontiert, wobei es gilt zu berücksichtigen, in welcher Form einzelne Diskurse andere unterdrücken, marginalisieren und entkräften – und im Interesse welcher sozialen Formationen dies geschieht. Vor diesem Hintergrund schlägt Fiske eine die Diskursanalyse bestimmende Metapher vor, nämlich Kultur als einen Fluss von Diskursen zu begreifen:

„Zu bestimmten Zeiten ist der Fluss vergleichsweise ruhig; zu anderen brechen die Unterströmungen, die immer die Tiefen selbst unter der ruhigsten Oberfläche stören, durch, und es kommt zu Turbulenzen. [...] Es gibt tiefe, machtvolle Strömungen, die bestimmte Bedeutungen von Rasse, Gender und Sexualität, von Klasse und Alter tragen: diese mischen sich in unterschiedlichen Verhältnissen und sprudeln an die Oberfläche als diskursive ‚Themen' wie ‚familiäre Werte' oder ‚Abtreibung' oder ‚schwarze Maskulinität', und diese diskursiven ‚Themen' strudeln ineinander – jedes trübe durch den Schlick des anderen, keines kann in unbefleckter Reinheit oder Abgeschlossenheit fließen. (Fiske 1994: 7).

Sicherlich hat diese Metapher von Kultur als ein Fluss von Diskursen etwas für sich: Hier wird Kultur nicht als kohärent, sondern als hochgradig in sich konfliktär und fragmentiert skizziert, ohne die Vorstellung einer spezifischen historischen Dimension von Kultur – jeder Fluss fließt in eine Richtung – aufzugeben. Ein in ihrer ‚Organologie' begründetes Defizit, das Fiske selbst an dieser Metapher sieht, besteht allerdings darin, dass sie zu wenig die Rückbindung bestimmter diskursiver Auseinandersetzungen an die Interessen einzelner sozialer Formationen reflektiert.

Greift man an dieser Stelle die Argumentation von Nick Couldry auf, verweisen sowohl kritische Ethnografie als auch Diskursanalyse auf eine geteilte **methodologische Basis der Cultural Studies,** die letztlich auf das Selbstverständnis dieses Ansatzes reflektieren (siehe Kap. 1.3). Diese methodologische Grundposition lässt sich anhand von drei Punkten festmachen, erstens ihrem Materialismus, zweitens ihrem Anti-Positivismus und drittens ihrem pragmatischen Eklektizismus (Couldry 2000: 11-15).

Der Begriff des Materialismus verweist insbesondere auf den kulturellen Materialismus Raymond Williams' (Kap. 2.2), dessen Kern darin gesehen werden kann, dass alle Formen kultureller Produktion selbst als materielle Prozesse begriffen werden. Wie das Konzept der „Kultur als Gesamtheit einer Lebensweise" deutlich macht, ist eine Separation von ‚Kultur' vom ‚restlichen sozialen Leben' nicht möglich. Kultur ist stets eingebunden in die materiellen Bedingungen des Lebens. Exakt diese Überzeugung trägt dazu bei, dass die Cultural Studies grundlegend empirisch orientiert sind, indem sie darauf zielen, die Materialitäten alltagsweltlicher kultureller Bedeutungsproduktion analytisch herauszuarbeiten. Dies betrifft nicht nur die kritische Ethnografie und Diskursanalyse, sondern auch alle anderen in den Cultural Studies angewandten Methoden und Verfahren.

Der Anti-Positivismus der methodologischen Basis der Cultural Studies ist darin zu sehen, dass ‚Fakten' und ‚Daten' nicht als unproblematische Gegebenheiten bzw. „Evidenzen für eine unabhängig existierende externe Welt" (Couldry 2000: 12) angesehen werden, wie dies in der positivistischen Kulturforschung der Fall ist. Vielmehr geht es darum zu reflektieren, auf welche Weise bestimmte Methoden zu einer bestimmten Form von wissenschaftlicher Wirklichkeitskonstruktion beitragen und damit, wie diese in gesellschaftliche Machtgefüge eingebunden sind. Das darf aber nicht mit einem radikalen Skeptizismus gegenüber empirischer Forschung überhaupt verwechselt werden, wie er in Teilen des Poststrukturalismus üblich wurde. Vielmehr ist die Forschung als ein Konstruktionsprozess stets kritisch zu hinterfragen. Hierbei nehmen die Cultural Studies als analytische Position gemeinhin die Frage- und Betrachtungsperspektive der Marginalisierten und Ausgeschlossenen ein, ohne jedoch deren Eigensinn und Widerständigkeit unhinterfragt zu postulieren.

Abbildung 18:   Der Kreislauf der Kultur und Methoden der Kulturanalyse

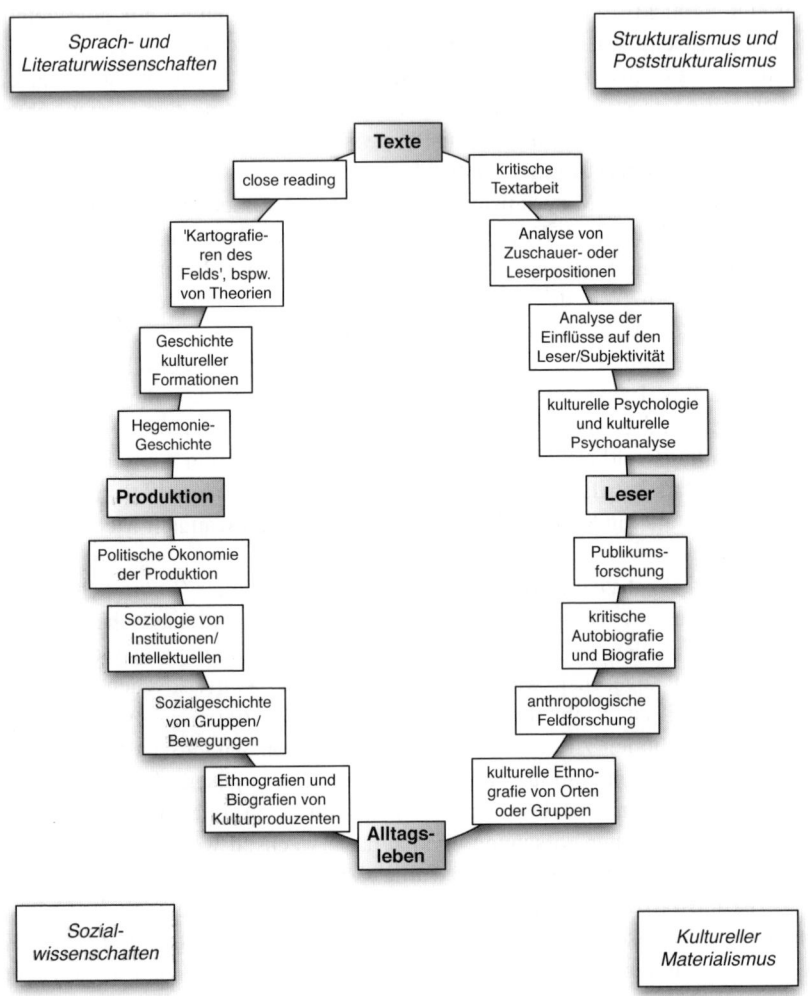

Quelle: Johnson et al. 2004: 40

Der pragmatische Eklektizismus zeigt sich in der Vielfalt der verschiedenen Theorien wie Methoden, die in den Cultural Studies aufgegriffen werden. Im Sinne von Stuart Halls Postulat des „Theoretisierens" (siehe Kap. 1.2) geht es darum, aus der Gesamtheit der unterschiedlichen wissenschaftlichen Theorien und Verfahren diejenigen auszuwählen, die für die konkret durchzuführende, kritische (Medien-)Analyse als zielführend erscheinen. Letztlich ist eine solche theoretische und methodische Offenheit notwendig, wenn man die „kulturelle Komplexität" (Hannerz 1992; Couldry 2000: 104) der Gegenwart fassen möchte, das heißt die Vielfalt der unterschiedlichen sich überlappenden und ineinander übergehenden „kulturellen Verdichtungen" (Hepp/Couldry 2009; Hepp 2009d).

Geht man von dieser methodologischen Basis der Cultural Studies aus, sind kritische Diskursanalyse und Ethnografie als zwei Verfahren anzusehen, die zu einem bestimmten Moment zwar die Medienanalysen der Cultural Studies dominieren. Betrachtet man die Cultural Studies entlang des Kreislaufs der Kultur aber insgesamt, so lässt sich formulieren, dass die „Vielfalt von Methoden auch produziert wird durch die Formen und Komplexität von kulturellen Kreisläufen" (Johnson et al. 2004: 40). Methoden der Analyse von „Gesamtheiten der Lebensweise" korrespondieren mit der Ebene des Alltagslebens im Kreislauf der Kultur. Bezüglich der Ebene der Produktion dominieren ökonomisch orientierte Methoden. Auf Ebene der Produkte rücken text-, inhalts- und diskursanalytische Methoden in den Vordergrund, während auf Ebene der Leserinnen und Leser Methoden der Rezeptions- und Publikumsforschung prägend sind. Im Rahmen einer solchen Argumentation kommen Johnson et al. zu der folgenden methodologischen Re-Interpretation des Kreislaufs der Kultur (siehe Abbildung 18).

Dieses Schaubild lässt sich als eine Ausformulierung der Forderung nach einer methodischen Integration von Sozial- und Geisteswissenschaften in die Cultural Studies verstehen, die Johnson bereits in der Erstfassung seines Kreislaufs der Kultur mit folgenden Worten formulierte:

„Vielleicht entspricht die akademische Arbeitsteilung auch unterschiedlichen gesellschaftlichen Positionen und Perspektiven, von denen aus unterschiedliche Aspekte kultureller Kreisläufe am deutlichsten sichtbar werden. Dies würde nicht nur die Existenz unterschiedlicher Theorien, sondern die beständige Wiederkehr und Fortdauer von Differenzen vor allem zwischen großen Methodengruppen mit bestimmten Ähnlichkeiten erklären." (Johnson 1999: 147)

Eine kritische Kulturanalyse entlang des Kreislaufs der Kultur durchbricht in einer solchen Perspektive die methodischen Gegensätze von Sozial- und Geisteswissenschaften. Sie kann letztlich nur in einer breiten Anlage erfolgen, die ausgehend von den fokussierten Zusammenhängen die Möglichkeiten gänzlich unterschiedlicher Methodiken berücksichtigt.

Weiterführende Literatur: Couldry 2000; Hepp 2009d; Johnson et al. 2004

6.2 Auf dem Weg zur Medienkulturforschung?

In der Einleitung des Bandes *Media and Cultural Theory* schreiben James Curran und David Morley, dass sich seit Mitte der 1990er Jahre **Kommunikations- und Medienwissenschaft** einerseits und Cultural Studies andererseits in einer Weise gewandelt hätten, aufgrund derer es kaum mehr möglich wäre, beide noch getrennt voneinander zu betrachten. Dabei gehen Curran und Morley – das Thema des von ihnen herausgegebenen Sammelbands im Blick habend – sogar so weit, festzustellen, „dass der Forschungsbereich dieses Buchs vielleicht als der der ‚Kommunikations- und Medienwissenschaft nach dem Zusammenstoß mit den Cultural Studies‘ definiert werden könnte" (Curran/Morley 2006a: 1). Exemplarisch machen sie dies fest an einer der großen Debatten der 1990er Jahre, nämlich der zwischen politischer Ökonomie im Bereich der Kommunikations- und Medienwissenschaft und Rezeptions- und Aneignungsforschung im Bereich der Cultural Studies. Hier haben die Diskussionen dazu geführt, dass wechselseitig Positionen aufgegriffen wurden und man so zu tieferen Einsichten von Prozessen der Medienkommunikation insgesamt gekommen ist. Als Ergebnis der Debatte kann man festhalten, dass sowohl Fragen der Medienaneignung als auch der Medienökonomie *in ihrem Bezug zueinander* fester Bestandteil der Forschung geworden sind. Kommunikations- und Medienwissenschaft und Cultural Studies erscheinen so zunehmend als „intellektuelle Zwillinge" (Curran/ Morley 2006a: 2). Medien- und Kulturtheorie werden verstärkt gemeinsam gedacht.

Diese Argumentation ist gerade aus deutschsprachiger Perspektive zweifach von großem Interesse. Auf der einen Seite macht sie greifbar, inwieweit der medienanalytische Ansatz der Cultural Studies in Großbritannien akzeptiert wird. Auf der anderen Seite wird an dem Zitat deutlich, dass hiermit die Medienanalysen der Cultural Studies mehr und mehr in der Kommunikations- und Medienwissenschaft aufgingen und die Grenzen zwischen beiden zunehmend unscharf geworden sind. Deutlich zeigen das die jüngeren Untersuchungen, die in dem vorangegangenen Kapitel besprochen wurden, wie beispielsweise die Studie *Media Consumption and Public Engagement* von Nick Couldry,

Sonia Livingstone und Tim Markham (2007), die in ihrer Ausrichtung fest mit der Tradition der Aneignungsforschung verbunden ist, sich gleichzeitig jedoch selbst im Gesamtfeld der Kommunikations- und Medienwissenschaft positioniert. Die Cultural Studies haben sich zu einem zentralen kritischen Ansatz der Kommunikations- und Medienwissenschaft entwickelt, in Großbritannien vielleicht in einem solchen Maße, dass sie ihren Eigencharakter zu verlieren drohen.

In diese Argumentation fügt sich eine Publikation von Ien Ang (2006), überschrieben mit „Von den Cultural Studies zur Kulturforschung". Ausgangspunkt ihrer Darlegungen, die sich auf Angs australischen Arbeitskontext beziehen (siehe Kap. 3.3), ist die seit den 1990er Jahren veränderte wissenschaftliche Landschaft. Hier sind verschiedene Dinge zu nennen. Erstens ist mit dem „cultural turn" vieler Geistes- und Sozialwissenschaften das Feld der (Medien-)Kulturanalyse nicht mehr in einem solchen Maße ein exklusiver Forschungsbereich, wie er es in den Anfängen der Cultural Studies gewesen ist. Ob Soziologie, Politikwissenschaft, Sprach- und Literaturwissenschaften, Ethnologie oder andere Disziplinen – auch diese setzen sich zunehmend mit den Gegenständen auseinander, die der primäre Fokus der Cultural Studies sind. Zweitens hat sich die Forschungsförderlandschaft gewandelt, d.h. Forschungsgelder und damit -möglichkeiten werden nach (methodischen) Qualitätskriterien vergeben, und wie wichtig ein Bestehen nach solchen Kriterien für die Cultural Studies ist, hat die Schließung des „Department of Cultural Studies and Sociology" an der Universität Birmingham nach einem nicht hervorragenden Abschneiden in der britischen Research Assessment Exercise (RAE) gezeigt (Kap. 3.2). Drittens schließlich werden an Universitäten und ihren Einrichtungen auch Anforderungen der allgemeinen, gesellschaftlichen Verantwortung („accountability") gestellt, die zuerst einmal dem Selbstverständnis der Cultural Studies als einem zu „Interventionen" bereiten Projekt nicht widersprechen (Kap. 1.2). Aus diesen Tendenzen folgert Ien Ang, dass die Cultural Studies sicherlich herausgefordert sind in dem Sinne, sich nach den entsprechenden Standards zu entwickeln. Es gehe darum, dass die Cultural Studies ihren mit Zeitschriften, Studienprogrammen, Konferenzen bzw. wissenschaftlichen Vereinigungen bestehenden, zunehmend ‚quasi-disziplinären' Status ernst nähmen, neben ihrer internen Kommunikation aber eine zweite entfalten, um ihre Ergebnisse jenseits der Universität besser zu kommunizieren. Eine solche Entfaltung von Cultural Studies geht für Ien Ang damit einher, dass sich diese stärker als Beitrag einer weitergehenden **Kulturforschung** („cultural research") begreifen. Dieses Verhältnis von Cultural Studies und Kulturforschung fasst sie mit folgenden Worten:

„[D]ie Notwendigkeit, Cultural Studies gegenüber Interventionen von außerhalb ihres eigenen diskursiven Felds zu öffnen, ist ebenfalls ein wichtiger Grund, warum ich den

Ausdruck ‚Kulturforschung' dem der ‚Cultural Studies' vorziehe, um die Tätigkeit zu beschreiben, die ich hier diskutieren möchte. Ich verstehe Kulturforschung als eine Art Post-Cultural Studies, fußend auf den Kompetenzen, Errungenschaften und Aspirationen der Cultural Studies, die aber in eine konkretere soziale und praktische Richtung entwickelt werden. Kulturforschung ist *per se* breiter und weniger parochial als Cultural Studies, angeregt durch stärker genuin gemeinschaftliche Interdisziplinarität, als sie gewöhnlich in der Cultural Studies Gemeinschaft praktiziert wird, in der das Überschreiten disziplinärer Grenzen selten beinhaltet, dass man weiter geht, als sich selektiv Anleihen aus den Publikationen anderer Disziplinen zu nehmen." (Ang 2006: 188)

Um jegliche Missverständnisse zu vermeiden: Wofür Ien Ang *nicht* argumentiert ist eine Auflösung von Cultural Studies; im Gegenteil: Mehrfach betont sie – auch an anderer Stelle (Ang 2008a) – die Notwendigkeit der Stärkung des Projekts, möglicherweise gar als Disziplin. Vielmehr geht es ihr darum, dass wenn die Cultural Studies ihrem eigenen Grundverständnis eines kritischen, auf hohem wissenschaftlichen Niveau arbeitenden, interventionistischen und interdisziplinär offenen Projekts gerecht werden wollen (Kap. 1.2) sie sich gegenwärtig als Teil der sich breiter etablierenden, interdisziplinären Kulturforschung definieren sollten.

Konkretisiert man diese Argumente für die Medienanalyse der Cultural Studies, ist deren Spezifikum in einer **kritischen Medienkulturforschung** zu sehen. Diese Bezeichnung soll deutlich machen, dass sich eine Medienanalyse der Cultural Studies mit ihrem Fokus auf Fragen von Kultur, Medien und Macht in das Gesamt der Medienkulturforschung von Kommunikations- und Medienwissenschaft, Soziologie, Politikwissenschaft, Sprach- und Literaturwissenschaft bzw. weiterer Disziplinen einfügt, einen wissenschaftlichen Beitrag nach den bestmöglichen Standards leistet und geöffnet bleibt gegenüber einer Verantwortung bezogen auf die Gesellschaft. Dabei gilt es aber in der *Form* dieser kritischen Medienforschung den spezifischen ‚Kern' der Cultural Studies zu wahren. In diesem Sinne hoffe ich, dass das vorliegende Buch Anregungen für vielfältige kritische Medienkulturforschungen in der Tradition der Cultural Studies gibt.

Weiterführende Literatur: Ang 2006; Barker 2003; Curran/Morley 2006b

7 Glossar

Alltagskompetenz: Alltägliche Mediennutzungs- und Aneignungskompetenz von Rezipierenden. Der Ausdruck ist mit der Vorstellung verbunden, dass alltägliche Nutzerinnen und Nutzer von Medien keine ‚kulturellen Trottel‘ sind, sondern über eine ‚Medienliteralität‘ verfügen.

Alltagsleben/Alltagswelt: Bezeichnet den lokalen Lebenszusammenhang von Menschen, der sich dadurch auszeichnet, dass er der Raum der primären Wirklichkeitserfahrung und damit auch Medienaneignung ist.

Aneignung: Das ‚Zu-eigen-Machen‘ von Medien und ihren Inhalten als kulturelle Lokalisierung in der Alltagswelt. Aneignung geschieht durch unterschiedliche kulturelle Praktiken, die – wie beispielsweise Gespräche – über die eigentliche Rezeptionssituation hinausgehen können.

Aneignungsformation: Der diskursive Kontext, in den die Aneignung von Medien eingebettet ist. Die Aneignungsformation ist vielfach vermittelt, zum einen durch den intertextuellen Zusammenhang, in dem das rezipierte Medienprodukt steht, zum anderen durch spezifische, in verschiedenen Institutionen ‚sozialisierte‘ kulturelle Wahrnehmungsformen und Praktiken des Umgangs mit Medien(-produkten).

Artikulation: Eine temporäre Verbindung verschiedener diskursiver Elemente, in der die Einzelelemente eine neue, über ihre Einzelbedeutungen hinausgehende Bedeutung erfahren. ‚Artikulation‘ fasst dabei sowohl das diskursive Ausdrücken, also das Artikulieren im engeren Sinne des Wortes, als auch das Zusammenfügen der artikulierten Einzelelemente.

Bricolage: Meint so viel wie ‚Sinnbasteln‘, d.h. das Verwenden von bestimmten semiotischen Ressourcen (Bildern, Kleidungsstücken etc.) in einem neuen Kontext, wobei durch diesen systematischen Transformationsprozess ihnen eine ursprünglich nicht intendierte Bedeutung zukommt.

Deterritorialisierung: Deterritorialisierung fasst die verschiedenen Tendenzen der ‚Aufweichung‘ der Beziehung zwischen Kultur und Territorium. Es ist hier möglich, zwischen physischer und kommunikativer Deterritorialisierung zu unterscheiden. Bei physischer Deterritorialisierung erfolgt diese ‚Aufweichung' durch Bewegungen von einem Ort zum anderen, bei kommunikativer Deterritorialisierung durch das Herstellen von Kommunikationsbeziehungen. Deterritorialisierung macht – auch bei bestehenden Reterritorialisierungstendenzen – den primären kulturellen Wandel von Globalisierung aus.

Diaspora: Diaspora ist das Netzwerk einer vorgestellten ethnischen Gemeinschaft von Personen, die dauerhaft außerhalb der Lokalitäten ihres geografischen Ursprungs über verschiedene Territorien unterschiedlicher (National-)Staaten verteilt leben.

Diskurs: Ein Diskurs ist im engeren, linguistischen Sinne ein thematischer Zusammenhang, zu dem eine Vielzahl von Texten und Medienprodukten zählt. Diskurs fasst also Sprache als Praxis. Im weiteren, kulturtheoretischen Sinne werden hierunter regulierte Möglichkeiten des Sprechens/Kommunizierens über etwas gemeint, die ein bestimmtes Wissen und bestimmte Repräsentationen ermöglichen bzw. produzieren. Der Begriff des Diskurses verweist demnach gleichzeitig auf den Nutzungskontext der Klassifikationssysteme von Kultur als auch auf die gesellschaftlichen Konflikte zwischen verschiedenen Institutionen und Personen um Bedeutungen.

Diskursanalyse: Eine interpretative Methode, die auf die Isolierung der Muster, Praktiken und Institutionen zielt, die an der Produktion von spezifischem Wissen und Repräsentationen beteiligt sind.

Essentialismus: Der Essentialismus unterstellt, dass einzelne Worte beständige Referenten haben, dass also soziokulturelle Kategorien ‚die Wirklichkeit' widerspiegeln. Der Ansatz der Cultural Studies ist hier strikt anti-essentiell orientiert.

Ethnografie: Ein interpretatives Verfahren, das durch die Verbindung verschiedener Methoden (beispielsweise teilnehmende Beobachtung, Befragung, Konversationsanalyse) in der Feldforschung auf ein Verständnis eines spezifischen kulturellen Kontextes/einer spezifischen Gruppe von Menschen zielt.

Flow: Bezeichnet ein Programm-Strukturierungsprinzip des kommerziellen Rundfunks (Radio und Fernsehen), bei dem sich das Programm aus kleineren Einheiten von Werbespots, Trailern, Infos, Serieneinstellungen usw. konstituiert, die einen Gesamtfluss bilden, zu dem man sich jederzeit zuschalten kann.

Formation: Wird in einem doppelten Sinne gebraucht, wobei ‚diskursive Formation' eine Gesamtheit von diskursiven Ereignissen bezeichnet, die auf dasselbe Objekt referieren, über einen gemeinsamen ‚diskursiven Stil' verfügen und eine spezifische Strategie unterstützen. Daneben wird als ‚Formation' eine Organisation oder Gruppierung von Kulturschaffenden bezeichnet.

Freizeitwelt: Teil der Alltagswelt eines jeden, der als ‚privater' Lebensbereich der Welt der Arbeit entgegengesetzt ist. Aufgrund der weitgehenden Entfaltungsmöglichkeiten in dieser ist die Freizeitwelt ein wichtiger Bezug beispielsweise von Identitäts- und Lebensstilartikulation.

Gender: Im Gegensatz zum biologischen Sex soziokulturelle Konstruktion von Geschlechtlichkeit. Indem Gender aber auf Sex rückbezogen bleibt, sind beide nur heuristisch voneinander zu trennen.

Gespräch: Alltagsunterhaltung, Konversation. Im menschlichen Leben im Allgemeinen und bei der Aneignung von Medienprodukten im Speziellen nehmen Gespräche eine zentrale Stellung ein, da es die alltägliche Konversation ist, durch die auf subjektiver Ebene ein geteiltes Verständnis von Wirklichkeit hergestellt und aufrecht erhalten wird. Wie Texte sind Gespräche durch bestimmte Konventionen und Diskurse geregelt.

Globalisierung: Prozess der weltweiten Zunahme einer multidimensionalen, komplexen Konnektivität. Globalisierung von Medienkommunikation bezeichnet entsprechend den Prozess der weltweiten Zunahme einer multidimensionalen komplexen kommunikativen Konnektivität.

Hegemonie: Komplexer Zustand von sozialer Autorität, den ein ‚historischer Block' durch eine Verbindung von Zwang und Zustimmung erringt. Dabei werden keine direkten Repressionen ausgeübt, sondern versucht, Zustimmung durch den Einbezug untergeordneter Interessen zu gewinnen.

Homologie: Entsprechung spezifischer Gegenstände oder Praktiken einer sozialen Gruppe in ihrer Struktur und dem Gehalt ihrer Struktur.

Hybridität/Synkretismus: Im Kern meint Hybridität – wie der teilweise stattdessen gebrauchte Begriff des Synkretismus – so viel wie Vermischung von Ressourcen unterschiedlicher kultureller Kontexte, deren Verbindung, Fusion und Mélange im Rahmen der translokalen Kultur.

Identifikation: Artikulationsebene von Kultur, die den Prozess der Artikulation von Identität fasst.

Identität: Identität ist bezogen auf ein Subjekt bzw. Objekt als ein fortlaufender Prozess der Identifikation zu fassen, bei dem verschiedene, zunehmend medienvermittelte Identitätsangebote sich zur Gesamtartikulation der Identität fügen.

Ideologie: Soziokulturelles Orientierungsmuster, das diskursiv gefasst ist und das bezogen ist auf die Wirklichkeitsdefinitionen sozial Mächtiger.

Intertextualität: Beziehung zwischen verschiedenen Medienprodukten/-texten, die sich durch explizite Referenzen untereinander und/oder in den Assoziationen der Rezipierenden konstituiert.

Interpretationsgemeinschaft: Gruppe von Rezipierenden, deren Mitglieder (a) bestimmte Genre-Präferenzen teilen, (b) bestimmte Raster des Verständnisses von Medienprodukten und (c) bestimmte Formen oder Praktiken des Umgangs mit ihnen.

Konnektivität: ‚Verbindung‘ in einem Netzwerk (beispielsweise basierend auf Medienkommunikation), aus der nicht zwangsläufig eine kulturelle Nähe folgen muss.

Kontextualismus: Grundlegende Orientierung von Studien, die sich in dem Verständnis manifestiert, dass kein kulturelles Produkt und keine kulturelle Praxis außerhalb des kontextuellen Zusammenhangs fassbar ist, in dem diese stehen.

Körper: In verschiedenen Konzeptionalisierungen von Vergnügen wird der Körper/Körperlichkeit als der Bereich definiert, in dem Vergnügen ‚direkt‘, und damit jenseits von diskursiven Definitionen fassbar ist. Nichtsdestotrotz ist die Erfahrung von Körperlichkeit ebenso wie die

Inszenierung von Körpern soziokulturell vermittelt, wenn man davon ausgeht, dass der Körper kein essentielles Zentrum von Identität und Subjektivität ist.

Kultur: In den Cultural Studies sind insbesondere zwei Verständnisse von ‚Kultur' einflussreich, zum einen Kultur als Gesamtheit einer Lebensweise, zum anderen Kultur als ein spezifisches Bedeutungssystem. In beiden Konzeptionalisierungen wird davon ausgegangen, dass ‚Kultur' stets ein konfliktäres Feld ist. Ausgehend vom Kreislauf der Kultur wird Kultur als die Summe der verschiedenen Klassifikationssysteme und diskursiven Formationen gefasst, auf die Kommunikation Bezug nimmt, um Dingen Bedeutung zu verleihen. Um die mit der Globalisierung einhergehende Deterritorialisierung zu fassen, wird ein translokaler Kulturbegriff notwendig, der Kultur nicht auf ein Territorium rückbindet. Wichtige Artikulationsebenen von Kultur sind die kulturelle Produktion, Repräsentation, Konsum/Aneignung, Regulation und Identifikation.

Kultur, postmoderne: Gefühlsstruktur, die insbesondere durch vier Kriterien charakterisiert ist: erstens einen Sinn für die Fragmentiertheit, Ambiguität und Unsicherheit des Lebens, zweitens ein Bewusstsein für die Zentralität von Kontingenz, drittens eine Akzeptanz kultureller Differenz/Segmentierung und viertens eine Beschleunigung der Geschwindigkeit des Lebens.

Kulturanalyse: Beschreibung der ‚allgemeinen Organisation' einer Kultur, wobei der Fokus auf den Beziehungen der Einzelelemente (Praktiken, Diskursen etc.) innerhalb dieser Organisation liegt.

Lesart: Soziokulturell vermitteltes Verständnis bzw. Interpretation eines Medienproduktes. Medienprodukte/-texte haben keine durch ein spezifisches Verfahren zugängliche, ‚objektive' Bedeutung, sondern sind nur als Lesarten zugänglich, unter denen gleichwohl durch Produktstruktur und Kontext favorisierte Lesarten bestehen.

Leute: Situative Konstellation sozial Schwacher, die am wenigsten vom Machtsystem profitieren und am stärksten von ihm diszipliniert werden. Die Zughörigkeit eines Subjektes zu den Leuten ist nicht essentiell fassbar, sondern variiert je nach Kontext.

Lokal: Das Lokale bezeichnet den Raum der Vernetzung der Lokalitäten, die in der Alltagswelt für eine in einem bestimmten kulturellen Kontext lebende Person erreichbar sind.

Lokalisierung: Unter kultureller Lokalisierung ist der Prozess zu verstehen, in dem durch verschiedene kulturelle Praktiken bestimmte Ressourcen (materielle Produkte, Kulturwaren) in der Alltagswelt eingebettet werden.

Lokalität: Lokalität ist ein in Bezug auf materielle bzw. physische Aspekte gefasster, soziokulturell definierter Ort. Die Bedeutung und die Grenzen von Lokalitäten werden in einem Prozess der Auseinandersetzung und des Aushandelns definiert, wobei dieser Prozess idealtypisch im Spannungsverhältnis zwischen strategischen und taktischen Kräften zu fassen ist. Grundlegend kann bei jeder Lokalität ein subjektiver Aspekt, ein interaktiver Aspekt, ein diskursiver Aspekt, ein materiell-physischer Aspekt, ein räumlicher Aspekt und ein zeitlicher Aspekt unterschieden werden.

Macht: Mittel, mit dem bestimmte Subjekte oder soziale Formationen im Rahmen ihrer Interessen und Ziele andere dominieren. Macht ist diskursiv vermittelt und geht mit der Produktion eines spezifischen Wissens bzw. bestimmter Wirklichkeitsdefinitionen/Repräsentationen einher. In diesem Sinne kann Macht produktiv sein. Macht ist in der Tendenz strategisch, d.h. sie verfügt über einen Ort, an dem sie operieren kann.

Machtblock: Situative Konstellation unterschiedlicher Gruppierungen, die themenbezogen ist und mit einem privilegierten Zugang zu Macht einhergeht, der für eigene ökonomische und politische Interessen genutzt wird. Die Zugehörigkeit eines Subjektes zum Machtblock ist nicht essentiell fassbar, sondern variiert je nach Kontext.

Medienkultur: Unter Medienkultur ist ausgehend vom Kreislauf der Kultur die Summe der verschiedenen medienvermittelten Klassifikationssysteme und diskursiven Formationen zu verstehen, auf die Bezug genommen wird, um Dingen Bedeutung zu geben. Medienkulturen sind der Definition nach translokal orientiert und damit auch deterritorialisierend. So sind es die elektronischen Medien (Film, Radio, Fernsehen, Internet) gewesen, durch die Bedeutungsproduktion insbesondere von Territorialität entkoppelt wurde. Durch sie ist es möglich, einzelne Medienprodukte als Ressourcen oder Materialien der Generierung von Bedeutung an einer Lokalität zu produzieren, wobei diese Inhalte über komplexe Distributionsprozesse an gänzlich anderen Lokalitäten repräsentiert und angeeignet werden können.

Mediatisierung: In quantitativer Hinsicht die zunehmende alltagsweltliche Verbreitung technisch vermittelter Kommunikation, sowohl zeitlich als auch sozial und räumlich. In qualitativer Hinsicht die damit verbundene Prägung verschiedener kultureller Kontextfelder durch Medienkommunikation.

Moderne: Die Moderne ist markiert durch die nach dem Mittelalter einsetzende, auf maschineller Produktion basierende Industrialisierung, einen auf Warenproduktion und die Strukturierung von Arbeitskraft als Ware gestützten Kapitalismus, eine sich auf Überwachung stützende massive Zunahme von Organisationsmacht und militärischer Macht mit ihrer Kontrolle von Mitteln der Gewaltanwendung und der Industrialisierung des Kriegs. Der Aufstieg des kapitalistischen Unternehmertums hat dabei zur Etablierung des Systems von Nationalstaaten geführt. Die Institutionen der Moderne sind verbunden mit den Prozessen der Individualisierung, Differenzierung, Kommodifizierung, Urbanisierung, Rationalisierung und Bürokratisierung. Es ist üblich, von einer globalen Vielfalt unterschiedlicher Modernen auszugehen.

Mythos: Häufig diskursiv nicht bewusstes System miteinander verbundener Konzepte, in dem diesen eine sekundäre Bedeutung zugewicsen wird. Mythen haben die Funktion, die in bestimmten Kulturen bestehenden lebenspraktischen Widersprüche vereinbar zu machen.

Oralität: Texte elektronischer Medien zeichnen sich durch eine ,sekundäre Oralität' aus, d.h. sie fußen zwar auf den literalen Wurzeln gegenwärtiger Gesellschaften, jedoch lassen sich in ihnen eine Reihe von Modi ausmachen, die charakteristisch für mündliche Kommunikation/orale Kulturen sind. Dies betrifft ebenfalls die funktionale Ebene, auf der beispielsweise dem Fernsehen eine ,bardische Funktion' zugesprochen werden kann.

Polysemie: Mehrdeutigkeit von Medienprodukten/-texten. Letztere haben keine ein-eindeutige Bedeutung, sondern konstituieren durch bedeutungs- generierende Mechanismen ein mehrschichtiges Bedeutungsangebot, weswegen Rezipierende verschiedener soziokultureller Kontexte diesen unterschiedliche Bedeutungen/Lesarten zuweisen können.

Populärkultur: Kultur der 'Leute', die diese in einem bedeutungsgenerierenden Prozess konstituieren. Da die Populärkultur auf industriell hergestellten Waren (Medienprodukten etc.) fußt, kann sie nicht mit Volkskultur gleichgesetzt werden, jedoch umfasst sie weit mehr als kulturindustrielle Waren, indem diesen in der Populärkultur durch Aneignungspraktiken spezifische Bedeutungen zugewiesen werden.

Postmoderne: Konzeptionalisierung von Epoche in Abgrenzung zur Moderne. Mit der Postmoderne nimmt eine in der Moderne angelegte kulturelle Segmentierung bzw. Fragmentierung in einer solchen Weise zu, dass jen- seits der funktionalen Differenzierung der Moderne vielfältige Entdif- ferenzierungen entstehen. Es ist üblich, von einer globalen Vielfalt unter- schiedlicher Postmodernen auszugehen.

Postmodernismus: Konzeptionalisierung eines Stilensembles als in stärkerem Maße visuell, eine rein rationale Sicht auf Kultur ablehnend und im Ver- langen von Konsumierenden nach einem kulturellen Objekt lokalisiert.

Privatisierung, mobile: Dieser Begriff fasst zwei gegenläufige Tendenzen des (post-)modernen, urbanen Lebens: Auf der einen Seite nahm insbeson- dere mit der Erschwinglichkeit des Autos die Mobilität erheblich zu. Auf der anderen Seite wurde das Leben mehr und mehr ein auf die häusliche Welt zentriertes Leben in Suburbia.

Regulation: Im Sinne des Kreislaufs der Kultur Artikulationsebene von Kultur, die Einflussnahmen nicht-produzierender Institutionen und Formationen auf Kultur fasst.

Repräsentation: Prozess, durch den Mitglieder einer Kultur sowohl sprachliche als auch weitere Zeichensysteme dazu benutzen, Bedeutung zu produ- zieren. Repräsentation fasst die konventionelle Beziehung zwischen 'Sachen' und 'Zeichen' einerseits und zwischen 'Zeichen' und ihnen korrespondierenden, mentalen 'Konzepten' andererseits. Repräsentationen sind unhintergehbarer Teil des Prozesses der soziokulturellen Konstruktion von Wirklichkeit, sie ‚bilden' Wirklichkeit also nicht einfach ab. Im Kreislauf der Kultur Artikulationsebene von Kultur, die die Darstellung von Kultur in Kulturprodukten fasst.

Ressource, semiotische: Medienprodukte-/texte sind nicht zuletzt aufgrund ihrer polysemen Struktur spezifische ‚Materialien', die sich für verschiedene Aneignungen über die eigentliche Rezeption hinaus eignen. Beispielsweise werden sie dazu verwendet, Identitäten kommunikativ auszuhandeln.

Reterritorialisierung: Reterritorialisierung bezeichnet die dynamische ‚Re-Materialisierung' von bestimmten kulturellen Mustern in einer spezifischen Territorialität.

Rezeption: Akt des Konsums von Medienprodukten/-texten im engeren Sinne, also das Lesen, (Fern-)Sehen oder Hören und damit die Phase des ‚Medienkontakts'. Rezeption muss als Aneignung verstanden werden, d.h. sie selbst ist ein aktiver Vermittlungsprozess zwischen medialen und lokalen Diskursen.

Stil: Gesamtsystem von Bedeutung (z.B. Stil des Punks). Stile konstituieren sich häufig durch Bricolage, d.h. dadurch, dass Objekte mit bereits vorrangiger und sedimentierter Bedeutung in ein neues Bedeutungssystem transformiert werden.

Subjektivität: Subjektivität ist diskursiv konstituiert. Indem die Bedeutung, die man seinem eigenen Tun und Handeln verleiht, diskursiv vermittelt ist, gibt es kein autonomes Subjekt jenseits von Diskursen.

Subjektposition/-positionierung: Spezifisches Set diskursiver Bedeutungen, von denen aus ein Medienprodukt/-text Sinn macht. Eine Identifikation mit bestimmten Subjektpositionen im Akt der Rezeption ist möglich, aber nicht zwingend.

Subkultur: Kleinere Gruppierungen mit im Vergleich zu Kulturen stärker lokalisierten und differenzierten Strukturen, wobei diese einerseits in einer Beziehung zu einer ‚Stammkultur' stehen, andererseits hinreichend eigenständige Gestalt aufweisen, die sie von dieser unterscheidbar macht.

Text: Kulturelle Produkte, die konventionell als Einheit von unterschiedlichen, miteinander ‚verwobenen' Elementen wahrgenommen werden. Als Texte lässt sich entsprechend nicht nur Gedrucktes charakterisieren, sondern es lassen sich beispielsweise auch Fernsehsendungen einschließlich aller auditiven und visuellen Elemente. Die Beziehung, in der einzelne Elemente eines Textes zueinanderstehen, wird selbst als durch Konventionen vermittelt gedacht, da Texten einerseits umfassende Organisationsmuster zugrunde liegen, nämlich Genres, Gattungen, Text- oder Gesprächssorten, und Texte andererseits stets in Diskursen lokalisiert sind.

Transkulturalität: Transkulturalität verweist auf den Umstand, dass heutige kulturelle Formen wie Lebenstile über verschiedene ‚alte', ‚territoriale' Kulturen hinweg bestehen und entsprechend jenseits der klassischen Kulturverfassung zu beschreiben sind. Transkulturalität bezeichnet damit eine Perspektive in der Kommunikations- und Medienwissenschaft, bei der Prozesse von Kommunikation quer zu ‚alten' bzw. ‚territorialen' Kulturen wie Nationalkulturen untersucht werden.

Translokalität: Analysekategorie, die in Zeiten der Globalisierung deshalb für eine begriffliche Neukonzeptionalisierung zentral erscheint, weil sie mit ihrem Grundwort ‚Lokalität' betont, dass sich aufgrund der physischen Verfasstheit des Menschen lokale Referenzen auch mit der Globalisierung nicht einfach auflösen, jedoch bestehen bleiben. Mit dem Präfix ‚trans-' verweist der Ausdruck allerdings gleichzeitig darauf, dass eine solche Auseinandersetzung nicht bei Fragen des Lokalen verharren darf, sondern den Fokus der Analyse auf Prozesse und Momente des ‚zwischen' und ‚durch' Lokalitäten hindurch Konnektierenden rücken sollte. Bei ‚translokalen Betrachtungen' wird das Konnektierende selbst zum Analysefokus.

Vergnügen: Freude oder Genuss an Medienprodukten/-texten. Das Erleben von Vergnügen kann nicht als Wirkung eines Textes verstanden werden, sondern stellt eine Eigenleistung der Rezipierenden dar, wobei es umstritten ist, inwieweit bzw. wann Vergnügen gegen Ideologie und Macht gerichtet ist.

Widerstand: Mittel, mit dem bestimmte Subjekte oder soziale Formationen sich gegen Dominanz und Macht wehren. Widerstand kann sich in dem Versuch des Umgehens/Umdeutens bestimmter Definitionen von Wissen bzw. bestimmten Wirklichkeitsdefinitionen/Repräsentationen manifestieren. Widerstand ist in der Tendenz taktisch, d.h. er operiert in fremden Machtbereichen/Orten und kann allenfalls vorübergehend eigene Räume konstituieren.

Wissen: Eine soziokulturell positiv bewertete Repräsentation. Wissen ist nichts Neutrales, sondern mit Macht verbunden, indem es als Repräsentation ebenfalls diskursiv vermittelt ist.

8 Literatur

Alasuutari, Pertti (1995): Researching Culture. London: Sage.

Althusser, L./Balibar, E. (1972): Das Kapital lesen I/II. München:

Androutsopoulos, Jannis (2008): Cultural Studies und Sprachwissenschaft. In: Hepp, Andreas/Winter, Rainer (Hrsg.): Kultur – Medien – Macht. Cultural Studies und Medienanalyse. Vierte Auflage. Wiesbaden: VS, S. 237-254.

Ang, Ien (1986): Das Gefühl Dallas. Zur Produktion des Trivialen. Bielefeld: Daedalus Verlag.

Ang, Ien (1991): Disperately Seeking the Audience. London/New York: Routledge.

Ang, Ien (1999): Kultur und Kommunikation. Auf dem Weg zu einer ethnographischen Kritik des Medienkonsums im transnationalen Mediensystem. In: Bromley, Roger/Göttlich, Udo/Winter, Carsten (Hrsg.): Cultural Studies. Grundlagentexte zur Einführung. Lüneburg: Zu Klampen, S. 317-340.

Ang, Ien (2003): Im Reich der Ungewissheit. Das globale Dorf und die kapitalistische Postmoderne. In: Hepp, Andreas/Winter, Carsten (Hrsg.): Die Cultural Studies Kontroverse. Lüneburg: Zu Klampen, S. 84-110.

Ang, Ien (2006): From Cultural Studies to cultural research. Engaged Scholarship in the Twenty-first Century. In: Cultural Studies Review, 12 (2), S. 183-197.

Ang, Ien (2008a): Cultural Studies. In: Bennett, Tony/Frow, John (Hrsg.): The Sage Handbook of Cultural Analysis. London, New Delhi & Singapore: Sage, S. 227-248.

Ang, Ien (2008b): Radikaler Kontextualismus und Ethnographie in der Rezeptionsforschung. In: Hepp, Andreas/Winter, Rainer (Hrsg.): Kultur – Medien – Macht. Cultural Studies und Medienanalyse. Vierte Auflage. Wiesbaden: VS, S. 61-80.

Ang, Ien/Hermes, Joke (1996): Gender and/in Media Consumption. In: Ang, Ien (Hrsg.): Living Room Wars. Rethinking Media Audiences for a Postmodern World. London/New York: Routledge, S. 109-129.

Angerer, Marie-Luise (1994): Was, wenn nur der Hund fernsieht? Anmerkungen zu aktuellen Tendenzen in der TV-Forschung im Rahmen der Cultural Studies. In: Medien Journal 18 (1), S. 3-9.

Angerer, Marie-Luise (1997): Who is Watching: Oder der Schock des Realen. In: Renger, Rudi/Siegert (Hrsg.): Kommunikationswelten. Innsbruck-Wien: Studienverlag, S. 291-316.

Angerer, Marie-Luise/Dorer, Johanna (Hrsg.) (1994): Gender und Medien – Theoretische Ansätze, Empirische Befunde und Praxis der Massenkommunikation: Ein Textbuch zur Einführung. Wien: Braunmüller Verlagsbuchhandlung.

Angerer, Marie-Luise/Dorer, Johanna (1996): Gendered Genres and Gendered Audiences. Genealogie der feministischen Rezeptions- und Fernsehforschung. In: Marci-Boehncke, Gudrun/Werner, Petra/Wischermann, Ulla (Hrsg.): BlickRichtungFrauen. Theorien und Methoden geschlechtsspezifischer Rezeptionsforschung. Weinheim: Deutscher Studienverlag, S. 61-78.

Armes, Roy (1989): On Video. London: Methuen.

Bachmair, Ben/Burn, Andrew (2009): David Buckingham: Kindheit, Handlungsfähigkeit und Literalität. In: Hepp, Andreas/Krotz, Friedrich/Thomas, Tanja (Hrsg.): Schlüsselwerke der Cultural Studies. Wiesbaden: VS, S. 120-137.

Bachmann-Medick, Doris (2007): Cultural Turns. Neuorientierungen in den Kulturwissenschaften. 2. Auflage. Reinbeck b. Hamburg: Rowohlt.

Bachmann, Götz/Wittel, Andreas (2006): Medienethnografie. In: Ayaß, Ruth/Bergmann, Jörg (Hrsg.): Qualitative Methoden der Medienforschung. Reinbeck b. Hamburg: Rowohlt, S. 183-219.

Bailey, Olga G./Georgiou, Myria/Harindranth, Ramaswami (Hrsg.) (2007): Transnational Lives and the Media: Re-imagining Diasporas. New York: Palgrave Macmillan.

Bakardjieva, Maria (2005): Internet Society: The Internet in Everyday Life. Sage Ltd.

Bakardjieva, Maria (2006): Domestication Running Wild. From the Moral Economy of the Household to the Mores of a Culture. In: Berker, Thomas/Hartmann, Maren/ Punie, Yves/Ward, Katie (Hrsg.): Domestication of Media and Technology. London: Open UP, S. 62-79.

Bakardjieva, Maria/Smith, Richard (2001): The Internet in Everyday Life. In: New Media & Society 3 (1), S. 67-83.

Bakhtin, Mikhail M. (1981): The Dialogic Imagination: Four Essays. Austin: University of Texas Press.

Baldauf, Anette (2009): Angela McRobbie: Mädchenkultur und Kreativwirtschaft. In: Hepp, Andreas/Krotz, Friedrich/Thomas, Tanja (Hrsg.): Schlüsselwerke der Cultural Studies. Wiesbaden: VS, S. 267-276.

Barber, Karin (Hrsg.) (1997): Readings in African Popular Culture Bloomington: Indiana UP.

Barker, Chris (1997): Television and the Reflexive Project of the Self: Soaps, Teenage Talk and Hybrid Identities. In: British Journal of Sociology 48 (4), S. 611-628.

Barker, Chris (1998): „Cindy's a Slut". Moral Identities and Moral Responsibility in the „Soap Talk" of British Asian Girls. In: Sociology 32 (1), S. 65-82.

Barker, Chris (1999): Television, Globalization and Cultural Identities. Milton Keynes: Open UP.

Barker, Chris (2003): Kaleidoskopische Cultural Studies. Fragen von Politik und Methode. In: Hepp, Andreas/Winter, Carsten (Hrsg.): Die Cultural Studies Kontroverse. Lüneburg: Zu Klampen, S. 181-201.

Barker, Chris (2004): The SAGE Dictionary of Cultural Studies. London: Sage.

Barker, Chris (2007): Cultural Studies: Theory and Practice. Second Edition. London: Sage.

Barker, Chris/Andre, Julie (1996): Did You see? Soaps, Teenage Talk and Gendered Identity. In: Young: Nordic Journal of Youth Research, Autumn, 1996 (4), S. 21-38.

Barrios, Leoncio (1988): Television, Telenovelas, and Family Life in Venezuela. In: Lull, James (Hrsg.): World Families Watch Television. London/Thousand Oaks/ New Delhi: Sage, S. 49-79.

Barthes, Roland (1964): Mythen des Alltags. Frankfurt a.M.: Suhrkamp Verlag.

Barthes, Roland (1974): Die Lust am Text. Frankfurt a.M.: Suhrkamp Verlag.

Barthes, Roland (1979): Elemente der Semiologie. Frankfurt a.M.: Syndikat.

Barthes, Roland (1987): S/Z. Frankfurt a.M.: Suhrkamp Verlag.

Bausinger, Hermann (1983): Alltag, Technik, Medien. In: Pross, Harry/Rath, Claus-Dieter (Hrsg.): Rituale der Medienkommunikation. Gänge durch den Medienalltag. Berlin: Guttandin & Hopp, S. 24-36.

Baym, Nancy K. (1994): Communication, Interpretation, and Relationships: A Study of a Computer-Mediated Fan Community. Disstertation, University of Illinois, Urbana-Champaign.

Baym, Nancy K. (1998): The Emergence of On-Line Community. In: Jones, Steven G. (Hrsg.): Cybersociety 2.0. Revisiting Computer-Mediated Communication and Technology. London: Sage, S. 35-68.

Baym, Nancy K. (2000): Tune In, Log On. Soaps, Fandom, and On-Line Community. London, Thousand Oaks, New Delhi: Sage.

Bechdolf, Ute (2008): Verhandlungssache ‚Geschlecht': Eine Fallstudie zur kulturellen Herstellung von Differenz bei der Rezeption von Musikvideos. In: Hepp, Andreas/ Winter, Rainer (Hrsg.): Kultur – Medien – Macht. Cultural Studies und Medienanalyse. Vierte Auflage. Wiesbaden: VS, S. 425-428.

Beck, Ulrich (1993): Die Erfindung des Politischen. Zu einer Theorie reflexiver Modernisierung. Frankfurt a.M.: Suhrkamp Verlag.

Beck, Ulrich (1994): Jenseits von Stand und Klasse. In: Beck, Ulrich/Beck-Gernsheim, Elisabeth (Hrsg.): Riskante Freiheiten. Frankfurt a.M.: Suhrkamp Verlag, S. 43-60.

Beck, Ulrich (1997): Was ist Globalisierung? Irrtümer des Globalismus - Antworten auf Globalisierung. Frankfurt a.M.: Suhrkamp Verlag.

Bee, Jim (1989): First Citizen of the Semiotic Democracy? In: Cultural Studies 3 (3), S. 353-359.

Bell, David/Kennedy, Barbara M. (Hrsg.) (2000): The Cybercultures Reader London: Routledge.

Bennett, Andy/Kahn-Harris, Keith (Hrsg.) (2004): After Subculture: Critical Studies in Contemporary Youth Culture. London: Palgrave Macmillan.

Bennett, Tony (1982): Text and Social Process. The Case of James Bond. In: Screen Education 41, S. 3-15.

Bennett, Tony (1983): The Bond Phenomenon. Theorising a Popular Hero. In: Southern Review 16, S. 195-225.

Bennett, Tony (1996): Out in the Open: Reflections on the History and Practice of Cultural Studies. In: Cultural Studies 10 (1), S. 133-153.

Bennett, Tony (1997): Towards a Pragmatics for Cultural Studies. In: McGuigan, Jim (Hrsg.): Cultural Methodologies. London: Sage, S. 42-61.

Bennett, Tony/Woollacott, Janet (1987): Bond and Beyond. The Political Career of a Popular Hero. London: Macmillan.

Bergmann, Jörg R. (1987): Klatsch. Zur Sozialform der diskreten Indiskretion. Berlin/ New York: de Gruyter.

Berker, Thomas/Hartmann, Maren/Punie, Yves/Ward, Katie (Hrsg.) (2006): Domestication of Media and Technology. London: Open UP.

Bhabha, Homi (2000): Die Verortung der Kultur. Tübingen: Stauffenburg.

Böhme, Hartmut/Matussek, Peter/Müller, Lothar (2000): Orientierung Kulturwissenschaft. Reinbek bei Hamburg: Rowohlt Verlag.

Bonfadelli, Heinz (2004): Medienwirkungsforschung 1. Grundlagen und theoretische Perspektiven. 3. Auflage. Konstanz: UVK.

Borchers, Hans/Kreutzner, Gabriele/Warth, Eva-Maria (Hrsg.) (1994): Neverending Stories. American Soap Operas and the Production of Meaning. Trier: WVT.

Bourdieu, Pierre (1987): Die feinen Unterschiede. Kritik der gesellschaftlichen Urteilskraft. Frankfurt a.m.: Suhrkamp Verlag.

Brody, Gene H./Stoneman, Zolinda (1983): Family Interactions During Three Programs. Contextualist Observations. In: Journal of Family Issues 4 (2), S. 349-365.

Bromley, Roger (1999): Cultural Studies gestern und heute. In: Bromley, Roger/Göttlich, Udo/Winter, Carsten (Hrsg.): Cultural Studies. Grundlagentexte zur Einführung. Lüneburg: zu Klampen, S. 9- 24.

Bromley, Roger (2000): Multiglobalismen – Synkretismus und Vielfalt in der Populärkultur. In: Robertson, Caroline/Winter, Carsten (Hrsg.): Kulturwandel und Globalisierung. Baden-Baden: Nomos, S. 115-131.

Bromley, Roger (2002): Stets im Aufbau: Das Aushandeln von Diasporischen Identitäten. In: Hepp, Andreas/Löffelholz, Martin (Hrsg.): Grundlagentexte zur Transkulturellen Kommunikation. Konstanz: UVK (UTB), S. 795-818.

Bromley, Roger/Göttlich, Udo/Winter, Carsten (Hrsg.) (1999): Cultural Studies. Grundlagentexte zur Einführung. Lüneburg: zu Klampen.

Bronfen, Elisabeth/Marius, Benjamin/Steffen, Therese (Hrsg.) (1997): Hybride Kulturen. Beiträge zur anglo-amerikanischen Multikulturalismusdebatte. Tübingen: Stauffenburg Verlag.

Brown, Mary Ellen (1990a): Feminist Cultural Television Criticism — Culture, Theory and Practice. In: Brown, Mary Ellen (Hrsg.): Television and Women's Culture. The Politics of the Popular. London/Thousand Oaks/New Delhi: Sage, S. 11-22.

Brown, Mary Ellen (1990b): Motly Moments: Soap Opera, Carnival, Gossip and the Power of the Utterance. In: Brown, Mary Ellen (Hrsg.): Television and Women's Culture. The Politics of the Popular. London/Thousand Oaks/New Delhi: Sage, S. 183-198.

Brown, Mary Ellen (1994): Soap Opera and Women's Talk. The Pleasure of Resistance. London/Thousand Oaks/New Delhi: Sage.

Brunsdon, Charlotte/Morley, David (1978): Everyday Television: Nationwide. London: BFI.

Buckingham, David (1987): Public Secrets: EastEnders and it's Audience. London: BFI.

Buckingham, David (1993a): Children Talking Television. The Making of Television Literacy. London: The Falmer Press.

Buckingham, David (Hrsg.) (1993b): Reading Audiences. Young People and the Media. Manchester: Manchester UP.

Budd, Mike/Entman, Robert M./Steinman, Clay (1990): The Affirmative Character of American Cultural Studies. In: Critical Studies in Mass Communication 7 (2), S. 169-184.

Bull, Michael (2000): Sounding Out the City: Personal Stereos and the Management of Everyday Life. Oxford: Berg.

Bull, Michael (2004): „To Each Their Own Bubble": Mobile Spaces of Sound in the City. In: Couldry, Nick/McCarthy, Anna (Hrsg.): Mediaspace. Place, Scale and Culture in a Media Age. London u.a.: Routledge, S. 275-293.

Bull, Michael (2006): iPod-Kultur und Alltag: Einige grundlegende Gedanken. In: Ästhetik & Kommunikation, 135 S. 49-54.

Bull, Michael (2007): Sound Moves: IPod Culture and Urban Experience. London u.a.: Routledge.

Busch, Brigitta/Hipfl, Brigitte/Robins, Kevin (Hrsg.) (2001): Bewegte Identitäten. Medien in transkulturellen Kontexten. Klagenfurt: Drava.

Campbell, Neil/Kean, Alasdair (1997): American Cultural Studies. An Introduction to American Culture. London/New York: Routledge.

CCCS (1964): First Report. Birmingham: University of Birmingham.

CCCS, Women's Studies Group (Hrsg.) (1978): Women Take Issue. Aspects of Women's Subordination. London: Hutchinson.

Certeau, Michel de (1988): Kunst des Handelns. Berlin: Merve Verlag.

Chambers, Iain (1996a): Migration, Kultur, Identität. Tübingen: Stauffenburg Verlag.

Chambers, Iain (1996b): Popular Culture. The Metropolitan Experience. London/New York: Routledge.

Clarke, Alan (1986): „This is not the Boy Scouts: Television Police Series and Definitions of Law and Order. In: Bennett, Tony/Mercer, Colin/Woollacott, Janet (Hrsg.): Popular Culture and Social Relations. Milton Keynes/Philadelphia: Open UP, S. 219-232.

Clarke, John (1979): Stil. In: Clarke, John/Cohen, Phil/Corrigan, Paul/Garber, Jenny/ Hall, Stuart/Hebdige, Dick/Jefferson, Tony/McCron, Robin/McRobbie, Angela/ Murdock, Graham/Parker, Howard/Roberts, Brian (Hrsg.): Jugendkultur als Widerstand. Milieus, Rituale, Provokationen. Frankfurt a.M.: Syndikat, S. 133-157.

Clarke, John/Cohen, Phil/Corrigan, Paul/Garber, Jenny/Hall, Stuart/Hebdige, Dick/Jefferson, Tony/McCron, Robin/McRobbie, Angela/Murdock, Graham/Parker, Howard/Roberts, Brian (Hrsg.) (1979a): Jugendkultur als Widerstand. Milieus, Rituale, Provokationen Frankfurt a.M.: Syndikat.

Clarke, John/Hall, Stuart/Jefferson, Tony/Roberts, Brian (1979b): Subkulturen, Kulturen und Klasse. In: Clarke, John/Cohen, Phil/Corrigan, Paul/Garber, Jenny/Hall, Stuart/ Hebdige, Dick/Jefferson, Tony/McCron, Robin/McRobbie, Angela/Murdock, Graham/Parker, Howard/Roberts, Brian (Hrsg.): Jugendkultur als Widerstand. Milieus, Rituale, Provokationen. Frankfurt a.M.: Syndikat, S. 39-131.

Clifford, James (1992): Travelling Cultures. In: Grossberg, Lawrence/Nelson, Cary/ Treichler, Paula A. (Hrsg.): Cultural Studies. London/New York: Routledge, S. 96-112.

Clifford, James/Marcus, George E. (Hrsg.) (1986): Writing Cultures. Berkeley: University of California Press.

Corner, John (1991): Meaning, Genre and Context: The Problematics of ‚Public Knowledge' in the New Audience Research. In: Curran, James/Gurevitch, Michael (Hrsg.): Mass Media and Society. London: Arnold, S. 267-284.

Couldry, Nick (2000): Inside Culture. Re-Imagining the Method of Cultural Studues. London/Thousand Oaks/New Delhi: Sage.

Couldry, Nick (2003): Media Rituals. A Critical Approach. London u.a.: Routledge.

Couldry, Nick (2006): Transvaluing Media Studies: Or, Beyond the Myth of the Mediated Centre. In: Curran, James/Morley, David (Hrsg.): Media and Cultural Theory. London u.a.: Routledge, S. 177-194.

Couldry, Nick (2008): Mediatization or mediation? Alternative understandings of the emergent space of digital storytelling. In: New Media & Society 10 (3), S. 373-391.

Couldry, Nick/Livingstone, Sonia M./Markham, Tim (2007): Media Consumption and Public Engagement. Beyond the Presumption of Attention. Houndmills u.a.: Palgrave.

Couldry, Nick/McCarthy, Anna (Hrsg.) (2004): Media Space: Place, Scale and Culture in a Media Age. London u.a.: Routledge.

Crisell, Andrew (1994): Understanding Radio. London; New York: Routledge.

Crisell, Andrew (Hrsg.) (2004): More Than a Music Box. Radio Cultures and Communities in a Multi-Media World. New York: Berghan Press.

Culler, Jonathan (1983): On Deconstruction. London: Routledge.

Curran, James (1996): The New Revisionism in Mass Communication Reserach: A Reappraisal [Reprint von 1990]. In: Curran, James/Morley, David/Walkerdine, Valerie (Hrsg.): Cultural Studies and Communications. London/New York/Sydney/Auckland: Arnold, S. 256-278.

Curran, James/Morley, David (2006a): Editor's introduction. In: Curran, James/Morley, David (Hrsg.): Media and Cultural Theory. London u.a.: Routledge, S. 1-13.

Curran, James/Morley, David (Hrsg.) (2006b): Media and Cultural Theory. London u.a.: Routledge.

Curran, James/Morley, David/Walkerdine, Valerie (Hrsg.) (1996): Cultural Studies and Communications London/New York/Sydney/Auckland: Arnold.

D'Arcy, Chantal Cornut-Gentille (2005): The Rain in Spain Stays Mainly in the Plain. In: Cultural Studies 19 (3), S. 318-337.

Danet, Brenda (1998): Text as Mask: Gender, Play, and Performance on the Internet. In: Jones, Steven G. (Hrsg.): Cybersociety 2.0. Revisiting Computer-Mediated Communication and Technology. London: Sage, S. 129-158.

Dayan, Daniel (1999): Media and Diasporas. In: Gripsrud, Jostein (Hrsg.): Television and Common Knowledge. London, New York: Routledge, S. 18-33.

Dayan, Daniel/Katz, Elihu (1992): Media Events. The Live Broadcasting of History. Cambridge, London: Harvard UP.

Denzin, Norman K. (1992): Symbolic Interactionism and Cultural Studies. The Politics of Interpretation. Oxford UK/Cambridge USA: Blackwell.

Derrida, Jacques (1990): Die différance. In: Engelmann, Peter (Hrsg.): Postmoderne und Dekonstruktion. Texte französischer Philosophen der Gegenwart. Stuttgart: Reclam Verlag, S. 76-113.

Deterding, Sebastian (2009): Henry Jenkins: Textuelles Wildern und Konvergenzkultur. In: Hepp, Andreas/Krotz, Friedrich/Thomas, Tanja (Hrsg.): Schlüsselwerke der Cultural Studies. Wiesbaden: VS, S. 235-246.

Dorer, Johanna (1999): Gendered Net. Ein Forschungsüberblick über den geschlechtsspezifischen Umgang mit neuen Kommunikationstechnologien. In: Rundfunk und Fernsehen 45 (1), S. 19-29.

Dorer, Johanna (2009): Ien Ang: Publika und Postmoderne. In: Hepp, Andreas/Krotz, Friedrich/Thomas, Tanja (Hrsg.): Schlüsselwerke der Cultural Studies. Wiesbaden: VS, S. 107-119.

Dorer, Johanna/Geiger, Brigitte (Hrsg.) (2002): Feministische Kommunikations- und Medienwissenschaft. Ansätze, Befunde und Perspektiven der aktuellen Entwicklung Wiesbaden: Westdeutscher Verlag.

Dorer, Johanna/Klaus, Elisabeth (2008): Feministische Theorie in der Kommunikationswissenschaft. In: Winter, Carsten/Hepp, Andreas/Krotz, Friedrich (Hrsg.): Theorien der Kommunikations- und Medienwissenschaft. S. 91-112.

Dracklé, Dorle (2005): Vergleichende Medienethnografie. In: Hepp, Andreas/Krotz, Friedrich/Winter, Carsten (Hrsg.): Globalisierung der Medien. Eine Einführung. Wiesbaden: VS, S. 187-207.

Drotner, Kirsten (1994): Media Ethnography – An other Story? In: Communications 19 (1), S. 87-103.

du Gay, Paul (Hrsg.) (1997): Production of Culture/Cultures of Production London: Sage.

du Gay, Paul/Hall, Stuart/Janes, Linda/Mackay, Hugh/Negus, Keith (1997): Doing Cultural Studies. The Story of the Sony Walkman. London: Sage.

Düllo, Thomas/Berthold, Christian/Greis, Jutta/Wiechens, Peter (Hrsg.) (1998): Einführung in die Kulturwissenschaft. Münster: LIT Verlag.

Düllo, Thomas/Meteling, Arno/Suhr, André/Winter, Carsten (Hrsg.) (2000): Kursbuch Kulturwissenschaft. Münster: LIT Verlag.

Düvel, Caroline (2009): Paul Gilroy: Schwarzer Atlantik und Diaspora. In: Hepp, Andreas/Krotz, Friedrich/Thomas, Tanja (Hrsg.): Schlüsselwerke der Cultural Studies. Wiesbaden: VS, S. 176-188.

Dyer, Gillian (1988): Advertising as communication. London: Routledge.

Dyer, Richard (1985): Entertainment and Utopia. In: Nichols, Bill (Hrsg.): Movies and Methods, Volume II. Berkeley: University of California Press,

Eagleton, Terry (1991): Ideologie. Eine Einführung. Stuttgart: Metzler Verlag.

Easthope, Antony (1992): What a Man's Gotta Do. Masculine Myth in Popular Culture. London/New York: Routledge.

Eckert, Roland/Vogelgesang, Waldemar/Wetzstein, Thomas A./Winter, Rainer (1991): Grauen und Lust. Die Inszenierung der Affekte. Eine Studie zum abweichenden Videokonsum. Unter Mitarbeit von Linda Steinmetz. Pfaffenweiler: Centaurus-Verlagsgesellschaft.

Eco, Umberto (1972): Towards a Semiotic Inquiring into the TV Message. In: Working Papers in Cultural Studies 1972 (2), S. 103-133.

Eco, Umberto (1990): Lector in fabula. Die Mitarbeit der Interpretation in erzählenden Texten. München: dtv.

Engelmann, Jan (1999): Die kleinen Unterschiede. Der Cultural Studies Reader. Frankfurt a.M.: Campus Verlag.

Evans, W. (1990): The Interpretive Turn in Media Reserach. In: Critical Studies in Mass Communication 7 (2), S. 145-168.

Featherstone, Mike (2000): Postmodernismus und Konsumkultur: Die Globalisierung der Komplexität. In: Robertson, Caroline/Winter, Carsten (Hrsg.): Kulturwandel und Globalisierung. Baden-Baden: Nomos Verlagsgesellschaft, S. 77-106.

Ferguson, Marjorie/Golding, Peter (Hrsg.) (1997): Cultural Studies in Question. London/ Thousand Oaks/New Delhi: Sage.

Fish, Stanley (1980): Is There a Text in This Class? The Authority of Interpretive Communities. Cambridge/London: Harvard UP.

Fiske, John (1987a): British Cultural Studies and Television. In: Allen, Robert C. (Hrsg.): Channels of Discourse, Reassembled. Television and Contemporary Criticism. London/New York: Routledge, S. 284-326.

Fiske, John (1987b): Television Culture. London/New York: Routledge.

Fiske, John (1989): Understanding Popular Culture. Boston, London, Sydney, Wellington: Unwin Hyman.

Fiske, John (1990a): Ethnosemiotics: Some Personal and Theoretical Reflections. In: Cultural Studies 4 (1), S. 85-99.

Fiske, John (1990b): Introduction to Communication Studies. Second Edition. London/ New York: Routledge.

Fiske, John (1993a): Populärkultur: Erfahrungshorizonte im 20. Jahrhundert. Ein Gespräch mit John Fiske. In: montage/av 2 (1), S. 5-18.

Fiske, John (1993b): Power Plays – Power Works. London/New York: Verso.

Fiske, John (1994): Media Matters. Everyday Culture and Political Change. Minneapolis/ London: University of Minnesota Press.

Fiske, John (1999a): Elvis: Body of Knowledge. Offizielle und populäre Formen des Wissens um Elvis Presley. In: Hörning, Karl H./Winter, Rainer (Hrsg.): Widerspenstige Kulturen. Cultural Studies als Herausforderung. S. 339-378.

Fiske, John (1999b): Politik. Die Linke und der Populismus. In: Bromley, Roger/Göttlich, Udo/Winter, Carsten (Hrsg.): Cultural Studies. Grundlagentexte zur Einführung. Lüneburg: Zu Klampen, S. 237-278.

Fiske, John (2001): Die Fabrikation des Populären. Bielefeld: Transcript.

Fiske, John (2003): Lesarten des Populären. Wien: Löcker.

Fiske, John (2008): Populäre Texte, Sprache und Alltagskultur. In: Hepp, Andreas/Winter, Rainer (Hrsg.): Kultur – Medien – Macht. Cultural Studies und Medienanalyse. Vierte Auflage. Wiesbaden: VS, S. 41-60.

Fiske, John/Hartley, John (1989): Reading Television. London/New York: Routledge.

Fiske, John/Hodge, Bob/Turner, Graeme (1987): Myths of Oz: Reading Australian Popular Culture. Sydney: Allen & Unwin.

Flick, Uwe (2007): Qualitative Sozialforschung. Eine Einführung. Reinbeck b. Hamburg: Rowohlt.

Foucault, Michel (1974): Die Ordnung des Diskurses. München:

Foucault, Michel (1977): Überwachen und Strafen. Die Geburt des Gefängnisses. Frankfurt a.M.: Suhrkamp Verlag.

Foucault, Michel (1992): Archälogie des Wissens. Frankfurt a.M.: Suhrkamp Verlag.

Frow, John/Morris, Meaghan (1993): Introduction. In: Frow, John/Morris, Meaghan (Hrsg.): Australien Cultural Studies. Urbana: University of Illinois Press, S. i-xix.

Frow, John/Morris, Meaghan (1996): Australian Cultural Studies. In: Storey, John (Hrsg.): What is Cultural Studies? A Reader. London/New York/Sydney/Auckland: Arnold, S. 344-367.

Frühwald, Wolfgang/Jauß, Hans Robert/Koselleck, Reinhart/Mittelstraß, Jürgen/Steinwachs, Burkart (1991): Geisteswissenschaften heute. Frankfurt a.M.: Suhrkamp.

García Canclini, Néstor (1997): Hybrid Cultures and Communicative Strategies. In: Media Development 44 (1), S. 22-29.

García Canclini, Néstor (2001): Consumers and Citizens. Globalization and Multicultural Conflicts. Minneapolis, London: University of Minnesota Press.

Gebhardt, Winfried/Hitzler, Ronald/Pfadenhauer, Michaela (Hrsg.) (2000): Events. Soziologie des Außergewöhnlichen. Opladen: Leske + Budrich.

Geertz, Clifford (1997): Dichte Beschreibung. Beiträge zum Verstehen kultureller Systeme. Frankfurt a.M.: Suhrkamp Verlag.

Gibson, William (1987): Neuromancer. München: Heyne.

Gillespie, Marie (1995): Television, Ethnicity and Cultural Change. London/New York: Routledge.

Gillespie, Marie (2002): Transnationale Kommunikation und die Kulturpolitik in der südasiatischen Diaspora. In: Hepp, Andreas/Löffelholz, Martin (Hrsg.): Grundlagentexte zur Transkulturellen Kommunikation. Konstanz: UVK (UTB), S. 617-643.

Gillespie, Marie (Hrsg.) (2005): Media Audiences Berkshire: Open UP.

Gilroy, Paul (1993): The Black Atlantic. Modernity and Double Consciousness. London, New York: Verso.

Glaser, Barney G./Strauss, Anselm L. (1998): Grounded Theory. Strategien qualitativer Forschung. Bern: Huber.

Goodman, Irene (1983): Television's Role in Family Interaction: A Family System's Perspective. In: Journal of Family Issues 4 (2), S. 116-137.

Goodwin, A./Whannel, G. (1990): Understanding television. London: Routledge.

Göttlich, Udo (1996): Kritik der Medien. Reflexionsstufen kritisch-materialistischer Medientheorien. Opladen: Westdeutscher Verlag.

Göttlich, Udo (1998): Rezension „Cultural Studies in Question". In: Rundfunk und Fernsehen 46 (2-3), S. 390-393.

Göttlich, Udo (2008): Kultureller Materialismus und Cultural Studies. Aspekte der Kultur- und Medientheorie von Raymond Williams. In: Hepp, Andreas/Winter, Rainer (Hrsg.): Kultur – Medien – Macht. Cultural Studies und Medienanalyse. 4. Auflage. Wiesbaden: VS, S. 93-17.

Göttlich, Udo (2009): Raymond Williams: Materialität und Kultur. In: Hepp, Andreas/ Krotz, Friedrich/Thomas, Tanja (Hrsg.): Schlüsselwerke der Cultural Studies. Wiesbaden: VS, S. 94-103.

Göttlich, Udo/Mikos, Lothar/Winter, Rainer (Hrsg.) (2001): Die Werkzeugkiste der Cultural Studies. Perspektiven, Anschlüsse und Interventionen. Münster: Transcript.

Göttlich, Udo/Winter, Carsten (1999): Wessen Cultural Studies? Die Rezeption der Cultural Studies im deutschsprachigen Raum. In: Bromley, Roger/Göttlich, Udo/Winter, Carsten (Hrsg.): Cultural Studies. Grundlagentexte zur Einführung. Lüneburg: zu Klampen, S. 25-39.

Grabbe, Lars/Kruse, Patrick (2009): Roland Barthes: Zeichen, Kommunikation und Mythos. In: Hepp, Andreas/Krotz, Friedrich/Thomas, Tanja (Hrsg.): Schlüsselwerke der Cultural Studies. Wiesbaden: VS, S. 21-30.

Gray, Ann (2003): Cultural studies at Birmingham: the impossibility of critical pedagogy? In: Cultural Studies 17 (6), S. 767-782.

Grossberg, Lawrence (1983): Cultural Studies revisited and revised. In: Mander, M. (Hrsg.): Communication in Transition. New York: Praeger, S. 39-70.

Grossberg, Lawrence (1984): Strategies of Marxist Cultural Interpretation. In: Critical Studies in Mass Communication 1984 (1), S. 392-421.

Grossberg, Lawrence (1987): Critical Theory and the Politics od Empirical Research. In: Gurevitch, Michael/Levy, Mark R. (Hrsg.): Mass Communication Review Yearbook. Vol. VI. London/Thousand Oaks/New Delhi: Sage, S. 86-106.

Grossberg, Lawrence (1988a): The In-Difference of Television. In: Screen 28 (2), S. 28-45.

Grossberg, Lawrence (1988b): Wandering Audiences, Nomadic Critics. In: Cultural Studies 3 (2), S. 377-391.

Grossberg, Lawrence (1994): Cultural Studies. Was besagt ein Name? In: Ikus Lectures 17 + 18, 1994 S. 11-40.

Grossberg, Lawrence (1997a): Bringing it All Back Home. Essays on Cultural Studies. Durham: Duke UP.

Grossberg, Lawrence (1997b): Dancing in Spite of Myself. Essays on Popular Culture. Durham: Duke UP.

Grossberg, Lawrence (1999): Was sind Cultural Studies? In: Hörning, Karl H./Winter, Rainer (Hrsg.): Widerspenstige Kulturen. Cultural Studies als Herausforderung. Frankfurt a.M.: Suhrkamp, S. 43-83.

Grossberg, Lawrence (2008): Der Cross Road Blues der Cultural Studies. In: Hepp, Andreas/Winter, Rainer (Hrsg.): Kultur – Medien – Macht. Cultural Studies und Medienanalyse. Vierte Auflage. Wiesbaden: VS, S. 23-40.

Grossberg, Lawrence/Fry, Tony/Patton, Paul (Hrsg.) (1988): It's a Sin. Postmodernism, Politics and Culture. Sydney: Power Publications.

Grossberg, Lawrence/Nelson, Cary/Treichler, Paula A. (Hrsg.) (1992): Cultural Studies London/New York: Routledge.

Grossberg, Lawrence/Wartella, Ellen/Withney, D. Charles (1998): MediaMaking. Mass Media in a Popular Culture. London: Sage.

Gunter, Barrie (2000): Media Research Methods: Measuring Audiences, Reactions and Impact. London u.a.: Sage.

Hall, Stuart (1973): A 'Reading' of Marx's 1857 Introduction to the Grundrisse. In: Centre for Contemporary Cultural Studies, Birmingham, Stencilled Papers No. 1, 73 Seiten.

Hall, Stuart (1977): Über die Arbeit des Centre for Contemporary Cultural Studies (Birmingham). Ein Gespräch mit H. Gustav Klaus. In: Gulliver, Deutsch-Englische Jahrbücher 2, S. 54-67.

Hall, Stuart (1979): Über Ideologieforschung in Großbritannien. Ein Interview mit dem Projekt Ideologie-Theorie. In: Das Argument 118, S. 846-855.

Hall, Stuart (1980a): Cultural Studies and the Centre: Some Problematics and Problems. In: Hall, Stuart/Hobson, Dorothy/Lowe, Andrew/Willis, Paul (Hrsg.): Culture, Media, Language. London/New York: Routledge, S. 15-47.

Hall, Stuart (1980b): Cultural Studies: Two Paradigms. In: Media, Culture and Society 1980 (2), S. 57-72.

Hall, Stuart (1980c): Encoding/Decoding. In: Hall, Stuart/Hobson, Dorothy/Lowe, Andrew/Willis, Paul (Hrsg.): Culture, Media, Language. Working Papers in Cultural Studies 1972-79. London/New York: Routledge, S. 128-138.

Hall, Stuart (1980d): Recent Developments in Theories of Language and Ideology: A Critical Note. In: Hall, Stuart/Hobson, Dorothy/Lowe, Andrew/Willis, Paul (Hrsg.): Culture, Media, Language. Working Papers in Cultural Studies 1972-79. London/ New York: Routledge, S. 157-162.

Hall, Stuart (1984): Ideologie und Ökonomie – Marxismus ohne Gewähr. In: Ideologie-Theorie, Projekt (Hrsg.): Die Camera obscura der Ideologie. Philosophie – Ökonomie – Wissenschaft. Berlin: Argument, S. 97-121.

Hall, Stuart (1989): Ausgewählte Schriften: Ideologie, Kultur, Medien, neue Rechte, Rassismus. Hamburg: Argument.

Hall, Stuart (1990): Cultural Identity and Diaspora. In: Rutherford, J. (Hrsg.): Identity: Community, Culture, Difference. London: Lawrence & Wishart, S. 222-238.

Hall, Stuart (1994): Rassismus und kulturelle Identität. Ausgewählte Schriften 2. Hamburg: Argument.

Hall, Stuart (Hrsg.) (1997a): Representation. Cultural Representations and Signifying Practices. London: Sage.

Hall, Stuart (1997b): The Work of Representation. In: Hall, Stuart (Hrsg.): Representation. Cultural Representations and Signifying Practices. London: Sage, S. 13-64.

Hall, Stuart (1999a): Cultural Studies. Zwei Paradigmen. In: Bromley, Roger/Göttlich, Udo/Winter, Carsten (Hrsg.): Cultural Studies. Grundlagentexte zur Einführung. Lüneburg: zu Klampen, S. 113-138.

Hall, Stuart (1999b): Kodieren/Decodieren. In: Bromley, Roger/Göttlich, Udo/Winter, Carsten (Hrsg.): Cultural Studies. Grundlagentexte zur Einführung. Lüneburg: zu Klampen, S. 92-110.

Hall, Stuart (2000a): Cultural Studies. Ein politisches Theorieprojekt. Ausgewählte Schriften 3. Hamburg: Argument.

Hall, Stuart (2000b): Das theoretische Vermächtnis der Cultural Studies. In: Hall, Stuart (Hrsg.): Cultural Studies. Ein politisches Theorieprojekt. Ausgewählte Schriften 3. Hamburg: Argument, S. 34-51.

Hall, Stuart (2000c): Postmoderne und Artikulation. In: Hall, Stuart (Hrsg.): Cultural Studies. Ein politisches Theorieprojekt. Ausgewählte Schriften 3. Hamburg: Argument, S. 52-77.

Hall, Stuart (2002): Die Zentralität von Kultur: Anmerkungen zu den kulturellen Revolutionen unserer Zeit. In: Hepp, Andreas/Löffelholz, Martin (Hrsg.): Grundlagentexte zur transkulturellen Kommunikation. Konstanz: UVK (UTB), S. 95-117.

Hall, Stuart (2003): Das Aufbegehren der Cultural Studies und die Krise der Geisteswissenschaften. In: Hepp, Andreas/Winter, Carsten (Hrsg.): Die Cultural Studies Kontroverse. Lüneburg: Zu Klampen, S. 33-50.

Hall, Stuart (2004): Ideologie, Identität und Repräsentation. Ausgewählte Schriften 4. Hamburg: Argument.

Hall, Stuart/Critcher, Chas/Jefferson, Tony/Clarke, John/Roberts, Brian (1978): Policing the Crisis. Mugging, the State, and Law and Order. London, Basinstoke: Macmillan.

Hall, Stuart/Hobson, Dorothy/Lowe, Andrew/Willis, Paul (Hrsg.) (1980): Culture, Media, Language. Working Papers in Cultural Studies 1972-79. London/New York: Routledge.

Hall, Stuart/Jefferson, Tony (Hrsg.) (1976): Resistance through Rituals. Youth Subcultures in Post-War Britain. London: Hutchinson.

Hall, Stuart/Whannel, Paddy (1964): The Popular Arts. London: Whannel Hutchinson Educational.

Hannerz, Ulf (1992): Cultural Complexity. Studies on the Social Organization of Meaning. New York: Columbia UP.

Hannerz, Ulf (2004): Foreign News: Exploring the World of Foreign Correspondents. Chicago: Chicago UP.

Haraway, Donna (1997): Modest Witness@Second Millennium.FemaleMan Meets OncoMouse™ Feminism and Technoscience. London u.a.: Routledge.

Harris, Marvin (1979): Cultural Materialism. The Struggle for a Science of Culture. New York: Random House.

Hartley, John (1982): Understanding News. London: Methuen.

Hartley, John (1987): Television Audiences, Paedocracy and Pleasure. In: Textual Practice 1 (2), S. 121-138.

Hartley, John (1996): Popular Reality. Journalism, Modernity, Popular Culture. London u.a.: Arnold.

Hartley, John (1999): Uses of Television. London: Routledge.

Hartley, John (Hrsg.) (2002): Communication, Cultural and Media Studies: The Key Concepts. London u.a.: Routledge.

Hartley, John (2007): Television Truths: Forms of Knowledge in Popular Culture. London: WileyBlackwell.

Hartmann, Maren (2004): Technologies and Utopias. The cyberflaneur and the experience of ‚being online‘. München: Reinhard Fischer.

Hartmann, Maren (2006): The triple articulation of ICTs. Media as technological objects, symbolic environments and individual texts. In: Berker, Thomas/Hartmann, Maren/ Punie, Yves/Ward, Katie (Hrsg.): Domestication of Media and Technology. London: Open UP, S. 80-102.

Hartmann, Maren (2008): Domestizierung 2.0: Grenzen und Chancen eines Medienaneignungskonzeptes. In: Winter, Carsten/Hepp, Andreas/Krotz, Friedrich (Hrsg.): Theorien der Kommunikationswissenschaft. Wiesbaden: VS, S. 402-416.

Hartmann, Maren (2009): Silverstone: Medienobjekte und Domestizierung. In: Hepp, Andreas/Krotz, Friedrich/Thomas, Tanja (Hrsg.): Schlüsselwerke der Cultural Studies. Wiesbaden: VS, S. 304-315.

Hasebrink, Uwe (2003): Nutzungsforschung. In: Bentele, Günter/Brosius, Hans-Bernd/ Jarren, Otfried (Hrsg.): Öffentliche Kommunikation. Handbuch Kommunikations- und Medienwissenschaft. S. 101-127.

Hebdige, Dick (1983): Subculture. Die Bedeutung von Stil. In: Diedrichsen, Dieter (Hrsg.): Schocker. Stile und Moden der Subkultur. Reinbek bei Hamburg: Rowohlt Verlag, S. 7-120.

Hebdige, Dick (1985): Versteckspiel im Rampenlicht. In: Lindner, Rolf/Wiebe, Hans-Hermann (Hrsg.): Verborgen im Licht. Neues zur Jugendfrage. Frankfurt a.M.: Syndikat, S. 186-204.

Hebdige, Dick (1988): Hiding in the Light. London u.a.: Routledge.

Hepp, Andreas (1997): Von der Interpretationsgemeinschaft zur häuslichen Welt: Zur Fernsehaneignung in Gruppen aus der Perspektive der Cultural Studies. In: Medien Journal 21 (4), S. 39-48.

Hepp, Andreas (1998): Fernsehaneignung und Alltagsgespräche. Fernsehnutzung aus der Perspektive der Cultural Studies. Opladen: Westdeutscher Verlag.

Hepp, Andreas (2004a): Jenseits territorialer Kulturvorstellungen. In: Ästhetik & Kommunikation 126, S. 27-34.

Hepp, Andreas (2004b): Netzwerke der Medien. Medienkulturen und Globalisierung. Wiesbaden: VS.

Hepp, Andreas (2005): Kommunikative Aneignung. In: Mikos, Lothar/Wegener, Claudia (Hrsg.): Qualitative Medienforschung. Ein Handbuch. Konstanz: UVK (UTB), S. 67-79.

Hepp, Andreas (2006a): Kommunikative Mobilität als Forschungsperspektive: Anmerkungen zur Aneignung mobiler Medien- und Kommunikationstechnologie. In: Ästhetik & Kommunikation 135, S. 15-22.

Hepp, Andreas (2006b): Transkulturelle Kommunikation. Konstanz: UVK (UTB).

Hepp, Andreas (2008): Netzwerke der Medien – Netzwerke des Alltags: Medienalltag in der Netzwerkgesellschaft. In: Thomas, Tanja (Hrsg.): Medienkultur und soziales Handeln. Wiesbaden: VS, S. 63-90.

Hepp, Andreas (2009a): Néstor García Canclini: Hybridisierung, Deterritorialisierung und „cultural citizenship". In: Hepp, Andreas/Krotz, Friedrich/Thomas, Tanja (Hrsg.): Schlüsselwerke der Cultural Studies. Wiesbaden: VS, S. 165-175.

Hepp, Andreas (2009b): Richard Johnson: Kreislauf der Kultur. In: Hepp, Andreas/ Krotz, Friedrich/Thomas, Tanja (Hrsg.): Schlüsselwerke der Cultural Studies. Wiesbaden: VS, S. 247-256.

Hepp, Andreas (2009c): Digitale Medien, Migration und Diaspora: Deterritoriale Vergemeinschaftung jenseits nationaler Integration. In: Hunger, Uwe/Kissau, Kathrin (Hrsg.): Internet und Migration. Wiesbaden: VS, im Druck.

Hepp, Andreas (2009d): Transkulturalität als Perspektive: Überlegungen zu einer vergleichenden empirischen Erforschung von Medienkulturen. In: Forum Qualitative Sozialforschung / Forum: Qualitative Social Research, 10 (1), http://nbn-resolving.de/urn:nbn:de:0114-fqs0901267.

Hepp, Andreas (2010): Populäre Medienkulturen: Posttraditionalität und populärkulturelle Vergemeinschaftung. In: Honer, Anne/Meuser, Michael/Pfadenhauer, Michaela (Hrsg.): Fragile Sozialität. Inszenierungen, Sinnwelten, Existenzbastler. Wiesbaden: VS, im Druck.

Hepp, Andreas/Couldry, Nick (2009): What should comparative media research be comparing? Towards a transcultural approach to ‚media cultures'. In: Thussu, Daya Kishan (Hrsg.): Internationalizing Media Studies: Impediments and Imperatives. London: Routledge, S. 32-47.

Hepp, Andreas/Höhn, Marco/Vogelgesang, Waldemar (Hrsg.) (2009): Populäre Events. Medienevents, Spielevents, Spaßevents. Zweite, überarbeitete und erweiterte Auflage Wiesbaden: VS.

Hepp, Andreas/Krönert, Veronika (2009): Medien – Event – Religion: Die Mediatisierung des Religiösen. Wiesbaden: VS.

Hepp, Andreas/Krotz, Friedrich/Thomas, Tanja (2009): Einleitung: Schlüsselwerke der Cultural Studies. In: Hepp, Andreas/Krotz, Friedrich/Thomas, Tanja (Hrsg.): Schlüsselwerke der Cultural Studies. Wiesbaden: VS, S. 7-19.

Hepp, Andreas/Krotz, Friedrich/Winter, Carsten (Hrsg.) (2005): Globalisierung der Medienkommunikation. Eine Einführung. Wiesbaden: VS.

Hepp, Andreas/Löffelholz, Martin (Hrsg.) (2002): Grundlagentexte zur Transkulturellen Kommunikation Konstanz: UVK (UTB).

Hepp, Andreas/Thomas, Tanja/Winter, Carsten (2003): Medienidentitäten: Eine Hinführung zu den Diskussionen. In: Winter, Carsten/Thomas, Tanja/Hepp, Andreas (Hrsg.): Medienidentitäten. Identität im Kontext von Medienkultur und Globalisierung. Köln: Halem, S. 7-26.

Hepp, Andreas/Vogelgesang, Waldemar (1999): „Ich hab' einfach nur geheult". Zur emotionalen Aneignung des Medien-Events ‚Titanic' aus Rezipierendenperspektive. In: Medien Praktisch Texte 1999 (2), S. 30-40.

Hepp, Andreas/Winter, Carsten (Hrsg.) (2003): Die Cultural Studies Kontroverse. Lüneburg: Zu Klampen.

Hepp, Andreas/Winter, Rainer (Hrsg.) (1997): Kultur – Medien – Macht. Cultural Studies und Medienanalyse Opladen: Westdeutscher Verlag.

Hepp, Andreas/Winter, Rainer (Hrsg.) (2008): Kultur – Medien – Macht. Cultural Studies und Medienanalyse. Vierte Auflage Wiesbaden: VS.

Hesmondhalgh, David (2007): The Cultural Industries. Second Edition. London u.a.: Sage.

Hills, Matthew (2002): Fan Cultures. London u.a.: Routledge.

Hinz, Ralf (1998): Cultural Studies und Pop. Zur Analyse und Kritik wissenschaftlicher und journalistischer Diskurse über populäre Kultur. Opladen: Westdeutscher Verlag.

Hinz, Ralf (2008): Cultural Studies und avancierter Musikjournalismus in Deutschland. In: Hepp, Andreas/Winter, Rainer (Hrsg.): Kultur – Medien – Macht. Cultural Studies und Medienanalyse. Vierte Auflage. Wiesbaden: VS, S. 251-266.

Hipfl, Brigitte (1996): Medienmüdigkeit und Körpererfahrung. Medienkompetenz auf der Perspektive der Cultural Studies. In: Medien Praktisch 1996 (3), S. 32-36.

Hipfl, Brigitte (1998): Die verlorengegangene Dimension der Cultural Studies. Fantasien als Ideologie in den Medien. In: Beinzger, Dagmar/Eder, Sabine/Luca, Renate/Röllecke, Renate (Hrsg.): Im Wyberspace – Mädchen und Frauen in der Medienlandschaft. Bielefeld: GMK Schriften zur Medienpädagogik 26, S. 29-46.

Hipfl, Brigitte (2008): Inszenierungen des Begehrens: Zur Rolle der Fantasien im Umgang mit Medien. In: Hepp, Andreas/Winter, Rainer (Hrsg.): Kultur – Medien – Macht. Cultural Studies und Medienanalyse. Vierte Auflage. Wiesbaden: VS, S. 139-154.

Hipfl, Brigitte (2009): Jacques Lacan: Subjekt, Sprache, Bilder, Begehren und Fantasien. In: Hepp, Andreas/Krotz, Friedrich/Thomas, Tanja (Hrsg.): Schlüsselwerke der Cultural Studies. Wiesbaden: VS, S. 83-93.

Hipfl, Brigitte/Klaus, Elisabeth/Scheer, Uta (Hrsg.) (2004): Identitätsräume. Bielefeld: Transcript.

Hitzler, Ronald (1998): Posttraditionale Vergemeinschaftung. Über neue Formen der Sozialbindung. In: Berliner Debatte INITIAL 9 (1), S. 81-89.

Hitzler, Ronald (2008): Brutstätten posttraditionaler Vergemeinschaftung. In: Hitzler, Ronald/Honer, Anne/Pfadenhauer, Michaela (Hrsg.): Posttraditionale Gemeinschaften. Theoretische und ethnographische Erkundungen. Wiesbaden: VS, S. 55-72.

Hitzler, Ronald/Bucher, Thomas/Niederbacher, Arne (2001): Leben in Szenen. Formen jugendlicher Vergemeinschaftung heute. Opladen: Leske + Budrich.

Hitzler, Ronald/Honer, Anne (1994): Bastelexistenz. Über subjektive Konsequenzen der Individualisierung. In: Beck, Ulrich/Beck-Gernsheim, Elisabeth (Hrsg.): Riskante Freiheiten. Frankfurt a.M.: Suhrkamp Verlag, S. 307-315.

Hitzler, Ronald/Pfadenhauer, Michaela (Hrsg.) (2001): Techno-Soziologie. Erkundungen einer Jugendkultur. Opladen: Leske + Budrich.

Hobson, Dorothy (1982): Crossroads: the Drama of a Soap Opera. London: Methuen.

Hodge, Bob/Tripp, David (1986): Children and Television. A Semiotic Approach. Cambridge: Polity Press.

Hodge, Robert/Kress, Gunther (1988): Social Semiotics. Cambridge: Polity Press.

Hoggart, Richard (1957): The Uses of Literacy. London: Chatto & Windus.

Hoggart, Richard (1970): Speaking to Each Other. London: Chatto & Windus.

Holert, Tom/Terkessidis, Mark (Hrsg.) (1996): Mainstream der Minderheiten. Pop in der Kontrollgesellschaft. Berlin/Amsterdam: Edition ID-Archiv.

Holert, Tom/Terkessidis, Mark (2006): Fliehkraft. Gesellschaft in Bewegung - Von Migranten und Touristen. Köln: Kiepenheuer & Witsch.

Holly, Werner/Püschel, Ulrich (Hrsg.) (1993): Medienrezeption als Aneignung. Methoden und Perspektiven qualitativer Medienforschung. Opladen: Westdeutscher Verlag.

Holly, Werner/Püschel, Ulrich/Bergmann, Jörg R. (Hrsg.) (2001): Der sprechende Zuschauer. Wie wir uns Fernsehen kommunikativ aneignen. Opladen: Westdeutscher Verlag.

Horak, Roman (2002): Die Praxis der Cultural Studies. Wien: Löcker.

Horkheimer, Max/Adorno, Theodor W. (1988): Dialektik der Aufklärung. Philosophische Fragmente [orig. 1944]. Frankfurt a.M.: Fischer Verlag.

Hörning, Karl H./Winter, Rainer (Hrsg.) (1999): Widerspenstige Kulturen. Cultural Studies als Herausforderung. Frankfurt a.M.: Suhrkamp Verlag.

Hugger, Kai-Uwe (2009): Junge Migranten online. Suche nach sozialer Anerkennung und Vergewisserung von Zugehörigkeit. Wiesbaden: VS.

Huntington, Samuel P. (1996): Der Kampf der Kulturen. München: Europa-Verlag.

Jacke, Christoph (2004): Medien(sub)kultur. Bielefeld: Transcript.

Jacke, Christoph (2009): John Clarke, Toni Jefferson, Paul Willis und Dick Hebdige: Subkulturen und Jugendstile. In: Hepp, Andreas/Krotz, Friedrich/Thomas, Tanja (Hrsg.): Schlüsselwerke der Cultural Studies. Wiesbaden: VS, S. 138-155.

Jäckel, Michael/Peter, Jochen (1997): Cultural Studies aus kommunikationswissenschaftlicher Perspektive. Grundlagen und grundlegende Probleme. In: Rundfunk und Fernsehen 45 (1), S. 46-68.

Jaeger, Friedrich/Liebsch, Burkhard/Rüsen, Jörn (Hrsg.) (2004a): Handbuch der Kulturwissenschaften 3. Themen und Tendenzen. Stuttgart/Weimar: Metzler.

Jaeger, Friedrich/Liebsch, Burkhard/Rüsen, Jörn/Strau, Jürgen (Hrsg.) (2004b): Handbuch der Kulturwissenschaften 1: Grundlagen und Schlüsselbegriffe. Stuttgart/Weimar: Metzler.

Jaeger, Friedrich/Liebsch, Burkhard/Rüsen, Jörn/Strau, Jürgen (Hrsg.) (2004c): Handbuch der Kulturwissenschaften 2: Paradigmen und Disziplinen. Stuttgart/Weimar: Metzler.

Jäger, Margarete/Jäger, Siegfried (2007): Deutungskämpfe. Theorie und Praxis Kritischer Diskursanalyse. Wiesbaden: VS.

Jäger, Siegfried (1999): Zwischen den Kulturen: Diskursanalytische Grenzgänge. In: Hepp, Andreas/Winter, Rainer (Hrsg.): Kultur – Medien – Macht. Cultural Studies und Medienanalyse. Zweite, überarbeitete und erweiterte Auflage. Opladen: Westdeutscher Verlag, S. 253-272.

Jameson, Fredric (1993): Postmoderne — zur Logik der Kultur im Spätkapitalismus. In: Huyssen, Andreas/Scherpe, Klaus R. Reinbek b. Hamburg: Rowohlt Verlag, S. 45-102.

Jenkins, Henry (1992): Textual Poachers: Television Fans and Participatory Culture. London/New York: Routledge.

Jenkins, Henry (2006a): Convergence Culture: Where Old and New Media Collide. New York: New York UP.

Jenkins, Henry (2006b): Fans, Bloggers and Gamers: Essays on Participatory Culture. New York: New York UP.

Jensen, Klaus Bruhn (Hrsg.) (2002): Handbook of Media and Communications Research: Qualitative and Quantitative Methodologies. London u.a.: Routledge.

Johnson, Richard (1986): What is Cultural Studies Anyway? In: Social Text, 16 S. 38-80.

Johnson, Richard (1996): What is Cultural Studies Anyway? In: Storey, John (Hrsg.): What is Cultural Studies? A Reader. S. 75-114.

Johnson, Richard (1999): Was sind eigentlich Cultural Studies? In: Bromley, Roger/Göttlich, Udo/Winter, Carsten (Hrsg.): Cultural Studies. Grundlagentexte zur Einführung. Lüneburg: Zu Klampen, S. 139-188.

Johnson, Richard/Chambers, Deborah/Raghuram, Parvarti/Ticknell, Estella (2004): The Practice of Cultural Studies: A Guide to the Practice and Politics of Cultural Studies. London u.a.: Sage.

Jones, Paul (1994): The Myths of ‚Raymond Hoggart' On ‚Founding Fathers' and Cultural Policy. In: Cultural Studies 8 (3), S. 394-415.

Jones, Steven G. (1997): Introduction. In: Jones, Steven G. (Hrsg.): Virtual Culture. Identity and Communication in Cybersociety. London: Sage, S. 1-6.

Jones, Steven G. (1998): Information, Internet, and Community: Notes Toward an Understanding of Community in the Information Age. In: Jones, Steven G. (Hrsg.): Cybersociety 2.0. Revisiting Computer-Mediated Communication and Technology. London: Sage, S. 1-34.

Jurga, Martin (1999a): Fernsehtextualität und Rezeption. Die Offenheit von Fernsehtexten am Beispiel der Serie „Lindenstraße". Opladen: Westdeutscher Verlag.

Jurga, Martin (1999b): Texte als (mehrdeutige) Manifestationen von Kultur: Konzepte von Polysemie und Offenheit in den Cultural Studies. In: Hepp, Andreas/Winter, Rainer (Hrsg.): Kultur – Medien – Macht. Cultural Studies und Medienanalyse. Opladen: Westdeutscher Verlag, S. 129-145.

Kaufman, Michael (Hrsg.) (1987): Beyond Partriarchy. Essays by Men on Pleasure, Power and Change. Toronto/New York: Oxford UP.

Keller, Reiner (2007): Diskursforschung: Eine Einführung für SozialwissenschaftlerInnen. Wiesbaden: VS.

Keller, Rudi (1995): Zeichentheorie. Tübingen/Basel: Francke Verlag (UTB).

Kellner, Douglas (1995a): Media Communications vs. Cultural Studies: Overcoming the Divide. In: Communication Theory 5 (1), S. 162-177.

Kellner, Douglas (1995b): Media Culture. Cultural Studies, Identity and Politics between the Modern and the Postmodern. London u.a.: Routledge.

Kellner, Douglas (1999): Medien- und Kommunikationsforschung vs. Cultural Studies. Wider ihre Trennung. In: Bromley, Roger/Göttlich, Udo/Winter, Carsten (Hrsg.): Cultural Studies. Grundlagentexte zur Einführung. Lüneburg: Zu Klampen, S. 341-363.

Kellner, Douglas (2005): Medienkultur, Kritik und Demokratie: Der Douglas Kellner Reader. Münster: Transcript.

Keppler, Angela (1994): Tischgespräche. Über Formen kommunikativer Vergemeinschaftung am Beispiel der Konversation in Familien. Frankfurt a.M.: Suhrkamp Verlag.

Keppler, Angela (2001): Mediale Kommunikation und kulturelle Orientierung. Perspektiven einer kulturwissenschaftlichen Medienforschung. In: Forum Qualitative Sozialforschung / Forum: Qualitative Social Research 2(3), http://www.qualitative-research.net/fqs/fqs.htm (20.1.2002).

Kim, Sujeong (2004): Rereading David Morley's The ‚Nationwide'-Audience. In: Cultural Studies 18 (1), S. 84-108.

Klaus, Elisabeth (2008): Verschränkungen: Zum Verhältnis von Cultural Studies und Gender Studies. In: Hepp, Andreas/Winter, Rainer (Hrsg.): Kultur – Medien – Macht. Cultural Studies und Medienanalyse. Wiesbaden: VS, S. 201-218.

Klaus, Elisabeth (2009): Janice Radway: „Frauengenres" und alltägliche Produktion von Gender. In: Hepp, Andreas/Krotz, Friedrich/Thomas, Tanja (Hrsg.): Schlüsselwerke der Cultural Studies. Wiesbaden: VS, S. 290-303.

Klaus, Elisabeth/Röser, Jutta/Wischermann, Ulla (Hrsg.) (2001): Kommunikationswissenschaft und Gender Studies. Wiesbaden: Westdeutscher.

Klaus, Elisabeth/Lünenborg, Margreth (2004): Cultural Citizenship. Ein kommunikationswissenschaftliches Konzept zur Bestimmung kultureller Teilhabe in der Mediengesellschaft. In: Medien und Kommunikationswissenschaft 52 (2), S. 193-213.

Klaus, H. Gustav (1976): Politisch-kulturelle Periodika der englischen Linken (1945-1973). In: Gulliver, Deutsch-Englische Jahrbücher 1 (1), S. 161-192.

Klaus, H. Gustav (1977): Über Raymond Williams. In: Williams, Raymond (Hrsg.): Innovationen. Über den Prozesscharakter von Literatur und Kultur. Frankfurt a.M.: Syndikat.

Klaus, H. Gustav (1983a): Kulturanalyse in Großbritannien 1977-82. Einige Lektürehinweise (Teil I). In: Gulliver, Deutsch-Englische Jahrbücher 13, S. 73-89.

Klaus, H. Gustav (1983b): Kulturanalyse in Großbritannien 1977-82. Einige Lektürehinweise (Teil II). In: Gulliver, Deutsch-Englische Jahrbücher 15, S. 150-163.

Klaus, H. Gustav (1989): Vorwort. In: Hall, Stuart (Hrsg.): Ausgewählte Schriften: Ideologie, Kultur, Medien, neue Rechte, Rassismus. Hamburg: Argument, S. 5-8.

Klaus, H. Gustav (1990): Cultural Materialism: A Summary of Principles. In: Ahrens, Rüdiger (Hrsg.): Anglistentag 1989 Würzburg. Proceedings. Tübingen: Niemeyer Verlag, S. 66-78.

Klaus, H. Gustav (1993): Grundprinzipien des kulturellen Materialismus. Eine Skizze. In: Apitzsch, Ursula (Hrsg.): Neurath – Gramsci – Williams. Theorien der Arbeiterkultur und ihre Wirkung. Hamburg: Argument.

Klaus, H. Gustav (1994): Hoggart – Williams – Thompson. Bemerkungen zur zögerlichen Aufnahme der englischen Kulturdebatte in Deutschland. In: IKUS-Lectures 1994 (17+18), S. 41-49.

Kleiner, Marcus S. (2006): Medien-Heterotopien. Diskursräume einer gesellschaftskritischen Medientheorie. Münster: Transcript.

Kleiner, Marcus S./Szepanski, Achim (Hrsg.) (2003): Soundcultures. Über elektronische und digitale Musik. Frankfurt a.M.: Suhrkamp Verlag.

Knoblauch, Hubert (2008): Kommunikationsgemeinschaften. Überlegungen zur kommunikativen Konstruktion einer Sozialform. In: Hitzler, Roland/Honer, Anne/Pfadenhauer, Michaela (Hrsg.): Posttraditionale Gemeinschaften. Theoretische und ethnographische Erkundungen. Wiesbaden: VS, S. 73-88.

Kocka, Jürgen (1988): Zwischen Elfenbeinturm und Praxisbezug. Max Weber und die ‚Objektivität' der Kulturwissenschaften. In: Gneuss, Christian/Kocka, Jürgen (Hrsg.): Max Weber. Ein Symposium. München: dtv, S. 184-194.

Koivisto, Juha/Thomas, Peter (2007): Mapping Communication and Media Research: Germany. Helsinki: Communication Research Centre, University of Helsinki, Department of Communication Research Reports 6/2007.

Kramarae, Cheris (1998): Feminist Fictions of Future Technology. In: Jones, Steven G. (Hrsg.): Cybersociety 2.0. Revisiting Computer-Mediated Communication and Technology. London: Sage, S. 100-128.

Kramer, Jürgen (1989): Der Falkland-Konflikt. Ein aktuelles Beispiel im Englischunterricht derSekundarstufe II bzw. im Grundstudium. In: Gulliver, Deutsch-Englische Jahrbücher 13, S. 39-53.

Kramer, Jürgen (1990): Cultural and Intercultural Studies. Frankfurt a.M.: Peter Lang Verlag.

Kramer, Jürgen (1997): British Cultural Studies. München: Wilhelm Fink Verlag (UTB).

Kreutzner, Gabriele (1989): On Doing Cultural Studies in West Germany. In: Cultural Studies 3 (2), S. 240-249.

Kreutzner, Gabriele (1992): Next Time on Dynasty. Studien zu einem populären Serientext im amerikanischen Fernsehen der achtziger Jahre. Trier: WVT.

Krönert, Veronika (2009): Michel de Certeau: Alltagsleben, Aneignung und Widerstand. In: Hepp, Andreas/Krotz, Friedrich/Thomas, Tanja (Hrsg.): Schlüsselwerke der Cultural Studies. Wiesbaden: VS, S. 47-57.

Krotz, Friedrich (1992): Kommunikation als Teilhabe. Der ‚Cultural Studies Approach'. In: Rundfunk und Fernsehen 40 (3), S. 421-431.

Krotz, Friedrich (1995): Fernsehrezeption kultursoziologisch betrachtet. Der Beitrag der Cultural Studies zur Konzeption und Erforschung des Mediengebrauchs. In: Soziale Welt 46 (3), S. 245-265.

Krotz, Friedrich (1997): Gesellschaftliches Subjekt und kommunikative Identität: Zum Menschenbild der Cultural Studies. In: Hepp, Andreas/Winter, Rainer Opladen: Westdeutscher Verlag, S. 117-126.

Krotz, Friedrich (2005): Neue Theorien entwickeln. Eine Einführung in die Grounded Theory, die Heuristische Sozialforschung und die Ethnographie anhand von Beispielen aus der Kommunikationsforschung. Köln: Halem.

Krotz, Friedrich (2007): Mediatisierung: Fallstudien zum Wandel von Kommunikation. Wiesbaden: VS.

Krotz, Friedrich (2008): Gesellschaftliches Subjekt und kommunikative Identität: Zum Menschenbild der Cultural Studies. In: Hepp, Andreas/Winter, Rainer (Hrsg.): Kultur – Medien – Macht. Cultural Studies und Medienanalyse. Vierte Auflage. Wiesbaden: VS, S. 125-138.

Krotz, Friedrich (2009): Stuart Hall: Encoding/Decoding und Identität. In: Hepp, Andreas/Krotz, Friedrich/Thomas, Tanja (Hrsg.): Schlüsselwerke der Cultural Studies. Wiesbaden: VS, S. 210-223.

Kuhn, Anette (1984): Women's Genres. In: Screen, 25 (1), S. 18-29.

Lacan, Jacques (1975): Das Spiegelstadium als Bildner der Ichfunktion, wie sie uns in der psychoanalytischen Erfahrung erscheint. In: Lacan, Jacques (Hrsg.): Schriften 1. Frankfurt a.M.: Suhrkamp Verlag, S. 61-70.

Laclau, Ernesto (1981): Politik und Ideologie im Marxismus. Berlin:

Laclau, Ernesto/Mouffe, Chantal (1985): Hegemony & Socialist Strategy. Towards a Radical Democratic Politics. London/New York: Verso.

Langemeyer, Ines (2009): Antonio Gramsci: Hegemonie, Politik des Kulturellen, geschichtlicher Block. In: Hepp, Andreas/Krotz, Friedrich/Thomas, Tanja (Hrsg.): Schlüsselwerke der Cultural Studies. Wiesbaden: VS, S. 72-82.

Leavis, F.R. (1930): Mass Civilization and Minority Culture. Cambridge:

Lévi-Strauss, Claude (1989): Das wilde Denken. Frankfurt a.m.: Suhrkamp Verlag.

Lewis, Tania (2008): Revealing the Makeover Show. In: Continuum 22 (4), S. 441-446.

Lindlof, Thomas R. (1988): Media Audiences as Interpretive Communities. In: Communication Yearbook 11, S. 81-107.

Lindlof, Thomas R./Traudt, Peter (1983): Mediated Communication in Families. In: Mander, M. (Hrsg.): Communications in Transition. New York: Praeger, S. 260-278.

Lindner, Rolf (1985): Apropos Stil. Einige Anmerkungen zu einem Trend und seine Folgen. In: Lindner, Rolf/Wiebe, Hans-Hermann (Hrsg.): Verborgen im Licht. Neues zur Jugendfrage. Frankfurt a.M.: Syndikat, S. 206-218.

Lindner, Rolf (1994): Cultural Studies in der Bundesrepublik Deutschland. Eine Rezeptionsgeschichte. In: IKUS-Lectures 1994 (17+18), S. 50-57.

Lindner, Rolf (2000): Die Stunde der Cultural Studies. Berlin: Wuv.

Lingenberg, Swantje (2009): Europäische Öffentlichkeit – Öffentlichkeit ohne Publikum? Ein pragmatischer Ansatz mit Fallstudien zur europäischen Verfassungsdebatte. Wiesbaden: VS Verlag.

Livingstone, Sonia M. (2009): On the Mediation of Everything. In: Journal of Communication 59 (1), S. 1-18.

Lotman, Yuri (1990): The Universe of the Mind: A Semiotic Theory of Culture. Bloomington: Indiana UP.

Luger, Kurt (1994): Offene Grenzen in der Kommunikationswissenschaft. Über die Notwendigkeit eines interkulturellen Forschungsansatzes. In: Luger, Kurt/Renger, Rudi (Hrsg.): Dialog der Kulturen: Die multikulturelle Gesellschaft und die Medien. Wien: Österreichischer Kunst- und Kulturverlag, S. 23-65.

Lull, James (1980a): Family Communication Patterns and the Social Uses of TV. In: Communication Research 7 (3), S. 319-333.

Lull, James (1980b): The Social Uses of Television. In: Human Communication Research 6 (3), S. 197-209.

Lull, James (1982): How Families Select TV Programmes: A Mass Observational Study. In: Journal of Broadcasting & Electronic Media, 26 (4), S. 801-811.

Lull, James (1987): Audience, Texts, and Contexts. In: Critical Studies in Mass Communication 4, S. 318-322.

Lull, James (1988a): Critical Response: The Audience as Nuisance. In: Critical Studies in Mass Communication 5, S. 239-243.

Lull, James (Hrsg.) (1988b): World Families Watch Television. London u.a.: Sage.

Lull, James (1990): Inside Family Viewing. Ethnographic Research on Television's Audiences. London u.a.: Routledge.

Lull, James (1998): Hybrids, Fronts, Borders: The Challenge of Cultural Analysis in Mexico. In: European Journal of Cultural Studies 1, S. 403-418.

Lull, James (2000): Media, Communication, Culture. A Global Approach. Cambridge: Polity Press.

Lundby, Knut (2008): Digital storytelling, Mediatized Stories. In: Lundby, Knut (Hrsg.): Digital Storytelling, Mediatized Stories: Self-representations in New Media. New York: Peter Lang, S. 1-17.

Lundby, Knut (Hrsg.) (2009): Mediatization: Concept, Changes, Consequences New York: Peter Lang.

Lutter, Christina/Musner, Lutz (2002): Kulturstudien in Österreich. Wien: Löcker.

Lutter, Christina/Reisenleitner, Markus (2002): Cultural Studies: Eine Einführung. Wien: Löcker.

Lyon, David (1999): Postmodernity. Second Edition. Buckingham: Open UP.

Maas, Utz (1980): Kulturanalyse. Bibliographische Hinweise und Anmerkungen zu den Arbeiten des Birminghamer Centre for Contemporary Cultural Studies. In: OBST 16, S. 118-162.

Maas, Utz (1984): Als der Geist der Gemeinschaft eine Sprache fand. Sprache im Nationalsozialismus. Opladen: Westdeutscher Verlag.

Machin, David/Carrithers, Michael (1996): From ‚Interpretive Communities' to ‚Communities of Improvisation'. In: Media, Culture and Society 18 (2), S. 343-352.

Mackay, Hugh (Hrsg.) (1997): Consumption and Everyday Life. London: Sage.

Maffesoli, Michel (1988): Le Temps des tribes: Le déclin de lindividualisme das les société de masse. Paris: Meridiens Klincksieck.

Maffesoli, Michel (1996): The Time of the Tribes. The Decline of Individualism on Mass Society. London, Thousand Oaks, New Delhi: Sage.

Mahnkopf, Birgit (1985): Verbürgerlichung. Die Legende vom Ende des Proletariats. Frankfurt a.M./New York: Campus.

Mahnkopf, Birgit (1993): Das Arbeiterkultur-Konzept in der anglo-marxistischen Debatte. In: Apitzsch, Ursula (Hrsg.): Neurath – Gramsci – Williams. Hamburg: Argument, S. 64-80.

Malcolmson, R. (1982): Popular Recreations under Attack. In: Waites, T./Bennett, Tony/ Martin, G. (Hrsg.): Popular Culture: Past and Present. London: Croom Helm/Open UP, S. 20-66.

Marchart, Oliver (2007): Cultural Studies. Konstanz: Utb.

Marsh, David (2005): Sociology and Cultural Studies at Birmingham and Beyond. In: Cultural Studies 19 (3), S. 388-393.

Martín-Barbero, Jesus (1988): Communication from Culture. The Crisis of the National and the Emergence of the Popular. In: Media, Culture & Society 10 (4), S. 447-465.

Maurer, Marcus (2010): Agenda-Setting. Baden-Baden: Nomos.

Mayer, Ruth/Terkessidis, Mark (Hrsg.) (1998): Globalkolorit. Multikulturalismus und Populärkultur St. Andrä/Wördern: Hannibal.

McFall, Liz (2002): What about the old cultural intermediaries? An historical review of advertising producers. In: Cultural Studies 16 (4), S. 532-552.

McGuigan, Jim (1992): Cultural Populism. London u.a.: Routledge.

McGuigan, Jim (Hrsg.) (1997a): Cultural Methodologies. London: Sage.

McGuigan, Jim (1997b): Introduction. In: McGuigan, Jim (Hrsg.): Cultural Methodologies. London u.a.: Sage, S. 1-11.

McGuigan, Jim (1999): Modernity and Postmodern Culture. Buckingham: Open UP.

McGuigan, Jim (2007): Cultural studies und ‚cool capitalism'. In: Harrasser, Karin/Riedmann, Sylvia/Scott, Alan (Hrsg.): Die Politik der Cultural Studies. Cultural Studies der Politik. Wien: Turia & Kant, S. 43-66.

McRobbie, Angela (1982): Abrechnung mit dem Mythos Subkultur. Eine feministische Kritik. In: McRobbie, Angela/Savier, Monika (Hrsg.): Autonomie – Aber wie! Mädchen, Alltag, Abenteuer. München: Verlag Frauenoffensive, S. 205-226.

McRobbie, Angela (1994): Postmodernism and Popular Culture. London u.a.: Routledge.

McRobbie, Angela (1997): Shut up and dance. Jugendkultur und Weiblichkeit im Wandel. In: SPOKK (Hrsg.): Kursbuch Jugendkultur. Mannheim: Bollmann, S. 192-206.

McRobbie, Angela (2002): Clubs to companies: Notes on the decline of political culture in speeded up creative worlds. In: Cultural Studies 16 (4), S. 516-531.

McRobbie, Angela/Savier, Monika (Hrsg.) (1982): Autonomie – Aber wie! Mädchen, Alltag, Abenteuer. München: Verlag Frauenoffensive.

Mecheril, Paul/Witsch, Monika (2006): Cultural Studies und Pädagogik. Kritische Artikulationen. Transcript.

Mercer, Colin (1986): Complicit Pleasures. In: Bennett, Tony/Mercer, Colin/Woollacott, Janet (Hrsg.): Popular Culture and Social Relations. Milton Keynes/Philadelphia: Open UP, S. 50-68.

Meyrowitz, Joshua (1987): Die Fernsehgesellschaft. Wirklichkeit und Identität im Medienzeitalter. Weinheim/Basel: Beltz Verlag.

Mikos, Lothar (1987): Fernsehserien. Ihre Geschichte, Erzählweise und Themen. In: Medien und Erziehung 31 (1), S. 2-16.

Mikos, Lothar (1994a): Es wird dein Leben! Familienserien im Fernsehen und im Alltag der Zuschauer. Münster: MAkS Publikationen.

Mikos, Lothar (1994b): Fernsehen im Erleben der Zuschauer. Vom lustvollen Umgang mit einem populären Medium. München: Quintessenz.

Mikos, Lothar (1997): Das Publikum und seine soziale Strukturiertheit. Zu Morleys Kategorie des ‚Haushalts'. In: montage/av 6 (1), S. 89-96.

Mikos, Lothar (2008): Die Rezeption des Cultural Studies Approach im deutschsprachigen Raum. In: Hepp, Andreas/Winter, Rainer (Hrsg.): Kultur – Medien – Macht. Cultural Studies und Medienanalyse. Vierte, überarbeitete und erweiterte Auflage. Wiesbaden: VS, S. 177-192.

Mikos, Lothar (2009): John Fiske: Populäre Texte und Diskurs. In: Hepp, Andreas/Krotz, Friedrich/Thomas, Tanja (Hrsg.): Schlüsselwerke der Cultural Studies. Wiesbaden: VS, S. 156-164.

Miller, Richard E. (1994): ‚A Moment of Profound Danger': British Cultural Studies Away From The Centre. In: Cultural Studies 8 (3), S. 417-427.

Miller, Toby/Govil, Nitin/McMurria, John/Maxwell, Richard (2001): Global Hollywood. London: BFI.

Miller, Toby/McHoul, Alec (1998): Popular Culture and Everyday Life. London: Sage.

Modleski, Tania (1982): Loving with a Vengeance: Mass Produced Fantasies for Women. London: Methuen.

Moores, Shaun (1993): Interpreting Audiences. The Ethnography of Media Consumption. London u.a.: Sage.

Moriarty, Michael (1991): Roland Barthes. Cambridge: Polity Press.

Morley, David (1980): The Nationwide Audience: Structure and Decoding. London: BFI.

Morley, David (1986): Family Television. Cultural Power and Domestic Leisure. London: Comedia.

Morley, David (1989): Changing Paradigms in Audience Studies. In: Seiter, Ellen/Borchers, Hans/Kreutzner, Gabriele/Warth, Eva-Maria London u.a.: Routledge, S. 16-43.

Morley, David (1992): Television Audiences and Cultural Studies. London u.a.: Routledge.

Morley, David (1996a): Media Dialogue: Reading the Readings of the Readings.... In: Curran, James/Morley, David/Walkerdine, Valerie (Hrsg.): Cultural Studies and Communications. London u.a.: Arnold, S. 300-305.

Morley, David (1996b): Medienpublika aus der Sicht der Cultural Studies. In: Hasebrink, Uwe/Krotz, Friedrich (Hrsg.): Die Zuschauer als Fernsehregisseure? Zum Verständnis individueller Nutzungs- und Rezeptionsmuster. Baden-Baden/Hamburg: Nomos Verlagsgesellschaft, S. 37-51.

Morley, David (1996c): Populism, Revisionism and the ‚New' Audience Reserach [Reprint von 1992]. In: Curran, James/Morley, David/Walkerdine, Valerie (Hrsg.): Cultural Studies and Communications. London u.a.: Arnold, S. 279-293.

Morley, David (1997): Where the Global Meets the Local: Aufzeichnungen aus dem Wohnzimmer. In: montage/av 6 (1), S. 5-35.

Morley, David (1998): So-Called Cultural Studies: Dead Ends and Reinvented Wheels. In: Cultural Studies 12 (4), S. 467-497.

Morley, David (1999): Bemerkungen zur Ethnographie des Fernsehpublikums. In: Bromley, Roger/Göttlich, Udo/Winter, Carsten (Hrsg.): Cultural Studies. Grundlagentexte zur Einführung. Lüneburg: Zu Klampen, S. 281-316.

Morley, David (2000): Home Territories. Media, Mobility and Identity. London u.a.: Routledge.

Morley, David (2003): Die ‚sogenannten Cultural Studies'. In: Hepp, Andreas/Winter, Carsten (Hrsg.): Die Cultural Studies Kontroverse. Lüneburg: zu Klampen, S. 111-136.

Morley, David (2006): What's ‚home' got to do with it? Contradictionary dynamics in the domestication of technology and the dislocation of domesticity. In: Berker, Thomas/Hartmann, Maren/Punie, Yves/Ward, Katie (Hrsg.): Domestication of Media and Technology. New York: Open UP, S. 21-39.

Morley, David (2007): Media, Modernity and Technology. The Geography of the New. London u.a.: Routledge.

Morley, David/Brunsdon, Charlotte (1999): The ‚Nationwide' Television Studies. London u.a.: Routledge.

Morley, David/Robins, Kevin (1989): Spaces of Identity: Communications, Technologies and the Reconfiguration of Europe. In: Screen 30 (4), S. 10-34.

Morley, David/Robins, Kevin (1995): Spaces of Identity. Global Media, Electronic Landscapes, and Cultural Boundaries. London u.a.: Routledge.

Morley, David/Robins, Kevin (2002): Globalisierung als Identitätskrise: Die neue globale Medienlandschaft. In: Hepp, Andreas/Löffelholz, Martin (Hrsg.): Grundlagentexte zur transkulturellen Kommunikation. Konstanz: UVK (UTB), S. 533-560.

Morley, David/Silverstone, Roger (1990): Domestic Communication:Technologies and Meanings. In: Media, Culture & Society 12 (1), S. 31-55.

Morley, David/Silverstone, Roger (1991): Communication and Context: Ethnographic Perspectives on the Media Audience. In: Jensen, Klaus Bruhn/Jankowski, Nicholas W. (Hrsg.): Qualitative Methodologies for Mass Communication Research. London u.a.: Routledge, S. 149-162.

Morris, Meaghan (1990): Banality in Cultural Studies. In: Mellencamp, Patricia (Hrsg.): Logics of Television. Essays in Cultural Criticism. Bloomington: Indiana UP, S. 14-43.

Morris, Meaghan (2003): Das Banale in den Cultural Studies. In: Hepp, Andreas/Winter, Carsten (Hrsg.): Die Cultural Studies Kontroverse. Lüneburg: Zu Klampen, S. 51-83.

Muecke, Stephen (1992): Textual Spaces. Aboriginality and Cultural Studies. Kensington: New South Wales UP.

Müller-Bachmann, Eckart (2002): Jugendkulturen Revisited. Musik- und stilbezogene Vergemeinschaftungsformen (Post-)Adoleszenter im Modernisierungskontext. Münster: Lit.

Müller, Eggo (1993): „Pleasure and Resistance". John Fiskes Beitrag zur Populärkulturtheorie. In: montage/av 2 (1), S. 52-66.

Müller, Eggo/Wulff, Hans J. (1999): Aktiv ist gut: Anmerkungen zu einigen empiristischen Verkürzungen der British Cultural Studies. In: Hepp, Andreas/Winter, Rainer (Hrsg.): Kultur – Medien – Macht. Cultural Studies und Medienanalyse. Zweite überarbeitete und erweiterte Auflage. Opladen: Westdeutscher Verlag, S. 171-176.

Müller, Eggo/Wulff, Hans J. (2008): Aktiv ist gut, interaktiv noch besser: Anmerkungen zu einigen offenen Fragen der Cultural Studies. In: Hepp, Andreas/Winter, Rainer (Hrsg.): Kultur – Medien – Macht. Cultural Studies und Medienanalyse. Vierte Auflage. Wiesbaden: VS, S. 193-200.

Musner, Lutz (1999): Locating Culture in the US and Central Europe – A Transatlantic Perspective on Cultural Studies. In: Cultural Studies 13 (4), S. 577-590.

Nederveen Pieterse, Jan (1998): Der Melange-Effekt. In: Beck, Ulrich (Hrsg.): Perspektiven der Weltgesellschaft. Frankfurt a.M.: Suhrkamp Verlag, S. 87-124.

Negus, Keith (1997): The Production of Culture. In: du Gay, Paul (Hrsg.): Production of Culture/Cultures of Production. London: Sage, S. 67-104.

Negus, Keith (2002a): Produktionskulturen und die soziale Vermittlung von symbolischen Formen. In: Hepp, Andreas/Löffelholz, Martin (Hrsg.): Grundlagentexte zur transkulturellen Kommunikation. Konstanz: UVK (UTB), S. 249-271.

Negus, Keith (2002b): The Work of Cultural Intermediaries and the Enduring Distance Between Production and Consumption. In: Cultural Studies 16 (4), S. 501-515.

Negus, Keith (2006): Rethinking Creative Production Away from the Cultural Industries. In: Curran, James/Morley, David (Hrsg.): Media and Cultural Theory. London u.a.: Routledge, S. 197-208.

Nelson, Cary (1996): Always Already Cultural Studies: Academic Conferences and a Manifesto. In: Storey, John (Hrsg.): What is Cultural Studies? A Reader. London u.a.: Arnold, S. 273-286.

Neumann-Braun, Klaus (Hrsg.) (1999): Viva MTV! Popmusik im Fernsehen. Frankfurt a.M.: Suhrkamp Verlag.

Nierlich, Edmund (Hrsg.) (1978): Fremdsprachliche Literaturwissenschaft und Massenmedien. Analyse von Medientexten aus Presse, Film und Fernsehen Englands und Nordamerikas. Meisenheim am Glan: Verlag Anton Hain.

Nightingale, Virginia (1990): Women as Audiences. In: Brown, Mary Ellen (Hrsg.); Television and Women's Culture. The Politics of the Popular. London u.a.: Sage, S. 25-36.

Nightingale, Virginia (1996): Studying Audiences. The Shock of the Real. London u.a.: Routledge.

Nixon, Simon/du Gay, Paul (2002): Who needs cultural intermediaries? In: Cultural Studies 16 (4), S. 495-500.

O'Connor, Alan (1996): The Problem of American Cultural Studies. In: Storey, John (Hrsg.): What is Cultural Studies? A Reader. London u.a.: Arnold, S. 187-196.

O'Connor, Alan (2000): The eagle and the bird: A response to James Lull on cultural analysis in Mexico. In: European Journal of Cultural Studies 8 (3), S. 421 - 426.

O'Sullivan, Tim/Hartley, John/Saunders, Danny/Montgomery, Martin/Fiske, John (1994): Key Concepts in Communication and Cultural Studies. Second Edition. London u.a.: Routledge.

Ong, Walter J. (1987): Oralität und Literalität. Die Technologisierung des Wortes. Opladen: Westdeutscher Verlag.

Ouellette, Laurie/Hay, James (2008): Makeover television, governmentality and the good citizen. In: Continuum 22 (4), S. 471 - 484.

Parkin, Frank (1972): Class Inequality and Political Order. St. Albans: Paladin.

Peirce, Charles S. (1983): Phänomen und Logik des Zeichens. Frankfurt a.M.: Suhrkamp Verlag.

Pfister, Joel (1996): The Americanization of Cultural Studies. In: Storey, John (Hrsg.): What is Cultural Studies? A Reader. London u.a.: Arnold, S. 287-299.

Pias, Claus/Vogl, Joseph/Engell, Lorenz/Fahle, Oliver/Neitzel, Britta (Hrsg.) (1999): Kursbuch Medienkultur. Die maßgeblichen Theorien von Brecht bis Baudrillard Stuttgart: Deutsche Verlags-Anstalt.

Pillai, Poonam (1992): Rereading Stuart Halls Encoding/Decoding Model. In: Communication Theory 3, S. 221-233.

Poster, Mark (1992): The Question of Agency: Michel de Certeau and the History of Consumerism. In: diacritics 22 (2), S. 94-107.

Poster, Mark (1998): Virtual Ethnicity: Tribal Identity in an Age of Global Communications. In: Jones, Steven G. (Hrsg.): Cybersociety 2.0. Revisiting Computer-Mediated Communication and Technology. London: Sage, S. 184-211.

Pürer, Heinz (2003): Publizistik- und Kommunikationswissenschaft. Ein Handbuch. Konstanz: UVK (UTB).

Quandt, Thorsten (1997): Musikvideos im Alltag Jugendlicher. Umfeldanalyse und qualitative Rezeptionsstudie. Wiesbaden: Deutscher Universitätsverlag.

Radway, Janice (1984): Interpretive Communities and Variable Literacies: The Functions of Romance Reading. In: Daedalus 113 (3), S. 49-73.

Radway, Janice (1987): Reading the Romance. London/New York: Verso.

Radway, Janice (1988): Reception Study: Ethnography and the Problems of Dispersed Audiences and Nomadic Subjects. In: Cultural Studies 3 (2), S. 359-376.

Räthzel, Nora (1994): Cultural Studies und Rassismusforschung in der Bundesrepublik. In: IKUS-Lectures 1994 (17+18), S. 59-76.

Redden, Guy (2008): Economy and reflexivity in makeover television. In: Continuum 22 (4), S. 485-494.

Renckstorf, Karsten (1989): Mediennutzung als soziales Handeln. Zur Entwicklung einer handlungstheoretischen Perspektive der empirischen (Massen-) Kommunikationsforschung. In: Kaase, Max/Schulz, Winfried (Hrsg.): Massenkommunikation. Theorien, Methoden, Befunde. Sonderheft der Kölner Zeitschrift für Soziologie und Sozialpsychologie. Opladen: Westdeutscher Verlag, S. 314-336.

Renger, Rudi (2000): Populärer Journalismus. Nachrichten zwischen Fakten und Fiktion. Innsbruck, Wien, München: StudienVerlag.

Renger, Rudi (2004): Journalismus als kultureller Diskurs. Cultural Studies und Journalismustheorie. In: Löffelholz, Martin (Hrsg.): Theorien des Journalismus. Zweite Auflage.Wiesbaden: VS, S. 359-370.

Renger, Rudi (2009): John Hartley: Populärer Journalismus. In: Hepp, Andreas/Krotz, Friedrich/Thomas, Tanja (Hrsg.): Schlüsselwerke der Cultural Studies. Wiesbaden: VS, S. 224-234.

Rheingold, Howard (1998): Die Zukunft der Demokratie und vier Prinzipien der Computerkommunikation [orig. 1994]. In: Bollmann, Stefan (Hrsg.): Kursbuch neue Medien. Trends in Wirtschaft und Politik, Wissenschaft und Kultur. Reinbek bei Hamburg: Rowohlt Verlag, S. 292-200.

Robins, Kevin (1991): Tradition and Translation: National Culture in it's Global Context. In: Corner, J./Harvay, S. (Hrsg.): Enterprise and Heritage. London u.a.: Routledge, S. 21-44.

Rojek, Chris (2003): Stuart Hall. Cambridge, Oxford: Polity.

Röser, Jutta (Hrsg.) (2007): MedienAlltag. Domestizierungsprozesse alter und neuer Medien. Wiesbaden: VS.

Röser, Jutta (2009): David Morley: Aneignung, Ethnografie und die Politik des Wohnzimmers. In: Hepp, Andreas/Krotz, Friedrich/Thomas, Tanja (Hrsg.): Schlüsselwerke der Cultural Studies. Wiesbaden: VS, S. 277-289.

Rössler, Patrick (1997): Agenda-Setting. Theoretischer Gehalt und empirische Tendenzen einer Medienwirkungshypothese. Opladen: Westdeutscher Verlag.

Sassen, Saskia (1996): Metropolen des Weltmarkts. Die neue Rolle der Global Cities. Frankfurt a.M.: Suhrkamp Verlag.

Saussure, Ferdinand de (1967): Grundfragen der Allgemeinen Sprachwissenschaft. Berlin/New York: de Gruyter.

Scannell, Paddy (Hrsg.) (1991): Broadcast Talk. London u.a.: Sage.

Schmidt, Siegfried J./Zurstiege, Guido (2007): Kommunikationswissenschaft: Systematik und Ziele. Reinbek: Rowohlt.

Schmiedke-Rindt, Carina (1999): „She's Got Herself a Universe" oder: Die Vorstellung einer Lebenswelt und ihrer BewohnerInnen im Widerschein des Madonna-Fanomens. In: Hepp, Andreas/Winter, Rainer (Hrsg.): Kultur – Medien – Macht. Cultural Studies und Medienanalyse. Zweite überarbeitete und erweiterte Auflage. Opladen: Westdeutscher Verlag, S. 337-357.

Schöttler, P. (1988): Sozialgeschichtliches Paradigma und historische Diskursanalyse. In: Fohrmann, Jürgen/Müller, Harro (Hrsg.): Diskurstheorien und Literaturwissenschaft. Frankfurt a.M.: Suhrkamp Verlag, S. 159-199.

Schwarz, Bill (1994): Where is Cultural Studies? In: Cultural Studies 8 (3), S. 377-393.

Seaman, William R. (1992): Active Audience Theory: Pointless Populism. In: Media, Culture and Society 14 (2), S. 301-311.

Seiter, Ellen/Borchers, Hans/Kreutzner, Gabriele/Warth, Eva-Maria (1989a): „Don't treat us like we're so stupid and naive": Towards an Ethnography of Soap Opera Vievers. In: Seiter, Ellen/Borchers, Hans/Kreutzner, Gabriele/Warth, Eva-Maria (Hrsg.): Remote Control. Television, Audiences and Cultural Power. London u.a.: Routledge, S. 223-247.

Seiter, Ellen/Borchers, Hans/Kreutzner, Gabriele/Warth, Eva-Maria (Hrsg.) (1989b): Remote Control. Television, Audiences and Cultural Power. London u.a.: Routledge.

Sharpe, S. (1976): „Just like a Girl" – How Girls Learn to be a Woman. Hardmondworth: Penguin.

Shields, Rob (1996): Foreword: Masses or Tribes? In: Maffesoli, Michel (Hrsg.): The Time of the Tribes. The Decline of Individualism on Mass Society. London u.a.: Sage, S. ix-xii.

Silverstone, Roger (1989): Let us then Return to the Murmuring of Everyday Practices: A Note on Michel de Certeau, Television and Everyday Life. In: Theory, Culture and Society 6, S. 77-94.

Silverstone, Roger (1994): Television and Everyday Life. London u.a.: Routledge.

Silverstone, Roger (1996): From Audiences to Consumers: The Household and the Consumption of Communication and Information Technologies. In: Hay, James/Grossberg, Lawrence/Wartella, Ellen Boulder: Westview Press, S. 281-296.

Silverstone, Roger (2006): Domesticating Domestication. Reflections on the Life of a Concept. In: Berker, Thomas/Hartmann, Maren/Punie, Yves/Ward, Katie (Hrsg.): Domestication of Media and Technology. London: Open UP, S. 229-248.

Silverstone, Roger (2007): Anatomie der Massenmedien. Ein Manifest. Frankfurt a.M.: Suhrkamp.

Silverstone, Roger (2008): Mediapolis. Die Moral der Massenmedien. Frankfurt a.M.: Suhrkamp.

Silverstone, Roger/Hirsch, Eric (Hrsg.) (1992): Consuming Technologies. Media and Information in Domestic Spaces. London u.a.: Routledge.

Silverstone, Roger/Hirsch, Eric/Morley, David (1992): Information and communication technologies and the moral economy of the household. In: Silverstone, Roger/Hirsch, Eric (Hrsg.): Consuming Technologies. Media and Information in Domestic Spaces. London u.a.: Routledge, S. 15-31.

Spigel, Lynn (1990): Television and the Family Circle: The Popular Reception of a New Medium. In: Mellencamp, Patricia Bloomington: Indiana UP, S. 73-87.

Spigel, Lynn (1992): Make Room for TV. Television and the Family Ideal in Postwar America. Chicago/London: University of Chicago Press.

SPOKK (Hrsg.) (1997): Kursbuch Jugendkultur. Stile, Szenen und Identitäten vor der Jahrtausendwende. Mannheim: Bollmann.

Steele, Tom (1997): The Emergence of Cultural Studies 1945 - 1965. Cultural Politics, Adult Education and the English Question. London: Lawrence & Wishart.

Striphas, Ted (1998a): Cultural Studies' Institutional Presence: A Resource and Guide. In: Cultural Studies 12 (4), S. 571-594.

Striphas, Ted (1998b): The Long March: Cultural Studies and its Institutionalization. In: Cultural Studies 12 (4), S. 453-475.

Terkessidis, Mark (2009): Interkultur. Frankfurt a.M.: Suhrkamp.

Teske, Doris (2002): Cultural Studies: GB. Berlin: Cornelsen.

Thomas, Tanja (2009): Michael Foucault: Diskurs, Macht und Subjekt. In: Hepp, Andreas/Krotz, Friedrich/Thomas, Tanja (Hrsg.): Schlüsselwerke der Cultural Studies. Wiesbaden: VS, S. 58-71.

Thompson, Denys (Hrsg.) (1961a): Discrimination and Popular Culture. Hardmondworth: Penguin Books.

Thompson, E.P. (1961b): Review of Raymond Williams' ,The Long Revolution'. In: New Left Review 1961 (9 +10), S. 24-33; 34-39.

Thompson, E.P. (1968): The Making of the English Working Class. Hardmondworth: Penguin Books.

Thompson, E. P. (1987): Die Entstehung der englischen Arbeiterklasse. Frankfurt a.M.: Suhrkamp Verlag.

Thompson, E.P. (1999): Kritik an Raymond Williams' ‚The Long Revolution'. In: Bromley, Roger/Göttlich, Udo/Winter, Carsten (Hrsg.): Cultural Studies. Grundlagentexte zur Einführung. Lüneburg: Zu Klampen, S. 75-91.

Thompson, Kenneth (1997a): Introduction. In: Thompson, Kenneth (Hrsg.): Media and Cultural Regulation. London u.a.: Sage, S. 1-7.

Thompson, Kenneth (Hrsg.) (1997b): Media and Cultural Regulation. London: Sage.

Thompson, Spurgeon (2001): Introduction: Towards an Irish cultural studies. In: Cultural Studies 15 (1), S. 1-11.

Todorov, T. (1977): The Poetics of Prose. Oxford: Blackwell.

Tomaselli, Keyan G./Wright, Handel Kashope (2008): Editorial Statement: African Cultural Studies. In: Cultural Studies 22 (2), S. 173-186.

Tomlinson, John (1999): Globalization and Culture. Cambridge, Oxford: Polity Press.

Tomlinson, John (2000): Globalisierung, Kultur und komplexe Vernetzungen. In: Düllo, Thomas/Meteling, Arno/Suhr, André/Winter, Carsten (Hrsg.): Kursbuch Kulturwissenschaft. Münster: LIT Verlag, S. 17-43.

Tomlinson, John (2002): Internationalisierung, Globalisierung und kultureller Imperialismus. In: Hepp, Andreas/Löffelholz, Martin (Hrsg.): Grundlagentexte zur transkulturellen Kommunikation. Konstanz: UVK (UTB), S. 140-163.

Tulloch, John (1990): Television Drama. Agency, Audience and Myth. London/New York: Routledge.

Tulloch, John/Jenkins, Henry (1995): Science Fiction Audiences. Watching Dr. Who and Star Trek. London u.a.: Routledge.

Tulloch, John/Moran, Albert (1986): A Country Practice: ‚Quality Soap'. Sydney: Currency Press.

Turkle, Sherry (1998): Leben im Netz : Identität in Zeiten des Internet. Reinbek b. Hamburg: Rowohlt.

Turner, Graeme (1988): Film as Social Practice. London/New York: Routledge.

Turner, Graeme (1996): ‚It works for me': British Cultural Studies, Australian Cultural Studies, Australian Film. In: Storey, John (Hrsg.): What is Cultural Studies? A Reader. London u.a.: Arnold, S. 322-335.

Turner, Graeme (2002): British Cultural Studies. An Introduction. Third Edition. London u.a.: Routledge.

Vester, Heinz-Günter (1993): Soziologie der Postmoderne. München: Quintessenz.

Vogelgesang, Waldemar (1991): Jugendliche Video-Cliquen. Action- und Horrorvideos als Kristallisationspunkte einer neuen Fankultur. Opladen: Westdeutscher Verlag.

Vogelgesang, Waldemar (1994): Jugend- und Medienkulturen. Ein Beitrag zur Ethnographie medienvermittelter Jugendwelten. In: Kölner Zeitschrift für Soziologie und Sozialpsychologie 46 (3), S. 464-491.

Vogelgesang, Waldemar (1995): Jugendliches Medien-Fantum – Die Anhänger der „Lindenstraße" im Reigen medienvermittelter Jugendwelten. In: Jurga, Martin (Hrsg.): Lindenstraße. Produktion und Rezeption einer Erfolgsserie. Opladen: Westdeutscher Verlag, S. 153-174.

Vogelgesang, Waldemar (1999): Jugendliche Identitätsinszenierung und Szenengenerierung im Internet. In: Berliner Journal für Soziologie 1999 (1), S. 65-84.

Vogelgesang, Waldemar (2001): , Meine Zukunft bin ich.' Alltag und Lebensplanung Jugendlicher. Frankfurt a.m.: Campus.

Vogelgesang, Waldemar (2008): Stilvolles Medienhandeln in Jugendszenen. In: Hepp, Andreas/Winter, Rainer (Hrsg.): Kultur – Medien – Macht. Cultural Studies und Medienanalyse. Vierte erweiterte und korrigierte Auflage. Wiesbaden: VS, S. 439-454.

Vollbrecht, Ralf (1997): Von Subkulturen zu Lebensstilen. Jugendkulturen im Wandel. In: SPOKK (Hrsg.): Kursbuch Jugendkultur. Stile, Szenen und Identitäten vor der Jahrtausendwende. Mannheim: Bollmann, S. 22-31.

Volosinov, Valentin N. (1975): Marxismus und Sprachphilosophie. Grundlegende Probleme der soziologischen Methode in der Sprachwissenschaft. Frankfurt a.M. u.a.: Ullstein Verlag.

Wallerstein, Immanuel (1986): Das moderne Weltsystem: Kapitalistische Landwirtschaft und die Entstehung der europäischen Weltwirtschaft im 16. Jahrhundert. Frankfurt a.M.: Syndikat.

Warneken, Bernd Jürgen (2006): Die Ethnographie popularer Kulturen: Eine Einführung. Wien, Köln, Weimar: UTB.

Watters, Ethan (2004): Urban Tribes: Are Friends the New Family? London: Bloomsbury.

Weber, Max (1988): Gesammelte Aufsätze zur Wissenschaftslehre. Siebte Auflage. Tübingen: Mohr Verlag (UTB).

Webster, Frank (2004): Cultural Studies and Sociology at, and after, the closure of the Birmingham School. In: Cultural Studies 18 (6), S. 847-862.

Webster, Frank (2005): A reply to David Marsh. In: Cultural Studies, 19 (3), S. 394-395.

Webster, Frank (2007): Cultural Studies und Soziologie vor und nach der Auflösung der Schule von Birmingham. In: Harrasser, Karin/Riedmann, Sylvia/Scott, Alan (Hrsg.): Die Politik der Cultural Studies. Cultural Studies der Politik. Wien: Turia & Kant, S. 67-87.

Williams, Raymond (1962): Communications. Harmondsworth: Penguin Books.

Williams, Raymond (1965): The Long Revolution. Hardmondworth: Penguin.

Williams, Raymond (1971): Culture and Society: 1780-1950. Harmondsworth: Penguin Books.

Williams, Raymond (1972): Gesellschaftstheorie als Begriffsgeschichte. Studien zur historischen Semantik von ‚Kultur'. München: Rogner & Bernhard.

Williams, Raymond (1977a): Innovationen. Über den Prozeßcharakter von Literatur und Kultur. Frankfurt a.M.: Syndikat.

Williams, Raymond (1977b): Marxism and Literature. Oxford: Oxford UP.

Williams, Raymond (1981): Culture. Glasgow: Fontana.

Williams, Raymond (1984): Mobile Privatisierung. In: Das Argument 144, S. 260-263.

Williams, Raymond (1986): Karl Marx und die Kulturtheorie. In: Neidhart, Friedhelm/ Lepsius, M. Rainer/Weiß, Johannes (Hrsg.): Kultur und Gesellschaft. Sonderheft 27 der KZfSS. Opladen: Westdeutscher Verlag, S. 32-56.

Williams, Raymond (1990): Television: Technology and Cultural Form. London u.a.: Routledge.

Willis, Paul (1979): Spaß am Widerstand. Frankfurt a.M.: Syndikat.

Willis, Paul (1980): Notes on Method. In: Hall, Stuart/Hobson, Dorothy/Lowe, Andrew/ Willis, Paul (Hrsg.): Culture, Media, Language. London u.a.: Routledge, S. 88-95.

Willis, Paul (1981): „Profane Culture". Rocker, Hippies: Subversive Stile der Jugendkultur. Frankfurt a.m.: Syndikat.

Willis, Paul (2000): The Ethnographic Imagination. London: Polity Press.

Willis, Paul/Jones, Simon/Canaan, Joyce/Hurd, Geoff (1991): Jugend-Stile. Zur Ästhetik der gemeinsamen Kultur. Hamburg/Berlin: Argument.

Wilson, Pamela (2004): Jamming Big Brother: Webcasting, audience intervention, and narrative activism. In: Murray, Susan/Ouellette, Laurie (Hrsg.): Reality TV: Remaking Television Culture. New York: New York UP, S. 323-343.

Winter, Carsten (Hrsg.) (1996): Kulturwissenschaft. Perspektiven, Erfahrungen, Beobachtungen. Bonn: ARCult-Media.

Winter, Carsten (2007): Raymond Williams (1921-1988): Medien- und Kommunikationsforschung für die Demokratisierung von Kultur und Gesellschaft. In: Medien & Kommunikationswissenschaft 55 (2), S. 247-264.

Winter, Carsten (2009): James Lull: Weltfamilien und Superkulturen. In: Hepp, Andreas/Krotz, Friedrich/Thomas, Tanja (Hrsg.): Schlüsselwerke der Cultural Studies. Wiesbaden: VS, S. 247-266.

Winter, Rainer (1992): Filmsoziologie. Eine Einführung in das Verhältnis von Film, Kultur und Gesellschaft. München: Quintessenz.

Winter, Rainer (1995): Der produktive Zuschauer. Medienaneignung als kultureller und ästhetischer Prozeß. München: Quintessenz.

Winter, Rainer (1999): Cultural Studies als kritische Medienanalyse: Vom „encoding/decoding"-Modell zur Diskursanalyse. In: Hepp, Andreas/Winter, Rainer (Hrsg.): Kultur – Medien – Macht. Cultural Studies und Medienanalyse. Zweite überarbeitete und erweiterte Auflage. Opladen: Westdeutscher Verlag, S. 47-64.

Winter, Rainer (2001): Die Kunst des Eigensinns. Cultural Studies als Kritik der Macht. Weilerswist: Velbrück.

Winter, Rainer (2003): Globale Medien, kultureller Wandel und die Transformation des Lokalen: Der Beitrag der Cultural Studies zu einer Soziologie hybrider Formationen. In: Beck, Ulrich/Sznaider, Natan/Winter, Rainer (Hrsg.): Globales Amerika? Die kulturellen Folgen der Globalisierung. Bielefeld: Transkript, S. 263-283.

Winter, Rainer (2008): Reflexivität, Interpretation und Ethnografie: Zur kritischen Methodologie der Cultural Studies. In: Hepp, Andreas/Winter, Rainer (Hrsg.): Kultur – Medien – Macht. Cultural Studies und Medienanalyse. Vierte Auflage. Wiesbaden: VS, S. 81-92.

Winter, Rainer (Hrsg.) (2010): Die Zukunft der Cultural Studies.Theorie, Kultur und Gesellschaft im 21. Jahrhundert. Münster: Transcript.

Winter, Rainer/Eckert, Roland (1990): Mediengeschichte und kulturelle Differenzierung. Zur Entstehung und Funktion von Wahlnachbarschaften. Opladen: Leske + Budrich.

Winter, Rainer/Zima, Peter V. (Hrsg.) (2007): Kritische Theorie heute. Münster: Transcript.

Wittmann, Frank (2007): Medienkultur und Ethnographie: Ein transdisziplin‰rer Ansatz. Mit einer Fallstudie zu Senegal. Münster: Transcript.

Wood, Helen (2004): What ‚Reading the Romance' did for us. In: European Journal of Cultural Studies 7 (2), S. 147-154.

Woodward, Kathryn (Hrsg.) (1997): Identity and Difference. London: Sage.

Woollacott, Janet (1986): Fictions and Ideologies: The Case of Popular Forms. In: Bennett, Tony/Mercer, Colin/Woollacott, Janet (Hrsg.): Popular Culture and Social Relations. Milton Keynes/Philadelphia: Open UP, S. 196-218.

Wren-Lewis, Justin (1983): The Encoding/Decoding Model: Criticisms and Redevelopment for Research of Decoding. In: Media, Culture and Society, 7 (2), S. 179-197.

Wulff, Hans J. (1995): Flow. Kaleidoskopische Formationen des Fern-Sehens. In: montage/av 4 (2), S. 21-39.

Zoonen, Liesbet van (1994): Feminist Media Studies. London u.a.: Sage.

Zorn, Carsten (2009): Michael, what about us? In: taz vom 8. Juli 2009, S. 13.

9 Personen- und Sachregister

Cultural Studies

Andreas Hepp / Friedrich Krotz /
Tanja Thomas (Hrsg.)

**Schlüsselwerke der
Cultural Studies**

2009. 338 S. (Medien - Kultur -
Kommunikation) Geb. EUR 34,90
ISBN 978-3-531-15221-9

Andreas Hepp / Veronika Krönert

Medien – Event – Religion

Die Mediatisierung des Religiösen
2009. 296 S. (Medien - Kultur -
Kommunikation) Br. EUR 29,90
ISBN 978-3-531-15544-9

Uwe Hunger / Kathrin Kissau (Hrsg.)

Internet und Migration

Theoretische Zugänge und empirische
Befunde
2009. 342 S. (Medien - Kultur - Kommunikation) Br. EUR 29,90
ISBN 978-3-531-16857-9

Jutta Röser / Tanja Thomas /
Corinna Peil (Hrsg.)

**Alltag in den Medien –
Medien im Alltag**

2010. ca. 270 S. (Medien - Kultur -
Kommunikation) Br. ca. EUR 24,90
ISBN 978-3-531-15916-4

Paddy Scannell

Medien und Kommunikation

2010. 400 S. (Medien - Kultur -
Kommunikation) Br. ca. EUR 29,90
ISBN 978-3-531-16594-3

Martina Thiele / Tanja Thomas /
Fabian Virchow (Hrsg.)

Medien – Krieg – Geschlecht

Affirmationen und Irritationen
sozialer Ordnungen
2010. ca. 330 S. (Medien - Kultur -
Kommunikation) Br. ca. EUR 29,90
ISBN 978-3-531-16730-5

Erhältlich im Buchhandel oder beim Verlag.
Änderungen vorbehalten. Stand: Juli 2009.

www.vs-verlag.de

VS VERLAG FÜR SOZIALWISSENSCHAFTEN

Abraham-Lincoln-Straße 46
65189 Wiesbaden
Tel. 0611.7878-722
Fax 0611.7878-400

Medien

Dagmar Hoffmann / Lothar Mikos (Hrsg.)

Mediensozialisationstheorien

Neue Modelle und Ansätze in der Diskussion
2., überarb. Aufl. 2010. ca. 230 S.
Br. ca. EUR 29,90
ISBN 978-3-531-16585-1

Katja Lantzsch / Andreas Will /
Klaus-Dieter Altmeppen (Hrsg.)

Handbuch Unterhaltungsproduktion

Beschaffung und Produktion
von Fernsehunterhaltung
2010. ca. 400 S. (The Business of Entertainment. Medien, Märkte, Management)
Br. ca. EUR 39,90
ISBN 978-3-531-16001-6

Juliana Raupp / Jens Vogelgesang

Medienresonanzanalyse

Eine Einführung in Theorie und Praxis
2009. 210 S. Br. EUR 19,90
ISBN 978-3-531-16000-9

Gebhard Rusch

Mit Medien Dinge tun

Kognitions- und systemtheoretische
Konzepte für den Umgang mit Medien
2010. ca. 210 S. Br. ca. EUR 19,90
ISBN 978-3-531-16577-6

Christian Schicha / Carsten Brosda (Hrsg.)

Handbuch Medienethik

2010. ca. 500 S. Br. ca. EUR 34,90
ISBN 978-3-531-15822-8

Bernd Schorb / Anja Hartung /
Wolfgang Reißmann (Hrsg.)

Medien und höheres Lebensalter

Theorie - Forschung - Praxis
2010. ca. 414 S. Br. EUR 39,90
ISBN 978-3-531-16218-8

Daniel Süss / Claudia Lampert /
Christine W. Wijnen

Studienbuch Medienpädagogik

Eine Einführung
2010. ca. 250 S. (Studienbücher zur Kommunikations- und Medienwissenschaft)
Br. ca. EUR 19,90
ISBN 978-3-531-13894-7

Ralf Vollbrecht / Claudia Wegener (Hrsg.)

Handbuch Mediensozialisation

2010. ca. 550 S. Geb. ca. EUR 34,90
ISBN 978-3-531-15912-6

Erhältlich im Buchhandel oder beim Verlag.
Änderungen vorbehalten. Stand: Juli 2009.

www.vs-verlag.de

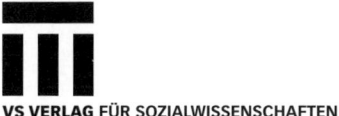

VS VERLAG FÜR SOZIALWISSENSCHAFTEN

Abraham-Lincoln-Straße 46
65189 Wiesbaden
Tel. 0611.7878-722
Fax 0611.7878-400